Meio Ambiente
e Registro de Imóveis

Meio Ambiente e Registro de Imóveis

2024

Marcelo Augusto Santana de Melo

ALMEDINA

MEIO AMBIENTE E REGISTRO DE IMÓVEIS

AUTOR: Marcelo Augusto Santana de Melo

DIRETOR ALMEDINA BRASIL: Rodrigo Mentz
EDITORA-CHEFE: Manuella Santos de Castro
EDITOR PLENO: Aurélio Cesar Nogueira
PRODUTORA EDITORIAL: Erika Alonso
ASSISTENTES EDITORIAIS: Laura Roberti, Tacila da Silva Souza e Patrícia Romero

DIAGRAMAÇÃO: Almedina
DESIGN DE CAPA:

ISBN: 9788584937042
Abril, 2024

Dados Internacionais de Catalogação na Publicação (CIP)
(Câmara Brasileira do Livro, SP, Brasil)

Melo, Marcelo Augusto Santana de
Meio ambiente e registro de imóveis / Marcelo Augusto Santana de Melo. – São Paulo : Almedina, 2024.

ISBN 978-85-8493-704-2

1. Área de proteção ambiental – Amazônia, Brasil 2. Direito ambiental – Legislação – Brasil 3. Direito de propriedade – Brasil 4. Registro de imóveis – Leis e legislação – Brasil I. Título.

24-196749 CDU-34:502.7(81)

Índices para catálogo sistemático:

1. Brasil : Direito ambiental 34:502.7(81)

Eliane de Freitas Leite – Bibliotecária – CRB 8/8415

Este livro segue as regras do novo Acordo Ortográfico da Língua Portuguesa (1990).

EDITORA: Almedina Brasil
Rua José Maria Lisboa, 860, Conj.131 e 132, Jardim Paulista | 01423-001 São Paulo | Brasil
editora@almedina.com.br
www.almedina.com.br

Enquanto o machado rechia nos troncos e as labaredas fazem crepitar a folhagem enlutando de fumo o recesso verdejante, o homem não dá pelo mal, tão ávida é nele a cobiça, que só para o lucro tem olhos. Ai! Dele... a floresta vinga-se morrendo; onde cai, explana-se o deserto... e os espectros das florestas mortas são a fome, a sede, a enfermidade, os ciclones, as inundações... (A defesa das florestas, Coelho Netto. Extraído de um discurso proferido no Parlamento Nacional em 6 de setembro de 1911)[1].

Esta responsabilidade perante uma terra que é de Deus implica que o ser humano, dotado de inteligência, respeite as leis da natureza e os delicados equilíbrios entre os seres deste mundo (Papa Francisco, *Laudato Si*).[2]

[1] Pereira, Osny Duarte. Direito Florestal Brasileiro (ensaio). Rio de Janeiro: Editor Borsoi, 1950.

[2] Papa Francisco. Carta Encíclica "Laudato Si'" sobre o cuidado da casa comum. Tradução da Editora do Vaticano. *Vaticano*. 24 de maio de 2015. Item 68. Disponível em: <http://www.vatican.va/content/francesco/pt/encyclicals/documents/papa-francesco_20150524_enciclica-laudato-si.html>. Acesso em: 30 abr. 2020.

PREFÁCIO

Ao cumprimentar os leitores de Marcelo Melo, desde logo quero agradecer o honroso convite para escrever o prefácio desta obra. Meio Ambiente e Registro de Imóveis são temas que, assim postos lado a lado, assumem papel que representa um desafio irrecusável ao pensamento.

Há muito acompanho a trajetória bem-sucedida e iluminada de Marcelo Melo, que recebeu a delegação de registrador imobiliário depois de concurso público, por outorga assinada ainda pelo então presidente do Tribunal de Justiça de São Paulo, o saudoso desembargador Sérgio Augusto Nigro Conceição, o mesmo que teve a determinação e a coragem, poucos anos antes, para propor e depois implementar a regulamentação desses concursos públicos no Estado de São Paulo.

Marcelo Augusto Santana de Melo é autor de inúmeros trabalhos publicados, tanto sobre o direito registral imobiliário como sobre o direito ambiental, abordando questões diversas sobre o meio ambiente e a sua proteção. Há muito dedica-se à doutrina desses ramos do direito, que reiteradamente vêm sendo objeto de seus estudos, numa feliz associação dessas matérias tão relevantes, o que, além de autorizar esta obra, também a destaca como uma importante contribuição para as investigações sobre o direito ambiental e à melhor compreensão da função ambiental do registro de imóveis, especialmente ao oferecer segurança jurídica à propriedade imobiliária.

É para mim muito gratificante conhecer a visão de um registrador imobiliário que denota tanta sensibilidade para a questão ambiental, enfocada com os olhos de um artista e a preocupação de um jurista vocacionado.

Na vida de Juiz tenho tido muitas oportunidades de lidar tanto com o direito registral como com o ambiental e fico alegre quando tomo conhecimento dessa visão especializada acerca das inúmeras questões colocadas na presente obra.

Ainda na primeira década deste novo milênio, trabalhando em auxílio à presidência do Conselho Nacional de Justiça, tive oportunidade de constatar, nas muitas visitas feitas pelo país em busca de tentar pacificar conflitos de terras, que, onde não havia segurança da propriedade imobiliária registrada, multiplicavam-se os conflitos pela posse da terra no campo.

A insegurança dos registros de propriedades no Estado do Pará, por exemplo, deixava logo claro que os conflitos pela posse da terra eram tanto mais presentes quanto maior a precariedade do registro predial. E daí a questão ambiental. Quanto mais conflitos pela posse da terra, mais desmatamento se verificava no bioma amazônico.

Em um país com a extensão territorial do Brasil, o estado não consegue ter estrutura suficiente para controlar o desmatamento e zelar pela natureza como seria desejável. Daí decorre a conclusão de que a preservação da natureza será sempre mais eficiente se estiver a cargo do proprietário.

Essa mesma questão é recorrente e enfrentada frequentemente nas Câmaras Reservadas ao Meio Ambiente de São Paulo, relativamente aos biomas da Mata Atlântica e do Cerrado.

O desmatamento no litoral norte paulista tem sido objeto de muitas ações promovidas pelo Ministério Público, e quase sempre a causa é a insegurança da propriedade imobiliária. O exame da questão passa frequentemente por soluções que prestigiem a propriedade. Em algumas oportunidades, observadas as peculiaridades do caso, o colegiado tem optado por manter uma construção existente no local, convencido de que a manutenção do proprietário favorecerá a preservação da cobertura vegetal no imóvel, evitando a ocupação irregular e o desmatamento em áreas relevantes.

Infelizmente, o poder público não se mostra aparelhado para fiscalizar todo o seu território, ainda que se multipliquem as condenações de municípios por falta de fiscalização. Essa é uma questão de grande preocupação, pois a condenação da Administração Pública implica em onerar o erário, mas de outro lado não se pode admitir a persistência da omissão.

Nesse sentido o Superior Tribunal de Justiça em 2021 editou a Súmula 652, estabelecendo que a Administração Pública deve responder por danos ao meio ambiente decorrentes de sua omissão no dever de fiscalizar, estabelecendo a responsabilidade solidária do ente público, mas anotando que a execução da obrigação será subsidiária, numa forma de amenizar o ônus para o erário.

Todas essas questões voltadas para a proteção do meio ambiente natural, de combate ao desmatamento em especial, passam sempre pela segurança da propriedade imóvel e o autor aprofunda esse pensamento com o estudo da função socioambiental da propriedade, fundamento subjacente para a criação da reserva legal e das questões daí decorrentes, relacionadas com o Cadastro Ambiental Rural – CAR, cuja superveniência suscitou nas câmaras ambientais muitos questionamentos relacionados com a averbação da reserva legal no registro imobiliário.

A obra de Marcelo Melo, portanto, é um convite à reflexão e um cuidadoso e indispensável trabalho, destinado à leitura dos que estudam e trabalham com o direito ambiental, naquilo em que ele se relaciona com os direitos reais e o registro de imóveis, numa visão atual e com forte base no conhecimento haurido pelo autor ao longo de muitos anos de estudo, pesquisa e trabalho.

Encerro reiterando o meu sentimento de alegria em conhecer mais este trabalho do autor, que aborda questões cruciais sobre o meio ambiente e a propriedade com admirável rigor científico, agradecendo a atenção de todos.

Marcelo Martins Berthe

Desembargador do Tribunal de Justiça do Estado de São Paulo (TJ-SP), onde integra a 1ª Câmara Reservada ao Meio Ambiente. Graduado em Direito pela Faculdade da Universidade Mackenzie, onde também concluiu seu mestrado em Direito Político.

LISTA DE SIGLAS E ABREVIATURAS

AC	Área Contaminada
ApCív	Apelação Cível
APE	Áreas de Proteção Especial
APP	Área de Preservação Permanente
APRM	Áreas de Proteção e Recuperação aos Mananciais
ARISP	Associação dos Registradores Imobiliários de São Paulo
CC	Código Civil
CER	Certificados de Emissões Reduzidas
CETESB	Companhia de Tecnologia de Saneamento Ambiental
CF	Constituição Federal
CFPU	Cadastro-Geral de Florestas Públicas da União
CG	Corregedoria Geral de Justiça
CRF	Cota de Reserva Florestal
CONAMA	Conselho Nacional do Meio Ambiente
DEPRN	Departamento Estadual de Proteção de Recursos Naturais
DOI	Declarações Sobre Operações Imobiliárias
EC	Emenda Constitucional
EIA	Estudo de Impacto Ambiental
FUNAI	Fundação Nacional do Índio
FNDF	Fundo Nacional de Desenvolvimento Florestal
ICP	Infraestrutura de Chaves Públicas Brasileira
IDEE	Infraestrutura de Dados Espaciais Territoriais da Espanha
IFC	Companhia Financeira Internacional
INCRA	Instituto Nacional de Colonização e Reforma Agrária
IRIB	Instituto de Registro Imobiliário do Brasil

LACP	Lei da Ação Civil Pública
LRP	Lei de Registros Públicos
MDL	Mecanismo de Desenvolvimento Limpo
MedProv	Medida Provisória
OGMS	Organismos Geneticamente Modificados
ONU	Organização das Nações Unidas
RD	Real Decreto
Resp	Recurso Especial
RIMA	Relatório de Impacto ao Meio Ambiente
RLF	Reserva Florestal Legal
RPPN	Reserva Particular do Patrimônio Natural
RVS	Refúgio de Vida Silvestre
SFB	Serviço Florestal Brasileiro
SISNAMA	Sistema Nacional do Meio Ambiente
SPU	Secretaria do Patrimônio e da União
SGB	Sistema Geodésico Brasileiro
UC	Unidades de Conservação
VANE	Valoração de Ativos Ambientais na Espanha
ZVS	Zona de Vida Silvestre

SUMÁRIO

INTRODUÇÃO

O Registro de Imóveis é uma instituição que surgiu como necessidade do Estado de controlar o direito de propriedade e como instrumento de segurança jurídica para o tráfego imobiliário. Em razão da evolução do direito ambiental e consequente transformação do direito de propriedade que após a Constituição Federal (CF) deve atender uma função social, tornou-se necessário também estudar essa nova característica do registro imobiliário brasileiro, principalmente na necessidade de sua adaptação às normas protetoras do meio ambiente e utilização de sua estrutura para tal finalidade.

Em essência, a principal função do direito ambiental reside em proteger os recursos naturais e, por consequência, impedir a ocorrência do dano ao meio ambiente. Nesse aspecto, o objetivo da presente obra será demonstrar a importância e necessidade da utilização do Registro de Imóveis para colaborar com a proteção do bem natural, principalmente na constatação de que os institutos protetivos hoje existentes sugerem que é preciso repensar os mecanismos de resposta ao desmatamento.

O caminho da compreensão da função ambiental do Registro de Imóveis obriga, necessariamente, à investigação minuciosa dos elementos e atributos da propriedade imobiliária moderna. A evolução do direito de propriedade atingiu e influenciou o respectivo sistema de transmissão não somente no direito brasileiro, mas em todo o mundo. A influência da função social no direito de propriedade é inegável; o exercício que era absoluto agora cede lugar ao cumprimento de uma função, e os aspectos decorrentes de obrigações urbanísticas e ambientais tornaram-se tão importantes quanto a própria matriz dominial.

A função socioambiental constitui elemento estrutural do direito de propriedade, que é objeto do Registro de Imóveis, o que não descaracteriza seu núcleo essencial. A relação de poder do proprietário e da coisa permanece inalterada, não existindo modificação ou transformação substancial. Ocorre que, atualmente, essa propriedade necessita conviver com outras propriedades, que podem recair sobre o mesmo objeto. São diversos direitos de propriedade quantos são seus estatutos diferenciados dos bens: propriedades culturais, ambientais, urbanísticas. É possível afirmar que o direito de propriedade remanesce com seu caráter unitário, mas exercido de acordo com os respectivos regimes jurídicos, e isso é decorrência da funcionalidade social.

O meio ambiente e Registro de Imóveis têm em comum e como característica integrativa o direito de propriedade, tornando imprescindível um diálogo comunicativo eficiente. O direito registral tem como elemento marcante seu caráter interdisciplinar, de forma que existe um intercâmbio comunicativo recíproco com os demais ramos do direito, sendo referida transversalidade observada de forma substancial com o direito civil e, em especial, com os direitos de propriedade e ambiental. A teoria do diálogo das fontes tem se destacado como importante instrumento em razão de facilitar a comunicação dos subsistemas entre si.

Interessa-nos o estudo da propriedade imobiliária e sua relação com o meio ambiental natural, ou seja, que o solo, as fontes de água, a cobertura florestal; em geral, tudo o que for naturalmente incorporado ao solo que tenha relevância ambiental. Propositalmente nos afastaremos de forma mais aprofundada dos meios ambientes artificiais e culturais, o que não nos impedirá de relatar sua existência e salientar sua relação íntima com o registro imobiliário.

A preocupação no estudo da possibilidade de utilizar a publicidade registrária também para questões ligadas à preservação do meio ambiente começou a ganhar notoriedade e relevância no Brasil e na Espanha entre os anos 2002 e 2004. Na península ibérica foi publicado o *Expert córner report*,[3] em 1º de outubro de 2002, denominado *El Registro de la Proprie-*

[3] AGENCIA EUROPEA DE MEDIO AMBIENTE. El Registro de la Propiedad y Mercantil como instrumento al servicio de la sostenibilidad. *Expert's corner report*. Realizado pelo Colegio de Registradores de la Propiedad y Mercantiles de España. Organização de

dad y Mercantil como instrumento al servicio de la sostenibilidad realizado pelo Colégio de Registradores da Espanha para a Agência Europeia de Meio Ambiente e na América, em 2004, tivemos a honra e oportunidade de apresentar, no Congresso Nacional de Registradores, realizado pelo Instituto de Registro Imobiliário do Brasil (IRIB), o trabalho sobre a proteção ambiental no registro imobiliário brasileiro, despertando interesse aos operadores do direito ambiental e imobiliário.

No Brasil, vivemos situações de contraste, diversos espaços ecologicamente relevantes possuem publicidade registral há muitos anos, servindo como exemplo típico a reserva florestal legal. Concomitantemente, a publicidade registral é abandonada em outros segmentos, conferindo-se importância a outros meios de publicidade claramente débeis e ineficientes. Essa assimetria informativa tem sido de grande problema para a proteção ambiental porque torna a publicidade ambiental dificultosa.

A função ambiental do Registro de Imóveis agora com a edição da Lei nº 12.651/2012 (Código Florestal) ganha uma importância das mais relevantes porque deve se comunicar com o Cadastro Ambiental Rural (CAR) e conferir publicidade para todos dos espaços protegidos, muito embora referido diálogo tenha se tornado muitas vezes de relevante complexidade.

Mas a característica ambiental do Registro de Imóveis não está circunscrita aos espaços ambientalmente protegidos, hodiernamente é possível a publicidade de áreas contaminadas e, no âmbito da qualificação registral, se exige o licenciamento ambiental em todo o momento em que registra atos que noticiam qualquer fonte de poluição, em especial os empreendimentos imobiliários.

Por fim, o estudo do instituto da reserva florestal legal merece destaque no presente trabalho, já que configura um dos principais espaços ambientalmente protegidos do Brasil e está presente em praticamente todas as propriedades imobiliárias rústicas do território e a adoção de um cadastro eletrônico rural com informações ambientais tornou necessário o estabelecimento de esforço interpretativo, principalmente para sustentar e estabilizar a jurisprudência já pacificada no Superior Tribunal de Justiça.

José-Luis Salazar-Mañez. Informe Técnico nº 88, 2002. Disponível em: <https://www.eea.europa.eu/es/publications/technical_report_2002_88>. Acesso em: 04 fev. 2023.

1.
MEIO AMBIENTE

A humanidade está diante de uma grande crise, chamada ecológica, decorrente do desmatamento ilegal e destruição sistemática das espécies e seus respectivos habitats ou, em outras palavras, uma crise da nossa relação com a natureza,[4] depauperamento esse dos recursos naturais gerado pela ânsia de lucro e ganância de poder de uma sociedade tida como *moderna*.[5]

O estudo do meio ambiente é recente na civilização moderna. Trata-se da primeira categoria de interesses metaindividuais que mereceu atenção especial da sociedade; por consequência, do legislador pátrio. Durante sua existência, o homem não possuía a preocupação com os recursos naturais em razão da abundância e falsa ideia de que eles eram inesgotáveis. Constatado o aumento da população mundial ocorrido em escala acelerada, mormente nos países em desenvolvimento, começou-se a perceber que o crescimento desenfreado não era sustentável, trazendo consequências sérias às reservas de recursos naturais. Percebe-se, assim, que a preocupação com o meio ambiente surgiu como reação à devastação das reservas naturais decorrente de uma *conduta humana*, sentimento não conhecido pelo homem, mesmo porque isso ocorreu de forma mais acentuada no século XIX. O direito ambiental surge, nos ensinamentos de Hely Lopes Meirelles, como resposta ao "ímpeto predatório das

[4] Ost, François. *A Natureza à margem da Lei. A ecologia à prova do direito*. [Título original: *La Nature Hors Loi*]. Tradução de Joana Chaves. Lisboa: Instituto Piaget, 1997, p. 8.

[5] Dabus Maluf, Carlos Alberto. *Limitações ao direito de propriedade*. 3ª edição. São Paulo: Revista dos Tribunais, 2011, p. 219.

nações civilizadas que, em nome do desenvolvimento, devastam florestas, exaurem o solo, exterminam a fauna, poluem as águas e o ar".[6]

A década dos anos setenta do século passado é considerada a origem do direito ambiental.[7] O ano de 1972 é o ano de referência, quando foi celebrada, em Estocolmo,[8] a Conferência das Nações Unidas sobre o Meio Ambiente Humano, promovida pela Organização das Nações Unidas, que contou com a participação de 114 países. A Conferência de Estocolmo é repleta de princípios relativos ao desenvolvimento vinculado ao meio ambiente, tendo como abordagem principal o crescimento demográfico. Entre seus diversos princípios, destacamos um, que sintetiza a ideia do objetivo principal da conferência, que estabeleceu como meta principal "defender e melhorar o meio ambiente para as atuais e futuras gerações" (Parágrafo 6).[9]

A Conferência de Estocolmo foi considerada, assim, a primeira conferência mundial sobre o meio ambiente, sendo que, vinte anos depois, a segunda conferência das Nações Unidas sobre o Meio Ambiente e Sustentabilidade foi celebrada no Rio de Janeiro, em 1992, e foi chamada de "Cúpula da Terra",[10] tendo resultado em importantes documentos para a consolidação do direito ambiental, destacando-se para a história do direito ambiental: a Declaração do Rio de 1992, com vinte e sete prin-

[6] MEIRELLES, Hely Lopes. Proteção ambiental e a ação civil pública. *Revista Eletrônica do Tribunal Federal de Recursos (TFR)*, edição nº 145, 1987, p. 81. Disponível em: https://www.stj.jus.br/docs_internet/revista/eletronica/tfr-revista-eletronica-1987_145_capProtecao.pdf. Acesso em: 16 set. 2021.

[7] BETANCOR RODRÍGUEZ, Andrés. *Derecho Ambiental*. Madrid: La Ley Editores, 2014, p. 45.

[8] NACIONES UNIDAS. *Informe de la Conferencia de las Naciones Unidas sobre el Medio Humano*. Estocolmo, 5 a 16 de junio de 1972. Nueva York, 1973. Disponível em: https://www.un.org/ga/search/view_doc.asp?symbol=A/CONF.48/14/REV.1&Lang=S. Acesso em: 04 jun. 2020.

[9] NACIONES UNIDAS, 1973.

[10] UNITED NATIONS. *Report of the United Nations Conference on Enviroment and Development*. Rio de Janeiro, 3 – 14 June 1992. Publicado em 12 de agosto de 1992. Disponível em: https://www.un.org/en/development/desa/population/migration/generalassembly/docs/globalcompact/A_CONF.151_26_Vol.I_Declaration.pdf. Acesso em: 16 maio 2020; BRASIL. Convenção sobre Diversidade Biológica. *Decreto nº 2.519, de 16 de março de 1998*. Disponível em: http://www.planalto.gov.br/ccivil_03/decreto/1998/anexos/and2519-98.pdf. Acesso em: 22 maio 2020.

cípios ambientais; e a Agenda 21, que se configura como um documento que estabeleceu a importância do comprometimento de cada país com relação à cooperação de soluções para os problemas socioambientais (entre eles, se destacam: proteger a atmosfera; combater o desmatamento, a perda de solo e a desertificação; prevenir a poluição da água e do ar; deter a destruição das populações de peixes e promover uma gestão segura dos resíduos tóxicos).

As declarações de Estocolmo de 1972 e Rio de 1992 configuram-se como as fundamentais e principais referências para a criação e evolução do direito ambiental internacional, marcando o que se chama da era moderna dessa disciplina, servindo como fonte de direito e políticas públicas em todo o mundo. A Declaração do Rio, ao reafirmar e ampliar o conteúdo principiológico da Declaração de Estocolmo, reforçou a importância normativa dos conceitos que são comuns aos dois documentos.

A Declaração do Rio de 1992 é considerada fonte imediata do direito ambiental brasileiro porque, além da participação do país, foi expressamente ratificada pelo Congresso Nacional por meio do Decreto Legislativo nº 02, de 03 de fevereiro de 1994, bem como pelo Presidente da República, por meio do Decreto nº 2.519, de 16 de março de 1998. Os preceitos contidos na Declaração do Rio de 1992 configuram-se, assim, como direitos e garantias individuais nos termos do art. 5º, § 2º, da Constituição Federal. Direitos e garantias individuais, além de não poderem ser suprimidos em decorrência de poder constituinte derivado (art. 60, § 4º, inciso IV, CF), nas palavras de Canotilho, "assumem força normativo-constitucional, dada a superação definitiva das ideias de Constituição como simples 'complexo de diretivas políticas' e uma vez rejeitada a ideia de que as normas e princípios constitucionais são meramente programáticos, sem qualquer vinculatividade imediata".[11]

No Brasil, o desenvolvimento legislativo ambiental, até a década de oitenta do século passado, era tímido, com algumas leis esparsas, como os Códigos Florestal (Lei nº 4.771/65), de Caça (Lei nº 5.197/67), de Pesca (Decreto-lei nº 221/67) e de Mineração (Decreto-lei nº 227/67). A Declaração de Estocolmo de 1972, embora não ratificada expressamente

[11] Canotilho, José Joaquim Gomes. *Fundamentos da Constituição*. Coimbra: Coimbra Editora, 1991, p. 73.

pelo Brasil, que participou como integrante, influenciou muito a legislação nacional, tendo o direito ambiental pátrio se destacado com a chamada Lei da Política Nacional do Meio Ambiente (Lei Federal nº 6.938, de 31 de agosto de 1981), que, em seu art. 3º, I, conceituou meio ambiente como "o conjunto de condições, leis, influências e interações de ordem física, química e biológica, que permite, abriga e rege a vida em todas as suas formas". Posteriormente, a Lei nº 7.347, de 24 de julho de 1985, que disciplinou a ação civil pública de responsabilidade por danos causados ao meio ambiente, ao consumidor, a bens e direitos de valor artístico, estético, histórico, turístico, configurou-se como importante avanço na proteção ambiental porque criou fundamentais ferramentas de atuação, que foram o inquérito civil e a ação civil pública.

A palavra *ambiente*, do latim *ambiens, entis*, significa "que rodeia, ir em volta, envolver".[12] A expressão "meio ambiente" contém, sem dúvida, um pleonasmo.[13] Meio e ambiente são sinônimos porque "meio" é exatamente aquilo que envolve, ou seja, o "ambiente", daí a razão da doutrina, embora reconhecendo sua sonoridade, preferir utilizar a rubrica de Direito Ambiental em vez de Direito do Meio Ambiente. Assim, há quem prefira chamar de *natureza* ou *meio* a interação do homem e do ambiente.[14]

Para Albert Einstein, "the environment is everything that isn't me",[15] e a frase resume bem, em um primeiro momento, o que vem a ser o ambiente, que compreende, assim, dois aspectos: o primeiro, o espaço, o lugar onde habitam os seres vivos; o segundo, com relação aos seres vivos e coisas inanimadas com as quais um entra em contato com o outro, ou seja, um aspecto de interação entre seres e o espaço ou, nas palavras de Nicola Lugaresi, "*l'ambiente è pertanto identificabile con l'insieme di* condi-

[12] MACHADO, José Pedro. *Dicionário etimológico da língua portuguesa*. 1º volume (a – b). 8ª edição. Lisboa: Livros Horizonte, 2003, p. 226.

[13] MACHADO, Paulo Affonso Leme. *Direito Ambiental brasileiro*. 22ª edição. São Paulo: Malheiros editores, 2014, p. 55.

[14] OST, 1997, p. 351.

[15] RANA, S. V. S. *Energy, Ecology and Environment*. New Delhi: I. K. International Publishing House, 2008, p. 2.

zioni esterne *all'organismo, ed interegenti con esso*"[16] ou, ainda, ambiente é, na verdade, tudo que circunda e condiciona a vida das pessoas.[17]

Ressalte-se, assim, a amplitude do conceito, o que levou a doutrina[18] a subdividir em três o estudo do meio ambiente ou direito ambiental, denominando-os *natural, artificial* e *cultural.* Meio ambiente natural é o constituído pelo solo, pela água, pelo ar atmosférico, pela fauna e pela flora. Meio ambiente artificial é o ligado pelas edificações, equipamentos urbanos e comunitários, aproximando-se muito do direito urbanístico. Finalmente, o meio ambiente cultural é aquele integrado pelo patrimônio arqueológico, artístico, histórico, paisagístico e turístico. Interessa-nos, neste estudo, principalmente, o meio *ambiente natural* e sua ligação com a propriedade imobiliária.

É preciso consignar que a Constituição da República Federativa do Brasil de 1988 é a primeira Constituição brasileira em que a expressão "meio ambiente" é mencionada. As disposições sobre meio ambiente na atual CF estão inseridas em vários títulos e capítulos. O Título VIII (*Da Ordem Social*), em seu Capítulo VI, trata do meio ambiente, sendo que, no *caput* do art. 225, consta que "todos têm direito ao meio ambiente ecologicamente equilibrado, bem de uso comum do povo e essencial à sadia qualidade de vida".

O direito ao ambiente e à qualidade de vida emerge, assim, diretamente, do texto constitucional, que abraçou expressamente os *valores ambientais* como uma categoria bidimensional em razão de concentrar duas formas de expressão dos direitos fundamentais. Dessa forma, de um lado, é possível vislumbrar uma pretensão jurídica de ação negativa de todos, principalmente Estado e cidadãos, na abstenção de comportamentos que possam, potencialmente, causar alguma lesão ao patrimônio natural. Por outro, é configurado o meio ambiente como direito social, impondo ao Estado uma pretensão jurídica positiva de garantia do meio

[16] Lugaresi, Nicola. *Diritto dell'ambiente.* 5ª edição. Vicenza: Wolkers Kluwer Italia, 2015, p. 3.

[17] Giovanni, Francesco. Strumenti Privatistici et tutela dell'ambiente. Pádova: CEDAM, 1982, p. 5.

[18] Mirra, Álvaro Luiz Valery. *Ação Civil Pública e reparação do Dano ao Meio Ambiente.* S/l: Juarez de Oliveira, 2002, p. 9.

ambiente equilibrado e uma saudável qualidade de vida. Referido fenômeno recebe da doutrina portuguesa a denominação de constitucionalidade de um Estado de Direito Ambiental.[19]

O direito à vida é consagrado no artigo 3 da Declaração Universal dos Direitos Humanos, celebrada em 1948, no seio da Assembleia Geral da Organização das Nações Unidas, por meio da Resolução 217 A (III) e atribuível a todo ser humano.[20] A própria Lei Federal nº 6.938/81, que trata da Política Nacional do Meio Ambiente, ao definir o meio ambiente em seu art. 3º, I, ressalta a *vida* em todas as formas. O artigo 5º, caput, da Constituição da República Federativa do Brasil de 1988, consagra o direito à vida como fundamental, sendo reconhecido como um dos pilares dos demais direitos fundamentais.[21] A Norma Maior ainda reservou aos artigos 6º, 7º, 8º e 9º a instrumentalização do direito à vida em seus aspectos materiais e imateriais.[22] Dele emana uma série de outros direitos, bem como vedações constitucionais, visando a sua proteção e garantia, e irradiando sobre diversos princípios, inclusive em matéria ambiental.

A afirmação de um direito fundamental ao meio ambiente, principalmente o reconhecimento de uma identidade particular ao bem ambiental, desafia a configuração unitária de justificação dos direitos fundamentais, baseada na proteção do princípio da dignidade da pessoa humana. Miguel Reale ressalta que "o último valor adquirido pela espécie humana é o ecológico",[23] valendo lembrar, outrossim, que a Constituição Suíça expande a ideia de *dignidade*, embora utilize a expressão *integridade*, não somente para os homens, mas também para todas as *criaturas* (art.

[19] MOREIRA FERNANDEZ, Maria Elizabeth. *Direito ao Ambiente e Propriedade Privada*. Coimbra: Coimbra Editora, 2001, p. 57.

[20] UNITED NATIONS. *Universal Declaration of Human Rights*. 1948. Disponível em: https://www.un.org/en/universal-declaration-human-rights/. Acesso em: 08 nov. 2020.

[21] BRASIL. *Constituição da República Federativa do Brasil de 1988*. Disponível em: http://www.planalto.gov.br/ccivil_03/constituicao/constituicao.htm. Acesso em: 08 nov. 2020.

[22] OLIVEIRA JÚNIOR, Alvino Queiroz. *Direitos e garantias fundamentais da pessoa humana, inclusive seus direitos sociais*. Direito Civil Constitucional. Caderno 3. Coordenação de Renato Lotufo. São Paulo: Malheiros, 2002, p. 195.

[23] REALE, Miguel. *Os direitos da personalidade*. Disponível em: http://www.miguelreale.com.br/artigos/dirpers.htm. Acesso em: 14 fev. 2022.

120º, 2).[24] Com o reconhecimento do valor da natureza vinculada aos interesses de futuras gerações, acabam por consolidar a chamada *independência axiológica da natureza*, ou seja, a proteção ao meio ambiente tem valor próprio e não orbita entre outros direitos fundamentais.[25] André de Carvalho Ramos, reconhece o meio ambiente como direito humano fundamental, ressaltando sua correlação com a vida e saúde, porque resulta da "faceta ecológica da dignidade humana (*dignidade ecológica*)", sendo que a especificidade da qualidade do meio ambiente contribuí para o desenvolvimento das potencialidades do ser humano.[26]

Nesse sentido, não é possível desvincular o direito à vida do direito ao meio ambiente ecologicamente equilibrado, previsto no artigo 225 da Constituição de 1988, como um bem de uso comum do povo e essencial à sadia qualidade de vida, não só das gerações presentes, como das futuras. O *caput* do referido artigo 225 tem caráter antropocêntrico,[27] porque é um direito fundamental da pessoa humana – o meio ambiente garante a vida e a dignidade das pessoas. Resulta da criação desse Estado constitucional de Direito Ambiental, no ponto de vista material e formal, na existência de um conjunto de preceitos programáticos, devendo a lei e os planos políticos ser desenvolvidos com base nesses valores, ou seja, na garantia de uma saudável qualidade vida aos cidadãos em decorrência de um meio ambiente equilibrado.

O último documento internacional de relevância ambiental foi o Acordo de Paris, da Convenção-Quadro das Nações Unidas sobre Mudança do Clima, celebrado em Paris, em 12 de dezembro de 2015, e firmado em Nova Iorque, em 22 de abril de 2016. A convenção entrou em vigor no Brasil por força do Decreto nº 9.073, de 5 de junho de 2017. O Acordo de Paris ou de mudanças climáticas tem por objetivo fortalecer a resposta global à ameaça da mudança do clima, no contexto do desenvol-

[24] SUÍÇA. Confederação. *Plataforma de publicação de leis federais*. Disponível em: https://www.fedlex.admin.ch/eli/cc/1999/404/fr. Acesso em: 03 mar. 2022.

[25] AYALA, Patryck de Araújo. O princípio da precaução e a proteção jurídica da fauna na Constituição Brasileira. *Revista de Direito Ambiental*, v. 39, p. 147 – 188, jul. – set. São Paulo: Revista dos Tribunais (Thomson Reuters), 2005.

[26] RAMOS, André de Carvalho. *Curso de Direitos Humanos*. 9ª edição. São Paulo: SaraivaJur, 2022, p. 1.170.

[27] MACHADO, 2014, p. 150.

vimento sustentável. O reconhecimento da mudança do clima como fato científico incontroverso é consagrado como uma preocupação comum da humanidade, devendo as nações enfrentar a mudança do clima, respeitar, promover e considerar suas respectivas obrigações em matéria de direitos humanos.[28]

1.1 Direito ambiental

A aproximação do Direito ao Meio Ambiente é puramente intuitiva,[29] porque é a proteção jurídica a exteriorização da tutela da Natureza. O direito, como o ar, está em todas as partes, mas, diferentemente deste, que é um recurso natural, é de natureza social.[30] Ninguém expressou melhor do que Miguel Reale o caráter existencial do direito ambiental, afirmando que é o poder indiscriminado do homem que vem abafando os valores da natureza. Segundo o autor do anteprojeto do Código Civil de 2002, se, antes, recorríamos à natureza "para dar uma base estável ao Direito (e, no fundo, essa é a razão do direito natural), assistimos, hoje, a uma trágica inversão, sendo o homem obrigado a recorrer ao Direito para salvar a natureza que morre".[31]

[28] ORGANIZAÇÃO DAS NAÇÕES UNIDAS. *Paris Agreement*, 2015. Disponível em: https://unfccc.int/files/meetings/paris_nov_2015/application/pdf/paris_agreement_english_.pdf. Acesso em: 01 fev. 2021; BRASIL. Presidência da República. *Decreto nº 9.073, de 5 de junho de 2017*. Promulga o Acordo de Paris sob a Convenção-Quadro das Nações Unidas sobre Mudança do Clima, celebrado em Paris, em 12 de dezembro de 2015, e firmado em Nova Iorque, em 22 de abril de 2016. Disponível em: http://www.planalto.gov.br/ccivil_03/_ato2015-2018/2017/decreto/d9073.htm. Acesso em: 01 fev. 2021. Os principais objetivos do acordo são: (a) manter o aumento da temperatura média global bem abaixo de 2ºC em relação aos níveis pré-industriais e envidar esforços para limitar esse aumento da temperatura a 1,5ºC em relação aos níveis pré-industriais, reconhecendo que isso reduziria significativamente os riscos e os impactos da mudança do clima; (b) aumentar a capacidade de adaptação aos impactos negativos da mudança do clima e promover a resiliência à mudança do clima e um desenvolvimento de baixa emissão de gases de efeito estufa, de uma maneira que não ameace a produção de alimentos; e (c) tornar os fluxos financeiros compatíveis com uma trajetória rumo a um desenvolvimento de baixa emissão de gases de efeito estufa e resiliente à mudança do clima (1).

[29] Betancor Rodríguez, 2014, p. 53.

[30] Betancor Rodríguez, 2014, p. 61.

[31] Reale, Miguel. *Memórias*. Vol. I. São Paulo: Saraiva, 1987, p. 297.

Édis Milaré conceitua o Direito do Ambiente, como prefere denominar, como "complexo de princípios e normas coercitivas reguladoras das atividades humanas que, direta ou indiretamente, possam afetar a sanidade do ambiente em sua dimensão global, visando a sua sustentabilidade para as presentes e futuras gerações".[32] Outros autores enfatizam a garantia de um chamado perfeito equilíbrio nas relações do homem com o meio ambiente.[33] O espanhol Andrés Betancor Rodriguez prefere definir o direito ambiental "como ramo do ordenamento jurídico que regula as atividades humanas com impacto ambiental significativo ou importante para proteger a Natureza",[34] colocando em evidência que a tendência da atividade humana tem sempre a potencialidade de causar um dano ambiental relevante, por isso a importância de concentrar neste aspecto a finalidade e conceito.

Para nós, melhor que a busca por uma definição é a compreensão dos significados essenciais e basilares do direito ambiental. Para Michel Prieur,[35] o primeiro aspecto a ser observado na busca por um conceito é a compreensão da indissociabilidade do direito ambiental da ciência, existindo relação de dependência. O meio ambiente é, necessariamente, formado pelas ciências da natureza, e não as compreender resulta na concepção de leis *mortas*, do ponto de vista finalístico; outro aspecto denominado problema do direito ambiental é relativo ao seu alcance, isto é, não basta a existência de regras e princípios, mas, sim, que, efetivamente, exista uma proteção real da natureza e o equilíbrio ecológico seja preservado. Qualquer definição de direito ambiental que se afaste destes dois aspectos (vinculação à ciência e efetividade protetiva) tende a fracassar.

Paulo Affonso Leme Machado, preferindo um conceito mais amplo e vinculado ao objeto a ser protegido (Natureza), afirma que o direito ambiental "é um Direito sistematizador, que faz a articulação da legislação, da doutrina e da jurisprudência concernentes aos elementos que

[32] Milaré, Edis. *Direito do ambiente.* 9ª edição. São Paulo: Revista dos Tribunais, 2014, p. 258.

[33] Fernandes Neto, Tycho Brahe. *Direito Ambiental*: uma necessidade. Florianópolis: Imprensa da Universidade Federal de Santa Catarina, s/d, p. 15.

[34] Betancor Rodríguez, 2014, p. 95.

[35] Prieur, Michel. *Droit de l'Environnment.* 8ª edição. Paris: Dalloz, 2019, p. 6 e 9.

integram o ambiente",[36] e possui o chamado caráter transversal, resultando que os princípios e valores nutrem e impregnam os demais ramos do direito.

O direito ambiental ou do ambiente é reconhecido como disciplina autônoma nos cursos de Direito,[37] nos diversos conceitos que a doutrina tem empregado, e tem por objeto o meio ambiente ou, melhor, o ambiente. Um dos problemas enfrentados pela doutrina é sobre a autonomia ou não do direito ambiental, principalmente se é ou não um direito público. No entanto, tem prevalecido seu caráter interdisciplinar. O direito ambiental não pode ser classificado como direito público ou privado, já que, uma vez que seu objeto primário é a proteção da natureza, tem que adentrar obrigatoriamente o ambiente privado para que a finalidade seja cumprida. A função de proteção rompe as fronteiras que compartimentam o direito, de forma que debilita seu enclausuramento a respeito de outras disciplinas. A interdisciplinaridade, ainda, tem referência forte em outras fontes não jurídicas, em particular na economia e na ecologia, assim como na própria sociologia.

Nicola Lugaresi também enfatiza o caráter transversal do direito ambiental italiano, no sentido de intensa interação com outros setores, "*Ne consegue che le norme ambientali non sono solo quelle che si trovano nelle normative dichiaratamente ambientali, mas anche in normative diverse*".[38] Com efeito, as normas de direito ambiental, ao terem por objetivo primordial a proteção da vida, na busca de um ambiente equilibrado e sadio, possuem interferência[39] direta na economia, sociedade, inclusive na circulação de riquezas e em todos os demais ramos do direito, inclusive o privado.

Édis Milaré, ressaltando o caráter *multidisciplinar* do direito ambiental, leciona que ele tem duplo sentido, já que "lhe cabe congregar conhecimentos de uma série de outras disciplinas e ciências, jurídicas ou não", e,

[36] Machado, 2014, p. 58.

[37] DIÁRIO OFICIAL DA UNIÃO. *Portaria nº 3.816, de 24 de dezembro de 2002, art. 4º, q.* Publicado em 26 de dezembro de 2012, p. 24.

[38] Lugaresi, 2015, p. 9.

[39] Donnini, Rogério. Meio Ambiente e Responsabilidade Civil Pós-Contratual. In: Cambler, Everaldo Augusto (Org.). *Fundamentos do direito civil brasileiro*. Campinas: Millennium Editora, 2012, p. 337.

de igual maneira, o direito ambiental "retira de certas disciplinas tradicionais seus fundamentos, princípios e instrumentos, que servem para, presentemente, dar-lhe a já referida especialização".[40] Não é possível afirmar, assim, que o direito ambiental pertence a algum segmento do direito, tanto direito privado como público, existindo relacionamento com todas as áreas jurídicas, inclusive com o biodireito.[41]

Outro aspecto do meio ambiente é que integra os direitos de terceira geração – que nascera em decorrência da ideia de fraternidade inspirada no direito francês – inspirados nos valores de solidariedade que influenciaram outras disciplinas.[42] Seguindo a mesma linha, é preciso consignar o voto do ministro Celso de Mello, do Supremo Tribunal Federal, que enfatizou que referido direito de terceira geração "assiste, de modo subjetivamente indeterminado, a todo o gênero humano".[43] O princípio da solidariedade é um valor que se atribui à comunidade que nos reúne. Estes valores não brotam naturalmente com o ser humano. A solidariedade, assim, não é espontânea, sendo uma conquista contra o egocentrismo e o egoísmo, configurando uma avançada construção social e cultural, uma conquista frágil da civilização.[44] Perlingieri enfatiza que a noção de função social da propriedade não se restringe a uma etiqueta ou classificação, mas tem um conteúdo jurídico vinculativo ao operador ou intérprete, e, neste aspecto, está a solidariedade como princípio constitucional no sentido de estabelecer relações sociais mais equitativas.[45]

[40] Milaré, 2014, p. 284.

[41] Diniz, Maria Helena. *O estado atual do biodireito.* 9ª edição. São Paulo: Saraiva, 2014, p. 868.

[42] Morand-Deviller, Jacqueline. *Le droit de l'environnement.* 3ª edição: Paris: Presses Universitaires de France, 2009, p. 125.

[43] BRASIL. Supremo Tribunal Federal. *Mandado de Segurança nº 22.164-0-SP.* Relator Ministro Celso de Mello. Data do julgamento: 30/10/1998. Data da publicação no DJU: 17/11/1995. Disponível em: http://redir.stf.jus.br/paginadorpub/paginador.jsp?docTP=AC&docID=85691. Acesso em: 08 jan. 2021.

[44] Ianegitz, Rafaeli. *O princípio da solidariedade ambiental como dever fundamental.* 2018. Dissertação (Mestrado em Ciência Jurídica) – Universidade do Vale do Itajaí, Itajaí – SC, 2018, p. 112. Disponível em: https://www.univali.br/Lists/TrabalhosMestrado/Attachments/2396/RAFAELI%20IANEGITZ.pdf. Acesso em: 19 jan. 2021.

[45] Perlingieri, Pietro. *Introduzione ala problemática dela proprietà.* Napoli: Edizioni Scientifiche Italiane, 2011, p. 128.

Os direitos de terceira geração materializam poderes de titularidade coletiva atribuídos genericamente a todas as formações sociais e consagram o princípio da solidariedade, constituindo um momento importante no processo de desenvolvimento, expansão e reconhecimento dos direitos humanos, caracterizando *valores fundamentais indisponíveis*.[46] A noção de solidariedade, desde a sua gênese, gira em torno da ideia de superação do individualismo, com objetivo de permitir a vivência do ser humano em sociedade.[47] Entende-se por princípio da solidariedade, de um modo geral, um comando jurídico que determina a cooperação de todas as pessoas que vivem na sociedade, em favor da própria sociedade, bem como dos indivíduos carecedores de alguma ajuda. A solidariedade configura objetivo fundamental da República Federativa do Brasil, visando à construção de uma sociedade livre, justa e *solidária* (art. 3º, inciso I).

No campo do direito ambiental, a solidariedade decorrente do art. 225 da Constituição Federal consiste na solidariedade entre gerações (futuras e presentes), no intuito de preservar o meio ambiente como valor fundamental. Isso implica em usufruir os recursos naturais de forma sustentável. Os deveres fundamentais de proteção do ambiente são expressões claras de solidariedade (política, econômica, social e ecológica), enquanto valor ou bem constitucional legitimador de compressões ou restrições em face dos demais direitos fundamentais. É o que observamos, por exemplo, com o direito fundamental à propriedade. A solidariedade, assim, como enfatizam Sarlet e Fenterseifer, "expressa a necessidade (e, na forma jurídica, o dever) fundamental de coexistência (e cooperação) do ser humano em um corpo social, formatando a teia de relações intersubjetivas e sociais que se traçam no espaço da comunidade estatal".[48]

A solidariedade vem para o direito ambiental no intuito de *desumanizar* todos os seres humanos ao apequená-los como humildes integrantes do sistema planetário, para, posteriormente, voltar a humanizá-los

[46] LAFER, Celso. *Desafios*: ética e política. São Paulo: Siciliano, 1995, p. 239.

[47] FENSTERSEIFER, Tiago; SARLET, Ingo Wolfgang. *Direito constitucional ambiental*. Constituição, Direitos Fundamentais e Proteção do Ambiente. São Paulo: Revista dos Tribunais, 2012, p. 112.

[48] FENSTERSEIFER; SARLET, 2012, p. 147.

em uma nova condição de contribuintes natos para a sobrevivência do planeta e gerações futuras, e não como sempre se comportou o homem como credor dos recursos naturais que julgava infinitos. A solidariedade ambiental vem para alterar nossa relação com a Natureza, de forma que possamos protegê-la e, por consequência, nos protegermos.[49] É o que se pode chamar reflexão existencialista do direito ambiental, de forma que está sendo repensada ou reestruturada a relação do homem com a natureza, isso porque ainda não descobrimos o que dela nos distingue e o que a ela nos liga,[50] porque, até então, sempre foi tratada como elemento externo e, ao se preservar o meio ambiente, também se está protegendo todos os elementos essenciais à vida humana.[51] Podemos afirmar que degradação ambiental potencializa todos os elementos da solidariedade, é um problema que "envolve diferentes espaços-tempo",[52] configura um problema global, que resulta na promoção de uma cooperação em nível transnacional e intergeracional.

No que diz respeito aos animais, sempre existiu um sentimento de solidariedade mútuo entre homens e animais em diversos sentidos, como o econômico ou existencial (sobrevivência). Entretanto, é no aspecto cultural e social que a solidariedade humana e animal é mais evidente e, por vezes, comovente. A relação entre homens e os animais domésticos (que outrora foram silvestres) é considerada um dos mais puros e verdadeiros *sentimentos* recíprocos entre raças distintas. Neste aspecto, umas das histórias mais representativas dessa relação foi protagonizada por Hachiko,[53] cachorro da raça akita que seguia seu dono em Tóquio, o Professor Ueno, todos os dias, até a estação de trens de Shibuya, pela manhã, retornando para encontrá-lo ao final do dia. A rotina um dia foi interrompida quando o professor faleceu e não retornou à estação ao entardecer. Durante muitos anos, o cão Hachiko continuou esperando seu compa-

[49] Betancor Rodríguez, 2014, p. 116.

[50] Ost, 1997, p. 9.

[51] Meirelles, 1987, p. 81.

[52] Marques, Clarissa. Meio ambiente e futuras gerações: a solidariedade como vínculo limitador. In: Ramos, Erika Pires (Org.). *Revista Ambiente e Direito*. Ano II, edição 2. São Paulo: MP Editora, 2011, p. 76.

[53] Newman, Lesléa. *Hachiko Waits*. Washington: Scholastic Incorporated, 2008.

nheiro humano retornar, todo final de dia. A história hoje está representada por uma estátua do fiel companheiro na estação de trens de Shibuya. Menezes de Cordeiro identifica os dados culturais mais elementares dessa solidariedade no sentimento que acompanha as crianças desde a mais tenra idade, "fazendo dos animais, reais ou figurados – desenhos animados, brinquedos, contos – os melhores amigos e companheiros", concatenando-se com todo um acervo religioso, filosófico, ético, antropológico, biológico e ambiental.[54] Assim, é inquestionável que a figura dos animais silvestres e, principalmente, os domésticos, trouxeram o chamado resgate do homem à natureza, restabelecendo a conexão que fora rompida com a concentração social nas grandes cidades, decorrente do desenvolvimento do capitalismo e a revolução industrial. A mediação[55] entre o homem e a natureza foi restaurada com os animais domésticos – lembrando que esse elo sempre foi muito intenso, até a referida separação, porque a raça humana dependia dos animais para se alimentar, trabalhar, se deslocar e até se vestir, além, é claro, do companheirismo entre algumas espécies, como cães e gatos.

O meio ambiente configura-se, nas lições e classificações de Robert Alexy, como um *direito fundamental completo*,[56] ou seja, um conjunto de posições definitivas e *prima facie*, relacionadas entre si, e é constituído somente por uma conjunção de posições definitiva, sólida. O que qualifica um direito como fundamental é a sua resistência ou especial fortaleza frente a todos os poderes constituídos.[57] O direito fundamental completo é composto de "elementos de estrutura bem definida – das posições individuais dos cidadãos e do Estado –, e entre essas posições há relações claramente definíveis – as relações de especificação, de meio-fim e de sopesamento".[58] Alexy atribui a esses direitos fundamentais completos

[54] CORDEIRO, António Menezes. *Tratado de Direito Civil Português*. I. Parte Geral. Tomo II. Coisas. 2ª edição. Coimbra: Almedina, 2002, p. 212.

[55] BERGER, John. *Por que olhar para os animais?* São Paulo: Editora Fósforo, 2009 [edição Kindle].

[56] ALEXY, Robert. *Teoria dos Direitos Fundamentais*. [Título original: *Theorie der Grundrechte*]. Tradução de Virgílio Afonso da Silva da 5ª edição alemã. São Paulo: Malheiros, s/d, p. 443.

[57] REY MARTÍNEZ, Fernando. *La propiedad privada en la Constitución Española*. Madrid: Boletín Oficial del Estado Centro de Estudios Constitucionales, 1994., p. 139.

[58] ALEXY, s/d, p. 248.

um feixe de posições que dizem respeito, em parte, a prestações fáticas e, em parte, a prestações normativas, significando que, desses feitos, há perspectivas positivas e negativas com relação ao direito subjetivo, envolvendo o Estado, que deve proteger a riqueza natural, bem como uma coletividade, que deve abster-se de praticar um dano ambiental. Com relação à perspectiva positiva, existe um complexo de projeções normativas garantindo a proteção do bem ambiental.[59]

O reconhecimento constitucional de um ambiente ecologicamente equilibrado resulta na existência de um direito que transcende a natureza humana e sob o ponto de vista existencial, de forma que o homem, o ambiente e a fauna silvestre devem coexistir de forma balanceada, significando que a sorte de qualquer elemento é fundamental para os outros, de maneira que a harmonia na Terra depende deste êxito. O problema de salvar o ambiente faz coro com a salvação do homem. Estamos vivenciando a transformação da perspectiva da tutela ambiental que passou para um modelo *não antropocêntrico* que vê o ser humano como *parte da natureza*.[60] O desequilíbrio ambiental, como será analisado no âmbito do nosso estudo, traz consequências desastrosas para a vida na Terra, onde é relevante citar exemplos como o surgimento de novas doenças e a ocorrência de fenômenos climáticos mais intensos.

Nas lições de Hans Kelsen,[61] a conduta humana é o objeto da regulação normativa, sendo a função regulatória a mais clássica das funções do Direito. Um comportamento não humano somente pode entrar no conteúdo de uma norma jurídica se existir referência ou consequência

[59] "Assim, aquele que propõe a introdução de um direito fundamental ao meio ambiente, ou que pretende atribuí-lo por meio de interpretação a um dispositivo de direito fundamental existente, pode incorporar a esse feixe, dentre outros, um direito a que o Estado se abstenha de determinadas intervenções no meio ambiente (direito de defesa), um direito a que o Estado proteja o titular do direito fundamental contra intervenções de terceiros que sejam lesivas ao meio ambiente (direito a proteção), um direito a que o Estado inclua o titular do direito fundamental nos procedimentos relevantes para o meio ambiente (direito a procedimentos) e um direito a que o próprio Estado tome medidas fáticas benéficas ao meio ambiente (direito a prestação fática)" (Alexy, s/d, p. 432).

[60] Ramos, 2022, p. 1170.

[61] Kelsen, Hans. *Teoria Pura do Direito*. Capítulos 3 e 4. 6ª edição. Tradução de João Baptista Machado. São Paulo: Martins Fontes, 1998.

da conduta humana ou, ainda, como condição ou efeito. Assim considerando, Betancor Rodríguez, seguindo os critérios *kelsenianos*, define o direito ambiental como "aquele ramo do ordenamento jurídico que regula as atividades humanas com incidência ou impacto ambiental".[62] O ambiente em que se desenvolvem as atividades humanas é o objeto de uma prévia institucionalização jurídica, bem como é notório que todas as atividades humanas têm uma projeção sobre a natureza. O Direito Ambiental possui uma condicionante máxima, que é a proteção da Natureza, sendo que a análise e prevenção do impacto é o objeto primário da regulação normativa ambiental. Qualquer assunto relativo ao equilíbrio ecológico e que contribua para uma sadia qualidade de vida é, pois, assunto que afeta o meio ambiente.[63]

O objeto fundamental do direito ambiental é evitar o ato antijurídico e, por consequência, a aplicação da sanção. Referido ato antijurídico é produtor de danos ambientais, e evitá-los é impedir que os danos se realizem. O direito ambiental tem uma função primordial, que é impedir que o dano ambiental, muitas vezes irreversível, ocorra. A aplicação da sanção é de suma importância para restabelecer a função ecológica anterior, mas a Ciência tem demonstrado cada vez mais que muitas ações humanas são de reversibilidade complexa e, muitas vezes, impossível. Assim, o direito ambiental se baseia frequentemente na probabilidade de que uma atividade em especial possa produzir um dano, criando os mecanismos jurídicos possíveis para que o dano não ocorra e, ocorrendo, que seja possível a reparação.

O meio ambiente, principalmente após a Lei Maior, não pode receber o tratamento jurídico de bem público ou privado, mas, sim, de bens difusos, com as características que lhe são peculiares, como transindividualidade, indivisibilidade, titularidade indeterminável e vínculo de fato unindo os seus titulares.[64] Giampaolo Rossi trata o meio ambiente como bem imaterial unitário, bem jurídico composto que não se esgota em seus

[62] Betancor Rodríguez, 2014, p. 93.

[63] Mazzili, Hugo Nigro. *A defesa dos interesses difusos em juízo*. 30ª edição. São Paulo: Saraiva, 2017, p. 211.

[64] Bechara, Erika. *A proteção da fauna sob a ótica constitucional*. São Paulo: Juarez de Oliveira, 2003, p. 28.

componentes nem se esgota em si mesmo, de forma que, com relação ao direito subjetivo, está vinculado a uma coletividade, e não a uma pessoa individualmente.[65] Com efeito, o meio ambiente é um bem que pertence a uma coletividade, como agrupamento natural não dotado de personalidade jurídica. Nas lições de Álvaro Luiz Valery Mirra, o meio ambiente, individualmente, pertence a todos os indivíduos da coletividade e "não integra, assim, o patrimônio do Estado. Para o Poder Público – e, logicamente, também para os particulares –, o meio ambiente é sempre *indisponível*".[66]

O fato de o meio ambiente ser tratado constitucionalmente como de uso comum do povo não autoriza a interpretação com relação ao uso econômico da coisa, com relação ao consumo, mas, sim, no sentido de uma fruição coletiva, de gozo coletivo, sempre visando à qualidade ambiental desejável para as gerações futuras. Atualmente, é inadmissível a utilização dos bens de uso comum do povo de forma indiscriminada, sem controle e com aspectos egoísticos; essa era uma visão clássica ou tradicional, para não dizermos retrógrada.[67] O bem ambiental é destinado para uma sadia qualidade de vida de todas as gerações, de forma que é preciso ter uma perspectiva atemporal de fruição.

Entre os interesses público e privado existe, assim, uma categoria denominada interesses transindividuais, também chamados interesses metaindividuais, configurando interesses que, mesmo excedendo o âmbito estritamente individual, não podem ser considerados um interesse público propriamente dito.[68] Interessante é a justificativa da doutrina italiana, comparando a tutela civil individual da propriedade com a proteção do meio ambiente. Francesco Di Giovanni leciona que são valores incomparáveis, porque a tutela do meio ambiente é expressão sinônima de tutela da saúde, e essa ligação (*collegamento*) é o fundamento constitucional mais elevado para a resolução de incompatibilidades entre o individual e o coletivo, já que a qualidade de vida e os benefícios físi-

[65] Rossi, Giampaolo. *Diritto Dell'ambiente*. 4ª edição. Torino: G. Giappichelli Editore, 2017, p. 106.

[66] Mirra, 2002, p. 38 [grifo nosso].

[67] Mirra, 2002, p. 38.

[68] Mazzili, 2017, p. 52.

cos são irrenunciáveis.[69] Existe correspondência científica (e lógica) de que o dano ambiental traz consequências quase que imediatas à saúde humana, sendo que referido prejuízo pode ser atual ou potencial, ferindo o direito subjetivo à integridade física.

A noção do meio ambiente como bem público, assim, evoluiu para a ideia de um bem difuso, que interessa a toda uma coletividade. Como bem público ou particular, a questão relativa ao direito subjetivo é modificada, ou seja, se, antes, um dano ambiental era responsabilidade do Estado, agora, a lesão ao meio ambiente tem como sujeito passivo uma coletividade.[70] É o que se denomina interesses metaindividuais, que são atinentes a certos grupos de pessoas que têm algo em comum. Estes direitos ou interesses constituem-se como um gênero, do qual são espécies os direitos difusos, os coletivos e os individuais homogêneos.[71] O meio ambiente é um Direito difuso que pertence a todos e a cada um, porque os titulares são indeterminados.

Existe uma definição legal de interesses difusos no direito brasileiro. O Código de Defesa do Consumidor os define como interesses "transindividuais, de natureza indivisível, de que sejam titulares pessoas indeterminadas e ligadas por circunstâncias de fato" (art. 81, parágrafo único, inciso I, da Lei nº 8.078/1990). Para Hugo Nigro Mazzili, os interesses difusos compreendem determinados *grupos menos determinados de pessoas* (expressão em que o autor entende ser mais adequada do que *pessoas indeterminadas*, porque são, antes, pessoas indetermináveis), inexistindo qualquer vínculo jurídico ou fático preciso.[72] São como um "feixe ou conjunto de interesses individuais, de objeto indivisível, compartilhados por

[69] Giovanni, Francesco. *Strumenti Privatistici et tutela dell'ambiente*. Pádova: CEDAM, 1982, p. 71.

[70] Caravita, Beniamino; Morrone, Andrea. *Diritto dell'ambiente*. Bolonha: Il Mulino Strumenti, 2016, p. 26.

[71] Mazzili, 2017, p. 61:

Interesses	Grupo	Objeto	Origem
Difusos	Indeterminável	Indivisível	Situação de fato
Coletivos	Determinável	Indivisível	Relação jurídica
Individuais homogêneos	Determinável	Divisível	Origem comum

[72] Mazzili, 2017, p. 55.

pessoas indetermináveis, que se encontrem unidas por circunstância de fatos conexas".[73] Com relação ao meio ambiente, é patente a impossibilidade de se identificar as pessoas[74] ou, como ressalta Mauro Cappelletti, existem direitos subjetivos que não se pode idealizar um *titular* ou a quem *pertencem*; são, assim, "direitos que pertencem, ao mesmo tempo, a todos e a ninguém".[75]

Bobbio ressalta que, entre os direitos de terceira geração, "o mais importante deles é o reivindicado pelos movimentos ecológicos: o direito de viver num ambiente não poluído".[76] Entendemos que meio ambiente, de acordo com a nova perspectiva social, pode ser considerado princípio geral do direito essencial. Na lição de R. Limongi de França, os princípios essenciais vêm a "ser aqueles princípios *estáveis*, que não se transformam, ou não se devem transformar, através dos tempos e dos povos, sob pena de desvirtuamento da própria índole do Direito".[77] A esgotabilidade dos recursos naturais, somada à necessidade de dever solidário entre as nações presente e futura, apresenta-se, assim, como fundamento dessa essencialidade principiológica do direito ambiental.

1.2 Princípios fundamentais do direito ambiental

A palavra *princípio*, em sua raiz latina, significa "aquilo que se torna primeiro" (*primum capere*), designando começo, ponto de partida. Segundo José Cretella Júnior, "são proposições básicas, fundamentais, típicas, que condicionam todas as estruturas subsequentes",[78] de forma que, no estudo dos princípios inerentes ao meio ambiente, os princípios são

[73] Mazzili, 2017, p. 56.

[74] Vigliar, José Marcelo Menezes. *Ação Civil Pública*. 3ª edição. São Paulo: Atlas, 1999, p. 46.

[75] O jurista italiano questiona: "a quem pertence o ar que eu respiro?" (Cappelletti, Mauro. Formações sociais e interesses coletivos diante da justiça civil. *Revista de Processo*, v. 5, jan. – mar., p. 128 – 159. São Paulo: Revista dos Tribunais, 1977 [grifo nosso]).

[76] BOBBIO, Norberto. *A era dos direitos*. 10ª edição. Rio de Janeiro: Campus, 1992, p. 6.

[77] Rosa Nery leciona que existe verdadeira interação entre cláusulas gerais e princípios gerais do direito (Nery Junior, Nelson; NERY, Rosa Maria de Andrade. *Código civil comentado*. 11ª edição. São Paulo: Revista dos Tribunais, 2014, p. 130).

[78] Cretella Júnior, José. *Comentários à Constituição brasileira de 1988*. Rio de Janeiro: Forense Universitária, 1989, p. 129.

entendidos como normas imediatamente finalísticas, como ensina Humberto Ávila, e "demandam uma avaliação da correlação entre o estado das coisas a ser promovido e os efeitos decorrentes da conduta havida como necessária à sua promoção".[79]

Larenz entendia os princípios como normas fundamentais para o ordenamento jurídico, na medida em que estabelecem valores normativos para a interpretação e aplicação do Direito, deles decorrendo normas de comportamento.[80] O aspecto funcional dos princípios é inquestionável, prestando relevante auxílio no *conhecimento* do ambiente jurídico, estabelecendo o que o sistema precisa para assim ser entendido, que são a coerência e a unidade, transformando o acervo normativo com os aspectos lógico e racional.[81]

O direito ambiental é rico em princípios e trataremos, dos quais os que consideramos fundamentais ou elementares, e que serão úteis no âmbito do nosso estudo, são os chamados *princípios estruturais*. Os princípios, normalmente, são confundidos com os objetivos ou finalidades do Direito Ambiental, porque a diferença é sutil. Os princípios, ensina Betancor Rodríguez, "são regras sucintas que servem de fonte de inspiração da legislação, decisões judiciais e a atividades dos poderes públicos, inclusive iluminar a atividades dos particulares";[82] já os objetivos ou fins do direito ambiental são um resultado a se alcançar, mesmo que nunca se realizem.

A repartição entre princípios e objetivos, geralmente, não é tratada na doutrina brasileira,[83] mas um exemplo demonstrará a utilidade da separação. Podemos afirmar, sem dúvidas, que a sustentabilidade é uma fina-

[79] Ávila, Humberto. *Teoria dos princípios, da definição à aplicação dos princípios jurídicos*. 16ª edição. Malheiros: São Paulo, 2014, p. 225.

[80] Larenz, Karl. *Metodologia da ciência do Direito*. 5ª edição [tradução do original alemão: *Methodenlehre der Rechtswissenschaft*. 6ª edição. Berlin: Springer Verlag, 1991, p. 474]. Lisboa: Fundação Calouste Guilbenkian, 2009.

[81] Mirra, Álvaro Luiz Varrey. Princípios fundamentais do Direito Ambiental. In: Milaré, Édis; Machado, Paulo Affonso Leme (Orgs.). *Direito Ambiental*: fundamento do direito ambiental. Coleção Doutrinas Essenciais. V. 1. São Paulo: Editora Revista dos Tribunais, 2011, p. 341.

[82] Betancor Rodríguez, 2014, p. 245.

[83] Machado, 2014, p. 246.

lidade do direito ambiental, bem como a utilização dos recursos naturais, objetivos que se traduzem em atividades dos poderes públicos, porém, não explicitam o que seriam tais atividades, existindo maior grau de indefinição, de forma que os princípios fundamentais e básicos servem, assim, para demonstrar a síntese do direito ambiental.

Com relação às fontes do direito ambiental, esclarece Álvaro Luiz Valery Mirra que os princípios preferencialmente devem ser "localizados e extraídos da Constituição Federal de 1988, da Lei da Política Nacional do Meio Ambiente (Lei nº 6.938/81), das Constituições Estaduais e, também, das Declarações Internacionais de Princípios, adotadas por Organizações Internacionais".[84] Dentre as declarações, destacamos a do Rio de Janeiro, de 1992, sobre o meio ambiente e desenvolvimento, que resultou no estabelecimento de vinte e sete princípios que são recorrentes fontes para o direito ambiental mundial.[85]

Realizadas essas considerações, consideraremos princípios fundamentais do direito ambiental os seguintes: 1) princípios que buscam evitar o dano ambiental: a) princípios da prevenção, b) da precaução e c) da proibição do retrocesso ambiental; 2) princípios de restauração dos recursos naturais danificados: a) princípio de correção dos danos ao meio ambiente ou usuário-pagador e b) princípio do poluidor pagador ou aquele segundo o qual quem contamina deve pagar.

O primeiro grupo de princípios (*que buscam evitar o dano ambiental*) colima antever o impacto ou dano ambiental, estabelecendo fundamentos para preservar um patrimônio natural, reconhecendo sua fragilidade, valendo-se muitas vezes da comunicação com a ciência para melhor atender referida finalidade. O segundo grupo de princípios (*restauração dos recursos naturais danificados*), por sua vez, partem da ocorrência ou aceitação da existência de uma agressão ou dano ao meio ambiente, buscando sempre a sua restauração ao estado anterior ou, na impossibilidade, pela compensação ambiental ou econômica.

84 MIRRA, 2011, p. 343.

85 DECLARAÇÃO do Rio de Janeiro. *Estudos Avançados*, v. 6, n. 15. São Paulo, maio – ago., 1992. DOI: https://doi.org/10.1590/S0103-40141992000200013. Disponível em: http://www.scielo.br/scielo.php?script=sci_arttext&pid=S0103-40141992000200013&lng=pt&tlng=pt. Acesso em: 20 maio 2020.

1.3 Princípios que buscam evitar o dano ambiental

O dano ambiental deve ser evitado, configurando a melhor maneira de proteger a natureza, em prevenir que ela sofra uma agressão. A razão é lógica, além de, obviamente, científica: é muito difícil, para não dizer impossível, que o recurso ambiental impactado recupere seu estado originário. O melhor exemplo que podemos explicitar é o de uma árvore[86] cujo crescimento pode demorar anos ou até séculos e precisa somente de segundos para ser destruída.[87]

A natureza é exigente e o tempo, aliado às condições biológicas ideais, tem importância única. Por isso, a prevenção pode ser considerada princípio basilar do direito ambiental e não pode ser olvidada tanto em políticas públicas como na aplicação do direito. Álvaro Luiz Vallery Mirra esclarece que, "uma vez consumada uma degradação ao meio ambiente, a sua reparação é sempre incerta e, quando possível, excessivamente custosa. Daí a necessidade de atuação preventiva para que consiga evitar os danos ambientais".[88]

Bedaque afirma que é preciso mudar o paradigma no direito brasileiro, o que se potencializa no direito ambiental, afirmando não haver espaço para que prevaleça a tutela após o dano. Para tal, é preciso estudar mecanismos de oferta de tutela antes de ele ocorrer, uma vez que: "mais eficaz é a tutela preventiva, que visa a impedir a ocorrência de um dano antes que a ameaça de lesão a um direito se consume".[89]

1.3.1 Princípio da prevenção

Prevenir, conforme o Dicionário de Língua Portuguesa, é "dispor com antecipação (algo) de modo que se evite mal ou dano; impedir que acon-

[86] No Parque Estadual de Vassununga, em Santa Rita do Passa Quatro, São Paulo, há um exemplar de uma jequitibá-rosa (*cariniana legalis*), com 40 metros de altura e mais de 600 anos de existência (SÃO PAULO. *Parque Estadual Vassununga*. Disponível em: https://www.saopaulo.sp.gov.br/conhecasp/parques-e-reservas-naturais/parque-estadual-vassununga/. Acesso em: 15 maio 2020).

[87] LORENZI, Harri. *Árvores brasileiras*. 6ª edição. Vol. I. São Paulo: Instituto Plantarum de Estudos de Flora, 2014.

[88] MIRRA, 2011, p. 353.

[89] BEDAQUE, José Roberto dos Santos. *Direito e processo*: influência do direito material sobre o processo. 3ª edição. São Paulo: Malheiros Editores, 2003, p. 127.

teça; proibir; providenciar com antecedência; preparar-se".[90] Para isso, é preciso que existam instrumentos jurídicos que consigam *antecipar* a ocorrência do dano ambiental. Assim, num primeiro momento, é preciso prever os efeitos do impacto ambiental e tomar as medidas adequadas para, primeiramente, impedir, eliminar, corrigir e, na última hipótese, mitigar os estragos ambientais. O princípio da prevenção, assim, se consubstancia nas ferramentas jurídicas adequadas e eficazes que tenham como objetivo primordial a não ocorrência do dano ambiental, configurando uma ação preventiva que se materializa em medidas antecipatórias[91] à atividade lesiva.

É possível traçar uma comparação do princípio da prevenção com o que se chama de medicina preventiva. Após milênios estudando-se sobre como se curar doenças, nas últimas décadas é notório e intenso o estudo na medicina para o estabelecimento de medidas acautelatórias e de bons hábitos para que o homem não adoeça e tenha que se submeter a tratamentos medicamentosos ou cirúrgicos que deixam sequelas ou efeitos colaterais sérios; e os resultados foram surpreendentes, já que o nível de qualidade de vida aumentou de forma significativa. Mas a razão também foi de ordem pública, inclusive econômica. A prevenção de doenças é muito menos custosa ao Estado do que o tratamento ordinário, permitindo à medicina a concentração de esforços científicos mais objetivos.

Com relação à aplicação do princípio, Édis Milaré enfatiza que é imprescindível "quando o perigo é certo e quando se tem elementos seguros para afirmar que uma determinada atividade é efetivamente perigosa".[92] Não obstante, a aplicação pode ser mais complexa, de forma que é preciso que seja um patrimônio natural a ser protegido e o dano tem que ser evitável, ou seja, passível de atitudes que possam neutralizá-lo.[93]

O princípio da prevenção vem sendo disciplinado em convenções e tratados internacionais, dos quais se destaca a Convenção da Diversidade Biológica, assinada durante a Conferência das Nações Unidas sobre Meio

[90] Houaiss, Antônio. *Dicionário Houaiss da Língua Portuguesa.* 1ª edição. Rio de Janeiro: Objetiva, 2009, p. 1.549.

[91] Prieur, Michel. *Droit de l'Environnement.* 4ª edição. Paris: Dalloz, 2001, p. 93.

[92] Milaré, 2014, p. 265.

[93] Betancor Rodríguez, 2014, p. 255.

Ambiente e Desenvolvimento, realizada na cidade do Rio de Janeiro, no período de 5 a 14 de junho de 1992, que, em seu preâmbulo, dispõe que "é vital prever, prevenir e combater na origem as causas da sensível redução ou perda da diversidade biológica".[94] O princípio da prevenção foi introduzido no Tratado da Comunidade Europeia por obras da Ata Única Europeia do ano de 1987; atualmente, está previsto no art. 191.2 da Política da União Europeia, no âmbito do Meio Ambiente.[95]

Paulo Affonso Leme Machado enfatiza que todo o caráter inerente à prevenção depende necessariamente de atitudes dos seres humanos, no sentido de estarem atentos ao ambiente e às consequências de seus atos, sendo que, para isso, é fundamental o conhecimento, porque "sem informação organizada e sem pesquisa, não há prevenção".[96]

O princípio da prevenção pode ser extraído da Lei de Política Nacional do Meio Ambiente (Lei nº 6.938, de 31 de agosto de 1981), que, em seu artigo 2º, inciso IV, traz como princípio a "proteção dos ecossistemas, com a preservação de áreas representativas". No entanto, é na Constituição Federal que ele surge com maior clareza, quando prevê a utilização de estudo de impacto ambiental (art. 225, § 1º, IV) na instalação de obra ou atividade potencialmente causadora de significativa degradação do meio ambiente, inclusive com garantia de ampla publicidade.

O estudo de impacto ambiental objetiva avaliar as proporções de possíveis agressões ao meio ambiente natural de empreendimentos diversos, é a forma mais contundente de manutenção da tutela ambiental preventiva, porque visa a evitar consequências danosas,[97] configurando um efi-

[94] BRASIL. Câmara dos Deputados. *Decreto Legislativo nº 2, de 1994*. Aprova o texto da Convenção sobre Diversidade Biológica, assinada durante a Conferência das Nações Unidas sobre Meio Ambiente e Desenvolvimento, realizada na cidade do Rio de Janeiro, no período de 5 a 14 de junho de 1992. Disponível em: https://www2.camara.leg.br/legin/fed/decleg/1994/decretolegislativo-2-3-fevereiro-1994-358280-publicacaooriginal-1-pl.html. Acesso em: 16 maio 2020.

[95] PARLAMENTO EUROPEU. *Política ambiental*: princípios gerais e quadro de base. Disponível em: https://www.europarl.europa.eu/factsheets/pt/sheet/71/politica-ambiental--principios-gerais-e-quadro-de-base. Acesso em: 16 maio 2020.

[96] Afonso Da Silva, José. *Direito Ambiental Constitucional*. 5ª edição. São Paulo: Malheiros, 2004, p. 287.

[97] Afonso Da Silva, 2004, p. 289.

caz instrumento da política de defesa da qualidade dos recursos naturais. Resulta o estudo de impacto ambiental na elaboração de documento técnico científico denominado relatório de impacto ao meio ambiente (RIMA), que se consubstancia na sistematização dos estudos realizados, trazendo conclusões técnico-científicas.[98]

Finalmente, é preciso consignar mais uma manifestação do princípio da prevenção, que é a necessidade do chamado licenciamento ambiental, que se configura como uma medida administrativa vinculada e definitiva concedida pela autoridade ambiental respectiva em atividades potencialmente lesivas ao meio ambiente. A necessidade de licenciamento ambiental é residual, ou seja, para todas as atividades que têm significativo impacto ambiental, caso em que o estudo de impacto ambiental será necessário. O art. 10 da Lei nº 6.938, de 31 de agosto de 1981, prevê expressamente o licenciamento ambiental nos casos de "construção, instalação, ampliação e funcionamento de estabelecimentos e atividades utilizadores de recursos ambientais, efetiva ou potencialmente poluidores". Sua necessidade, assim, em resumo, está vinculada às atividades que sejam fontes de poluição e potencialmente danosas ao meio ambiente natural, não se configurando como uma formalidade de sentido burocratizante, mas manifestação de um princípio fundamental de direito ambiental que prevê a não ocorrência do dano ambiental.

1.3.2 Princípio da precaução

Precaução se configura como substantivo do verbo "precaver-se" (do latim, *prae* = antes e *cavere* = tomar cuidado) e sugere cuidados antecipados com o desconhecido.[99] O princípio da precaução é tratado por parte da doutrina em conjunto com o princípio da prevenção, mas, atualmente,

[98] O relatório de impacto ambiental (RIMA) não foi disciplinado expressamente em legislação federal, encontrando-se regulamentado no art. 9º da Resolução nº 1, de 17 de fevereiro de 1986, do Conselho Nacional do Meio Ambiente – CONAMA. *Cf.*: CONSELHO NACIONAL DO MEIO AMBIENTE (Brasil). *Resoluções do Conama*: resoluções vigentes publicadas entre setembro de 1984 e janeiro de 2012. Ministério do Meio Ambiente. Brasília: MMA, 2012. Disponível em: http://conama.mma.gov.br/images/conteudo/LivroConama.pdf. Acesso em: 07 out. 2021.

[99] MILARÉ, 2014, p. 265.

tem sido estudado de forma independente.[100] O direito ambiental espanhol[101] prefere chamar o princípio da precaução de cautela, o que confere mais sentido e ajuda a distingui-lo da prevenção, conforme analisaremos.

Para o direito ambiental, existe a aplicação do princípio da precaução quando existe uma incerteza ou, melhor, quando o conhecimento científico não for suficiente para se conhecer a extensão nem a qualificação do dano, de forma que há mera possibilidade de degradação ambiental. A consagração jurídica do princípio da precaução ocorreu no direito ambiental alemão (*vorsorgeprinzip*);[102] no âmbito internacional, ganhou relevância na Declaração do Rio de 1992 sobre Meio Ambiente e Sustentabilidade:

> Com a finalidade de proteger o meio ambiente, os Estados deverão aplicar amplamente o critério de precaução conforme suas capacidades. Quando houver perigo de dano grave ou irreversível, a falta de certeza científica absoluta não deverá ser utilizada como razão para que seja adiada a adoção de medidas eficazes em função dos custos para impedir a degradação ambiental.[103]

O princípio da precaução é considerado a *essência* do direito ambiental[104] e, atualmente, leciona Michel Prieur, é referência indispensável em todas as abordagens aos riscos.[105] Em existindo uma atividade humana potencialmente *danosa*, o princípio da precaução deve ser aplicado, mesmo que a ciência não tenha assim definido de forma conclusiva, ou seja, *in dubio pro natura*. O conhecimento científico, embora não tenha condições suficientes para determinar uma atividade que coloque em risco o patrimônio natural, tem como, por meio da metodologia cientí-

[100] Betancor Rodríguez, 2014, p. 264.
[101] Betancor Rodríguez, 2014, p. 268.
[102] Machado, 2014, p. 95.
[103] UNITED NATIONS, 1992.
[104] Derani, Cristiane. *Direito ambiental econômico*. 2ª edição. São Paulo: Max Limonad, 2001, p. 169.
[105] Prieur, 2001, p. 145.

fica, prever o impacto, de forma que a precaução não está totalmente dissociada de elementos científicos.

Entre a ciência e a não ciência, existe um vácuo informativo no qual o direito ambiental atua, mediante o princípio da precaução. François Ewald ensina que o princípio da precaução utiliza "a ciência como forma de suspeita".[106] É a incerteza científica o elemento autorizante da aplicação do princípio da precaução, e não a certeza. Não obstante, o princípio da precaução está relacionado com as incertezas humanas, nasceu no mundo do Direito porque é necessária a existência de uma *incerteza*, enfatizando Jean-Marc Lavieille que o homem é responsável pelo que sabe, mas também pelo que deveria ter sabido.[107]

O princípio da precaução possui um caráter excepcional com relação à comunicação com a ciência. Se, na grande maioria das hipóteses, o direito ambiental se comunica com o universo científico para colher as informações necessárias; na precaução, é a independência do sistema jurídico que opera o fechamento estrutural, emitindo a comunicação ao sistema ciência de que, face à incerteza e ao potencial risco a um patrimônio natural, a conduta humana é considerada *ilícita* até que a ciência tenha uma resposta. Assim, o princípio da precaução tem como fontes os sistemas jurídico e político, alerta Denise Hammerschmidt, "considerando que se estão em jogo valores relevantes como a seguridade, a saúde da população ou a proteção do meio ambiente".[108]

O princípio da precaução está expressamente previsto na Lei de Proteção do Bioma Mata Atlântica, juntamente com o princípio da prevenção, conforme o parágrafo único do art. 6º:

> na proteção e na utilização do Bioma Mata Atlântica, serão observados os princípios da função socioambiental da propriedade, da equidade interge-

[106] Ewald, François. Philosophie de la précaution. *L'Année sociologique*, v. 46, n. 2. Paris: Presses Universitaires de France, 1996, p. 402.

[107] Lavieille, Jean-Marc. *Droit International de l'Environnement*. Paris: Elllipses, 1998, p. 246.

[108] Hammerschmidt, Denise. Risco na sociedade contemporânea e o princípio da precaução. Direito Ambiental: fundamento do direito ambiental. In: Milaré, Édis; Machado, Paulo Affonso Leme (Orgs.). *Direito Ambiental*: fundamento do direito ambiental. Coleção Doutrinas Essenciais. V. 1. São Paulo: Editora Revista dos Tribunais, 2011, p. 373.

racional, da prevenção, *da precaução*, do usuário-pagador, da transparência das informações e atos, da gestão democrática, da celeridade procedimental, da gratuidade dos serviços administrativos prestados ao pequeno produtor rural e às populações tradicionais e do respeito ao direito de propriedade.

A Lei de Biossegurança (Lei nº 11.105/2005) também traz referência direta à precaução: nos termos do *caput* do art. 1º, "o manuseio de organismos geneticamente modificados submete-se a um regime baseado, entre outras, na diretriz atinente à observância do *princípio da precaução* para a proteção do meio ambiente".

No âmbito criminal, a precaução pode ser encontrada na Lei nº 9.605, de 12 de fevereiro de 1998, ao tratar dos crimes ambientais, disciplinando que "incorre nas mesmas penas previstas no parágrafo anterior quem deixar de adotar, quando assim o exigir a autoridade competente, *medidas de precaução* em caso de risco de dano ambiental grave ou irreversível" (§ 3º, art. 54). Em que pese o dispositivo legal estar no âmbito criminal, para a aplicação da pena deverá ser extraído do direito ambiental se a autoridade ambiental não tomou a precaução exigida para evitar o risco ambiental.

A finalidade do princípio da precaução é a durabilidade de uma qualidade de vida saudável da humanidade, bem como a continuidade da natureza existente na Terra.[109] Ensina Ayala que o "núcleo de identidade das medidas precaucionais de proteção da fauna propostas pela Constituição brasileira está associada, sobretudo, à contenção da irreversibilidade".[110] A aplicação do princípio da precaução está atrelada, assim, em razão da impossibilidade de remediar a extinção de uma espécie silvestre cuja importância integra a sobrevivência da própria humanidade como elemento integrante da natureza.

Por fim, a aplicação do princípio da precaução não significa uma conduta omissiva. O cientista Nelson da Cruz Gouveia leciona que o "princípio da precaução é um princípio de ação, que motiva atitudes e uma gestão ativa perante um risco"; "sua aplicação não busca um risco zero, mas sim a inserção de ações e tomadas de decisões em um contexto mais

109 Machado, 2014, p. 96.
110 Ayala, 2005, p. 22.

amplo".[111] Sem o agir, o princípio da precaução não se exterioriza; e o agir proibitivo, sem parâmetros e análises mínimas dos riscos, não cumpre a finalidade desse princípio fundamental, que é a proteção ambiental.

1.3.3 Princípio da proibição do retrocesso ambiental

O princípio da proibição do retrocesso ambiental (ou princípio do não retrocesso ambiental, como também é conhecido) consiste em um direito fundamental do indivíduo e da coletividade em que se protege um valor mínimo existencial ecológico ou socioambiental.[112] Como define Patryck de Araújo Ayala, "o princípio aponta para uma proibição da reversão no desenvolvimento dos direitos fundamentais, e para uma garantia de não retorno a graus de proteção que já tenham sido ultrapassados".[113] É a manifestação e exteriorização da substância do direito ambiental, que configura um direito humano intangível, que é a vida. Assim considerando, uma vez garantida pela legislação uma proteção ambiental relevante, ela se incorpora fundamentalmente a uma categoria de direitos que, com a proteção constitucional, não admite supressão ou, melhor, retroatividade.

O referido princípio[114] é o reconhecimento de uma tendência de abrandamento da legislação ambiental em todo o mundo em face de diversas justificativas, como tentativas políticas de reduzir o rigor da norma de proteção, ou, ainda, abranda a eficácia dela, com ameaças

[111] SETZER, Joana; GOUVEIA, Nelson da Cruz. Princípio da precaução rima com ação. In: MILARÉ, Édis; MACHADO, Paulo Affonso Leme (Orgs.). *Direito Ambiental*: fundamento do direito ambiental. Coleção Doutrinas Essenciais. V. 1. São Paulo: Editora Revista dos Tribunais, 2011, p. 428.

[112] MOLINARO, Carlos Alberto. *Direito ambiental*. Proibição de retrocesso. Porto Alegre: Livraria do Advogado, 2007, p. 91.

[113] AYALA, Patryck de Araújo. Mínimo existencial ecológico e proibição de retrocesso em matéria ambiental: considerações sobre a inconstitucionalidade do código do meio ambiente de Santa Catarina. *Revista de Direito Ambiental*, vol. 60, p. 329 – 371, out. – dez. São Paulo: Revista dos Tribunais (Thomson Reuters), 2010.

[114] PENEDO, Tainara Gomes; MELO, Marcelo Augusto Santana de. A proteção da mata atlântica e o princípio da proibição do retrocesso ambiental. *Revista Jurídica da Escola Superior do Ministério Público de São Paulo*, v. 20, p. 90 – 120, 2021. Disponível em: https://es.mpsp.mp.br/revista_esmp/index.php/RJESMPSP/article/view/463/340340478. Acesso em: 30 jan. 2022.

econômicas atribuindo à preservação causa para atravancamento para o desenvolvimento, já que a magnitude das leis em matéria ambiental constitui um conjunto complexo de difícil compreensão. É fato, também, que o aumento da população mundial elevou a demanda por alimentos e, por consequência, a pressão, muito sentida no Brasil, para o aumento de terras de uso agropastoril em detrimento de florestas tropicais.

O princípio surge, assim, no reconhecimento do aumento da tendência de mitigação da preservação ambiental já existente e eficaz. Michel Prieur ressalta que, "em nome da soberania dos parlamentos, o tempo do direito recusa a ideia de um *direito adquirido* sobre as leis ambientais: 'o que uma lei pode fazer, outra lei pode desfazer'",[115] de forma que, no âmbito do direito ambiental, existiria uma porta em potencial para o retrocesso, o que poderia prejudicar gerações presentes e futuras. José Joaquim Gomes Canotilho leciona que o núcleo essencial dos direitos sociais já efetivados deve se considerar constitucionalmente garantido, sendo inconstitucionais quaisquer medidas que se traduzam na anulação, revogação.[116]

O princípio do não retrocesso ambiental possui duas vertentes principais, nos ensinamentos de Naim-Gesbert, em sua natureza, ou seja, se existir progresso que seja de forma sustentável e, em sua aplicação, de acordo com as informações científicas.[117] Outro fator é o tempo, elemento crucial para a formação e compreensão do princípio, porque a verdade é capturada por determinado momento; é estabelecendo-se, assim, um *ponto de equilíbrio temporal*. É possível encontrar na Constituição da República Federativa do Brasil de 1988 diversos dispositivos versando sobre a tutela do meio ambiente e é plausível conferir a esse preceito uma superioridade na hierarquia normativa, muito embora não conste expressa-

[115] Benjamin, Antonio Herman de Vasconcellos e. Princípio da proibição de retrocesso ambiental. In: BRASIL. Congresso Nacional. Senado Federal. Comissão de Meio Ambiente, Defesa do Consumidor e Fiscalização e Controle (CMA). *Colóquio Internacional sobre o Princípio da Proibição de Retrocesso Ambiental*. Brasília, DF, 2012, p. 11. Disponível em: https://www2.senado.leg.br/bdsf/handle/id/242559. Acesso em: 01 out. 2020.

[116] Canotilho, José Joaquim Gomes. *Direito Constitucional e Teoria da Constituição*. 7ª edição. Coimbra: Almedina, 2016, p. 475.

[117] Naim-Gesbert, Éric. *Droit Général de L'environnement*. 3ª edição. Paris: LexisNexis, 2019, p. 37.

mente dos direitos e garantias fundamentais. Isso porque o direito a um ambiente ecologicamente equilibrado se consubstancia, como pudemos estudar, no próprio direito à vida, configurando, dessa forma, tanto no plano material como no plano formal, direitos fundamentais.[118]

O princípio da proibição do retrocesso ambiental é, assim, um direito humano fundamental e essencial porque a vida é, em qualquer hipótese, irrenunciável (art. 5º, *caput*, CF) – e integra os direitos e garantias individuais, configurando cláusula pétrea ou norma de intangibilidade constitucional (artigo 60, § 4º, da Constituição Federal), além de serem considerados direitos adquiridos.[119] Sarlet e Fenterseifer, por sua vez, entendem que a proibição do não retrocesso ambiental consiste em um *princípio constitucional implícito* e tem como fundamento constitucional o princípio do Estado (Democrático e Social) de Direito, os princípios da dignidade da pessoa humana, máxima eficácia e efetividade das normas definidoras de direitos fundamentais, bem como o princípio da segurança jurídica.[120] Herman Benjamin leciona que, "no plano dogmático, o princípio da proibição de retrocesso vem recebendo marcante atenção na esfera dos direitos humanos e direitos sociais". Não obstante, estamos atravessando o momento de transição de referidos direitos para a esfera ambiental.[121]

Luís Roberto Barroso[122] enfatiza que está ganhando força na doutrina constitucional brasileira a ideia de proibição de retrocesso social, perfeitamente aplicável sob o ponto de vista da perspectiva ambiental:

> Por este princípio, que não é expresso, mas decorre do sistema jurídico-constitucional, entende-se que se uma lei, ao regulamentar um mandamento constitucional, instituir determinado direito, ele se incorpora ao patrimônio jurídico da cidadania e não pode ser arbitrariamente suprimido.

[118] Machado, Paulo Affonso Leme. *Direito Ambiental brasileiro*. 12ª edição. São Paulo: Malheiros, 2004, p. 256.

[119] Prieur, 2001, p. 31.

[120] Fensterseifer; Sarlet, 2012, p. 147.

[121] Benjamin, 2012, p. 55.

[122] Barroso, Luís Roberto. *Direito Constitucional e a efetividade das normas*. 9ª edição. Rio de Janeiro: Renovar, 2009, p. 152.

> Nessa ordem de ideias, uma lei posterior não pode extinguir um direito ou garantia, especialmente os de cunho social, sob pena de promover um retrocesso, abolindo um direito fundado na Constituição.

Podemos afirmar, assim, que o princípio do não retrocesso ambiental na Constituição brasileira pode ser encontrado, em sua essência, como direito inviolável à vida constante do *caput do* art. 5º, mas a principal referência consta do art. 225, porque a retroação ambiental é incompatível com os elementos protetivos nele constantes, de forma que não é possível a existência de um meio ambiente ecologicamente *desequilibrado*, que resulte numa qualidade de vida *inadequada*, muito menos que *não seja preservado* para as presentes e futuras gerações. Ressalta José Renato Nalini que o "constituinte pós-autoritarismo refletiu a preocupação ambiental e produziu textos dos mais avançados para a defesa do ambiente".[123] O princípio do retrocesso poderia ser elevado à categoria de princípio dos princípios ambientais, porque representa um verdadeiro marco no reconhecimento de que a evolução do homem e sua relação com a natureza não pode retroceder. A proteção ambiental, assim, configura um novo direito fundamental por abranger, nas palavras de José Afonso da Silva, "todos elementos essenciais à vida humana".[124]

No Brasil, a proibição do não retrocesso ambiental vem sendo considerada princípio pela jurisprudência dos tribunais estaduais.[125] No

[123] NALINI, José Renato. *Ética ambiental.* 2ª edição. Campinas: Millennium Editora, 2003, p. 24.

[124] AFONSO DA SILVA, 2004, p. 58.

[125] Lei que altera dispositivo da lei que estabelece o Plano Diretor do Município de São Carlos, afastando a proibição de desdobros que resultem em lotes que não atendam à dimensão mínima prevista para a Zona de sua localização Ofensa aos princípios do planejamento, da impessoalidade e da proibição do retrocesso ambiental - Inexistência de participação de entidades comunitárias no processo legislativo e de estudos prévios de impacto urbanístico e ambiental - Incompatibilidade com os artigos 111, 180, caput, I, III e IV, e 181 §§ 1º e 2º, 191 e 192 da Constituição Estadual Ação procedente, com modulação (BRASIL. Tribunal de Justiça de São Paulo. Câmara Especial. *Ação Direta de Inconstitucionalidade nº 2078027-65.2020.8.26.0000.* Rel. Des. Moreira Viegas. São Paulo. Data do julgamento: 16-09-2020. Data da publicação no Diário Oficial Eletrônico: 17-09-2020. Disponível em: https://esaj.tjsp.jus.br/cjsg/getArquivo.do?cdAcordao=13972000&cdForo=0. Acesso em: 01 out. 2020). Lei Complementar do Município de Franca, de iniciativa parlamen-

entanto, é no Superior Tribunal de Justiça que o princípio da proibição do retrocesso ambiental vem ganhando força e contornos jurídicos definidos. Isso ocorreu, principalmente, em razão da aprovação do Código Florestal de 2012,[126] que mitigou a proteção ambiental estabelecida no código florestal revogado e fixou entendimento de que a declaração de constitucionalidade de vários dispositivos do novo Código Florestal (Lei nº 12.651/2012) pelo Supremo Tribunal Federal não inibe a análise da aplicação temporal do texto legal vigente no plano infraconstitucional, tarefa conferida ao Superior Tribunal de Justiça.[127]

tar, que disciplina matéria urbanística ambiental. Cerceamento à participação popular e comunitária durante o processo legiferante respectivo. Ofensa aos artigos 180, inciso II, e 191, ambos da Constituição do Estado de São Paulo. Inconstitucionalidade formal configurada. Inconstitucionalidade material também caracterizada, porquanto a inovação promovida pelo diploma normativo impugnado incrementou os riscos ao meio ambiente, bem assim à vida, saúde e segurança da população local. Infringência ao princípio de proibição do retrocesso ambiental. Violação aos artigos 192 e 193 da Constituição paulista. Ação procedente, com efeitos *ex nunc* (BRASIL. Tribunal de Justiça de São Paulo. Câmara Especial. *Ação Direta de Inconstitucionalidade nº 2265029-52.2018.8.26.0000*. Rel. Des. Geraldo Wohlers. São Paulo. Data do julgamento: 12-06-2020. Data da publicação no Diário Oficial Eletrônico: 24-06-2020. Disponível em: https://esaj.tjsp.jus.br/cjsg/getArquivo.do?cdAcordao=12615336&cdForo=0. Acesso em: 01 out. 2020). Lei municipal que extirpou áreas de proteção ambiental definidas no plano diretor. Proibição do retrocesso. Ausência de consulta popular. Ofensa a dispositivos constitucionais. O acesso ao meio ambiente sadio e ao crescimento sustentável, para essa e para as futuras gerações, é direito fundamental, de maneira que sobre ele incide o princípio da proibição do retrocesso ambiental (BRASIL. Tribunal de Justiça do Rio Grande do Sul. *Ação Direta de Inconstitucionalidade nº 70069265213*. Rel. Des. Ivan Leomar Bruxel. Porto Alegre, 08 de outubro de 2018. Diário Oficial Eletrônico, 07 de novembro de 2018. Disponível em: https://www1.tjrs.jus.br/site_php/consulta/consulta_processo.php?nome_comarca=Tribunal%20de%20Justi%C3%A7a%20do%20RS&versao=&versao_fonetica=1&tipo=1&id_comarca=700&num_processo_mask=&num_processo=70069265213&codEmenta=7706337&temIntTeor=true. Acesso em: 01 out. 2020).

[126] Aliás, Ingo Wolfgang Sarlet e Tiago Fensterseifer já alertavam que o advento do novo Código Florestal no Brasil despertará de forma intensa a discussão em nível nacional da aplicação do princípio do não retrocesso no Brasil, porque existiu flagrante diminuição de proteção ambiental em praticamente todas as hipóteses (BRASIL, 2012, p. 190).

[127] BRASIL. Superior Tribunal de Justiça. Primeira Turma. *AgInt no RECURSO ESPECIAL Nº 1.717.198 - SP (2017/0328419-8)*. Rel. Min. Gurgel de Faria. Data do julgamento: 29/06/2020. Data da publicação no Diário Oficial Eletrônico: 03/08/2020.

O Superior Tribunal de Justiça, assim, vem consagrando que situações consolidadas pelo decurso do tempo repelem a aplicação retroativa das disposições, menos protetivas, do novo Código Florestal, por entender que, em matéria ambiental, adota-se o princípio *tempus regit actum*, que impõe obediência à lei em vigor quando da ocorrência do fato.[128] Em outros julgados, no entanto, tem explicitamente decidido que é "inviável a aplicação da nova disciplina legal, em razão do princípio de proibição do retrocesso na preservação ambiental, uma vez que a norma mais moderna estabelece um padrão de proteção ambiental inferior ao existente anteriormente".[129]

No Supremo Tribunal Federal, o não retrocesso ambiental recebeu significativo destaque e foi reconhecido expressamente pela máxima Corte como princípio no julgamento da constitucionalidade de diversos dispositivos do Código Florestal de 2012, embora tenha sido timidamente aplicado, sob a argumentação de que o novo estatuto florestal promoveu tão somente uma "ponderação de princípios constitucionais em favor da segurança jurídica, do desenvolvimento sustentável e da efetividade da proteção do meio ambiente".[130]

Não se trata mais de um princípio em evolução ou formação, é preciso reconhecer que a Constituição Federal oferece fortes e claros elementos indicativos de que o princípio do não retrocesso ambiental está presente

Disponível em: https://scon.stj.jus.br/SCON/GetInteiroTeorDoAcordao?num_registro=201703284198&dt_publicacao=03/08/2020. Acesso em: 01 out. 2020.

128 BRASIL. Superior Tribunal de Justiça. Segunda Turma. *Recurso Especial nº 1.728.244 - SP (2018/0042299-5)*. Rel. Min. Herman Benjamin. Data do julgamento: 21/06/2018. Data da publicação no Diário Oficial Eletrônico: 08/03/2019. Disponível em: https://scon.stj.jus.br/SCON/GetInteiroTeorDoAcordao?num_registro=201800422995&dt_publicacao=08/03/2019. Acesso em: 01 out. 2020.

129 BRASIL. Superior Tribunal de Justiça. Segunda Turma. *Recurso Especial nº 1.717.736 - SP (2018/0001351-2)*. Rel. Min. Francisco Falcão. Data do julgamento: 03/09/2019. Data da publicação no Diário Oficial Eletrônico: 09/09/2019. Disponível em: https://scon.stj.jus.br/SCON/GetInteiroTeorDoAcordao?num_registro=201800013512&dt_publicacao=09/09/2019. Acesso em: 01 out. 2020.

130 BRASIL. Supremo Tribunal Federal. *ADins nº 4901, 4902, 4903 e 4937 e ADC nº 42*. Plenário. Data do julgamento: 28/02/2018. Data da publicação no DJE: 13/08/2019. Disponível em: https://redir.stf.jus.br/paginadorpub/paginador.jsp?docTP=TP&docID=750504737. Acesso em 30 jun. 2021.

no texto constitucional, comparando-se, ainda, que, na constituição francesa, origem doutrinária e jurisprudencial do princípio, existem muito menos fundamentos para sua constatação. Édis Milaré leciona que há uma tendência natural para a consolidação da proibição do não retrocesso ambiental como princípio do direito ambiental,[131] enfatizando que a matriz principiológica é a defesa de um direito fundamental já consolidado ao longo do tempo, justificando a não retroatividade.[132]

O caráter constitucional do princípio da proibição do retrocesso ambiental reforça sua virtualidade[133] ao condicionar os poderes públicos a cumpri-lo em diferentes sentidos. As políticas ambientais devem respeitar que, quer na aplicação de recursos, quer na elaboração de normas técnicas ambientais, bem como no Congresso Nacional, deve-se observar referido princípio na elaboração legislativa. Importante frisar que não existe invasão à liberdade do legislador que deve ser conformada com valores essenciais, ou seja, necessita respeitar os limites protetivos ambientais decorrentes da própria estrutura dos direitos fundamentais.[134]

Finalmente, é preciso ressaltar que a proibição do não retrocesso ambiental decorre da conexão inseparável que existe entre a Ciência e o Direito Ambiental. Não é a lei, por si, que irá precisar quando existe, ou não, retrocesso ambiental, o que somente a Ciência com sua verdade poderá revelar. O caráter científico do direito ambiental faz com que exista um obstáculo na aplicação de uma lei que manifestamente é contrária ao equilíbrio ecológico e à preservação ambiental.[135]

1.3.4 Princípio da publicidade ambiental

A Declaração do Rio de Janeiro (de 1992),[136] em uma das frases do Princípio 10, afirma que "no nível nacional, cada indivíduo deve ter acesso

[131] Milaré, 2014, p. 280.
[132] Milaré, 2014, p. 278.
[133] Betancor Rodríguez, 2014, p. 249.
[134] Mello, Paula Susanna Amaral. *Direito ao meio ambiente e proibição do retrocesso.* 2013. 200 f. Dissertação (Mestrado em Direito) – Pontifícia Universidade Católica de São Paulo, São Paulo, 2013. Disponível em: https://tede2.pucsp.br/handle/handle/6199. Acesso em: 07 abr. 2022.
[135] Naim-Gesbert, 2019, p. 35 – 36.
[136] UNITED NATIONS. *Rio Declaration on Enviroment and Development.* 12 August 1992.

adequado a informações relativas ao meio ambiente de que disponham as autoridades públicas, inclusive informações sobre materiais e atividades perigosas em suas comunidades".

O cidadão somente poderá exercer suas responsabilidades se contar com a informação adequada. A proteção ambiental é uma responsabilidade compartilhada entre todos e se baseia na consciência e no conhecimento.[137] O dever de informar é uma função essencial das autoridades públicas e está vinculado umbilicalmente ao princípio ambiental da prevenção.

Prevenir, conforme o Dicionário de Língua Portuguesa, é "dispor com antecipação (algo) de modo que se evite mal ou dano; impedir que aconteça; proibir; providenciar com antecedência; preparar-se".[138] Para isso, é preciso que existam instrumentos jurídicos que consigam *antecipar* a ocorrência do dano ambiental. Assim, num primeiro momento, é preciso prever os efeitos do impacto ambiental e tomar as medidas adequadas para inicialmente impedir, eliminar, corrigir e, na última hipótese, mitigar os estragos ambientais.

O dano ambiental deve ser evitado, configurando a melhor maneira de proteger a Natureza, que é evitar que ela sofra um dano. A razão é lógica, além de, obviamente, científica; é muito difícil, para não dizer impossível, que o recurso ambiental impactado recupere seu estado originário. O melhor exemplo que podemos explicitar é de uma árvore,[139] cujo crescimento pode demorar anos ou até séculos e precisa somente de segundos para ser destruída.[140]

Disponível em: https://www.un.org/en/development/desa/population/migration/generalassembly/docs/globalcompact/A_CONF.151_26_Vol.I_Declaration.pdf. Acesso em: 16 maio 2020.

[137] Betancor Rodríguez, 2014, p. 1478.

[138] Houaiss, 2009, p. 1549.

[139] No Parque Estadual de Vassununga, em Santa Rita do Passa Quatro (São Paulo), há um exemplar de uma jequitibá-rosa (*cariniana legalis*), com 40 metros de altura e mais de 600 anos de existência. *Cf.*: SÃO PAULO. *Parque Estadual de Vassununga*. Disponível em: https://www.saopaulo.sp.gov.br/conhecasp/parques-e-reservas-naturais/parque-estadual-vassununga/. Acesso em: 15 maio 2020.

[140] Lorenzi, 2014.

A natureza é exigente e o tempo, aliado às condições biológicas ideais, tem importância única, por isso a prevenção pode ser considerada como princípio basilar do direito ambiental e não de ser olvidado tanto em políticas públicas como na aplicação do direito. Álvaro Luiz Vallery Mirra esclarece que, "uma vez consumada uma degradação ao meio ambiente, a sua reparação é sempre incerta e, quando possível, excessivamente custosa. Daí a necessidade de atuação preventiva para que consiga evitar os danos ambientais".[141]

Não existe prevenção ambiental sem a adequada informação. Para compreensão do alcance e da importância da informação sobre o meio ambiente, importante a explicação constante da Convenção sobre o Acesso à Informação, a Participação do Público no Processo Decisório e o Acesso à Justiça em Matéria de Meio Ambiente. A expressão "informação sobre meio ambiente" designa toda informação disponível sob forma escrita, visual, oral ou eletrônica ou sob qualquer outra forma material, sobre o estado do meio ambiente, tais como o ar e a atmosfera, as águas, o solo, as terras, a paisagem e os sítios naturais, a diversidade.[142]

A informação ambiental deve ser veraz, contínua, tempestiva e completa,[143] destacando ou identificando as características da *tecnicidade*, *compreensibilidade* e *rapidez*. Sobre a tecnicidade, leciona Paulo Affonso Leme Machado que a informação ambiental deve ser compreensível, devendo ser utilidade imediata, não demandando que os informados sejam altamente especializados no assunto.[144] Assim, a clareza deve sempre coexistir com a precisão.

1.4 Princípios da correção dos danos ambientais

A principal consequência do dever de conservar a natureza e os recursos naturais é o dever de reparar os danos causados. Para o meio ambiente,

[141] MIRRA, 2011, p. 353.

[142] AARHUS, 25 de junho de 1998. A Convenção foi preparada pelo Comitê de Políticas de Meio Ambiente da Comissão Econômica para a Europa das Nações Unidas. Entrou em vigor em 30 de outubro de 2001.

[143] MACHADO, Paulo Affonso Leme. *Direito à informação ambiental*. São Paulo: Malheiros, 2006, p. 92.

[144] MACHADO, 2006, p. 93.

o mais importante é recuperar, na medida do possível, a integralidade do dano do que simplesmente receber uma compensação econômica. A restauração ou reparação é, assim, o caráter principal dos princípios que iremos analisar. Morato Leite esclarece que o meio ambiente lesado não é, na maioria das vezes, passível de recuperação, por isso há uma "premente necessidade de conservação e manutenção deste";[145] no entanto, na impossibilidade, o mesmo deve ser restaurado, recuperando-se seu estado original, na medida do possível.

A conexão entre o dever de conservação e o de reparar se produz mediante o dano ambiental.[146] No Brasil, quem melhor enfrentou a questão do dano ambiental foi Álvaro Luiz Valery Mirra, para o qual este consiste

> na lesão ao meio ambiente, abrangente dos elementos naturais, artificiais e culturais, como bem de uso de comum do povo, juridicamente protegido. Significa, ainda, a violação do direito de todos ao meio ambiente ecologicamente equilibrado, direito humano fundamental, de natureza difusa.[147]

Não classificando o dano ambiental como categoria comum de dano encontrado na doutrina, o autor atribui ao mesmo um caráter extrapatrimonial determinado e distinto dos demais danos extrapatrimoniais, porque causado a bens materiais e imateriais coletivos ou difusos, resultante de uma lesão a um direito fundamental ao meio ambiente ecologicamente equilibrado.[148]

Não consta da Lei nº 6.938/81 (Política Nacional do Meio Ambiente) a expressão "dano ambiental", pelo menos diretamente, mas a legislação definiu "degradação da qualidade ambiental, a alteração adversa das características do meio ambiente" (art. 3º, inciso II), conceito vago e genérico que não permite atribuir qualquer qualificação especial. A expressão *dano ambiental* consta várias vezes na Lei nº 9.605, de 12 de feve-

[145] Leite, José Rubens Morato; Ayala, Patrick de Araújo. *Dano Ambiental*: do Individual ao Coletivo Extrapatrimonial. 6ª edição. São Paulo: Revista dos Tribunais, 2014, p. 214.
[146] Betancor Rodríguez, 2014, p. 284.
[147] Mirra, 2002, p. 85.
[148] Mirra, 2002, p. 93.

reiro de 1998: "risco de dano ambiental grave ou irreversível" (§ 3º, art. 54); "a verificação da reparação a que se refere o § 2º do art. 78 do Código Penal será feita mediante laudo de reparação do *dano ambiental*, e as condições a serem impostas pelo juiz deverão relacionar-se com a proteção ao meio ambiente" (art. 17); "a perícia de constatação do dano ambiental, sempre que possível, fixará o montante do prejuízo causado para efeitos de prestação de fiança e cálculo de multa" (art. 19); a reparação do dano com condição da extinção da punibilidade (art. 28). O Código Florestal (Lei nº 12.651, de 25 de maio de 2012) disciplina que o órgão ambiental, ao tomar conhecimento do desmatamento, deverá embargar a obra ou atividade que deu causa ao uso alternativo do solo, como medida administrativa voltada a *impedir a continuidade do dano ambiental*, propiciar a regeneração do meio ambiente e dar viabilidade à recuperação da área degradada (art. 54).

Para que se tenha um sistema completo de preservação e conservação do meio ambiente, ensina Álvaro Luiz Valery Mirra, "é necessário pensar sempre na responsabilização dos causadores de danos ambientais e da maneira mais ampla possível".[149] Todo dano ambiental supõe um custo, que deve ser suportado por sua responsabilidade, que deveria, em termos gerais, destinar-se à reparação; no entanto, nem sempre isso é possível. O princípio da correção pressupõe uma correção possível e desejável e, na impossibilidade, o princípio do poluidor-pagador complementa o anterior, prevendo uma compensação.

A responsabilidade do causador do dano é objetiva,[150] conforme a Lei de Política Nacional do Meio Ambiente (art. 14, § 1º, Lei nº 6.938/81), tendo a Constituição Federal de 1988, de forma expressa, determinado que "as condutas e atividades consideradas lesivas ao meio ambiente sujeitarão os infratores, pessoas físicas ou jurídicas, a sanções penais e administrativas, independentemente da obrigação de reparar os danos causados" (§ 3º do art. 225).

[149] Mirra, 2002, p. 355.
[150] Machado, 2004, p. 122.

1.4.1 Princípio da correção ou reparação pelo usuário

A reparação do dano ao meio ambiente deverá ser a mais completa possível, corrigindo-se, primeiramente, a sua causa ou origem. A responsabilidade para reparar o dano é, num primeiro momento, de quem é usuário, por alguma forma, dos recursos naturais. Os bens naturais ou ambientais, em especial os recursos naturais, constituem patrimônio da coletividade, "mesmo que, em alguns casos, possa incidir sobre eles um justo título de propriedade privada".[151]

O princípio tem gênese na Constituição Federal que, no § 3º do art. 225, determina que há obrigação de reparar os danos causados em decorrência de condutas e atividades consideradas lesivas ao meio ambiente. Sendo o meio ambiente bem de uso comum do povo, o usuário imediato tem o dever de reparar o dano, mesmo porque as obrigações decorrentes do meio ambiente são de natureza *proper rem* (§ 2º do art. 2º, da Lei nº 12.651, de 25 de maio de 2012).

A obrigação de correção ou reparação pelo usuário ou seu sucessor equivale a uma obrigação de fazer; quem é o usuário direto do recurso ambiental degradado deve restaurar e minimizar o dano ambiental. O Código Florestal de 2012 prevê, no art. 41, os meios de recuperação da cobertura florestal necessária para as propriedades imobiliárias rurais.

A reparação pelo causador deve ocorrer preferencialmente no tempo mais rápido possível, melhor ainda que aconteça imediatamente, devendo este adotar todas as medidas possíveis para controlar, conter ou eliminar o dano ou contaminação, principalmente se a saúde humana estiver em risco. A reparação deverá considerar todas as medidas possíveis existentes do ponto de vista tecnológico, principalmente com a utilização dos meios científicos reconhecidos.[152] Finalmente, é preciso ressaltar que a reparação do prejuízo causado deve ser *integral*, conforme alerta Álvaro Luiz Valery Mirra, dado "que tem por objetivo propiciar a recomposição do meio ambiente, na medida do possível, no estado em que se encontrava antes da ocorrência do dano".[153]

[151] MILARÉ, 2014, p. 271.

[152] BETANCOR RODRÍGUEZ, 2014, p. 268.

[153] MIRRA, 2011, p. 356.

1.4.2 Princípio do poluidor-pagador/usuário-pagador

Todo o dano ambiental que tenha efeitos adversos significativos faz surgir uma consequência jurídica dirigida para responsabilizar o seu causador, que deverá arcar com todos os custos necessários para a despoluição. Ao contrário do dever de reparar este princípio, tem um sentido distinto, atribuindo-se uma responsabilidade econômica ao agente poluidor.

A origem imediata do princípio do poluidor, usuário-pagador, ocorreu na Declaração do Rio de 1992, por meio do Princípio 16: "tendo em vista que o poluidor deve, em princípio, arcar com o custo decorrente da poluição, as autoridades nacionais devem promover a internalização dos custos ambientais e o uso de instrumentos econômicos, levando na devida conta o interesse público, sem distorcer o comércio e os investimentos internacionais".[154]

A doutrina[155] tem divergido com relação à distinção dos princípios poluidor-pagador/usuário-pagador. Este último seria resultado e consequência imediata da utilização dos recursos naturais. Para nós, o usuário-pagador seria uma consequência econômica direta do princípio da reparação, razão pela qual estudamos de forma conjunta com o princípio do poluidor-pagador. O conceito de poluidor, no direito ambiental brasileiro, é de grande amplitude, podendo ser confundido, por expressa disposição legal, com o de degradador da qualidade ambiental, isto é, qualquer "pessoa física ou jurídica, de direito público ou privado, responsável, direta ou indiretamente, por atividade causadora de degradação ambiental" (art. 3º, IV, da Lei nº 6.938/1981).[156]

A obrigação financeira do reparador e do poluidor é consequência imediata do dano. Os custos da reparação são do causador ou sucessor do dano, de acordo com a legislação específica. Paulo Affonso Leme Machado esclarece, assim, que o "princípio usuário-pagador contém tam-

[154] DECLARAÇÃO, 1992.

[155] MILARÉ, 2014, p. 271.

[156] BRASIL. Superior Tribunal de Justiça. Segunda Turma. *REsp 1071741/SP*. Rel. Ministro Herman Benjamin. Data do julgamento: 24/03/2009. Data da publicação no DJE: 16/12/2010. Disponível em: https://processo.stj.jus.br/processo/revista/documento/mediado/?componente=ITA&sequencial=863210&num_registro=200801460435&data=20101216&formato=PDF. Acesso em: 04 fev. 2021.

bém o princípio do poluidor pagador, isto é, aquele que obriga o poluidor a pagar a poluição que pode ser causada ou que já foi causada".[157] Tanto a obrigação de reparar os danos ambientais como de o poluidor pagar pela contaminação estão expressamente previstas na Lei nº 6.938/81, art. 4º, inciso VI, estabelecendo que um dos objetivos da lei se refere "à imposição, ao poluidor e ao predador, da obrigação de recuperar e/ou indenizar os danos causados, e ao usuário, de contribuição pela utilização de recursos ambientais com fins econômicos".

O princípio do poluidor e usuário pagador não tem por finalidade uma tolerância à poluição ou quantificar um ativo ambiental economicamente, muito menos uma compensação. Sua finalidade principal é evitar o dano ambiental, é incutir na mente do potencial poluidor de que terá responsabilidade, tendo, assim, aspecto pedagógico.[158]

Importante, também, entender a compensação ambiental como forma de implementação do princípio do usuário-pagador, já que pode antecipar possíveis cobranças por um dano ambiental.[159] Para uma correta compreensão da compensação ambiental, é útil a utilização da compensação de reserva florestal legal constante do Código Florestal de 2012, que, no art. 66, permite a uma propriedade imobiliária rural ter uma porcentagem de reserva menor do que a estabelecida em lei; para isso, pode se utilizar de excedente florestal de outro imóvel que pertença ao mesmo bioma. A reserva existirá, mas em local distinto. A compensação não é um prêmio ou presente para quem tem um passivo ambiental a cumprir, é o restabelecimento de um equilíbrio, com base em prévia legislação, evitando-se um conflito.

1.5 Serviços ambientais

Entende-se por *serviços ambientais* as atividades vinculadas ao direito de propriedade que trazem benefícios diretos ou indiretos ao ser humano em razão da manutenção ou preservação do ecossistema. A tutela do meio ambiente é fundamental à existência humana e é garantia de obtenção dos serviços por ele prestados. No entanto, economicamente, essas

[157] MACHADO, 2004, p. 91.

[158] MATEO, Ramón Martin. *Tratado de derecho ambiental.* Madrid: Edisofer, 2003, p. 253.

[159] MACHADO, 2004, p. 93.

ações nem sempre se mostram viáveis, o que, somadas às limitações dos instrumentos protetivos da propriedade, podem intensificar o estado de degradação ambiental.[160] Os serviços ambientais são decorrentes do princípio do protetor-recebedor – previsto expressamente no artigo 6º II, da Lei nº 12.305/2010, que instituiu a Política Nacional de Resíduos Sólidos. Entende-se por referido princípio aquele que, por meio de práticas de preservação ou conservação, protege um bem ambiental em favor da coletividade e tem o direito de receber benefícios como forma de incentivo ao serviço ambiental proporcionado.

Não se configura como uma indenização em razão de a propriedade privada possuir restrições ambientais, mas uma forma "de compensação pela prestação dos serviços ambientais em favor daqueles que atuam em defesa do meio ambiente, como verdadeira maneira de se promover a justiça ambiental".[161]

No direito ambiental brasileiro, os serviços ambientais estavam previstos no Código Florestal de 2012 (Lei nº 12.651), como forma de programa de apoio e incentivo à conservação do meio ambiente e adoção de tecnologias e boas práticas, que conciliem a produtividade agropecuária e florestal, com redução dos impactos ambientais, como forma de promoção do desenvolvimento ecologicamente sustentável (art. 41, *caput*). No entanto, foi somente com a promulgação da Lei nº 14.119, de 13 de janeiro de 2021, que a Política Nacional de Pagamento por Serviços Ambientais foi instituída e disciplinada, introduzindo conceitos e princípios muito importantes para o direito ambiental, dos quais destacaremos os mais relevantes para o nosso estudo.

[160] FABRI, Andréa Queiroz; BARROS, Rodrigo Borges; REIS, Alexandre Magrineli; PEREIRA, Edilaine Aparecida Rodrigues. Pagamento por serviços ambientais: contribuições para o debate sobre sua aplicação no contexto brasileiro pós-Constituição Federal de 1988. *Revista de Direito da Cidade*. Vol. 10, nº 4, 2018. ISSN: 2317-7721. DOI: https://doi.org/10.12957/rdc.2018.31885. Acesso em: 19 jan. 2021.

[161] RECH, Adir Ubaldo. O valor econômico e a natureza jurídica dos serviços ambientais. Aspectos prático-jurídicos da implantação de um sistema de pagamento por serviços ambientais com base em um estudo de caso. In: RECH, Adir Ubaldo (Org.). *Direito e economia verde*: natureza jurídica e aplicações práticas do pagamento por serviços ambientais, como instrumento de ocupações sustentáveis. Caxias do Sul: Educs, 2011, p. 49 – 70.

Além do conceito de ecossistema, a lei define serviços ecossistêmicos como benefícios relevantes para a sociedade gerados pelos ecossistemas, em termos de manutenção, recuperação ou melhoria das condições ambientais (art. 2º, inciso II). Serviços ambientais, para a lei, são atividades individuais ou coletivas que favorecem a manutenção, a recuperação ou a melhoria dos serviços ecossistêmicos (art. 2º, inciso III).

O pagamento por serviços ambientais configura-se como uma transação de natureza voluntária e pode ser por meio de serviços financeiros ou outra forma de remuneração, podendo o pagador ser o Poder Público, organização da sociedade civil ou agente privado, pessoa física ou jurídica, de âmbito nacional ou internacional (art. 2º, incisos IV, V e VI).

São diversas as modalidades de pagamento pelos serviços ambientais, não sendo taxativo o rol constante do art. 3º, que compreende o pagamento direto, monetário ou não monetário; prestação de melhorias sociais a comunidades rurais e urbanas; compensação vinculada a certificado de redução de emissões por desmatamento e degradação; títulos verdes (*green bonds*); comodato; e Cota de Reserva Ambiental (CRA), instituída pela Lei nº 12.651, de 25 de maio de 2012.

Podem ser objeto do Programa Federal de Pagamento por Serviços Ambientais (PFPSA) praticamente qualquer área de relevância ambiental, principalmente aquelas com cobertura de vegetação nativa, áreas sujeitas à restauração, unidades de conservação, terras indígenas, paisagens de grande beleza cênica, áreas prioritárias para a conservação da biodiversidade, assim definidas por ato do Poder Público, entre outras, ou seja, áreas públicas ou particulares (art. 8º).

Para a proteção da fauna, em especial, constam da lei alguns fundamentos e diretrizes relevantes que merecem destaque. Considera-se serviço de suporte o que mantém a perenidade da vida na Terra, tais como a ciclagem de nutrientes, a decomposição de resíduos, a produção, a manutenção ou a renovação da fertilidade do solo, a polinização, a dispersão de sementes, o controle de populações de potenciais pragas e de vetores potenciais de doenças humanas, a proteção contra a radiação solar ultravioleta e a *manutenção da biodiversidade* e do patrimônio genético (art. 2º, inciso II, alínea b). Como política do programa consta o objetivo de "estimular a conservação dos ecossistemas, dos recursos hídricos, do solo, da *biodiversidade*, do patrimônio genético e do conhecimento tradicional associado" (art. 4º, inciso II) e, principalmente, "evitar a perda de vegetação nativa, *a fragmentação de habitats*, a desertificação e outros processos de degradação dos ecossistemas nativos e fomentar a conservação sistêmica da paisagem" (art. 4º, inciso V).

Uma novidade não somente para o direito ambiental, mas também para o direito civil, foi a criação do contrato por serviços ambientais, que obrigatoriamente deverá conter as cláusulas constantes do art. 12 que, em linhas gerais, referem-se aos direitos e às obrigações do provedor, ou seja, de quem recupera ou melhora as condições ambientais dos ecossistemas. Não consta da lei a exigência de ser o proprietário da área preservada, mas é uma relação jurídica necessária porque será quem tem os atributos necessários com relação ao domínio da área.

As obrigações do pagador também deverão constar do contrato, bem como as condições de fiscalização e monitoramento. Mesmo não envolvendo o Poder Público diretamente, o contrato deverá conter as condições de acesso às autoridades ambientais, principalmente para manter a fiscalização e controle dos licenciamentos necessários. Finalmente, é permitida a participação de entidade técnico-científica independente para validar os serviços ambientais, não sendo a mesma obrigatória (art. 12, parágrafo único). A lei também dispõe que o regulamento definirá, ainda, cláusulas essenciais para cada espécie de contrato de pagamento por serviços ambientais (art. 12, *caput*), ou seja, o contrato somente poderá ser celebrado após o decreto regulamentador do Poder Executivo.

As obrigações constantes de contratos de pagamento por serviços ambientais, quando se referirem à conservação ou restauração da vegetação nativa em imóveis particulares, ou, mesmo, à adoção ou manutenção de determinadas práticas agrícolas, agroflorestais ou agrossilvopastoris, têm natureza *propter rem* e, assim, devem ser cumpridas pelo adquirente do imóvel nas condições estabelecidas contratualmente (art. 22). O contrato deverá ser registrado no Cartório do Registro de Imóveis respectivo (art. 167, inciso I, 45), ou seja, do local do imóvel, o que exigirá uma prévia matrícula (Livro 2) contendo o perímetro da área, devendo obrigatoriamente figurar como proprietário o responsável pelos serviços ambientais (preservação ou restauração, por exemplo).

Caso a área não seja da propriedade do prestador do serviço ambiental, será necessária a averbação da servidão ambiental (art. 12, parágrafo único). A servidão ambiental está prevista no art. 9º-A da Lei nº 6.938, de 31 de agosto de 1981, e poderá ser onerosa ou gratuita, temporária ou perpétua (Art. 9º-B) sendo que o prazo mínimo da servidão ambiental temporária será de quinze anos (§ 1º), podendo ser instituídos também imóveis urbanos; a atual redação não se restringe a imóveis rurais, criando a possibilidade de afetação de florestas urbanas particulares, uma impossibilidade, até então, no direito ambiental brasileiro.

O principal objetivo da lei que instituiu o pagamento de serviços ambientais era a compensação "pela prestação dos serviços ambientais em favor daqueles que atuam em defesa do meio ambiente, como verdadeira maneira de se promover a justiça ambiental".[162] No entanto, o Presidente da República vetou na íntegra o capítulo IV, que tratava dos incentivos, praticamente inviabilizando ou retirando qualquer vantagem para o financiador dos serviços ambientais. Constavam dos incentivos exemplos como isenção de imposto de renda com relação aos valores pagos para a preservação, incentivos tributários, créditos com juros diferenciados destinados à produção de mudas de espécies nativas, assistência técnica gratuita para o manejo da biodiversidade e recursos naturais, medidas de incentivo a compras de produtos sustentáveis etc.

Obviamente, a legislação permite a realização de pagamentos por serviços ambientais pelo Poder Público e particulares, o que não inviabilizará totalmente o programa de pagamento de serviços ambientais, mas a ausência de incentivos diretos para a preservação prejudica os princípios instituídos que visam ao fomento na proteção da biodiversidade e recursos naturais. Não constou da Lei nº 14.119, de 13 de janeiro de 2021, a origem dos recursos públicos, quando forem utilizados para pagamento dos serviços ambientais. Seria de toda a relevância e pertinência que a dotação dos valores não fosse deixada somente à discricionariedade do Poder Público. O ideal seria a utilização de um fundo que integrasse os recursos das multas ambientais previstos no § 4º do art. 72 da Lei nº 9.605/1998, revertendo o valor que decorreu de um descumprimento da lei ambiental para a proteção da própria natureza.

[162] AMADO, Frederico Augusto Di Trindade. *Direito ambiental esquematizado*. 5ª edição. Rio de Janeiro: Forense, 2014, p. 20.

1.6 Meio ambiente e preservação da biodiversidade dos ecossistemas

Meio ambiente, conforme conceito legal, é "o conjunto de condições, leis, influências e interações de ordem física, química e biológica, que permite, abriga e rege a vida em todas as suas formas" (art. 3º, inciso I, da Lei nº 6.938, de 31 de agosto de 1981, que instituiu a Política Nacional do Meio Ambiente). Compreendem recursos ambientais "a atmosfera, as águas interiores, superficiais e subterrâneas, os estuários, o mar territorial, o solo, o subsolo, os elementos da biosfera, a fauna e a flora" (art. 3º, inciso V).

O meio ambiente natural que tem relevância no nosso estudo é integrado pelo solo, água, ar atmosférico, flora, fauna, resultado da interação dos seres vivos e seu meio,[163] de forma que o equilíbrio do meio ambiente é relevante e essencial para a preservação da *diversidade biológica*, que significa, segundo a Convenção sobre Diversidade Biológica de 1992, "a variabilidade de organismos vivos de todas as origens, compreendendo, dentre outros, os ecossistemas terrestres, marinhos e outros ecossistemas aquáticos e os complexos ecológicos de que fazem parte; compreendendo ainda a diversidade dentro de espécies, entre espécies e de ecossistemas".[164] A fauna tem papel fundamental para detecção do equilíbrio ecológico, interagindo ou não com a flora, e funciona como um dos termômetros da biodiversidade na manutenção do equilíbrio ecológico.[165]

A convenção, ainda, nos oferece um conceito de ecossistema, útil aqui para a compreensão do equilíbrio sustentável: "é o complexo dinâmico de comunidades vegetais, animais e de micro-organismos e o seu meio inorgânico que interagem como uma unidade funcional, consistindo, assim em um sistema biológico que, incluindo as comunidades bióticas (organismos) e as condições abióticas (ar, água, rocha, energia)". A Lei nº 14.119, de 13 de janeiro de 2021, que instituiu a Política Nacional de Pagamento por Serviços Ambientais, conceitua ecossistema como "complexo dinâmico de comunidades vegetais, animais e de microrganismos e o seu meio inorgânico que interagem como uma unidade funcional"

163 Diniz, 2014, p. 873.

164 BRASIL, 1998.

165 Milaré, 2014, p. 556.

(art. 2º, inciso I). Destruindo-se os recursos naturais e, por consequência, desequilibrando a natureza, a vida humana tende a se tornar insustentável. Por essa percepção, se descobriu que a velocidade da destruição dos recursos florestais pode apressar esse chamado colapso ambiental.

Álvaro Luiz Valery Mirra, trabalhando a questão da utilidade da biodiversidade, leciona que:

> quanto maior o número de espécies e de ligações entre elas, maior a tendência à manutenção do equilíbrio ecológico. Ecossistemas simplificados tendem a oscilar de forma mais violenta diante de perturbações, pois o número de seus componentes é menor e o ajuste entre eles, menos firme. [...] Daí dizer-se que a Terra como um todo deve ser vista como um imenso ecossistema, cuja saúde pode ser medida pela diversidade das espécies da fauna e flora que nele habitam.[166]

A responsabilidade brasileira com relação à biodiversidade é única. O Brasil possui uma das maiores riquezas de espécies do planeta, representando mais de treze por cento da biota (conjunto de seres vivos, flora e fauna, que habitam ou habitavam um determinado ambiente geológico). Com uma dimensão continental e diversos habitats terrestres e aquáticos, reúne seis importantes biomas (Amazônia, Caatinga, Cerrado, Mata Atlântica, Pampa e Pantanal), bem como o maior sistema fluvial do mundo, sendo que dois desses biomas, o Cerrado e a Mata Atlântica, são áreas com grande riqueza e endemismos, consideradas prioritárias para a conservação em nível mundial.[167]

Leciona Maria Helena Diniz que "nada na natureza é inútil: o que hoje pode não ter utilidade no porvir poderá ser decisivo para o homem; por isso, o ecossistema precisa ser preservado, na medida em que apresenta inestimável participação no equilíbrio ecológico. A manutenção desse

[166] Mirra, 2002, p. 25.

[167] INSTITUTO CHICO MENDES DE CONSERVAÇÃO DA BIODIVERSIDADE. *Livro Vermelho da Fauna Brasileira Ameaçada de Extinção*. Volume I. 1ª edição. Brasília, DF: ICMBio/MMA, 2018, p. 43. Disponível em: https://www.icmbio.gov.br/portal/images/stories/comunicacao/publicacoes/publicacoes-diversas/livro_vermelho_2018_vol1.pdf. Acesso em: 02 fev. 2021.

equilíbrio é essencial à sadia qualidade de vida".[168] No âmbito civil, o art. 1.228, § 1º, do Código Civil, estabelece que a propriedade imobiliária tem como norte a proteção da fauna e equilíbrio ecológico, equilíbrio esse alcançado com respeito à biodiversidade e aproveitamento econômico e racional da Terra. A preservação da fauna, da flora, assim como o equilíbrio ecológico e o patrimônio natural são valores indispensáveis para garantir a qualidade de vida das pessoas.[169]

1.7 Competência em matéria ambiental

Na repartição de competência na área ambiental, a Constituição Federal adotou os mesmos princípios para a competência em geral entre as entidades federativas (*federalismo cooperativo*),[170] de forma que União, Estados, Distrito Federal e Municípios têm competência para a proteção ambiental e o combate à poluição em quaisquer de suas formas (art. 23), tratando-se, assim, de competência administrativa ou material, ou seja, relativa à prestação de serviços referentes a determinada matéria. À União cabe papel de destaque ou posição de supremacia,[171] incumbindo a ela a Política Nacional do Meio Ambiente, o que foi realizado pela Lei nº 6.938/81, bem como elaborar e executar planos nacionais e regionais de ordenação do território (art. 21, IX). Importante consignar que, na prática, com relação às matérias previstas no art. 23, CF, os entes federativos não podem atuar de forma autônoma e indistintamente, sobrepondo-se uns aos outros, sob pena de trazer insegurança jurídica na defesa do meio ambiente.[172]

Com relação à competência legislativa concorrente, o art. 24 da Constituição declara competir à União, aos Estados e ao Distrito Federal legislar sobre florestas, caça, pesca, fauna, conservação da natureza, defesa do solo e dos recursos naturais, proteção do meio ambiente e controle da poluição (inc. VI); sobre proteção ao patrimônio histórico, cultural,

[168] Diniz, 2014, p. 879.

[169] Sztajn, Rachel. Função social da propriedade. *Revista de Direito Imobiliário*, vol. 85, ano 41, jul. – dez. São Paulo: Revista dos Tribunais (Thomson Reuters), 2018.

[170] Milaré, 2014, p. 209.

[171] Afonso Da Silva, 2004, p. 76.

[172] Milaré, 2014, p. 210.

artístico, turístico e paisagístico (inc. VII); assim como sobre responsabilidade por dano ao meio ambiente, a bens e direitos de valor artístico, estético, histórico, turístico e paisagístico (inc. VIII).

Os Estados não têm competência exclusiva em matéria de meio ambiente, possuem competência comum com a União, sendo que, para atender às peculiaridades próprias, poderão exercer a competência legislativa plena, desde que não exista lei federal sobre normas gerais (art. 24, § 3º); sua competência, assim, é suplementar. Nesse caso, não podem exorbitar da peculiaridade ou do interesse próprio do Estado e terão de se ajustar ao disposto em norma federal ambiental superveniente.

Por fim, a competência dos Municípios está prevista no art. 23, incisos III, IV, VI e VII, em comum com Estados e União, e, principalmente, devem atuar no âmbito da execução de leis de proteção ambiental,[173] não impedindo que, dentro de sua competência, elaborem leis de proteção e combate à poluição (art. 30, I, da CF). Os Municípios, assim, podem criar unidades de conservação e espaços protegidos, mas deve existir um parâmetro nacional. Por exemplo, a Lei nº 9.985/2000 integra os Municípios ao Sistema Nacional de Unidades de Conservação da Natureza – SNUC (art. 3º). Com relação à competência para legislar sobre a fauna, tem-se que ela é exclusiva da União, contudo, concorrente com os Estados e o Distrito Federal, conforme o art. 24, VI, da Constituição Federal. Com relação à competência para preservar a fauna, ela é comum entre a União, os Estados, os Municípios e o Distrito Federal (art. 23, VII, CF).

É possível observar, assim, com relação à propriedade e sua função, a existência de um conflito nas respectivas competências, o qual devemos estudar no âmbito do nosso trabalho. O direito de propriedade é garantido pela Constituição Federal (art. 5º. XXII), e ele não deverá sofrer restrições a não ser em virtude de lei (art. 5º, inciso II), mesmo que para desempenhar uma função social (art. 5º, XXIII), ressaltando-se, ainda, a competência privativa da União para legislar sobre direito civil que abrange a propriedade (art. 22, I, CF).

[173] Afonso Da Silva, 2004, p. 79.

Assim, resta-nos reconhecer que qualquer restrição ao direito de propriedade, ou melhor, manifestação da função social da propriedade, deve observar a relação de competência constitucional com relação à propriedade, de forma que Estados, Municípios e Distrito Federal, quando do exercício da competência material ou legislativa suplementar ambiental, devem estar autorizados diretamente pela Constituição Federal ou legislação federal. O Município tem competência, por exemplo, para estabelecer restrições ao direito da propriedade urbana por meio do plano diretor (art. 182), bem como promover o tombamento de bens com valor histórico (art. 216, § 1º). Estados e Municípios podem, assim, criar espaços territoriais protegidos (Lei nº 9.985/2000) que tenham alguma relação com o direito de propriedade porque a autorização legislativa geral da União existiu; o que não poderá ocorrer é extrapolar referida autorização, colocando em risco o conteúdo mínimo do direito de propriedade.

A Lei Complementar nº 140, de 08 de dezembro de 2011, teve por objeto estabelecer uma harmonização no exercício da competência comum relativa à proteção das paisagens naturais notáveis, à proteção do meio ambiente, ao combate à poluição em qualquer de suas formas e à preservação das florestas, da fauna e da flora. O Estado tem autonomia para elaborar o zoneamento ambiental de âmbito estadual, em conformidade com os zoneamentos de âmbito nacional e regional; e definir espaços territoriais e seus componentes a serem especialmente protegidos (art. 8º, incisos IX e X). Com relação à competência dos Municípios, destacamos as seguintes atribuições: elaborar o Plano Diretor, observando os zoneamentos ambientais; definir espaços territoriais e seus componentes a serem especialmente protegidos (art. 9º, incisos IX e X). Em razão de as leis complementares demandarem maioria absoluta (art. 69, CF) na votação, possuem um grau de hierarquia superior, servindo como leis integrativas das normas constitucionais,[174] reforçando e aclarando, de certa forma, as competências estaduais e municipais para o exercício de imposição de restrições ao direito de propriedade.

[174] Afonso Da Silva, José. *Comentário contextual à Constituição*. 7ª edição. São Paulo: Malheiros Editores, 2010, p. 256.

2.
PROPRIEDADE IMOBILIÁRIA E SUA FUNÇÃO SOCIOAMBIENTAL

2.1 Breve histórico do direito de propriedade

O direito romano é de importância singular para a compreensão dos fenômenos do direito privado moderno, já que é considerado sua gênese, e, como salienta Ebert Chamoun, a extraordinária "fecundidade e magnífica sistematização dos seus princípios, os quais, embora sempre aderentes à realidade social, foram dotados de tão milagrosa universalidade que bem se pode dizer constituírem *as categorias fundamentais do pensamento jurídico*".[175]

O direito de propriedade, "indubitavelmente, é a parcela do direito civil que mais vinculada remanesceu ao direito romano",[176] como ressalta Arruda Alvim. No entanto, a noção de propriedade não é universal, imutável, abstratamente válida ao longo do tempo, mas uma noção evolutiva e extremamente variável ao longo do tempo e espaço,[177] o que torna imprescindível estudar o aspecto histórico da propriedade.

O primeiro passo para uma tentativa de compreensão da forma como os romanos visualizam o direito de propriedade é o indispensável reconhecimento de que, na época, sequer possuíam "um conceito abstrato

[175] Chamoum, Ebert Vianna. *Instituições de Direito Romano*. 5ª edição. Rio de Janeiro: Forense, 1968, p. 15 [grifo nosso].

[176] Alvim Netto, José Manoel de Arruda. *Comentários ao Código Civil brasileiro*. Vol. XI, Tomo I: livro introdutório ao direito das coisas e o direito civil. Coordenação de Arruda Alvim, Thereza Alvim e Alexandre Laizo Clápis. Rio de Janeiro: GEN/Forense, 2009, p. 178.

[177] Perlingieri, Pietro. *Introduzione ala problemática dela proprietà*. Napoli: Edizioni Scientifiche Italiane, 2011, p. 4.

ou mesmo uma definição de propriedade",[178] sendo que, de acordo com o período histórico romano estudado, pode existir grande mutação não somente estrutural, mas também valorativa.

Em Roma, a propriedade teve três períodos de significativa distinção: o do domínio civil ou quiritário (*dominium ex iure Quiritium*), onde somente o cidadão romano poderia ter o domínio, de forma que os que não eram romanos possuíam uma relação de fato ou simples posse com a coisa; do domínio pretório ou bonitário (*in bonis esse, in bonis habere*), em que o exclusivismo foi atenuado, criando outro sistema, que seria mantido ao lado do quiritário, de forma que, em linhas gerais, com o aparecimento do *ius honorarium*, os pretores permitiam àqueles que não tinham propriedades quiritárias conservar alguns bens no seu patrimônio; e, finalmente, o do domínio do direito justinianeu, também chamado de direito cristão, onde qualquer distinção entre as propriedades foi abolida.[179]

Nas compilações do direito romano, a propriedade sempre foi associada a um poder jurídico absoluto que recaía sobre uma coisa corpórea, ou seja, sob a perspectiva extremamente exclusivista.[180] Porém, não era possível, naquele período, a atribuição ou o reconhecimento de uma propriedade imobiliária unitariamente considerada; o que ocorria era, na realidade, uma extensão do pátrio poder sobre pessoas e bens, existindo uma confusão ou comunhão de direitos e deveres. Assim, era a *patria potestas* que justificava o poder sobre a coisa. Essa relação da propriedade como poder máximo ou *senhoria* sobre a coisa consistia no aspecto econômico da propriedade como um complexo de faculdades cujo objetivo primordial era extrair da coisa as vantagens que poderia proporcionar.[181]

Existem autores que atribuem ao termo *dominium* uma forma *menos técnica* para tratar a propriedade no direito romano.[182] Para outros, a expressão surgiu no término da República, nos períodos helenístico e

[178] PEZZELLA, Maria Cristina Cereser. *Propriedade privada no Direito Romano*. Porto Alegre: Sérgio Antônio Fabris Editor, 1998, p. 123 – 124.

[179] SODRÉ, Ruy de Azevedo. *Função Social da Propriedade Privada*. Tese (Doutorado em Filosofia do Direito) – Universidade de São Paulo. São Paulo: Revista dos Tribunais, 1942, p. 30.

[180] SODRÉ, 1942, p. 29.

[181] CHAMOUM, 1968, p. 15.

[182] CHAMOUM, 1968, p. 228.

clássico, "para expressar a relação da pessoa com a coisa",[183] e seu significado tem representação na senhoria sobre a coisa, cujas faculdades são indeterminadas e ilimitadas no seu exercício, de modo que, para cada uma delas, é conferida a denominação de *ius* (*utendi, abutendi, vindicandi, fruendi, alienandi*).[184]

Toda essa evolução que a propriedade sofreu no decorrer de séculos foi transformada com a queda do Império Romano (476 d.C.) e com a invasão bárbara, que trouxeram, como consequência, o fato de que dois povos distintos (germânicos e romanos) tivessem contato com as diferentes civilizações e noções de propriedade,[185] conferindo ao instituto novas características.

Com origem na Idade Média[186] na Europa, o feudalismo influenciou diretamente o direito de propriedade, naquele período, na sociedade europeia, tendo surgido em um contexto marcado por modificações culturais e sociais e durado quase um milênio. A propriedade, no feudalismo, sofreu profundas transformações, "acarretando, em consequência, lutas, abalos e desequilíbrios sociais",[187] mas o traço fundamental é que as terras eram "transmitidas" pelos respectivos reinos para determinadas pessoas (que possuíam títulos de nobreza, geralmente), que, por sua vez,

[183] Pezzella, 1998, p. 189.
[184] Interessante que a clássica definição ou poderes inerentes ao direito de propriedade – *ius utendi, fruendi et abutendi* – não é mencionada nas fontes do direito romano, resultando da interpretação posterior dos jurisconsultos (Corrêa, Alexandre; Sciascia, Gaetano. *Manual de Direito Romano*. 6ª edição. São Paulo: Revista dos Tribunais, 1988, p. 124).
[185] Serpa Lopes, Miguel Maria de. *Curso de direito civil*. Volume VI. 2ª edição. Rio de Janeiro: Freitas Bastos, 1962, p. 237.
[186] A expressão *idade média* foi designada pela primeira vez por Giovanni Andrea, bispo de Aleria, em 1469, chamando o período de *media tempestas*, de forma pejorativa, em referência a uma idade intermediária que foi desastrosa, do ponto de vista cultural, em razão do nascimento do renascimento florentino. Na metade do século XVI, são encontradas versões canônicas do termo *idade média*: «medium tempus» (tempos médios), «media aetas» (idade, geração média) e «medium aevum» (idade média). Ver: García, Eduardo Baura. De la «media tempestas» al «medium aevum». La aparición de los diferentes nombres de la edad media. *Estudios Medievales Hispánicos*, nº 2, 2013. Universidad Autónoma de Madrid, p. 27 – 46. Disponível em: http://hdl.handle.net/10486/13413. Acesso em: 14 fev. 2021.
[187] Sodré, 1942, p. 28.

concediam para terceiros. Esse regime de concessão com reserva destruiu a ideia de propriedade romana.[188]

O regime feudal se alicerçava em um liame personalíssimo vitalício (que se estendia aos herdeiros varões) entre o possuidor da terra, chamado *vassalo*, e o proprietário das terras, denominado *senhor*. Seria errônea qualquer tentativa no sentido de se estabelecer um direito medieval único, porque eram muitos os regimes estabelecidos e variavam regionalmente, sempre vinculados ao respectivo reino (germânico, francês, italiano, espanhol etc.).

Assim, na Idade Média, as noções jurídicas romanas penetraram pouco a pouco e sofreram deformações inevitáveis, caracterizando quase que uma desintegração da propriedade, e por um verdadeiro desdobramento dos direitos reais de todas as classes, muito diferentes, muitas delas dos clássicos *jura in re aliena*.[189]

O fator mais marcante desse regime residia na dominação e na subordinação que eram inerentes à relação entre o agricultor ou criador (vassalo) e o respectivo senhor, cabendo ao primeiro o cultivo das terras e ao segundo a tutela bélica ou física.[190] O caráter do direito (real) no regime feudal se caracterizava, assim, pela *renda* da terra, de forma que existia uma chamada "obrigação positiva" do cultivador dos imóveis, um verdadeiro *facere*.[191] O direito de se exigir do possuidor de terras ou vassalo prestações repetidas, de natureza periódica, poderia se concretizar em serviços, produtos naturais ou, mesmo, dinheiro.[192] Essa noção de desmembramento da propriedade em classes (superior e inferior), o direito romano não conheceu, sendo característica única do regime feudal.

Uma característica relevante do regime feudal foi a ausência de qualquer formalização das regras e leis, mesmo porque os costumes dos respectivos feudos sofriam influências regionais, sendo que as famosas *Leges*

[188] Sodré, 1942, p. 28.

[189] Rigaud, Luis. *El Derecho real*. Historia y teorías (su origen institucional). Madrid: Editorial Reus, Preciados, 6, Centro de Enseñhanza, 1928, p. 56.

[190] Figueiredo, Guilherme José Purvin de. *A propriedade no direito ambiental*. 4ª edição. Rio de Janeiro: Esplanada, 2010, p. 49.

[191] Rigaud, 1928, p. 71.

[192] Rigaud, 1928, p. 72.

feudorum, que consistem no primeiro compilado do direito feudal, só surgiram no século XII.[193]

Pode-se afirmar, assim, que a propriedade no regime feudal tinha, em linhas gerais, características sociais na medida em que permitia a exploração da terra por diversas pessoas ao mesmo tempo,[194] mas esse regime começou a ruir com o crescimento da demanda na produção de bens e produtos que ultrapassavam o consumo regional, fomentando um comércio mais amplo, ou seja, no crescimento do capitalismo, criando, na medida em que aumentavam os lucros dos cultivadores da terra, uma relação de independência com os senhorios, já que passaram a não necessitar mais de qualquer proteção. Outro fator que contribuiu para a queda do regime feudal foi o crescimento do desprestígio da nobreza em razão das injustiças sociais, mas foi seu declínio econômico, causado pelo sistema de encargos, privilégios e prestação do senhor sobre a terra (típicos do sistema feudal), a principal causa da descapitalização da burguesia, criando-se o ambiente perfeito para revoluções.[195]

A propriedade imobiliária começou a ganhar relevância após o enfraquecimento do sistema feudal, com a diminuição dos poderes não somente dos senhorios, mas também da nobreza. Os instrumentos da requisição e confisco, antes comuns, agora perdiam força, e a proteção jurídica dos proprietários foi prestigiada.

Foi com a Revolução Francesa (1789-1799) que os contornos da propriedade passaram ou voltaram a ter um caráter mais egoístico do direito romano. Com exceção do período medieval, "a propriedade foi concebida, no direito romano, de forma similar à concepção que ulteriormente veio a ser designada como *individualista*".[196] A propriedade foi, assim, colocada *num verdadeiro altar*, cujo sacerdote era o proprietário.[197]

O Código Francês que entrou em vigor em 21 de março de 1804 surge como prestígio do liberalismo e fortalecimento da propriedade, que agora

[193] Caenegem, R. C. van. *Uma introdução histórica ao direito privado.* São Paulo: Martins Fontes, 2000, p. 28.

[194] Alvim Netto, 2009, p. 185 – 186.

[195] Chalhub, Melhim Namem. *Curso de direito civil.* Rio de Janeiro: Forense, 2003, p. 42.

[196] Alvim Netto, 2009, p. 183 [grifo no original].

[197] Alvim Netto, 2009, p. 195.

é restabelecida nos moldes do direito romano, porém, consolidando-se ainda mais como direito absoluto. Os poderes inerentes à propriedade foram explicitados no art. 544 ("*le droit de jouir et disposer des choses de la manière la plus absolue*"),[198] e este aspecto serviu de influência para as codificações civis do mundo todo (Itália,[199] Espanha).[200]

Na América do Sul, o código napoleônico também serviu de inspiração para muitos países. Um dos primeiros códigos do continente, o Código Civil Chileno de 1855 [201] (ainda em vigor após muitas reformas), dispõe que "*el dominio (que se llama también propiedad) es el derecho real en una cosa corporal,* ***para gozar y disponer de ella arbitrariamente****; no siendo contra la ley o contra derecho ajeno*" (art. 582), chamando a atenção pela expressão *arbitrariamente* para se referir ao uso e gozo da propriedade. O Código Argentino de 1869 [202] (*De la Nación*) disciplina que "*es inherente a la propiedad el derecho de poseer la cosa, disponer o servirse de ella, usarla y gozarla conforme a un ejercicio regular*" (art. 2.513). Nosso primeiro Código Civil Brasileiro, promulgado em 1º de janeiro de 1916, também seguiu a linha do código napoleônico, de forma que constava do art. 524 que "a lei assegura ao proprietário o direito de usar, gozar e dispor de seus bens, e de reavê-los do poder de quem quer que injustamente os possua".[203]

[198] RÉPUBLIQUE FRANÇAISE. *Code Civil*. Disponível em: https://www.legifrance.gouv.fr/codes/id/LEGITEXT000006070721/. Acesso em: 11 jun. 2021.

[199] BIBLIOTECA CENTRALE GIURIDICA. Ministero della Giustizia. *Biblioteca digitale dell'unificazione giuridica*. Disponível em: https://www.giustizia.it/giustizia/it/mg_22_4_3_4.page. Acesso em: 11 jun. 2021.

[200] ESPAÑA. Ministerio de Gracia y Justicia. BOE – Legislación consolidada. *Real Decreto de 24 de julio de 1889 por el que se publica el Código Civil*. Gaceta de Madrid, n. 206, de 25 de julio de 1889. Disponível em: https://www.boe.es/buscar/pdf/1889/BOE-A-1889-4763-consolidado.pdf. Acesso em: 11 jun. 2021.

[201] CHILE. Biblioteca del Congreso Nacional. *Ley nº 17.344, de 14 de diciembre de 1855*. Disponível em: https://www.bcn.cl/leychile/Navegar?idNorma=172986&idParte=8717776. Acesso em: 11 fev. 2022 [grifos nossos].

[202] ARGENTINA. Gobierno. *Ley n. 340, de 25/09/1869*. Disponível em: https://www.argentina.gob.ar/normativa/nacional/ley-340-109481/actualizacion. Acesso em: 10 fev. 2022.

[203] BRASIL. Presidência da República. *Lei nº 3.071, de 1º de janeiro de 1916*. Código Civil dos Estados Unidos do Brasil. Disponível em: http://www.planalto.gov.br/ccivil_03/leis/l3071.htm. Acesso em: 11 jun. 2021.

Ressalta-se, por fim, que o caráter individual da propriedade decorrente do código napoleônico, com relação a referidos atributos, possuía duas perspectivas, que podemos chamar de positiva e negativa. A primeira, e mais comumente tratada pela doutrina, é a forma poderosa ativa com relação à utilização da coisa. No entanto, o aspecto negativo deve ser enfatizado, porque o proprietário possuía o direito de *não usar, não usufruir e não alienar* a propriedade,[204] sem sofrer qualquer forma de punição ou medida compulsória.

2.2 Fundamentos do direito de propriedade

Na investigação dos fundamentos jurídicos do direito de propriedade encontra-se grande divergência entre os autores com relação à legitimidade.[205] A propriedade estará sempre umbilicalmente vinculada aos regimes políticos, em "cujos sistemas jurídicos é concedida e pelos quais é esse direito obrigado",[206] não existindo coincidência, por exemplo, entre a ideia da propriedade como direito absoluto dentro do Estado Liberal e a propriedade concebida nos quadros de sua função social dentro do Estado do bem-estar social.[207] Assim, a estrutura do direito de propriedade é fruto de contínua adaptação ou evolução, refletindo sempre a realidade econômica, política e social de cada período da história.[208]

A teoria mais antiga é a da *ocupação* – e a mais combatida. Ela decorre da apropriação pelo homem das coisas da natureza, criando-se a propriedade (e iremos estudá-la mais profundamente nos próximos capítulos). A ocupação, por si, configura-se apenas em um fato e necessita do império da lei para que mude o *status*, de forma que, por si, não basta, assim, para justificar o direito de propriedade, "porque os modos de adquirir

[204] Duguit, León. Las transformaciones del derecho público y privado. [Título original: *Les transformations générales du droit privé*]. In: Duguit, León. *Las transformaciones del Derecho público; las transformaciones del Derecho privado; y las Transformaciones del Estado*. Tradução para o espanhol de Adolfo de Carlos G. Posada. Granada: Editorial Comares, 2007, p. 213.

[205] Diniz, Maria Helena. *Curso de Direito Civil brasileiro*. Volume 4: Direito das Coisas. 33ª edição. São Paulo: Saraiva, 2019, p. 132.

[206] Alvim Netto, 2009, p. 183.

[207] Alvim Netto, 2009, p. 183.

[208] Chalhub, 2003, p. 41.

um direito necessariamente pressupõem a preexistência desse direito, capaz de ser adquirido por um daqueles meios".[209]

Maria Helena Diniz também analisa a ocupação como fundamento da propriedade, ensinando que é comum ao homem, como ser social, *transformar seus atos de apropriação em direitos*, obviamente assegurados pela sociedade por meio de normas jurídicas que garantam uma proteção mínima da propriedade.[210] No entanto, referida apropriação não é fundamento de uma chamada *teoria da ocupação*, mas, sim, fator justificante relativo a uma necessidade humana.

A *teoria da lei* teve como grande expoente Montesquieu,[211] que, com apoio e fundamento em Thomas Hobbes, entendia a propriedade como instituição de direito civil e foi aceita, principalmente, na Europa, por um período relativamente grande (século XVII até a primeira metade do século XIX).[212] Thomas Hobbes defendia o Estado Monárquico Absolutista na Inglaterra no século XVII, entendendo que todas as terras e bens deveriam ser controlados por um poder soberano.[213] Ao tratar das obras dos homens, Montesquieu afirmava que, com seus cuidados e boas leis, os homens "tornaram a terra própria para ser sua morada",[214] sempre vinculando a existência da propriedade a uma lei criadora e mantenedora: "como os homens renunciaram à sua independência natural para viver sob leis políticas, renunciaram à comunhão natural dos bens para viver sob leis civis".[215]

Immanuel Kant posiciona a propriedade como uma decorrência de "princípios, conceitos e postulados do direito compreendido a partir de

[209] Barros Monteiro, Washington de. *Curso de Direito Civil*. Direito das Coisas. Volume 2. 35ª edição. São Paulo: Saraiva, 1988, p. 82.

[210] Diniz, 2019, p. 134.

[211] Montesquieu, Charles de Secondat, Baron de. *O espírito das leis*. [Título original: *L'Esprit des Lois*]. Apresentação de Renato Janine Ribeiro; tradução de Cristina Murachco. São Paulo: Martins Fontes, 1996.

[212] Barros Monteiro, 1988, p. 77.

[213] Hobbes, Thomas. *Leviatã ou matéria, forma e poder de um Estado eclesiástico e civil*. 3ª edição. São Paulo: Abril Cultural, 1983, p. 118.

[214] Montesquieu, 1996, p. 297.

[215] Montesquieu, 1996, p. 516. Preferimos a palavra "comunhão" no lugar de "comunidade", como consta da tradução original.

um ponto de vista puramente racional", significando que o direito extrai sua legitimidade de elementos elementares da razão, transcendendo as simples convenções históricas.[216] É possível deduzir da obra de Kant[217] que atos como ocupação e especificação não bastam para fundamentar ou justificar o direito de propriedade, sendo preciso um consentimento mútuo entre as pessoas, o que poderia induzir que a propriedade só poderia constituir-se pela convenção.[218] A propriedade, para Kant, não constitui uma relação entre homem e a coisa, mas, sim, uma relação social codificada entre os homens que se valem da utilização da coisa.[219]

A "teoria da lei" configura o fracasso dos esforços jusnaturalistas para justificar a propriedade privada. Rousseau, em célebre frase, afirmou que "o primeiro que, cercando um terreno, se lembrou de dizer: *isto me pertence*, e encontrou criaturas suficientemente simples para o acreditar, foi o verdadeiro fundador da sociedade civil".[220] Rosseau, na famosa obra "O Contrato Social", enfatiza a renúncia que o homem realizou com relação à liberdade, até então ilimitada, em contrapartida de vantagens do convívio a partir de uma organização social, visando a garantir, em prol de todos os associados, dignidade, igualdade jurídica e moral, e a tão sonhada liberdade civil.[221]

É preciso, ainda, falar da teoria utilitarista de Bentham (incluída por Washington de Barros Monteiro na teoria da lei). Para esta teoria, a ideia de propriedade consiste numa expectativa, previamente estabelecida, de que é inerente à propriedade alguma vantagem, sendo que referida

[216] ORRUTEA FILHO, Rogério Moreira. Os fundamentos do direito de propriedade em Kant. *Revista Officium*, v. 2, n. 2, 1º semestre de 2019, p. 39. Disponível em: https://facdombosco.edu.br/wp-content/uploads/2019/08/Os-fundamentos-do-direito-de-propriedade-em--Kant-Rog%C3%A9rio.pdf. Acesso em: 23 fev. 2021.

[217] KANT, Immanuel. *Fundamentação da metafísica dos costumes*. Tradução, introdução e notas de Guido Antônio de Almeida. São Paulo: Discurso Editorial e Barcarolla, 2009.

[218] SODRÉ, 1942, p. 19.

[219] REY MARTÍNEZ, Fernando. *La propiedad privada en la Constitución Española*. Madrid: Boletín Oficial del Estado Centro de Estudios Constitucionales, 1994, p. 23.

[220] ROUSSEAU, Jean Jacques. *Discurso sobre a origem e os fundamentos da desigualdade entre os homens*. São Paulo: Cultrix, 1975, p. 175.

[221] ROUSSEAU, Jean Jacques. O contrato social. In: ROUSSEAU, Jean Jacques. *Oeuvres completes*. Tome III. Collection "Pléiade". Paris: Gallimard, 1757. São Paulo: Cultrix, 1971, p. 32.

expectativa resulta da lei.[222] O princípio utilitarista de Bentham não tinha como finalidade exclusiva atribuir à propriedade o sentido de utilidade, mas, sim, em aspectos sociológicos, filosóficos e, até, psicológicos.[223] Em uma estudada frase, Jeremy Bentham escreveu que

> propriedade não é senão uma base de expectativa; a expectativa de derivar certas vantagens de algo que se diz possuir, em consequência da relação em que estamos em relação a ela. Agora, essa expectativa, essa persuasão, só pode ser obra de direito. Não posso contar com o gozo daquilo que considero meu, *exceto através da promessa da lei que me garante.*[224]

A debilidade da teoria da lei é fortemente criticada pela doutrina nacional,[225] [226] que enfatiza a fragilidade de se atribuir o fundamento da propriedade exclusivamente à vontade humana, porque, da mesma maneira que a vontade humana, manifestada pela lei, poderia criar a propriedade, poderia suprimi-la. A propriedade antecede a sociedade, e não o contrário, não sendo admissível excluir ou fundar a propriedade por lei que apenas regula o seu exercício.

Outra teoria que ganhou relevância foi a *especificação ou trabalho*. A simples apropriação ou submissão de uma coisa ao domínio e vontade do homem não é fator justificante para a criação da propriedade. É a transformação resultante da forma dada à matéria bruta pelo trabalho humano

222 Figueiredo, 2004, p. 58.

223 "Por princípio de utilidade entende-se aquele princípio que aprova ou desaprova qualquer ação, segundo a tendência que tem a aumentar ou a diminuir a felicidade da pessoa cujo interesse está em jogo, ou, o que é a mesma coisa em outros termos, segundo a tendência a promover ou a comprometer a referida felicidade. Digo qualquer ação, com o que tenciono dizer que isto vale não somente para qualquer ação de um indivíduo particular, mas também de qualquer ato ou medida de governo" (Bentham, Jeremy. *Uma introdução aos princípios da moral e da legislação*. Tradução de Luiz João Baraúna. São Paulo. Editora Abril, 1974, p. 10).

224 Bentham, Jeremy. *Theory of Legislaton*. 2ª edição. London: Trubner & CO, 1931, p. 111 – 112 [grifo nosso].

225 Barros Monteiro, 1988, p. 77.

226 Diniz, 2019, p. 133.

o fundamento da propriedade; de forma que, somente o trabalho, criador único de bens, constitui título legítimo para a propriedade.[227]

A teoria da especificação ou trabalho é resultante da evolução do pensamento filosófico jusnaturalista relacionado com a propriedade, sendo interessante que, neste aspecto, com exceção de John Locke, a grande maioria dos filósofos defensores do direito natural sustente que a propriedade privada, como direito, não existiria na natureza, necessitando, para nascer, do estado civil.[228]

John Locke defendia que a propriedade privada é decorrente de um direito natural, com caráter individualista, alegando princípios liberais de liberdade individual e propriedade privada,[229] mas apresentava a ideia do *acréscimo à propriedade comum*, mencionando que, enquanto as criaturas inferiores são bens comuns aos homens, "cada homem tem uma propriedade em sua própria pessoa".[230] "[...] O trabalho de seu corpo e a obra de suas mãos" e "qualquer coisa que ele então retire do estado com que a natureza a proveu e deixou, mistura-a ele com seu trabalho e junta-lhe algo que é seu, transformando-a em sua propriedade".[231] O homem, ao retirar do estado comum em que a natureza a deixou, agregou, com seu trabalho, afastando o direito comum dos demais. Por meio do trabalho, o homem atribui ou recebe a propriedade das coisas, ou seja, "o trabalho que o homem tem em retirar determinadas coisas do estado comum em que estavam tem o condão de fixar ou autorizar a propriedade sobre elas",[232] sendo a extensão da propriedade também vinculada à capacidade de sua utilização. A fundamentação de John Locke é alicerçada em premissas de direito divino,[233] especialmente da Primeira Carta de Paulo a Timóteo (6: 17): "exorta os ricos deste mundo a que não sejam orgulho-

227 Barros Monteiro, 1988, p. 77.

228 Figueiredo, 2004, p. 54.

229 Figueiredo Neto, Manoel Valente. *A propriedade privada imóvel no século XXI*. Curitiba: Editora CRV, 2016, p. 74.

230 Locke, John. *Segundo Tratado sobre o Governo*. 2ª edição. São Paulo: Abril Cultural, 1978, p. 45.

231 Locke, 1978, p. 46.

232 Locke, John. *Dois tratados sobre o governo*. São Paulo: Martins Fontes, 1998, p. 28.

233 Figueiredo, 2004, p. 60.

sos nem ponham sua esperança nas riquezas volúveis, mas em Deus, que nos dá abundantemente todas as coisas para delas fruirmos".

Com relação à teoria dos sistemas, a propriedade quase sempre é compreendida com relação ao seu aspecto econômico,[234] de forma que cabe ao subsistema economia a compreensão de que determinado bem possui ou não valor pecuniário relevante e em que circunstância, nas palavras de Luhmann, o sistema de direito ou jurídico, seguindo a complexidade e mobilidade da economia, concebe a propriedade como componente de determinados programas que "permitem estabelecer quem, em caso de disputa, tem razão e quem está equivocado, ou seja, quem está inserido (código) legal e quem está no ilegal".[235]

Finalmente, a teoria que tem tido maior relevância é a *da natureza humana*. O senhorio do homem sobre as coisas é uma das chaves da história da humanidade. O apetite de poder, a vontade de dominação é um dos motores da história do homem sobre a terra; isso é visto em qualquer ideologia que se possa incluir ou identificar à propriedade.[236] A propriedade é inerente à própria *natureza humana*, representando a condição de existência e de liberdade do homem.[237] Hegel[238] acreditava que a propriedade era uma maneira pela qual os seres humanos se constituíam como pessoas, estendendo sua vontade de manipular os objetos do mundo exterior. Margaret Jane Randin argumentava que, "para ser uma pessoa,

[234] A propriedade funciona como acoplamento estrutural, como liame entre os sistemas direito e economia, de forma que o "acoplamento permite que as operações econômicas próprias sejam eficazes como irritações do sistema de direito e que as operações jurídicas próprias sejam-no como irritações do sistema Econômico" (LUHMANN, Niklas. *O direito da sociedade*. [Título original: *Das Recht der Gesellschaft*]. Tradução de Saulo Krieger. São Paulo: Martins Fontes, 2016, p. 360).

[235] LUHMANN, Niklas. El origen de la propiedad y su legitimación: un recuento histórico. *Revista MAD*, Universidade do Chile, nº 33, p. 1 – 17, 2015.

[236] DIÉZ-PICAZO, Luis; GULLÓN, Antonio. *Sistema de Derecho civil*. Derecho das cosas y Derecho Inmobiliario Registral. Volume III. 7ª edição. Tecnos: Madrid, 2004, p. 139.

[237] BARROS MONTEIRO, 1988, p. 78.

[238] HEGEL, Georg Wilhelm Friedrich. *Princípios da filosofia do Direito*. [Título original: *Grundlinien der Philosophie der Rechts*]. Tradução de Orlando Vitorino. São Paulo: Martins Fontes, 1997, p. 44.

um indivíduo precisa de algum controle sobre os recursos no ambiente externo".[239]

É possível vislumbrar a propriedade como resultado de uma necessidade natural humana com relação ao direito moderno de moradia.[240] Ter acesso a uma moradia constitui claramente uma necessidade fundamental para o ser humano. É, sem dúvida, "a estrutura principal que permite ao homem a realização de suas obras; de sonhar e realizar os mesmos; de estabelecer uma raiz; de ser conhecido em uma comunidade; um abrigo para os dias ruins e o palácio para os dias de comemoração".[241] O aspecto agrário da propriedade na história da civilização sempre esteve ligado à necessidade, à relação de sobrevivência daquela comunidade.

Maria Helena Diniz, adepta da teoria da natureza humana, ressalta que é "o instituto da conservação que leva o homem a se apropriar de bens, seja para saciar a fome, seja para satisfazer suas variadas necessidades de ordem física e moral".[242] Nesse aspecto, com relação à propriedade como meio para o homem saciar suas necessidades primárias, Ruy de Azevedo Sodré, lembrando o filósofo Nietzsche, relata que a propriedade não seria mais do que um prolongamento dos instintos de alimentação e caça.[243] O instinto da propriedade, em suas raízes mais profundas, teria natureza biológica.[244] As coisas com determinado valor econômico são apropriadas, produzidas ou transformadas para servir a fins estritamente individuais.[245] Referida teoria ganhou maior relevância com o desenvolvimento da função social da propriedade, que exportou a neces-

239 Randin, Margaret Jane. *Property and Personhood.* Stan: L. Ver. 957, 1972, p. 34.

240 O núcleo básico do direito à moradia é constituído pela segurança, pela paz e pela dignidade. *Cf.*: ORGANIZAÇÃO DAS NAÇÕES UNIDAS. *Conferência das Nações Unidas sobre Assentamentos Humanos – Habitat II*, Estambul, 3 – 14 de junho de 1996. Disponível em: https://undocs.org/en/A/CONF.165/14. Acesso em: 18 jan. 2021.

241 Melo, Marcelo Augusto Santana de. O direito à moradia e o papel do Registro de Imóveis na regularização fundiária. *Revista de Direito Imobiliário*, nº 69, jul. – dez. São Paulo: Revista dos Tribunais (Thomson Reuters), 2010, p. 13.

242 Diniz, 2019, p. 133.

243 Sodré, 1942, p. 10 – 11.

244 "Esse poderoso instinto enraizado no homem, e que lhe domina quase todos os sentidos, encontra-se com as mesmas características, no reino animal" (Sodré, 1942, p. 12).

245 Barros Monteiro, 1988, p. 77.

sidade humana individual para uma noção mais ampla de necessidade e funcionalidade coletiva.

2.3 A busca por um conceito de propriedade

A doutrina, de forma incansável, ainda busca por um conceito definitivo de propriedade, e, com sabedoria, já afirmava Washington de Barros Monteiro que, para melhor definir ou entender a propriedade, o caminho menos árduo é a investigação de seus elementos.[246] O ponto de partida, assim, provavelmente resida na indagação do que seria propriedade.[247] A partir do questionamento, é possível começar a delinear suas características que tornam mais "nítidos seus traços",[248] mas é inevitável concluir que a propriedade é muito mais sentida do que definida[249] e tem sido estudada e analisada por séculos, somente sob seu aspecto estrutural[250] (usar, gozar e dispor), e não sob a ótica de sua funcionalidade, como se pode observar nos estatutos civis brasileiro de 1916 (art. 524), português (art. 1.305) e espanhol (art. 348). Serpa Lopes atribuía como extremamente sensíveis as dificuldades que envolvem uma definição de direito de propriedade.[251] Nessa perspectiva, a propriedade merece e precisa ser estudada por meio de outro aspecto que não o estrutural. Stefano Rodotà alertava que eventual definição da propriedade somente poderia ser, em seu conteúdo, genérica, de maneira que desenhasse um esquema mais amplo possível no que se refere às especificações do instituto.[252]

A busca pela definição de direito de propriedade sempre residiu na relação de poder entre o titular e a coisa e seu caráter como *direito real*

[246] Barros Monteiro, 1967, p. 90.

[247] Singer, Joseph William. *Introduction to Property*. 2ª edição. New York: Aspen Publishers, 2005, p. 2.

[248] Gomes, Orlando. *Direitos reais*. 4ª edição. São Paulo/Rio de Janeiro: Forense, 1973, p. 93.

[249] Pereira, Caio Mário da Silva. *Instituições de Direito Civil*. 1ª edição. Rio de Janeiro/São Paulo: Companhia Editora Forense, 1970, p. 76.

[250] Tepedino, Gustavo. *Temas de direito civil*. Contornos Constitucionais da Propriedade Privada. 3ª edição. Rio de Janeiro: Renovar, 2004, p. 305.

[251] Serpa Lopes, 1962, p. 230.

[252] Rodotà, Stefano. *El terrible derecho*. Estudios sobre la propiedad privada. Tradução de Luis Díez-Picazo. Santiago: Ediciones Olejnik, 2019, p. 217.

máximo.[253] Não obstante, a propriedade pode não reunir sempre todos os atributos a ela tradicionalmente conferidos (uso, gozo ou fruição e disposição), tornando frágil qualquer tentativa conceitual nesse sentido (poder de fruição),[254] de forma que parte da doutrina reconhece a desnecessidade de atribuição de um significado conceitual, concentrando esforços nas características da propriedade.[255]

A palavra *propriedade* nasce e tem sentido com relação ao seu próprio termo; a coisa é *própria* ao proprietário. A origem da palavra vem do latim *proprietas* (derivada de *proprius*), tendo o significado de pertença a alguma pessoa,[256] sendo precisamente o que os romanos chamavam de *dominium*, embora reconheçamos a existência de autores que atribuem uma diferenciação entre domínio e propriedade, principalmente decorrente das compilações do direito romano.[257]

A propriedade, em sua perspectiva tradicional, é concebida como *puro direito subjetivo*,[258] exteriorizado no poder que o ordenamento jurídico confere a determinado titular de agir e de exigir de outrem algum comportamento. A propriedade seria uma relação de vantagem, já que confere proteção em razão tão somente de sua existência. A noção técnica de direito subjetivo de propriedade, tradicionalmente, sempre orbitou na relação do titular com relação aos atributos da propriedade e de reivindicar a coisa de quem a detenha injustamente.[259]

253 Carvalho Fernandes, Luís A. *Lições de direitos reais.* 6ª edição. Lisboa: Quide Juris, 2009, p. 334.

254 O gozo não é exclusivo da propriedade; e, por outro, pode haver proprietários sem o uso e a fruição, e sem o direito de disposição (Justo, Santos. *Direitos Reais.* Coimbra: Editora Coimbra, 2007, p. 215 – 216).

255 Pinto Duarte, Rui. *Curso de Direitos Reais.* 2ª edição. Lisboa: Princípia, 2002, p. 47.

256 Serpa Lopes, 1962, p. 231.

257 "No Direito Romano, a palavra *dominium* teve um significado mais extenso que o de propriedade, porquanto a primeira servia para indicar tudo quanto pertencia ao *chefe da casa*, mesmo que se tratasse de usufruto, ao passo que a palavra *proprietas* tinha um sentido mais restrito" (Serpa Lopes, 1962, p. 231).

258 Loureiro, Francisco Eduardo. *A propriedade como relação jurídica complexa.* Rio de Janeiro: Renovar, 2003, p. 38.

259 Pereira, Caio Mário da Silva. *Instituições de Direito Civil.* Volume IV. 2ª edição. Rio de Janeiro: Forense, 1992, p. 72.

São elementos constitutivos do direito de propriedade[260] ou poderes, como trata parte da doutrina, que definem e contornam sua estrutura, que permanece quase inalterada desde o direito romano e hoje estão presentes no *caput* art. 1.228 do Código Civil de 2002. O primeiro é o direito de usar (*jus utendi*), que se exterioriza na possibilidade de se tirar do bem todos os benefícios que ele pode proporcionar, sem, contudo, que sua substância seja comprometida. O direito de fruição (*jus fruendi*) é relativo à percepção dos frutos. O direito de dispor da coisa (*jus abutendi* ou *disponendi*) tem relação com o poder de dispor da coisa e, por conseguinte, de onerá-la. Finalmente, tem o proprietário o direito de reivindicar (*reivindicativo*) a coisa de quem injustamente a detenha.

No entanto, estudar a propriedade por meio de seus elementos não é suficiente, já que não podemos nos contentar em analisar a propriedade sob a ótica do poder sobre uma coisa. A propriedade diz respeito às relações entre as pessoas, não às relações entre as pessoas e as coisas. A doutrina clássica sempre estudou a propriedade como se fosse um poder sobre as coisas, não obstante muitos direitos de propriedade não dizerem respeito a *coisas*, mas a recursos intangíveis, como direitos autorais ou interesses em um negócio em andamento.[261]

O problema fundamental é que o poder sobre as coisas não tem sentido, a menos que outros tenham obrigações de se abster de praticar qualquer ato com relação a outras pessoas. Se a propriedade significa que uma pessoa, e não outra, tem o poder legítimo de dizer o que acontece com um objeto de valor, a lei da propriedade impõe obrigações aos não proprietários de respeitarem as reivindicações dos proprietários. Os não proprietários devem se abster de invadir ou tomar a propriedade sem o consentimento do proprietário e devem viver com as consequências das escolhas de um proprietário sobre como usar sua própria propriedade.

Martin Wolff ressalta que o conceito de propriedade é de natureza equívoca,[262] de forma que a complexidade do instituto, principalmente sua indissociabilidade de uma função socioambiental, como veremos,

[260] Diniz, 2019, p. 134.

[261] Singer, 2005, p. 2.

[262] Wolff, Martin et al. *Derecho de cosas*. Tratato de derecho civil. Vol. 3. Barcelona: Bosch, 1971, p. 321.

resultou na constatação e proclamação da doutrina no reconhecimento de uma conceituação ou uma noção abstrata.[263] A concepção conceitual da propriedade como um direito fundamental pleno e exclusivo da coisa pelo proprietário, de acordo com os limites do ordenamento jurídico, apesar da objetividade e simplicidade, é onde a doutrina italiana[264] mais apresenta concordância e é aceitável para fins didáticos.

Portanto, propriedade não é sobre controle das coisas; é sobre relacionamentos jurídicos entre pessoas com relação às coisas e, como as coisas que valorizamos não se limitam a objetos tangíveis, faz mais sentido pensar na propriedade em termos de recursos valorizados.[265] A propriedade é o direito real-matriz por excelência[266] ou, nas palavras de Carvalho Santos, é o mais amplo dos direitos reais. Dentre todos eles, é o que constitui a sua qualidade fundamental, o traço típico que o caracteriza,[267] congregando, assim, todas as categorias de direitos reais.[268] A propriedade é o mais importante e o mais sólido de todos os direitos subjetivos, "o direito real por excelência, é o eixo em torno do qual gravita o direito das coisas".[269] Enfim, configura a propriedade como o protótipo do direito subjetivo.[270]

A propriedade consiste, ainda, em um direito humano fundamental (art. 5º, *caput*, inciso XXII), conforme a Constituição Brasileira de 1988, determinando que ela deve atender a sua função social. Nesse aspecto, tem natureza dupla, configurando como instituto jurídico (direito à propriedade) e como direito subjetivo (direito de propriedade), ainda que funcionalizado. Com relação ao primeiro aspecto, o que existe é uma liberdade e garantia constitucional para a configuração da existência da

263 Loureiro, 2003, p. 35.

264 Bianca, Cesare Massimo. *Direitto Civile*. Volume VI. La propietà. Seconda Edizione. Milano: Giuffrè Editore, 2017, p. 103.

265 SINGER, 2005, p. 2.

266 Alvim Netto, 2009, p. 76.

267 Carvalho Santos, João Manuel de. *Código Civil brasileiro interpretado*. Volume VII. 6ª edição. Rio de Janeiro: Livraria Freitas Bastos AS, 1982, p. 226.

268 Serpa Lopes, 1962, p. 242.

269 Barros Monteiro, 1988, p. 76.

270 Roppo, Vincenzo. *Diritto Privato*. Sesta edizione. Torino: G. Giappichelli Editore, 2018, p. 185.

propriedade, não configurando um direito fundamental propriamente dito.[271] Por outro lado, existe a garantia da figura do proprietário, que não terá o direito expurgado sem a devida indenização.[272] O direito subjetivo também configura uma pretensão jurídica individual em favor de determinados titulares, de forma a assegurar o respectivo dever jurídico de abstenção por parte dos destinatários passivos. Outra característica do direito subjetivo de propriedade é a sua funcionalidade econômica, ou seja, a garantia de fruição ou resguardo do conteúdo essencial pelo Estado.

O direito subjetivo de propriedade vem se tornando quase expressão sinônima de dever, ou melhor, tornando-se cada vez menos direito e mais obrigações. A relação de *poder* do titular do direito de propriedade já não satisfaz a definição do direito subjetivo de propriedade. A relação de uso, fruição e disposição do proprietário apresenta-se cada vez mais condicional ou limitada, tornando a relação jurídica complexa[273] e variando de acordo com a qualidade do objeto da propriedade. Assim, como defende Tepedino, com a chegada da função social, foi restabelecido o desenho da propriedade como um direito subjetivo dúctil, com um conteúdo variável, que se define quando da relação concreta, na medida em que se compatibiliza com as situações jurídicas fundamentais protegidas constitucionalmente.[274]

2.4 Função socioambiental da propriedade

Resulta, atualmente, que a propriedade é integrada por uma função social, ou seja, deve ser regulada pelo ordenamento jurídico, de modo que o seu exercício individual não entre em conflito com o interesse geral da comunidade ou, em qualquer caso, com interesses socioambientais mere-

[271] Gaio, Daniel. *A interpretação do direito de propriedade em face da proteção constitucional do meio ambiente urbano*. 2010. Tese (Doutorado em Direito) – Pontifícia Universidade Católica do Rio de Janeiro, Rio de Janeiro, 2010. Disponível em: https://www.maxwell.vrac.puc-rio.br/colecao.php?strSecao=resultado&nrSeq=17357@1. Acesso em: 30 dez. 2020.
[272] Bianca, 2017, p. 122.
[273] Perlingieri, 2011, p. 70.
[274] Tepedino, 2004, p. 329.

cedores de tutela.[275] Em outras palavras, como ensina Viegas de Lima, "proprietários possuem direitos e deveres com os não proprietários".[276]

Afirmar a função social do direito de propriedade significa refutar a tradição secular conceitual individualista e egoística; e esse fenômeno ocorreu de forma paulatina no mundo todo. O significado da função social, na síntese de Oliveira Ascensão, reside no fato de o titular da propriedade não poder, "na mira das suas particulares conveniências, contrariar interesses sociais relevantes".[277]

Na obra de Tomás de Aquino[278] são encontradas referências ou inspirações da função social da propriedade. Para o Doutor da Igreja, "é lícito que o homem possua bens como próprio", e resulta até mesmo que é necessário à vida humana,[279] mas reduz de forma significativa o alcance do regime da propriedade privada: "sob esse aspecto, o homem não deve ter as coisas exteriores como próprias, mas como comuns, neste sentido que, de bom grado, cada um as partilhe com os necessitados".[280] Stefano Rodotà identifica, na concepção cristã da propriedade, especialmente, a especulação tomista sobre o *bonum commune* como o precedente mais notável do conceito moderno de função social.[281]

Ao tratar da questão 32 da *Secunda secundae* do dever de privação em benefício de outrem, ensina Tomás de Aquino que é dever de justiça disponibilizar os bens supérfluos em comum com aqueles que se encontrem em extrema necessidade; é dever de justiça suportar que bens próprios

[275] Roppo, 2018, p. 190.

[276] Viegas De Lima, Frederico Henrique. *A propriedade imobiliária nos 30 anos da constituição federal*: os desejáveis novos rumos. Vol. 85, jul. – dez., p. 201 – 264. São Paulo: Revista dos Tribunais (Thomson Reuters), 2018.

[277] Oliveira Ascensão, José. *Direito Civil*: reais. 4ª edição. Coimbra: Coimbra Editora Limitada, 1987, p. 197.

[278] "As coisas exteriores podem ser encaradas sob duplo aspecto. Primeiro, em sua natureza, que não está sujeita ao poder humano, mas só ao divino, a quem tudo obedece docilmente. Segundo, quanto ao uso. E então o homem tem o domínio natural sobre as coisas exteriores. Pois, pela razão e pela vontade, pode delas usar para sua utilidade, como se para ele fossem feitas" (Tomás De Aquino, Santo. *Suma teológica*. II. II. V. 6. São Paulo: Loyola, 2005b, p. 156).

[279] Tomás De Aquino, 2005b, p. 157.

[280] Tomás De Aquino, 2005b, p. 158.

[281] Rodotà, 2019, p. 181.

sejam usados por alguém em situação de extrema necessidade; é imperativo pôr o supérfluo em relação àqueles que estão em situação de necessidade, embora não extrema.[282] Entende-se por supérfluo, para Tomás de Aquino, o que ele denomina sobras, que são as provisões remanescentes da necessidade da família, "depois, as necessidades dos outros devem ser socorridas".[283] Resulta da doutrina tomista que o direito de propriedade está intimamente vinculado à evolução história e existe proteção para os bens particulares, mas é possível que exista uma regulação "de uma maneira variável", segundo as exigências do bem comum, do exercício deste direito.[284]

A ideia de propriedade sofreu intensas transformações no decorrer dos últimos séculos,[285] saindo de uma noção e perspectiva individualistas, como a constante do *Code Civil*, derivada do liberalismo (*laissez-faire*, que, numa tradução literal, significa "*deixe fazer*", e, no sentido político, com relação à não intervenção estatal), para receber atualmente uma nova roupagem ou características, resultando na necessidade de a propriedade ter que conviver com um senso coletivo, impondo-se a seu titular uma série de particularidades, chegando a uma noção de *poder contido* ou, como iremos abordar, uma relação jurídica complexa.

Como pudemos observar, John Locke concebe o instituto da propriedade como um direito natural, servindo de base teórica para o esboço do que viria a ser a ideia de função social da propriedade,[286] sendo que sua teoria jusnaturalista estabelece criativamente a solução para o grande dilema da gênese da propriedade, que derivaria do acréscimo gerado pelo trabalho, trazendo um benefício social.[287]

A Carta Encíclica *Rerum Novarum* (1891), do Papa Leão XIII, concebia a propriedade particular como um direito natural advindo das forças do

[282] Tomás De Aquino, Santo. *Suma teológica*. II. II. V. 5. São Paulo: Loyola, 2005a, p. 440; 445.
[283] Tomás De Aquino, 2005a, p. 439.
[284] Sodré, 1942, p. 144.
[285] Melo, 2010, p. 53.
[286] Figueiredo, 2004, p. 58.
[287] Locke, 1978, p. 45.

trabalho e plena conforme à natureza,[288] fundamentando uma doutrina notadamente social, na qual se expressa importante e *paternal* preocupação com a questão social.[289] A expressão "função" social foi utilizada na Encíclica *Quadragesimo Anno* (1931), do Papa Pio XI, com referência à justiça, política e propriedade privada.[290] Na Encíclica *Mater Et Magistra* (1961), o Papa João XXII, consagrando e reafirmando a função social da propriedade, reitera que "a propriedade privada, mesmo dos bens produtivos, é um direito natural que o Estado não pode suprimir. Consigo, intrinsecamente, comporta uma função social, mas é igualmente um direito, que se exerce em proveito próprio e para bem dos outros",[291] consagrando a função social da propriedade.

Entre os séculos XIX e XX, surge a ideia de função social da propriedade com a característica conhecida hodiernamente, merecendo destaque, apesar de pouco conhecida, a obra do professor da Universidade de Viena, de 1890, Antonio Menger, que publicou um estudo revolucionário para a época, denominado "Direito Civil e os Pobres", criticando o projeto do Código Civil Alemão, que era insensível aos problemas sociais e estaria escolhendo e aceitando soluções derivadas do *egoísmo individual*.[292] Para o autor austríaco:

> A segurança do regime da propriedade descansa, principalmente, sobre a estrita conexão do mesmo à vida social e à atividade popular, e sobre o fato de que a consciência das massas resulte ser o último cimento de toda aspiração

[288] Papa Leão XIII. Carta Encíclica «Rerum Novarum». Introdução. Roma, 15 de maio de 1891. *Vaticano*. Disponível em: https://www.vatican.va/content/leo-xiii/pt/encyclicals/documents/hf_l-xiii_enc_15051891_rerum-novarum.html. Acesso em: 02 maio 2019.

[289] Rey Martínez, 1994, p. 93.

[290] Papa Pio XI. Carta Encíclica Quadragésimo Anno. Roma, XV de maio de MCMXXXI. *Vaticano*. Disponível em: https://www.vatican.va/content/pius-xi/pt/encyclicals/documents/hf_p-xi_enc_19310515_quadragesimo-anno.html. Acesso em: 02 maio 2019.

[291] Papa João XXIII. Carta Encíclica Mater et Magistra. Roma, 15 de maio do ano de 1961. *Vaticano*. Disponível em: https://www.vatican.va/content/john-xxiii/pt/encyclicals/documents/hf_j-xxiii_enc_15051961_mater.html. Acesso em: 02 maio 2019.

[292] Menger, Antonio. *El Derecho Civil y los pobres*. Versión española. [Título original: *Das bürgerliche Recht und die besitzlosen Volksklassen*, 1890]. Madrid: Librería General de Victoriano Suárez, 4s, preciados, 1898, p. 79.

> econômica. Estamos, sem dúvida, muito longe, ainda, de uma condição em que a ganância econômica e a distribuição dos bens, causadas pela propriedade privada, se encontrem em uma justa posição.[293]

Destacamos, ainda, o espanhol, professor da Universidade de Oviedo, Adolfo Posada, que, em 1898, no estudo denominado "El Derecho y La cuestión social", ressalta que, mesmo que possa parecer grosseira ou pouco humana, a problemática social no direito também é *uma questão de estômago*, e a dor social resulta da "dor dos pobres, dos desvalidos, de todos que não contam com o mínimo do indispensável para viver vida de homens", defendendo ser papel do direito civil o emprego de mecanismos para afastar essa desigualdade.[294]

No entanto, é impossível não reconhecer que a obra de maior relevância para o estudo da função social da propriedade foi publicada na França, em 1908, pelo jurista León Duguit, intitulada "As transformações do direito público e privado", que, primeiramente, procura estabelecer o que podemos chamar de funcionalidade de todos os institutos de direito, além do que afirmava que nem o homem, muito menos a coletividade, possui direitos, mas cada indivíduo tem uma tarefa determinada em sociedade.[295] A propriedade, como uma instituição jurídica, foi criada como resposta a uma necessidade econômica, que foi transformada por demandas sociais sensíveis, modificando-se em sua gênese.[296] A propriedade, dizia Duguit, "é para o possuidor de uma riqueza o dever, a obrigação de ordem objetiva, de empregar a interdependência social".[297] Para Duguit, assim, não existe proteção do direito positivo para o direito subjetivo do proprietário, mas tão somente é garantida a liberdade ao possuidor de determinada riqueza com o intuito de cumprir a função social que lhe é incumbida por força desta mesma posse.[298] Duguit defendia, ainda, o

[293] MENGER, 1898, p. 252.
[294] POSADA, Adolfo. El Derecho y la Cuestión Social. In: MENGER, Antonio. *El Derecho Civil y los pobres*. Versión española. [Título original: *Das bürgerliche Recht und die besitzlosen Volksklassen*, 1890]. Madrid: Librería General de Victoriano Suárez, 4s, preciados, 1898, p. 6.
[295] DUGUIT, 2007, p. 215.
[296] DUGUIT, 2007, p. 178.
[297] DUGUIT, 2007, p. 215.
[298] SERPA LOPES, 1962, p. 243.

desaparecimento ou enfraquecimento do direito subjetivo, que dá lugar a outra concepção de propriedade-função social, sendo que finalidade da função social, em linhas gerais, é formar e administrar bens e capitais com os quais cada geração prepara e garante o futuros das seguintes.[299]

No Brasil, a primeira obra sobre a função social da propriedade privada foi a do professor Ruy de Azevedo Sodré, em 1942, que, com maestria, trouxe os ensinamentos de Duguit no âmbito nacional, merecendo menção para a compreensão de como a ideia funcional da propriedade rompia com a tradição do direito civil pátrio-romano: "A propriedade é, ao lado da família, o eixo da sociedade. Sobre ela repousa a estabilidade de todo o edifício social. A propriedade tem que evoluir, mas a sua evolução deve ser prudente e cautelosa".[300] A principal crítica de Sodré ao pensamento de Duguit era muito pertinente à época, já que os contornos do aspecto social da propriedade estavam sendo desenvolvidos, reconhecendo um "fundo de verdade" na teoria da função social, mas apontando que o seu "sistema é falho não só em não determinar precisamente qual seja essa função, como e principalmente em não declarar em nome de quem é ela exercida".[301]

A ideia de função social apresentada por Duguit tem inspiração direta na filosofia de Augusto Comte,[302] que despreza a existência do homem individualmente considerado, já que o desenvolvimento da espécie humana decorre de sua vida em sociedade. O positivismo, afirma Comte, tem fundamento na "ligação de cada um a todos, sob uma multidão de aspectos diferentes, de maneira a tornar involuntariamente familiar o íntimo sentimento de solidariedade social, convenientemente desdobrado para todos os tempos e todos os lugares".[303]

É preciso, também, ressaltar o desenvolvimento da associação entre propriedade e a ideia de abuso de direito desenvolvida por Josserrand no início do século XX. Para o autor francês, toda vez que o exercício do direito de propriedade ultrapassasse os limites de sua função, exis-

299 Duguit, 2007, p. 316.
300 Sodré, 1942, p. 46.
301 Sodré, 1942, p. 72.
302 Figueiredo, 2004, p. 70.
303 Comte, Augusto. *Discurso sobre o Espírito Positivo*. São Paulo: Abril Cultural, 1978, p. 266.

tiria o abuso do respectivo direito, ou melhor, em suas palavras, a disfunção ocorreria se a propriedade "imprimir uma direção anormal à atividade".[304] Serpa Lopes, estudando referido aspecto, lecionava que, se o direito de propriedade fosse exercido sem utilidade, caracterizar-se-ia abuso por se encontrar o direito desviado da sua destinação econômica e social (desvio em relação à sua função).[305] A teoria do abuso do direito surgiu, assim, como natural reação ao exercício antissocial do direito de propriedade constante do ordenamento jurídico, que conferia ao proprietário um direito absoluto; a propriedade teve relevância nesse desenvolvimento em razão da expressão latina do atributo *ius abutendi*, como característica de fruição egoística e ilimitada.[306] Como se referia Lafayette Rodrigues, a propriedade ou domínio era a manifestação da *plena potestas*, "o império exclusivo e absoluto da nossa vontade sobre a coisa".[307]

A compreensão de que a propriedade deve ter funções outras do que a relação de subordinação ao senhorio foi, assim, uma criação lenta, cujo significado vem se construindo no decorrer dos anos, valendo lembrar, para fins didáticos, a declaração do Papa João Paulo II, afirmando que "sobre toda a propriedade particular pesa sempre uma hipoteca social",[308] como forma de retribuição das dádivas divinas. Na verdade, quando se fala de uma função social do direito privado, acabamos por afirmar que a ciência jurídica é também ciência social, sendo o fenômeno da funcionalidade social da propriedade apenas um aspecto de uma sistemática maior, o que acaba por resultar na constatação do direito como fenômeno social.[309]

[304] Josserand, Louis. *L'Abus des droits*. Paris: Arthur Rousseau, 1905, p. 43.
[305] Serpa Lopes, 1962, p. 242.
[306] Sodré, 1942, p. 66.
[307] Rodrigues Pereira, Lafayette. *Direito das cousas*. Tomo I. São Paulo: B. l. Garnier, 1877, p. 24.
[308] Papa João Paulo II. Discurso do Santo Padre aos índios mexicanos reunidos em Cuilapán. Publicado em 29 de janeiro de 1979. *Vaticano*. Disponível em: https://www.vatican.va/content/john-paul-ii/pt/speeches/1979/january/documents/hf_jp-ii_spe_19790129_messico-cuilapan-indios.html. Acesso em: 30 abr. 2020.
[309] Rodotà, 2019, p. 183.

Interessante é a percepção de Ruy de Azevedo Sodré com relação ao direito romano, que "não concebeu a propriedade inviolável e impenetrável como uma fortaleza dentro da qual o proprietário se entrincheirava, surdo a todas as exigências sociais ou coletivas".[310] Existiam alguns institutos com uma finalidade mais social, onde se destacam o *omni agro deserto*, que incentivava a aquisição de terras longínquas na fronteira do Império Romano e a própria compilação das Doze Tábuas Romanas, de 451 a.C., que estipulava uma multa para o corte de árvores (Tábua Segunda: 9).[311]

A primeira Carta Constitucional que expressamente elevou direitos sociais como direitos fundamentais, influenciando o direito de propriedade, foi a Constituição Socialista do México de 1917.[312] A Constituição do México, em vigor até hoje, tem inspiração em um sistema constitucional social, ou seja, a ideia de fazer coincidir o poder social com o poder político, visando a uma distribuição mais equitativa da terra e um cuidado especial com as comunidades tradicionais.[313] O art. 27 da Constituição do México, em seu parágrafo primeiro, expressa um sentido moderno da função social da propriedade, inclusive com relação à proteção ambiental. O Estado mexicano (*la Nación*) terá o direito de impor à propriedade privada as modalidades de intervenção de interesse público, podendo regular, em *benefício* social, o aproveitamento dos elementos naturais suscetíveis de apropriação, com o intuito de fazer uma distribuição equitativa da riqueza pública, cuidar da sua conservação, lograr o desenvolvimento equilibrado do país e o melhoramento das condições de vida da população rural e urbana. O texto constitucional expressamente elenca algumas medidas necessárias para atingir a finalidade social da propriedade. Dentre elas, destacamos: ordenar assentamentos humanos e estabelecer

[310] Sodré, 1942, p. 10 – 35.

[311] Meira, Silvio A. B. *A Lei das XII Tábuas*: fonte do direito público e privado. 3ª edição. Rio de Janeiro: Forense, 1972, p. 135.

[312] MÉXICO. Cámara de Diputados del H. Congreso de la Unión. *Constitución Política de los Estados Unidos Mexicanos*. Última reforma publicada DOF em 11 de marzo de 2021. Disponível em: http://www.diputados.gob.mx/LeyesBiblio/pdf_mov/Constitucion_Politica.pdf. Acesso em: 25 jan. 2021.

[313] Narváez, Paulino Machorro. *Apuntos para el estudio del Derecho Constitucional mexicano*. México: Suprema Corte de Justicia de la Nación, 2015, p. 158.

reservas e destinos adequados de terras, águas e florestas; preservar e restaurar o equilíbrio ecológico; fracionar latifúndios; e promover a agricultura, pecuária, silvicultura, *evitando-se a destruição de elementos naturais* (parágrafo segundo do art. 27).

Pouco tempo depois, surgiu a Constituição Alemã de 1919, que marca o ponto de ruptura da concepção dominical liberal-individualista em benefício da concepção socializante,[314] sendo considerada a primeira carta constitucional a reconhecer de forma expressa o princípio da função social da propriedade. O art. 153 da Constituição de Weimar assim dispôs: "A Constituição garante a propriedade. O seu conteúdo e os seus limites resultam de lei. (...) A propriedade obriga e o seu uso e exercício devem, ao mesmo tempo, representar uma função no interesse social".[315] A atual Constituição alemã, em vigor desde 1949, garante a propriedade, afirmando que seu uso deve servir ao bem comum, permitindo-se a desapropriação (arts. 14 (2) e (3) e 15).[316] Com relação à proteção ambiental, consta a responsabilidade do Estado frente às gerações futuras, devendo proteger os recursos naturais vitais e os animais, dentro do âmbito da ordem constitucional, através da legislação e de acordo com a lei (art. 20a).[317]

No Brasil, o desenvolvimento da função social da propriedade ocorreu de forma paulatina e morosa nas diversas cartas constitucionais. A Constituição do Império de 1824 garantia o direito de propriedade de forma plena (art. 179, XXII), representando um modelo claramente liberal. No entanto, o texto constitucional trazia uma única exceção: se o bem público legalmente verificado "exigir o uso e emprego da propriedade

[314] Rey Martínez, 1994, p. 110.

[315] Oppenheimer, Heinrich. *The Constitution of the Federal Republic of Germany*. London: Stevens and Sons, 1923, p. 213.

[316] ALEMANHA. *Lei Fundamental da República Federal da Alemanha*. Versão alemã de 23 de maio de 1949. Última atualização em 28 de março de 2019. Disponível em: https://www.btg-bestellservice.de/pdf/80208000.pdf. Acesso em: 25 jan. 2021.

[317] Andreas Krell leciona que, no sistema constitucional alemão, "a construção dogmática de uma vinculação ecológica da propriedade privada parte, necessariamente, do art. 20a da LF (Krell, Andreas J. A relação entre proteção ambiental e função social da propriedade nos sistemas jurídicos brasileiro e alemão. In: MP EDITORA. *Revista Ambiente e Direito*, ano I, edição 1, São Paulo, 2010, p. 23).

do cidadão"[318] (não constava, expressamente, a palavra "expropriação"), será ele previamente indenizado do valor dela.

A Carta Constitucional de 1891 também afirmava que o direito de propriedade era mantido "em toda a sua plenitude", permitindo-se "a desapropriação por necessidade ou utilidade pública, mediante indenização prévia", e trouxe a possibilidade de desapropriação pelo "bem público" (art. 72, § 17).[319] A Constituição de 1934 foi rica nas referências sociais, principalmente com relação à propriedade, merecendo destaque o art. 113, que impedia o exercício da propriedade em colidência contra o interesse social ou coletivo; o que foi mantido na CF de 1937 (art. 122, 14);[320] a Carta de 1946, por sua vez, trazia expresso condicionamento da propriedade "ao bem-estar social" (art. 147).[321]

A primeira vez em que existiu menção direta à função social da propriedade numa Constituição Federal ocorreu em 1967.[322] O artigo 157 determina que "a ordem econômica tem por fim realizar a justiça social, com base, entre outros princípios, na função social da propriedade" (inciso III), permitindo-se a expropriação por interesse social (§ 22, art.

318 BRASIL. Presidência da República. *Constituição Política do Império do Brazil (de 25 de março de 1824)*. Manda observar a Constituição Politica do Imperio, offerecida e jurada por Sua Magestade o Imperador. Disponível em: http://www.planalto.gov.br/ccivil_03/constituicao/constituicao24.htm. Acesso em: 11 jun. 2021.

319 BRASIL. Presidência da República. *Constituição da República dos Estados Unidos do Brasil (de 24 de fevereiro de 1891)*. Nós, os representantes do povo brasileiro, reunidos em Congresso Constituinte, para organizar um regime livre e democrático, estabelecemos, decretamos e promulgamos a seguinte. Disponível em: http://www.planalto.gov.br/ccivil_03/constituicao/constituicao91.htm. Acesso em: 11 jun. 2021.

320 BRASIL. Presidência da República. *Constituição dos Estados Unidos do Brasil (de 10 de novembro de 1937)*. Disponível em: http://www.planalto.gov.br/ccivil_03/constituicao/constituicao37.htm. Acesso em: 11 jun. 2021.

321 BRASIL. Presidência da República. *Constituição dos Estados Unidos do Brasil (de 18 de setembro de 1946)*. Disponível em: http://www.planalto.gov.br/ccivil_03/constituicao/constituicao46.htm. Acesso em: 11 jun. 2021.

322 BRASIL. Presidência da República. *Constituição da República Federativa do Brasil (de 24 de janeiro de 1967)*. Disponível em: http://www.planalto.gov.br/ccivil_03/constituicao/constituicao67.htm. Acesso em: 11 jun. 2021.

150). A Emenda à Constituição nº 1, de 17 de outubro de 1969,[323] manteve praticamente a redação da antecessora.

Por fim, a Constituição de 1988 concebeu a função social da propriedade de forma ampla e completa, fazendo referências expressas do princípio em diversos capítulos. O art. 5º, inciso XXIII, no capítulo pertinente aos direitos e garantias fundamentais, disciplina que "a propriedade atenderá a sua função social".[324] No artigo 170, inciso III, capítulo relativo à ordem econômica brasileira, concebe a função social da propriedade como um princípio fundamental da economia. O artigo 182 inovou ao prever expressamente a função social da cidade e vinculando-a à existência de um plano diretor como instrumento básico da política de desenvolvimento e de expansão urbana. E, por fim, o art. 186, no capítulo relativo à política agrícola e fundiária e da reforma agrária, afirma que "a função social é cumprida quando a propriedade rural atende, simultaneamente, segundo critérios e graus de exigência estabelecidos em lei, aos seguintes requisitos":

> I – aproveitamento racional e adequado; II – utilização adequada dos recursos naturais disponíveis e preservação do meio ambiente; III – observância das disposições que regulam as relações de trabalho; IV – exploração que favoreça o bem-estar dos proprietários e dos trabalhadores.[325]

Podemos afirmar, assim, que a propriedade constitucional configura-se como um direito fundamental e está atrelada à sua função social (art. 5º, incisos XXII e XXIII). Ao posicionar a propriedade no Título VII, da ordem econômica e financeira, é exteriorizado como fundamento o trabalho humano e a livre iniciativa, assegurando-se, ainda, uma existência digna, conforme ditames sociais (art. 170, *caput*).[326] A Constituição Fede-

[323] BRASIL. Presidência da República. *Emenda Constitucional nº 1, de 17 de outubro de 1969.* Edita o novo texto da Constituição Federal de 24 de janeiro de 1967. Disponível em: http://www.planalto.gov.br/ccivil_03/constituicao/Emendas/Emc_anterior1988/emc01-69.htm. Acesso em: 11 jun. 2021.

[324] BRASIL. *Constituição da República Federativa do Brasil.* 1988. Brasília: Senado Federal, 1998.

[325] BRASIL, 1998.

[326] Loureiro, 2003, p. 96 – 97.

ral de 1988 inseriu a propriedade brasileira numa esfera na qual orbitam valores sociais, econômicos e, finalmente, os ambientais. Com o artigo 225, declara que:

> todos têm direito ao meio ambiente ecologicamente equilibrado, bem de uso comum do povo[327] e essencial à sadia qualidade de vida, impondo-se ao Poder Público e à coletividade o dever de defendê-lo e preservá-lo para as presentes e futuras gerações.[328]

Integra a função social da propriedade o aspecto ambiental, razão pela qual parte da doutrina prefere a expressão "função socioambiental da propriedade".[329] A propriedade imobiliária tem o caráter da funcionalidade social, que possui caracteres semelhantes ao fator de proteção ambiental, sendo este, inclusive, requisito de cumprimento daquele no plano constitucional (art. 186, inciso II, CF). A terra, ao cumprir um funcionamento transindividual, ou seja, desempenhar um papel que transcende o direito de usar, gozar e fruir do proprietário, também deve proteger os caracteres ambientais que a integram, porque configuram direito de uso comum de todos. A Constituição brasileira de 1988 sedimentou e positivou em seu texto as bases normativas de um *constitucionalismo ecológico*, conferindo ao meio ambiente o *status* de direito fundamental.[330] Os preceitos inscritos no art. 225 da Carta Maior configuram-se, sem dúvida, nas palavras de Celso de Mello, na tradução da "consagração constitucional", "em nosso sistema de direito positivo, de uma das mais expressivas prerrogativas asseguradas às formações sociais contemporâneas".[331]

327 A natureza do meio ambiente como bem de uso comum do povo foi muito bem definida pelo Santo Padre Francisco, na Encíclica *Laudato Si*. Para ele, configura-se como "um bem coletivo, património de toda a humanidade e responsabilidade de todos. Quem possui uma parte é apenas para a administrar em benefício de todos" (PAPA FRANCISCO, 2015. Item 95).

328 BRASIL, 1998.

329 MARÉS, Carlos Frederico. *A função social da terra*. Porto Alegre: Fabris, 2003, p. 134.

330 FENSTERSEIFER; SARLET, 2012, p. 50.

331 BRASIL. Supremo Tribunal Federal. *Mandado de Segurança nº 22.164-0-SP*. Relator Ministro Celso de Mello. Data do julgamento: 30/10/1998. Data da publicação

Os limites sociais e ambientais refletem-se no caso do direito de propriedade, cuja função é proclamada social, e tem também uma função ambiental indiscutível. Assim, "a função ambiental nasce da função social, mas longe de permanecer nela, afasta-se".[332] Ela assume um significado e um peso próprios, coloca-se como elemento integrador da propriedade, mas de forma independente e elevada em relação tanto ao plano individual quanto ao social, isso porque a proteção da natureza resulta também na proteção da própria vida humana.

No Brasil, esse aspecto ganha relevância extraordinária nas propriedades rurais, porque cada uma, em todo o território, tem afetadas obrigações ambientais, como os institutos da área de preservação permanente (principalmente vinculadas a cursos d'água) e a reserva florestal legal, que exige uma área mínima de cobertura florestal. A função socioambiental das propriedades é evidenciada com relação ao solo, ou seja, com as propriedades imobiliárias que estão sujeitas a um conjunto de fatores sociais, ambientais e econômicos que influenciam diretamente o aproveitamento do espaço.

O direito de propriedade é exemplo máximo da influência do direito ambiental no direito civil, merecendo tratamento e estudo específico. Anteriormente, a floresta era estudada no direito de propriedade como uma acessão natural e integrante da mesma, enquanto incorporada ao solo (art. 79 do Código Civil). Hoje, o regime de proteção florestal é tamanho que existem as hipóteses de proteção integral, como ocorre com a vegetação atlântica (Lei Federal nº 11.428, de 22 de dezembro de 2006).

O Código Florestal (Lei nº 12.651, de 25 de maio de 2012), seguindo a sistemática constante do Código Civil (art. 1.228, § 1º), corroborou a ideia de que o direito de propriedade deve ser exercido com observação de sua finalidade socioambiental, constando do § 2º do art. 2º que as obrigações previstas no Código Florestal possuem natureza real e são transmitidas ao sucessor, de qualquer natureza, no caso de transferência

no DJU: 17/11/1995. Disponível em http://redir.stf.jus.br/paginadorpub/paginador.jsp?docTP=AC&docID=85691. Acesso em: 08 jan. 2021.

[332] CARAMELO, Gustavo; PICASSO, Sebastián; HERRERA, Marisa. *Código Civil y Comercial de la Nación comentado*. Ciudad Autónoma de Buenos Aires: Infojus, 2015, p. 397.

da propriedade, e configura-se como um dos dispositivos mais importantes do estatuto florestal, merecendo destaque, já que existia indefinição expressa na natureza jurídica das obrigações ambientais. A regra é repetida na seção II, que trata do regime de proteção das áreas de preservação permanente (art. 7º, § 2º), obrigando a integral reparação ambiental ao sucessor da área rural, ou seja, a obrigação de restauração da cobertura florestal suprimida, mesmo que pelo antecessor.

Assim, ao se determinar que as obrigações ambientais têm *natureza real*, entendimento esse já consagrado pela jurisprudência,[333] o intento da legislação foi confirmar sua natureza *propter rem* (por causa da coisa), sendo acessórias do direito real ou de propriedade, também denominadas por Fernando Noronha de *ambulatórias*, porque *ambulante cum domino* ("deslocam-se com o dono").[334]

Purvin de Figueiredo enfatiza que a proteção da flora, em especial da fauna, "é hoje, portanto, um importante elemento a ser considerado na implementação da dimensão ambiental da função social da propriedade".[335] Com efeito, a biodiversidade da fauna silvestre, associada à proteção da flora, é um fator de suma importância para a preservação ambiental e para o aproveitamento econômico da propriedade, porque é indicativo de equilíbrio ecológico.

Por fim, Naim-Gesbert chamou a atenção de que o homem sempre exerceu poder ilimitado e arbitrário sobre o não humano, no caso, a propriedade. As restrições impostas ao direito de propriedade não são, de forma alguma, justificadas por nenhum plano para conter a "violência objetiva" infringida por todos os proprietários a tudo o que é passível de apropriação. Com a evolução ou reconhecimento de direitos coletivos ou

[333] BRASIL. Tribunal de Justiça de São Paulo. *Apelação Cível nº 402 646 5/7-00*. Relator Desembargador José Renato Nalini. Data do julgamento: 29/06/2006. Data da publicação no DJE: 02/08/2006. Disponível em: http://www.mpsp.mp.br/portal/page/portal/cao_urbanismo_e_meio_ambiente/Jurisprudencia/juris_camara/apel%20RL%20propter%20rem.pdf. Acesso em: 21 out. 2020.

[334] NORONHA, Fernando. *Direito das Obrigações*. 3ª edição. São Paulo: Saraiva, 2010, p. 318.

[335] FIGUEIREDO, 2004, p. 194.

comuns, essa relação de violência entre o humano e não humano passa a ser uma relação jurídica e gera a crise ambiental.[336]

2.5 A natureza jurídica da função socioambiental da propriedade privada

Reconhecendo-se a evidência constitucional de que o direito de propriedade privada sofre um estreitamento dos poderes e faculdades que tradicionalmente lhe eram afiançados, torna-se imprescindível, no âmbito da presente investigação, estudar se a função socioambiental constitui elemento estrutural ou elemento externo do direito de propriedade.[337] A propriedade, mesmo concebida como direito fundamental, cede espaço para outros valores constitucionais de relevância essencial, como o direito ambiental, ou melhor, nas palavras de Francisco Eduardo Loureiro, "trata-se, sem dúvida, de novo olhar sobre a propriedade, em que interesses não-proprietários (sic) – proteção ao meio ambiente saudável – prevalecem no conflito de interesses dominiais à exploração econômica do bem".[338]

A compreensão do real sentido da função social da propriedade foi entorpecida pela redução de seu significado como expressão sinônima de uma mera restrição ou limitação administrativa.[339] A função social é um conceito muito mais amplo do que a simples privação de direito, configurando o exercício e o conteúdo do direito de propriedade.[340] A noção de limitação a um direito próprio é hoje incompatível com a pós-modernidade, de forma que a propriedade não mais satisfaz o interesse

336 Gutwirth, Serge; Naim-Gesbert, Éric. Science et droit de l'environnement: réflexions pour le cadre conceptuel du pluralisme de vérités. *Revue interdisciplinaire d'études juridiques*, vol. 34, p. 33 – 98, 1995/1. DOI: 10.3917/riej.034.0033. Disponível em: https://www.cairn.info/revue-interdisciplinaire-d-etudes-juridiques-1995-1-page-33.htm.

337 Moreira Fernandez, 2001, p. 188.

338 Loureiro, 2003, p. 172.

339 Fernandes, Edésio. A nova ordem jurídico-urbanística do Brasil. *Revista Magister de direito imobiliário, registral, urbanístico e ambiental*, v. 1, n. 2. Porto Alegre: Magister, 2005, p. 15.

340 Pinedo, Ignacio Pereña. La función social del derecho de propiedad. In: Bastida, Francisco J. (Coord.). *Propiedad y derecho constitucional*. Madrid: Colegio de Registradores da España, 2005, p. 179 – 180.

exclusivo do seu titular, mas, sim, de uma coletividade, sua existência não pode lesar interesses sociais e da comunidade.[341]

O direito de propriedade hoje configura uma relação jurídica complexa, refletindo aspectos dos mais variados, principalmente o social, mas também o econômico e o ambiental, configurando, assim, o caráter pós-moderno da propriedade imobiliária, ou seja, a propriedade moderna se caracteriza por um aspecto multifuncional e com grande complexidade. Está se reconhecendo, dessa forma, que o direito de propriedade – até então, absoluto – se curva em benefício de uma finalidade *superior* que mereça proteção coletiva, social e até econômica; esse fenômeno é atual em nosso direito, já que o Código Civil de 1916, de inspiração liberal decorrente do Código Napoleônico, não trazia qualquer menção expressa à função social da propriedade como aduzimos.

É flagrante, por exemplo, a influência da Constituição Federal no Código Civil de 2002. O artigo 1.228 do Código Civil de 2002 se assemelha ao estatuto civil anterior em seu *caput*, declarando que "o proprietário tem a faculdade de usar, gozar e dispor da coisa, e o direito de reavê-la do poder de quem quer que injustamente a possua ou detenha". Não obstante, em seu Parágrafo Primeiro, revolucionou a legislação civil infraconstitucional, estabelecendo expressa vinculação entre propriedade e sua função socioambiental:

> § 1º O direito de propriedade deve ser exercido em consonância com as suas finalidades econômicas e sociais e de modo que sejam preservados, de conformidade com o estabelecido em lei especial, a flora, a fauna, as belezas naturais, o equilíbrio ecológico e o patrimônio histórico e artístico, bem como evitada a poluição do ar e das águas.

É notório que os atributos da propriedade permanecem inalterados, são os mesmos desde as compilações do direito romano; a utilização da propriedade do ponto de vista do estatuto econômico não recebeu alteração substancial. Alerta Arruda Alvim que, "se existem elementos estruturais do direito de propriedade, não é possível *desconhecê-los* ou *des-*

[341] Viegas De Lima, 2018, p. 201 – 264.

figurá-los em nome e por causa da função social".[342] *O que ocorreu é que os referidos atributos são restritos ao conteúdo essencial aproveitável de um imóvel.* O proprietário de uma área rural, a despeito dos espaços ambientais que deve respeitar e preservar, tem todos os atributos do direito para poder explorar a propriedade rústica. Ocorre que o exercício do direito de propriedade será sempre condicionado ao respeito de outros bens jurídicos de natureza difusa. Assim, é inegável que o aspecto funcional da propriedade tenha sido delimitado, e a transformação axiológica gerada pela função social à propriedade é de tamanha intensidade que alguns defendem a fusão dos elementos, de forma que é impossível tratar atualmente a propriedade sem sua função social.

Parece-nos que, atualmente, a função social é a mais importante teoria a respeito do direito de propriedade.[343] O que se denomina função social, esclarece Stefano Rodotà, é, na realidade, parte da estrutura interna da propriedade, de forma que não se pode afirmar que a propriedade tem função social, mas, sim, que *é função social*.[344] É o que Fernando Rey Martínez denomina de *propriedade conformada pela função social* e, de certa forma, modifica o conteúdo próprio do direito de propriedade,[345] não existindo mais espaço para a compreensão de uma propriedade *divorciada* desse elemento que lhe confere conteúdo.[346]

Conceber a função socioambiental como elemento externo da propriedade resultaria em que toda e qualquer intervenção legislativa impositora de vínculos seria uma restrição de um direito fundamental, ou seja, de garantias individuais (art. 5º, CF). Não se pode sustentar, atualmente, que os limites e obrigações não partem do direito de propriedade; fatos externos seriam uma oneração, servidão etc. A propriedade não deve ser analisada somente do ponto de vista de um direito subjetivo, mas de uma situação jurídica complexa, que envolve inúmeras obrigações decorren-

342 Alvim Netto, 2009, p. 281 [grifo nosso].

343 Lima, Getúlio Targino. *Apontamentos a respeito do direito de propriedade.* Direito Civil Constitucional. Caderno 3. Coordenação de Renato Lotufo. São Paulo: Malheiros, 2002, p. 171.

344 Rodotá, Stefano. *La proprietà e le proprietá.* Il controlo sociale dele attivitá privatà. Bolonia: Il Mulino, 1977, p. 219; Rodotà, 2019, p. 221.

345 Rey Martínez, 1994, p. 360.

346 Bezerra De Mello, Marco Aurélio. *Direito das Coisas.* 4ª edição. Rio de Janeiro: Editora Lumen Juris, 2010, p. 88.

tes de sua função social.[347] Viegas de Lima ressalta que "essa nova feição da propriedade revela seu aspecto dinâmico, porém complexo, visto que nas relações de direitos de propriedade intervêm diversas pessoas e diversos grupos".[348]

A função socioambiental da propriedade é, para nós, um elemento conformador (aclarador) dos limites constitucionais, de forma que propriedade/função socioambiental não se dissociam quanto à origem, ou seja, a função social é um componente estrutural do direito. A função social tem a capacidade de alterar a estrutura do domínio e atuar como critério de valoração do exercício do direito.[349] A propriedade, além de atender a função social (aproveitamento coletivo), respeita outro direito humano fundamental, que é o direito à qualidade de vida saudável e a um meio ambiente ecologicamente equilibrado. O meio ambiente, como bem de uso comum do povo (art. 225, CF), cria um sistema de propriedades comuns e recíprocas, ou seja, a proteção ambiental de uma propriedade em particular interessa a toda uma coletividade, inclusive ao proprietário. Parece-nos, assim, inadmissível, recordando as lições de Purvin de Figueiredo, no exame da função social da propriedade, ignorar que esse princípio "integra o direito de propriedade e é dotado de eficácia plena".[350]

A doutrina comparada defende afincadamente, de modo claramente maioritário, que o "direito de propriedade privada constitui um direito previamente limitado na sua origem pelo fato da função social".[351] A propriedade encontra fundamento no seu ser, de forma que se pode afirmar que a propriedade não tem função social, ela é função social.[352] Perlingieri esclarece que, "na realidade, a função social não é autônoma, mas, sim, parte essencial da garantia e do reconhecimento da propriedade privada, a razão da própria tutela da apropriação privada dos bens".[353]

[347] Perlingieri, 2011, p. 70.
[348] Viegas De Lima, 2018, p. 201 – 264.
[349] Tepedino, 2004, p. 319.
[350] Figueiredo, 2010, p. 95.
[351] Moreira Fernandez, 2001, p. 191.
[352] Rey Martínez, 1994, p. 59.
[353] Perlingieri, Pietro. *O Direito Civil na Legalidade Constitucional.* Edição brasileira organizada por Maria Cristina de Cicco. São Paulo: Renovar, 2008, p. 942.

Arruda Alvim esclarece que os atributos do direito de propriedade permaneceram-se inalterados substancialmente, observando-se o ponto de vista do exercício do direito de propriedade, já que assim o CC de 2002 disciplina, imitando o CC de 1916. O núcleo do direito de propriedade é um só, sendo que a "função social trouxe para a propriedade um *perfil* diferente".[354] Função social, para Arruda Alvim, são elementos que participam do *delinear dos confrontos do direito de propriedade*, "na realidade, em rigor, o que se 'limitou', ou seja, o que se tem concebido de forma diversa, não é a essência do direito de propriedade, mas a *extensão da expressão prática dos poderes afetados ao 'dominus'*, predominantemente".[355]

Francesco Di Giovanni, de forma não diversa, leciona que a função social tem o papel de *colorir* alguns tipos de propriedade que necessitam maior proteção, em especial a proteção e qualidade do ambiente. A essência do direito de propriedade, atualmente, compreende e integra não somente a tutela do bem em si mesmo, mas de um conjunto de proteção que transcende a individualidade para a proteção de um bem coletivo, principalmente o ambiental.[356] A função social não pode ser concebida como algo exterior à propriedade, mas como elemento integrante de sua própria estrutura; os elementos se confundem.[357]

É fato que a função social da propriedade – e, neste aspecto, enfatizamos o aspecto ambiental – reduz ou afeta um aproveitamento mais amplo e irrestrito da propriedade. A título de exemplo, lembramos a reserva florestal legal, instituto que estudaremos mais profundamente, que, na Amazônia legal, pode exigir uma cobertura florestal de oitenta por cento (art. 12, inciso I, a), da Lei nº 12.651/2012. Referidas limitações ou, melhor, implicações da função ambiental da propriedade, são denominadas por Gustavo Tepedino como *contradireitos*, em aparente antinomia

[354] ALVIM NETTO, 2009, p. 10; 16 [grifo nosso].

[355] ALVIM NETTO, José Manoel de Arruda. Breves anotações para uma teoria geral dos direitos reais. In: CAHALI, Yussef Said (Coord.). *Posse e propriedade*: doutrina e jurisprudência. São Paulo: Saraiva, 1987, p. 54 [grifo nosso].

[356] GIOVANNI, 1982, p. 48.

[357] LOUREIRO, 2003, p. 123.

com a propriedade, mas que, na realidade, constituem sua conformação a outros centros de interesses, no caso, a função social da propriedade.[358]

Com relação à ressarcibilidade ou à indenização decorrente da influência da função socioambiental na propriedade, é preciso, num primeiro momento, reconhecer que a penalidade máxima para a propriedade que descumpre a função social é a expropriação, nas hipóteses expressamente previstas na Constituição Federal, que são decorrentes da política de desenvolvimento urbano social das cidades e bem-estar de seus habitantes (§ 3º do art. 182), bem como a expropriação da propriedade, que não cumpre sua função social agrária (art. 184), ambas com previsão expressa de justa indenização.

A função socioambiental da propriedade, como característica inerente ao próprio direito de propriedade, não é indenizável, em razão de propriedade e função social integrarem o mesmo conceito. A doutrina do ressarcimento decorrente de restrições constantes em legislação que protegem o meio ambiente com vinculação a propriedades ganhou repercussão no direito português por meio de Canotilho.[359] No entanto, não é possível comparar, ou melhor, equiparar o direito de propriedade português com o brasileiro, pois o princípio da função social da propriedade não é expressamente previsto pelo Direito Constitucional de Portugal.[360]

A doutrina da vinculação social ou situacional, pouco conhecida ou desenvolvida no Brasil, tem origem nos direitos alemão e italiano,[361] e consiste, sucintamente, na irressarcibilidade dos vínculos que recaem sobre a propriedade privada com origem finalística de proteção ambiental, não gerando, assim, uma prestação indenizatória em razão de referidas obrigações ou restrições terem como gênese o próprio direito de propriedade em razão da função social.[362] As normas de conteúdo de limitação, em

[358] TEPEDINO, Gustavo. Contornos constitucionais da propriedade privada. In: TEPEDINO, Gustavo (Coord.). *Temas de Direito Civil.* Rio de Janeiro: Renovar, 1999, p. 280.

[359] CANOTILHO, José Joaquim Gomes. *Protecção do ambiente e direito de propriedade.* Crítica de jurisprudência ambiental. Coimbra: Editora Coimbra, 1995.

[360] MOREIRA FERNANDEZ, 2001, p. 204.

[361] MORBIDELLI, Giuseppe. Tutela dell"ambiente e normativa urbanistica. Riflessi sul diritto di proprietà. *Rivista Giuridica.* Edizione 1988, n. 4. Torino: Giappichelli, 2001, p. 129 e seguintes.

[362] MOREIRA FERNANDEZ, 2001, p. 231.

virtude da chamada vinculação social da propriedade, apresentam uma estrutura especial e estão atreladas ao princípio da proporcionalidade,[363] ou seja, a proteção ambiental não deve esvaziar totalmente o conteúdo do direito de propriedade, devendo existir uma harmonização.[364]

O núcleo essencial da propriedade ou conteúdo mínimo deve ser respeitado, sob pena da configuração de uma expropriação indireta,[365] ou, como prefere a doutrina alemã, na definição dos limites legais do direito de propriedade, não se pode esvaziar o seu "âmbito nuclear",[366] retirando qualquer *utilidade* ao proprietário. No entanto, o direito de propriedade não se extingue facilmente, podendo ser *comprimido* ao máximo, nas palavras de Massimo Bianca. O que não pode ocorrer é que as limitações impostas a fim de garantia da função social do bem não sejam tantas a ponto de sacrificar substancialmente o direito de propriedade.[367] Podemos, assim, entender que existe um conteúdo essencial ou mínimo da propriedade, configurando uma aptidão natural de cada bem ser objeto de desfrute econômico.[368]

Perlingieri alerta que a função social não pode esvaziar o conteúdo mínimo da propriedade, ou seja, a propriedade privada não pode ser esvaziada de todo conteúdo econômico e reduzida à categoria de propriedade formal; não se pode esgotar a fruição da propriedade em razão de conceitos funcionais comunitários: "a função social não pode em caso algum

[363] SAU, Antonella. *Il principio di proporzionalità nel governo "amministrativo" del território*. 2012. Tesi (Dottorato di Ricerca in Nuove Tecnologie Informazione Territorio & Ambiente) – UNIVERSITAIUAV Venezia, Venezia, 2012. Disponível em: http://www.ricercasit.it/public/documenti/Dottorato/Tesi/Ciclo%20XXIII/Antonella_Sau_Tesi_Dottorato.pdf. Acesso em: 30 dez. 2020.

[364] Bodo, Pieroth; Schlink, Bernhard. *Direitos fundamentais*. [Título original: *Staatsrecht: grundrechte*]. 2ª edição. Série IDP: Linha direito comparado. São Paulo: Saraiva Educação, 2018, p. 1.007.

[365] Sodré, em 1942, já alertava: "o conceito de função social, a nosso ver, está sendo difundido e aceito, ampliando-se de uma maneira exagerada e mesmo perigosa, a sua noção. Esse exagero, mormente no tocante à conceituação da propriedade, precisa ser revisto" (Sodré, 1942, p. 74).

[366] Krell, 2010, p. 25.

[367] Bianca, 2017, p. 125.

[368] Loureiro, 2003, p. 61.

contrastar com o conteúdo mínimo: função social e conteúdo mínimo são aspectos complementares e justificadores da propriedade".[369]

A jurisprudência brasileira parece se inclinar[370] para a compreensão de que a função socioambiental da propriedade é parte integrante do direito de propriedade, tendo o Superior Tribunal de Justiça pacificado o entendimento de que as limitações ambientais decorrentes da proteção da Mata Atlântica não constituem desapropriação indireta e muito menos são passíveis de indenização, pois não excluem o domínio particular sobre a terra, mas apenas condiciona, de maneira geral e abstrata, o exercício dos direitos inerentes à propriedade, de maneira que "a ordem constitucional-legal brasileira não garante ao proprietário e ao empresário o *máximo retorno financeiro* possível dos bens privados e das atividades exercidas".[371] Moreira Fernandez ressalta que a ressarcibilidade dos vínculos de proteção ambiental é característica e consequência da atribuição da função ecológica prevista *fora* do núcleo conceitual constitucional do direito de propriedade.[372]

Ocorre que, em face da transformação do aspecto funcional da propriedade, esta não mais se restringe à relação com o proprietário, mas diz respeito a um conjunto de interações sociais, urbanísticas e ambientais de uma coletividade. Os exemplos são incontáveis, a reserva florestal legal que toda a propriedade deve possuir protege toda uma biodiversidade da região ou bioma; uma propriedade pode ter sua fachada tombada para proteger um patrimônio cultural de uma cidade; a queima da palha da cana-de-açúcar polui a atmosfera de uma cidade etc. Não se nega, outrossim, que a referida qualidade socioambiental pode se apresentar como insegurança jurídica se seus contornos não forem previamente delinea-

[369] Perlingieri, 2008, p. 942.

[370] Francisco Eduardo Loureiro esclarece que é tendência dos tribunais brasileiros "considerarem as restrições ambientais, ainda que severas, como integrantes da própria estrutura da propriedade e representativas de sua função social" (Loureiro, 2003, p. 172).

[371] BRASIL. Superior Tribunal de Justiça. Segunda Turma. *REsp 1104517/SC*. Rel. Castro Meira. Data do julgamento: 27/08/2013. Data da publicação no DJE: 06/03/2014. Disponível em: https://processo.stj.jus.br/processo/revista/documento/mediado/?componente=ITA&sequencial=898882&num_registro=200802563973&data=20140306&formato=PDF. Acesso em: 29 dez. 2020.

[372] Moreira Fernandez, 2001, p. 190.

dos. O próprio Código Civil de 2002 traz um limitador para a compreensão dessa nova propriedade, ao afirmar que a função socioambiental deve estar em *conformidade com o estabelecido em lei especial*, demandando, assim, um diálogo intenso de fontes normativas diversas, buscando-se sempre o que Orlando Gomes[373] chama de *harmonização* entre a exploração da propriedade e sua intrínseca função social.

São frequentes e intermináveis, assim, os debates na doutrina para se compreender o verdadeiro alcance da função socioambiental da propriedade, já que a CF parece ter conferido uma sistemática maior, inclusive com consequências à própria existência do direito de propriedade.[374] Nas palavras de Renan Lotufo, "no novo sistema positivo brasileiro, o proprietário não será mais proprietário se não for ativo socialmente".[375] É impossível, atualmente, compreender a propriedade sem sua função social. Os conceitos antes distintos hoje se confundem,[376] rompendo-se tradição secular,[377] consistindo-se em expresso princípio fundamental

[373] Gomes, 1973, p. 99.

[374] "A terra, nos sistemas jurídicos do bem-estar social, deve cumprir uma função social que garanta os direitos dos trabalhadores, do meio ambiente e da fraternidade. A obrigação de fazê-la cumprir é do titular do direito de propriedade, que perde os direitos de proteção jurídica de seu título caso não cumpra, isto é, ao não cumprir, não pode invocar os Poderes do Estado para proteger seu direito. Dito de outra forma, não há direito de propriedade para quem não faz a terra cumprir sua função social" (Marés, 2003, p. 134).

[375] Lotufo, Renan. A Codificação: o Código Civil de 2002. In: Lotufo, Renan; Nanni, Giovanni Ettore (Coords.). *Teoria geral do direito civil*. São Paulo: Atlas, 2008, p. 100.

[376] Grau, Eros Roberto. *Direito urbano*. São Paulo: Revista dos Tribunais, 1983, p. 66 – 67.

[377] O Superior Tribunal de Justiça (STF), no famoso julgamento do caso Favela Pullman, analisou a influência direta da função social da propriedade constante da Constituição Federal sobre as instituições de direito. *In verbis*, a ementa: O direito de propriedade, assegurado no art. 524 do CC anterior não é absoluto, ocorrendo a sua perda em face do abandono de terrenos de loteamento que não chegou a ser concretamente implantado, e que foi paulatinamente favelizado ao longo do tempo, com a desfiguração das frações e arruamento originariamente previstos, consolidada, no local, uma nova realidade social e urbanística, consubstanciando a hipótese prevista nos art. 589 c/c os arts. 77 e 78, da mesma Lei substantiva. No caso, negou-se a procedência de uma ação reivindicatória em face do direito social de propriedade constante da CF. Trata-se, indubitavelmente, de precedente importante para o direito brasileiro, porque jamais havia enfrentado uma ineficácia pontual de aplicação de legislação ordinária em decorrência de aplicação direta de norma constante da CF, chamando-nos a atenção para essa nova característica da propriedade

(art. 5º, XXIII), resultando em sanção (arts. 182, 184 e 186) que pode chegar até ao fim do direito de propriedade.

A propriedade imobiliária, por séculos, recebeu o tratamento de direito subjetivo absoluto, tendo o instituto sofrido verdadeiro choque no início do século XX, com a incorporação da ideia de função social. No entanto, analisando a propriedade do ponto de vista pragmático, parece-nos que o equilíbrio começa a se configurar com a Constituição Federal do Brasil de 1988, introduzindo elementos outros à propriedade do que apenas a função social. Isso é facilmente constado pela alocação da função social da propriedade em capítulos distintos da Magna Carta (direitos e garantias fundamentais, ordem econômica e política agrária e fundiária), provando que desenvolvimento econômico não é elemento estranho à propriedade social, mas, sim, indissociável, inclusive para fins interpretativos.

Inegável é a constatação da chamada *Constitucionalização do Direito Civil*, e é preciso estabelecer e delinear o seu sentido técnico, tomando o cuidado de não cometer o erro de apenas interpretar os fenômenos como mero deslocamento topográfico[378] de normas civis para o texto constitucional. O primeiro sentido que podemos observar é a eficácia horizontal dos direitos e garantias individuais, de forma que as normas constitucionais incidem diretamente sobre o legislador ordinário. Esse fenômeno ocorreu de forma clara com o advento do Código Civil de 2002, com relação ao direito de propriedade (art. 1.228, § 1º). O outro sentido é o interpretativo: as normas de direito civil são interpretadas por meio dos princípios constitucionais. Por fim, o aspecto mais importante do *direito civil constitucional* é o valorativo dos direitos fundamentais sobre as normas de direito privado e, neste aspecto, existiu uma mudança de paradigma porque foi atribuído valor à dimensão existencial do ser humano,

privada no Brasil (BRASIL. Superior Tribunal de Justiça. Quarta Turma. *Recurso Especial nº 75.659-SP*. Rel. Ministro Aldir Passarinho Junior. Data do julgamento: 21/06/2005. Data da publicação no DJE: 29/08/2005. Disponível em: https://processo.stj.jus.br/processo/revista/documento/mediado/?componente=ITA&sequencial=560369&num_registro=199500495198&data=20050829&formato=PDF. Acesso em: 29 dez. 2020).

[378] TEPEDINO, Gustavo. *Normas constitucionais e relações de Direito Civil na experiência brasileira*. Temas de Direito Civil – Tomo II. Rio de Janeiro: Renovar, 2006, p. 41.

prestigiando-se o bem-estar social.[379] O Texto Constitucional, leciona Gustavo Tepedino, "sem sufocar a vida privada e suas relações civis, dá maior eficácia aos institutos codificados, revitalizando-os, mediante nova tábua axiológica".[380] É evidente, assim, que existiu ampliação do objetivo protegido pela garantia constitucional da propriedade, modificando-se, inevitavelmente, o direito dominical constante do Código Civil,[381] que hoje recebe influências principiológicas de matriz constitucional, mesmo que não explícitas, como a solidariedade e a dignidade da pessoa humana.

O direito privado cedeu lugar e reconheceu a existência de direitos intermediários de natureza fundamental e que são constantes do texto constitucional, exigindo interpretações integradas.[382] O direito civil perdeu como figura central o Código Civil, que deixou de ser o ordenador das relações jurídicas privadas, na medida em que passou a receber a incidência do texto constitucional de forma unificada e sistemática, "desempenhando papel de aglutinador do sistema jurídico".[383] A norma constitucional, ao passar a ser integrante do sistema civil, não somente como regra hermenêutica, mas normativamente vinculando o comportamento, passou a influenciar as relações privadas ao tutelar seus valores fundamentais.[384]

2.6 O declínio da noção unitária de propriedade

O funcionalismo social trouxe uma consequência imediata para o direito de propriedade no sentido de que os titulares de situações jurídicas sub-

[379] Ferriani, Adriano. *Responsabilidade patrimonial e mínimo existencial*: elementos de ponderação. 2016. Tese (Doutorado em Direito) – Pontifícia Universidade Católica de São Paulo, São Paulo, 2016, p. 244. Disponível em: https://tede2.pucsp.br/bitstream/handle/18863/2/Adriano%20Ferriani.pdf. Acesso em: 05 nov. 2021.

[380] Ferriani, 2016, p. 43.

[381] Rey Martínez, 1994, p. 259.

[382] DIAS, Joaquim José de Barros. *Direito Civil Constitucional*. Caderno 3. Coordenação de Renan Lotufo. São Paulo: Malheiros, 2002, p. 18.

[383] Lotufo, Renan. *Caderno de Autonomia Privada*. Caderno 2. Curitiba: Juruá, 2001, p. 164.

[384] Nanni, Giovanni Ettore. A evolução do direito civil obrigacional: a concepção do direito civil constitucional e a transição da autonomia da vontade para a autonomia privada. In: Lotufo, Renan (Org.). *Cadernos de Direito Civil constitucional*. Caderno 2. Vol. 1. 1ª edição. Curitiba: Juruá, 2001, p. 155 – 225.

jetivas se apresentam também como titulares de situações passivas.[385] Além do regime jurídico geral da propriedade, o texto constitucional brasileiro consagra a tese de propriedades diferenciadas[386] elaborada pela doutrina italiana. O conteúdo do direito de propriedade é conformado diversamente segundo os diversos tipos de bens, principalmente porque nem todos os bens possuem a mesma relevância econômico-social.[387]

A relação de poder do proprietário e da coisa permanece inalterada; não existiu modificação ou transformação substancial, conforme defendemos no capítulo anterior. O que ocorre, atualmente, é que essa propriedade precisa *conviver* com outras propriedades que podem recair sobre o mesmo objeto. É nessa convivência entre propriedades com estatutos jurídicos distintos que reside grande parte da discussão de se atribuir a função social como fator externo ou interno da propriedade. São tantos diversos direitos de propriedade quanto são seus estatutos diferenciados dos bens: propriedades culturais, ambientais, urbanísticas. É possível afirmar que o direito de propriedade remasse com seu caráter unitário, mas exercido de acordo com os respectivos regimes jurídicos, e isso é decorrência da função social da propriedade.[388] Atualmente, não faz muito sentido falar em "propriedade", no singular, sendo importante e conveniente dizer, no plural, que são "propriedades".

A propriedade não é uma instituição única, mas várias instituições diferenciadas, organizadas em função das finalidades perseguidas e em correlação com a titularidade (seja particular ou referente ao Poder Público) e com os diversos tipos de bens ou propriedades (de consumo, de produção, urbana ou rural). O conceito unitário de propriedade é, assim, abandonado em favor da ideia de diversidade das propriedades, sempre contrastando com a situação jurídica do proprietário (conteúdo), que tem variação em razão da natureza do objeto sobre o qual o direito incide.

[385] Figueiredo, 2010, p. 93.
[386] Moreira Fernandez, 2001, p. 170.
[387] Roppo, 2018, p. 194.
[388] Roppo, 2018, p. 194.

Importante ressaltar, ainda, lembrando Díez-Picazo,[389] que a noção de unidade da propriedade que agora se *desintegra* nunca foi tão clara no Direito Civil espanhol, ou melhor, jamais existiu de forma absoluta, porque sempre constou do respectivo código[390] um capítulo dedicado ao que se chamavam *propriedades especiais* (Título IV), no qual estavam disciplinados os domínios das águas e minerais. Para o civilista espanhol, é possível admitir uma *ideia central da propriedade*, sob a qual o conteúdo é preenchido (recheado) pelos diferentes estatutos jurídicos.[391]

Massimo Bianca[392] esclarece que esse regime de propriedades diferenciadas está vinculado à noção de pertinência, algo pertencente (*appartenenza*), ou seja, o instituto da propriedade é especificado de acordo com o regime do bem. Perlingieri,[393] por sua vez, ressalta que a propriedade segue o tipo de pertinência de acordo com as características históricas que caracterizam a concreta composição de interesses que sofrem variação porque a função social não é rígida, mas flexível e variável de acordo com a legislação e os fatos.

A propriedade moderna não se configura como uma instituição única, resultando em diversas instituições diferenciadas, e isso é resultante de influência direta da função social da propriedade. É possível vislumbrar, no âmbito de proteção da propriedade, uma variabilidade de regimes jurídicos, de acordo com a Constituição Federal, para cada situação proprietária.

Ensina Stefano Rodotà que a velha noção de unidade formal da propriedade não mais comporta a complexidade decorrente das diversas titularidades de bens existentes na mesma propriedade e a tutela do meio ambiente se apresenta como flagrante exteriorização dessa transformação. Os problemas advindos da proteção ambiental atingem diretamente a matriz proprietária, *empobrecendo-a*, demandando mecanismos

[389] Díez-Picazo, Luis. Prólogo da obra *El terrible derecho*. In: Rodotà, Stefano. *Estudios sobre la propiedad privada*. Traducción de Luis Díez-Picazo. Santiago: Ediciones Olejnik, 2019, p. 29.

[390] España, 1889.

[391] España, 1889, p. 30.

[392] Bianca, 2017, p. 116.

[393] Perlingieri, 2008, p. 942.

de equilíbrio de interesses entre proprietários e coletividade.[394] A ideia da doutrina da pluralidade de propriedades é, no fundo, uma inteligente e lógica maneira de reconstruir o posto central da propriedade porque responde todas as demandas de uma sociedade moderna, inclusive de aspectos inerentes da função social da propriedade.

Engana-se quem acreditar que a noção de propriedades diferenciadas é fruto tão somente de *tempos modernos*; ela advém de um longo período de desenvolvimento da doutrina civilista. O autor austríaco Antonio Menger, em 1890, aduzia que o uso da propriedade sempre conviveu com uma quantidade maior ou menor de *usurpação* de sua livre disposição ou aproveitamento, citando a polícia dos campos rurais, florestas, titularidade dos minérios, limitações hidrológicas, entre outras, traduzindo tudo isso em restrições à propriedade, existindo uma quase *divisão* de titularidades.[395]

A concepção de propriedades diferenciadas, obviamente, altera de forma radical o entendimento tradicional de uma relação entre objeto e sujeito como característica de um direito real absoluto. O conceito de propriedade plena limitada por contornos exteriores foi abandonado, de forma que "a determinação do conteúdo da propriedade, ao contrário, dependerá de centros de interesses extra proprietários, os quais vão ser regulados no âmbito da relação jurídica de propriedade".[396]

Resta-nos constatar, ainda, que o conceito unitário de propriedade foi abandonado em favor da ideia de diversidade das propriedades, de forma que o conteúdo da propriedade, ou melhor, sua situação jurídica apresenta variação de acordo com a natureza do objeto sobre o qual o direito de propriedade incide,[397] não sendo a propriedade uma instituição única, mas assumindo características e funcionalidades distintas e de acordo com o objeto. Esse pluralismo dominial, também denominado na doutrina nacional de relação jurídica complexa da propriedade,[398] é decorrência direta da função social constante da Constituição Federal.

[394] Rodotà, 2019, p. 63 e 66.
[395] Menger, 1898, p. 268.
[396] Tepedino, 2004, p. 317.
[397] Moreira Fernandez, 2001, p. 170 – 171.
[398] Loureiro, 2003.

A perspectiva pluralista da propriedade privada é incontestável. A ideia unitária da propriedade como direito subjetivo já não satisfaz as relações jurídicas modernas. O ponto de partida da teoria do pluralismo dominial é o conteúdo da propriedade revelado pela situação jurídica do proprietário. Fernandez Rey Martínez esclarece que o conceito unitário de propriedade se abandona em favor da ideia da diversidade de propriedades, seguindo a natureza do objeto. Em se tratando da propriedade imóvel, gravita-se uma imensidão de interesses e relações jurídicas complexas, de forma que são muitas nuances do direito de propriedade. Exemplifica Fernandez que cada categoria jurídica de solo – urbano ou rústico, costeiro, espaços naturais ou, mesmo, bens de interesse histórico, cultural ou artístico, meio ambiente – está sujeita a um regime específico, e é o estatuto sob o qual se rege o bem que marca as diferenças entre cada espécie.[399]

Para fins didáticos, propositalmente, não analisaremos, no presente capítulo, de forma expressa, a adoção do Código Civil de 2002 da teoria das propriedades diferenciadas, bem como o tratamento conferido pela doutrina brasileira, deixando a análise para ser enfrentada e concluída após tratarmos do meio ambiente e sua proteção no capítulo destinado ao conteúdo socioambiental da propriedade no Código Civil, especialmente os elementos constantes do § 1º do art. 1.228.

2.7 O conteúdo socioambiental no Código Civil de 2002

A questão essencial da proteção ambiental está intimamente ligada ao desenvolvimento dos direitos de propriedade.[400] Naim-Gesbert leciona que "a análise das relações jurídicas entre o homem e a natureza (ou o meio ambiente) não pode se limitar ao exame exclusivo do direito ambiental, sendo essas relações, no Ocidente, indubitavelmente reguladas sobretudo por direitos".[401]

[399] Rey Martínez, 1994, p. 254.

[400] Collart Dutilleul, F.; Romi, R. *Propriedade privada e proteção ambiental*, em *AJDA*. 20 de setembro de 1994, p. 572.

[401] Gutwirth; Naim-Gesbert, 1995/1.

A Constituição Federal de 1988 convidou o direito de propriedade a se atualizar,[402] nas palavras de Herman Benjamin, de forma que pudesse torná-lo mais receptivo à proteção do meio ambiente, esboçando-se uma nova dominialidade dos recursos naturais, criando-se um sistema de propriedades distintas e mitigando-se dos exageros degradadores do direito de propriedade por meio de uma função ecológica social.

A função social da propriedade era figura totalmente estranha no Código Civil de 1916. Com o advento do Código de 2002, o fenômeno da constitucionalização do direito civil e sua influência no direito da propriedade privada não mais é discutido, mas, sim, o seu alcance;[403] explicitou-se a conveniência privada ao interesse coletivo.

No âmbito do direito civil, a função socioambiental e adoção da teoria das propriedades diferenciadas foram explicitadas no § 1º do art. 1.228, levando o intérprete à compreensão errônea de que referido caráter é consubstanciado tão somente no fenômeno da constitucionalização civil operada pela Carta de 1988. O anteprojeto do Código Civil de 2002 foi elaborado por Miguel Reale e se tornou o Projeto de Lei nº 634/1975,[404] sendo que, na publicação no Diário Oficial da União, em *13 de junho de 1975*, assim era a redação do artigo e respectivo parágrafo:

> Art. 1.266. O proprietário tem a faculdade de usar, gozar e dispor da coisa, e o direito de reavê-la do poder de quem quer que injustamente a possua, ou detenha.
>
> § 19 O direito de propriedade deve ser exercido em consonância com as suas finalidades econômicas e sociais e de modo que sejam preservados, de conformidade com o estabelecido em lei especial, **a flora, a fauna, as bele-**

[402] Benjamin, Antonio Herman de Vasconcellos e. O meio ambiente na Constituição Federal de 1988. *Informativo Jurídico da Biblioteca Ministro Oscar Saraiva*, v. 19, n. 1, jan. – jun., 2008. Disponível em: https://www.stj.jus.br/publicacaoinstitucional/index.php/informativo/article/viewFile/449/407. Acesso em: 10 maio 2019.

[403] Tepedino, 2004, p. 306.

[404] BRASIL. Câmara dos Deputados. Diário do Congresso Nacional. *Projeto de Lei nº 634, de 1975*. Suplemento (B) ao nº 061. Publicado em 13 de junho de 1975. Disponível em: http://imagem.camara.gov.br/Imagem/d/pdf/DCD13JUN1975SUP_B.pdf#page=1. Acesso em: 25 jan. 2021.

zas naturais e o equilíbrio ecológico, bem como evitada a poluição do ar e das águas [grifo nosso].

O jurista encarregado por Miguel Reale para elaboração do Livro III referente ao Direito das Coisas foi o professor Ebert Vianna Chamoum, Catedrático da Faculdade de Direito da Universidade Estadual do Rio de Janeiro, autor da famosa obra *Instituições de Direito Romano*[405] e que, na exposição de motivos do anteprojeto, ressaltou que "o direito de propriedade deve desempenhar, mais do que quaisquer outros direitos, uma função social, no sentido de que a ordem jurídica confere ao titular um poder em que estão conjugados simultaneamente o interesse do proprietário e o interesse social".[406] Na época, estava em vigor a Constituição de 1967, que, apesar de tratar da função social da propriedade, não possuía uma só palavra sobre proteção ambiental, a não ser a menção que a União, no amparo à cultura, deveria proteger as paisagens naturais notáveis (art. 180, parágrafo único).

A importância da vinculação da proteção da flora, fauna, belezas naturais e o reconhecimento do equilíbrio ecológico ao exercício do direto de propriedade são únicos para o direito civil brasileiro. Primeiramente, porque reconhece a existência de regimes de proteção distintos para a propriedade, concebendo-se propriedades diferenciadas (flora, fauna, urbanística), tornando uma relação jurídica, assim, complexa. Por fim, inaugurou-se um liame altamente necessário entre proteção ecológica e propriedade, permitindo-se uma comunicação ou interação entre os institutos. O que se pretendeu, averba Marco Aurelio da Silva Viana, foi preservar o meio ambiente que, expressando a própria manutenção da espécie, obrigou-se e resultou numa coexistência de direitos visando à proteção da vida.[407] Nas palavras de François

[405] REALE, Miguel. *História do Novo Código Civil.* São Paulo: Editora Revista dos Tribunais, 2005, p. 19.

[406] CHAMOUM, Ebert Vianna. Exposição de motivos do esboço do anteprojeto do Código Civil – Direito Das Coisas. *Revista Brasileira de Direito Civil – RBDCivil,* Belo Horizonte, v. 20, p. 225 – 239, abr. – jun., 2019. DOI: 10.33242/rbdc.2019.02.013. Acesso em: 05 fev. 2021.

[407] VIANA, Marco Aurelio da Silva. *Comentários ao Novo Código Civil.* Volume XVI: dos direitos reais. Rio de Janeiro: Forense, 2013, p. 100 – 101.

Ost, hoje o proprietário exclusivo pode e deve "desempenhar o papel de guardião da natureza",[408] de forma que a extração ou esgotamento ambiental da propriedade imobiliária moderna é, hodiernamente, conceito totalmente ultrapassado.

A ideia de que a proteção ambiental estava subordinada aos espaços públicos foi paulatinamente abandonada face ao comando constitucional.[409] O Código Civil brasileiro de 2002 incorpora, sem reservas, a função social da propriedade; e foi mais além, vinculando expressamente a proteção da fauna e flora ao direito de propriedade.[410] Andreas Krell ressalta que essa significativa mudança no mais importante diploma jurídico-civil do País trouxe importantes consequências para o conceito da propriedade porque abriu espaço significativo para que medidas estatais pudessem definir seus respectivos limites concretos em diversas outras áreas.[411]

O Superior Tribunal de Justiça, sensível ao novo papel da propriedade imobiliária, decidiu que

> o direito de propriedade deve ser exercido em consonância com as suas finalidades econômicas e sociais e de modo que *sejam preservados*, de conformidade com o estabelecido em lei especial, *a flora, a fauna, as belezas naturais,*

[408] Ost, 1997, p. 74.

[409] "A criação de Parque Nacional não muda a essência ecológica da área em questão; autoriza sim a alteração da natureza da propriedade, ou seja, não é a criação de tal Unidade de Conservação de Proteção Integral, ou a desapropriação em si, que vai garantir proteção ao ecossistema, pois esta proteção lhe é inerente e independe da criação de qualquer Unidade de Conservação ou de qualquer formalização pelo Poder Público, sendo essencialmente pautada na concepção fática da relevância ambiental da área, seja pública ou particular. Caso contrário, a defesa do meio ambiente somente poderia ocorrer em áreas públicas" (BRASIL. Superior Tribunal de Justiça. Segunda Turma. *Recurso Especial nº 1.122.909 - SC (2009/0007550-1)*. Relator: Ministro Humberto Martins. Data do Julgamento: 24/11/2009. Data da publicação no DJE: 07/12/2009. Disponível em: https://ww2.stj.jus.br/processo/revista/documento/mediado/?componente=ITA&sequencial=931487&num_registro=200900075501&data=20091207&formato=PDF. Acesso em: 10 maio 2019).

[410] O Código Civil de 2002 substituiu a locução do Código Civil de 1916: "a lei assegura ao proprietário" pela expressão "o proprietário tem a faculdade".

[411] Krell, 2010, p. 20.

o equilíbrio ecológico e o patrimônio histórico e artístico, bem como *evitada a poluição do ar e das águas*.[412]

No Brasil, a teoria das propriedades diferenciadas vem sendo timidamente aceita,[413] mas foi Arruda Alvim quem mais se aproximou da doutrina italiana, enfatizando que "deve-se, todavia, ter presente que nos dias correntes há titularidades que cabem à sociedade, tais como as que decorrem dos assuntos referidos no § 1º do art. 1.228, em relação ao que, desrespeitados os bens aí indicados – tais como regulados por leis especiais – podem provocar interferência no direito de propriedade".[414] O que ocorreu foi a inserção no núcleo conceitual e estrutural da propriedade de um mecanismo de comunicação ou vinculação com a legislação ambiental, advertindo Purvin Figueiredo que se configura como um marco para o desenvolvimento sustentável na história do Direito brasileiro e não deve ser abalado "por cânones individualistas e socialmente irresponsáveis".[415] O intuito do Código Civil de 2002, com o dispositivo, ressalta Dabus Maluf, foi despertar "no homem comum o exercício da cidadania",[416] impondo atributos de caráter social ao direito de propriedade. Os espaços ou parcelas ambientais, bem como a proteção à fauna, são, sempre, como lembra Herman Benjamin, "limites internos ao direito de propriedade" e integram a essência do domínio.[417]

412 BRASIL. Superior Tribunal de Justiça. Segunda Turma. *Recurso Especial nº 1.240.122 – PR*. Rel. Min. Herman Benjamin. Data do julgamento: 28/11/2011. Data da publicação no DJE: 19/12/2012. Disponível em: https://ww2.stj.jus.br/processo/revista/documento/mediado/?componente=ITA&sequencial=1068252&num_registro=201100461496&data=20120911&formato=PDF. Acesso em: 10 maio. 2019 [grifos no original].

413 Maria Helena Diniz, ao tratar dos caracteres da propriedade, afirma existir uma "coexistência do direito de propriedade de outros titulares (CC, art. 1.228, § § 1º e 2º)" (DINIZ, 2019, p. 138).

414 Alvim Netto, 2009, p. 218.

415 Figueiredo, 2010, p. 95.

416 Dabus Maluf, 2011, p. 156.

417 Benjamin, Antonio Herman de Vasconcellos e. Direito de Propriedade e meio ambiente. *Anais da XVI Conferência Nacional da Ordem dos Advogados do Brasil*. Brasília, OAB, Conselho Federal, 1996, p. 224.

No sistema do Código Civil, a função social também atua como *cláusula geral*, leciona Nelson Nery e Rosa Ney,[418] permitindo uma flexibilidade do código ao aplicador do preceito legal, tendo sido abdicado da técnica regulamentar que, na égide da codificação, define os tipos jurídicos e os efeitos deles decorrentes, cabendo ao intérprete depreender das cláusulas gerais os comandos incidentes sobre inúmeras situações futuras.[419]

O liame jurídico entre propriedade imobiliária e a proteção da flora e fauna, assim, é de significativa importância biológica, assim como jurídica, ganhando relevância no âmbito do direito civil com o advento do Código de 2002 que, em seu artigo 1.228, § 1º, criou regra inovadora e, até então, inédita entre as codificações privadas em todo o mundo, vinculando, no âmbito do direito civil, propriedade com proteção da Natureza, de forma que, no Brasil, a fauna silvestre figura como *partícipe* da noção de meio ambiente e, por conseguinte, integra a função social da propriedade.

O § 1º do art. 1.228 do Código Civil de 2002 é decorrência dos imperativos constitucionais do inciso XXIII do artigo 5º, do inciso III do artigo 170, e do artigo 225. O direito de propriedade, com o surgimento da doutrina dos direitos humanos de segunda geração, deixou de ter caráter absoluto, a fim de atender a sua função social e, com o surgimento da doutrina dos direitos humanos de terceira geração, a atender imperativos de preservação do meio ambiente.[420] Ensina Arruda Alvim que, "em realidade, o que está indicado nesse § 1º demonstra que o direito de propriedade deverá respeitar bens representativos de interesses e direitos difusos, i.e., bens da titularidade da sociedade toda".[421] Leciona Patryck de Araújo Ayala que "a afirmação constitucional dos princípios da função social da propriedade e da defesa do meio ambiente como fundamentos

[418] Nery Junior; Nery, 2014, p. 1587.

[419] Tepedino, Gustavo. Premissas Metodológicas para a Constitucionalização do Direito Civil. In: Tepedino, Gustavo (Org.). *Temas de direito civil*. Rio de Janeiro: Renovar, 2001, p. 9.

[420] BRASIL. Superior Tribunal de Justiça. Segunda Turma. *Recurso Especial nº 1.122.909 - SC (2009/0007550-1)*. Relator: Ministro Humberto Martins. Data do Julgamento: 24/11/2009. Data da publicação no DJE: 07/12/2009. Disponível em: https://ww2.stj.jus.br/processo/revista/documento/mediado/?componente=ITA&sequencial=931487&num_registro=200900075501&data=20091207&formato=PDF. Acesso em: 10 maio 2019.

[421] Alvim Netto, 2009, p. 180.

da ordem econômica permitiu consolidar o significado de uma espécie diferenciada de bem, o bem ambiental".[422]

Essa propriedade ambiental criada pelo legislador com representação no Código Civil deve ser interpretada também sob o prisma valorativo; a proteção ambiental, nos dias de hoje, compreende um direito fundamental humano, merecendo significados mais intensos inicialmente planejados. Nas lições de Miguel Reale:

> Uma lei, por exemplo, uma vez promulgada pelo legislador, passa a ter vida própria, liberta das intenções iniciais daqueles que a elaboraram. Ela sofre alterações inevitáveis em sua significação, seja porque sobrevêm mudanças no plano dos fatos (quer fatos ligados à vida espontânea, quer fatos de natureza científica ou tecnológica) ou, então, em virtude de alterações verificadas na tela das valorações.[423]

Proteção ambiental da propriedade significa, no sentido amplo, a proteção da flora e da fauna, resultando em equilíbrio ecológico, resultando em um todo homogêneo indissociável. Paulo Affonso Leme Machado nos ensina que "seria impossível proteger a fauna, se não se desse oportunidade de defesa aos criadouros naturais e ninhos dos animais".[424] É logicamente inimaginável dissociar a proteção à fauna sem uma correspondência com a propriedade imobiliária. No entanto, a legislação brasileira parece insensível a esse aspecto, protegendo, muitas vezes, a figura do animal e esquecendo-se de sua proteção.[425]

[422] AYALA, 2005, p. 373.

[423] REALE, Miguel. *Teoria Tridimensional do Direito*. 5ª edição. 9ª tiragem. São Paulo: Saraiva, 2014, p. 104.

[424] MACHADO, 2014, p. 944.

[425] Antonio Herman V. Benjamin, analisando a dissociação entre *habitat* e proteção à fauna, afirma que as "necessidades humanas demonstram um insaciável apetite por matérias-primas, assim como por terras para a agricultura e pecuária, demanda que acaba por submeter mesmo os mais remotos ecossistemas a pressões econômicas destrutivas muitas vezes irresistíveis" (BENJAMIN, Antonio Herman de Vasconcellos e. Introdução ao Direito Ambiental brasileiro. *Revista de Direito Ambiental*, vol. 14, abr. – jun., p. 48 – 82. São Paulo: Revista dos Tribunais (Thomson Reuters), 1999).

Em Birigui, interior do estado de São Paulo, um aspecto muito relevante da proteção da fauna no âmbito do direito de propriedade foi discutido em uma ação civil pública que proibiu um evento musical para um público estimado em oito mil pessoas próximo a uma área de mata com população de macacos-prego (*Sapajus libidinosus*), espécie não integrante da Lista Vermelha de Espécies Ameaçadas, tendo a sentença considerado, com base em parecer científico, que não havia ponto de fuga seguro para os animais e que, devido ao potencial estresse que poderiam invadir áreas adjacentes ao local, inclusive adentrando outras propriedades ou, mesmo, rodovia. O fundamento da sentença foi a necessidade de a propriedade imobiliária respeitar o aspecto de proteção da fauna contido no art. 1.228, § 1º, do Código Civil, determinando ao proprietário a obrigação de não fazer o evento musical.[426]

O Código Civil brasileiro de 2002 serviu como inspiração para o Código Civil argentino de 2015.[427] Embora a disciplina tenha ocorrido fora do âmbito da propriedade, quando tratou dos bens foi uma seção denominada "Bienes con relación a los derechos de incidencia colectiva", constou do artigo 240 que o exercício dos direitos individuais sobre os bens deve ser compatível com os direitos de incidência coletiva:

> *Debe conformarse a las normas del derecho administrativo nacional y local dictadas en el interés público y no debe afectar el funcionamiento ni la sustentabilidad de*

[426] "Não se diga que o direito de propriedade dos organizadores do evento e do proprietário da área foi desrespeitado, pois, segundo o Código Civil, o proprietário tem a faculdade de usar, gozar e dispor da coisa, mas destaca também que o direito de propriedade deve ser exercido em consonância com as suas finalidades econômicas e sociais e de modo que sejam preservados, de conformidade com o estabelecido em lei especial, a flora, a fauna, as belezas naturais, o equilíbrio ecológico e o patrimônio histórico e artístico, bem como evitada a poluição do ar e das águas (art. 1.228, *caput* e parágrafo único)" (PROCESSO Digital nº 1007353-47.2017.8.26.0077. *Ação Civil Pública interposta pelo Ministério Público Estadual em face de Prates & Prates Promoções Artísticas e Município de Birigui*. Sentença proferida em 26 de setembro de 2017, pelo MM. Juiz de Direito Fábio Renato Mazzo Reis. Publicada no Diário Oficial do Estado em 29/09/2017. Número do Diário: 2440. Páginas: 2.267 – 2.271).

[427] ARGENTINA. Gobierno. Código Civil y Comercial de la Nación. *Ley 26.994, de 7 de octubre de 2014*. Disponível em: http://www.saij.gob.ar/docs-f/codigo/Codigo_Civil_y_Comercial_de_la_Nacion.pdf. Acesso em: 10 fev. 2022.

los ecosistemas de la flora, la fauna, la biodiversidad, el agua, los valores culturales, el paisaje, entre otros, según los criterios previstos en la ley especial.

Configura, também, moderno tratamento da propriedade, com vinculação ao funcionamento da sustentabilidade da flora e fauna, biodiversidade e paisagem, expressões não constantes do Código Civil brasileiro e fazendo referência às leis especiais. Leciona Gustavo Caramelo sobre a novidade no Código Civil Argentino que a finalidade do artigo foi de deixar expressamente assentado o reconhecimento de direitos individuais e coletivos, e o mais importante, a criação de um verdadeiro sistema que possibilite a coexistência entre eles.[428] Não obstante, é preciso ressaltar uma forte contradição do estatuto civil argentino, contrariando o art. 240, porque permite a apropriação dos animais selvagens que são objetivo de caça (art. 1.947, inciso II), ao contrário do código brasileiro, que não manteve essa possibilidade, mesmo porque a fauna tem natureza de bem difuso, ou seja, não passível de apropriação.

2.8 Delimitação do estudo da propriedade

A concentração da investigação na propriedade imobiliária privada e sua função socioambiental se justificam porque é inegável o esmagador número de limitações e vinculações de ordem pública que às leis ambientais são atribuídas no que tange à defesa dos interesses de conservação da natureza, equilíbrio ecológico. A propriedade imobiliária privada se encontra *instrumentalizada*[429] para a realização de um conjunto de fins e interesses públicos onde o protagonista privilegiado é quase sempre o interesse ambiental, porque se configura como um direito humano fundamental.

O presente estudo, em virtude da abrangência da análise dos regimes normativos estudados, deve se concentrar em um objeto específico do direito da propriedade privada, que corresponde à *propriedade privada imobiliária*. É nesses espaços que reside a relação conflituosa que deve ser harmonizada com relação à proteção ambiental e a exploração econômica geralmente ligada ao agronegócio, o que não ocorre em áreas públicas

[428] Caramelo; Picasso; Herrera, 2015, p. 397.
[429] Moreira Fernandez, 2001, p. 215.

integrantes de unidades de conservação, como parques e estações ecológicas, onde existe o regime de proteção jurídica integral estabelecido expressamente na Lei nº 9.985/2000, que instituiu o Sistema Nacional de Unidades de Conservação da Natureza (art. 7º, inciso I).

Entende-se por propriedade imobiliária ou imóvel o solo e tudo o que nele se incorporar natural ou artificialmente (art. 79, CC) e, neste aspecto, as propriedades rurais ganharão especial destaque em razão da relevância ambiental que desempenham. Pontes de Miranda,[430] ao se referir às propriedades imobiliárias, as denominava *coisas imóveis* e chamava de *núcleos* o terreno ou prédios (*praedia*), isto é, estruturas principais que abrangiam o solo, com o subsolo, e são passíveis de árvores, frutos pendentes, a semente lançada à terra etc. Imóvel rural é o *prédio rústico*[431] localizado geralmente em áreas afastadas das cidades, com exploração agrícola preponderante.

A propriedade rural ou agrária é a que mais apresenta conflito com a propriedade ambiental, muito embora a coexistência desses regimes fosse de vital importância para o futuro da humanidade: a inter-relação entre o agronegócio e o meio ambiente é vital para a existência saudável e equilibrada do ecossistema da Terra. A palavra "agrário" tem origem de *ager* (do latim, *ager, agri*), com o sentido de "campo passível de produção". Já a palavra "rural" tem origem em *rus* (raiz latina *rus, ruris*), com sentido contrário a *urbs*, cidade.[432]

Interessa-nos principalmente os chamados *bens de raiz*.[433] Embora existam espaços protegidos em áreas urbanas, a relevância e importância para a proteção ambiental é quase insignificante em comparação com os imóveis rurais ou rústicos.

A classificação entre os diversos bens sempre foi interesse da humanidade, tendo surgido espontaneamente principalmente em razão dos

[430] MIRANDA, Pontes de. *Tratado de Direito Privado*. Parte geral. Tomo II. Bens. Fatos jurídicos. 4ª edição. São Paulo: Editora Revista dos Tribunais, 1974, p. 32.

[431] GOMES, 1973, p. 99.

[432] FERREIRA, Pinto. *Curso de Direito Agrário*. 5ª edição. São Paulo: Saraiva, 2002, p. 2.

[433] CARVALHO SANTOS, João Manuel de. *Código Civil brasileiro interpretado, principalmente do ponto de vista prático*. Parte geral (Arts. 43 a 113). Volume II. 11ª edição. Rio de Janeiro, Editora Freitas Bastos, 1982, p. 8.

valores econômicos ou estratégicos para atingir uma finalidade específica.[434] A concentração do estudo será nos bens imóveis naturais,[435] que são o solo, as fontes de água, a cobertura florestal; em geral, tudo o que for naturalmente incorporado ao solo que tenha relevância ambiental.

Concentra-se nas propriedades rurais a grande maioria dos espaços territoriais ambientalmente protegidos constantes na legislação ambiental, em especial no Código Florestal de 2012 (Lei nº 12.651) e na Lei Nacional de Unidades de Conservação (Lei nº 9.985/2000). É nas propriedades rurais que é possível identificar com clareza os diversos regimes jurídicos específicos da função social da propriedade; essas são denominadas pela doutrina como propriedades diferenciadas. Incide nas propriedades rurais um conjunto normativo ambiental e agrário que exterioriza a proteção de interesses metaindividuais. Nesta espécie de imóveis, é possível destacar bens ambientais, recursos naturais, como água e as jazidas de minerais etc.

Finalmente, embora a proteção ambiental registral seja majoritariamente exteriorizada nas propriedades imobiliárias rurais, o presente estudo não se restringirá a este aspecto, mesmo porque é no conflito fundiário que os problemas ambientais são mais observados. A mata atlântica, por exemplo, está concentrada quase que em sua totalidade em núcleos urbanos e praticamente a totalidades das áreas contaminadas por substâncias tóxicas se contra nas cidades. Ocorre o mesmo nas áreas de proteção aos mananciais que, além de localizados próximos aos grandes centros urbanos, a proteção jurídica ambiental dos mesmos é essencial para a qualidade de vida dos respectivos moradores.

[434] Barros Monteiro, Washington de. *Curso de Direito Civil*. Parte Geral. 5ª edição. São Paulo: Saraiva, 1967, p. 146.
[435] Roppo, 2018, p. 80.

3.
REGISTRO DE IMÓVEIS

3.1 Conceito e evolução histórica

A propriedade imobiliária é o objeto do Registro de Imóveis. Aliás, adverte Serpa Lopes que essa dedução é decorrente de sua própria denominação, sendo um "elemento adicto à propriedade imóvel".[436] Os direitos a ela inerentes são controlados pelo sistema registrário e a compreensão do reflexo da evolução da propriedade é a compreensão também do Registro de Imóvel moderno. O direito de propriedade que o Registro de Imóveis garantia há mais de um século no Brasil não é o mesmo de hoje, as relações jurídicas imobiliárias tornaram-se complexas com a necessidade do cumprimento de uma função ambiental e social.

O Registro de Imóveis, como órgão pacificador de conflitos – instituto destinado à garantia da segurança jurídica do tráfego imobiliário, bem como a exercer um filtro jurídico dos títulos que ingressam no fólio real –, surge no direito de propriedade como importante ferramenta para estabilizar os negócios e atos jurídicos que envolvam imóveis, exercendo, nesse ponto, função essencial para a sociedade moderna.

No âmbito do Direito Civil, o Registro de Imóveis, tradicionalmente, figura e é estudado no livro do Direito das Coisas, mas sua gênese são os negócios jurídicos, principalmente os contratos, pois é a etapa final para a geração dos efeitos de uma compra e venda imobiliária. A propriedade imobiliária (transmissão derivada) somente se aperfeiçoa com a publicidade registral. A importância da publicidade na transferência e

[436] Serpa Lopes, Miguel Maria de. *Tratado dos Registros Públicos.* Vol. IV. 6ª edição. Brasília: Livraria e Editor Brasílio Jurídica, 1996, p. 196 – 197.

no gravame do domínio e dos direitos reais é evidente. A maior ou menor seguridade do tráfego jurídico econômico está em função da publicidade e, por consequência, nos efeitos gerados por ela.

É dentro dessa certeza que o desenvolvimento do crédito territorial é objetivo de índole econômica desejável em uma sociedade bem-organizada. O registro no Registro de Imóveis fornece a todos os demais ramos do direito a certeza, estabilidade e publicidade necessária para o desenvolvimento de relações outras que demandam comunicação com a propriedade imobiliária (partilha de bens nas sucessões, penhora ou arresto, cadastro tributário).

A origem do Registro de Imóveis possui antecedentes no antigo Egito e Grécia clássica. Contudo, foi no século XVIII que começou a se desenvolver à medida que as transações imobiliárias foram ganhando importância. O Estado se viu obrigado a entrar na regulação do mercado oferecendo um mecanismo de segurança que garantisse as transações.

A princípio, na descoberta do Brasil, o Rei de Portugal adquiriu o título originário da posse, dividindo o novo território em capitanias hereditárias governadas por donatários, que cediam parcialmente seus direitos possessórios aos moradores das capitanias por meio de cartas de sesmaria.[437] As sesmarias eram concedidas, primeiro pelos donatários das capitanias hereditárias, depois pelo governo geral, mais tarde pela Coroa de Portugal. Dessa forma, não havia propriedade nos moldes em que conhecemos hoje, era em torno da posse que giravam todas as relações econômicas.

O regime das sesmarias durou até a independência do Brasil (1822); e somente em 1850, com a Lei nº 601 e seu Regulamento nº 1.318, de 1854, a posse foi legitimada, sendo que todas as posses que fossem levadas ao livro da Paróquia Católica (Registro do Vigário) eram separadas do domínio público, tendo caráter obrigatório o registro das posses dos possuidores de terras devolutas. A propriedade, nessa época, não era transmitida pelo contrato, mas pela tradição, que é a entrega real ou sim-

[437] Trechos de terras incultas que os donatários podiam dar aos moradores da capitania, gratuitamente, para que as cultivassem. Ver: PORTO, B. Costa. *Estudo sobre o sistema sesmarial.* Recife: Imprensa Universitária, 1965, p. 68.

bólica da coisa, sendo o registro do vigário um controle essencialmente possessório.

Em 1843, surgiu a Lei Orçamentária nº 317, que criou o registro de hipotecas, objetivando tornar a terra base para o crédito. Porém, ensina-nos Afrânio de Carvalho que "o registro de hipotecas não deu os resultados esperados por lhe faltarem os requisitos de especialidade e publicidade".[438]

Em 1864, surgiu a Lei nº 1.237, que criou o Registro Geral, denominada por muitos juristas como o embrião do Registro de Imóveis. A Lei substitui a tradição pela transcrição como modo de transferência, continuando o contrato a gerar efeitos obrigacionais. Ressalte-se, porém, que esse registro não era prova de propriedade, nem mesmo como presunção relativa, sendo que o autor precisava prová-la por outras vias, como a reivindicatória. Em 1890, a Lei nº 1.237 foi substituída pelo Dec. nº 169-A e seu Regulamento, Dec. nº 370; contudo, substancialmente, nada foi alterado.

Com o advento do CC de 1916, o Registro Geral foi substituído pelo Registro de Imóveis, mantendo-se a transcrição. Entretanto, com uma mudança substancial: foi lhe dada nova roupagem, resultando em prova da propriedade *juris tantum*, ou seja, admitindo prova em contrário. O Código trata da matéria nos arts. 856 e seguintes.

Com o Regulamento da Lei nº 4.827, de 1924, consubstanciado no Dec. nº 18.542, de 1928, foi introduzido no sistema registrário o princípio da continuidade, exigindo-se, para qualquer transcrição ou inscrição, o registro do título anterior.

O Regulamento subsequente, nº 4.857, de 1939, nos ensina Afrânio de Carvalho, corrigiu a terminologia do ordenamento anterior, separando os atos sujeitos à transcrição e inscrição. Os primeiros, referentes aos atos de transmissão da propriedade; os segundos, à constituição de ônus reais.

Em 1973, surge a Lei nº 6.015, que reuniu, em diploma legal, todos os princípios norteadores do Registro de Imóveis, aperfeiçoando uns e criando outros, de sorte que, de certa forma, revolucionou o sistema de transmissão de propriedade brasileiro. Isso se deu, principalmente, no

[438] CARVALHO, Afrânio de. *Registro de imóveis*. 3ª edição. Rio de Janeiro: Forense, 1976b, p. 14.

que tange aos livros, pois, além de reduzir a quantidade, centralizou um livro principal no imóvel, criando a figura da *matrícula*,[439] que representa a individualidade do imóvel, sua situação geográfica e perfeita descrição, sofrendo alterações objetivas e subjetivas por meio da averbação, sempre com um mesmo número de ordem, facilitando incrivelmente as pesquisas e expedição de certidões.

3.2 Função socioambiental do registro de imóveis

Por ser a propriedade imobiliária o fundamento do Registro de Imóveis, os direitos a ela inerentes são controlados pelo sistema registrário, e a compreensão do reflexo da evolução da propriedade é a compreensão também do Registro de Imóveis moderno. A CF, ao instituir em cláusula pétrea a função social da propriedade (art. 5º, XXIII), ao estabelecer a função social das cidades (art. 182) e declarando que todos têm direito ao meio ambiente ecologicamente equilibrado (art. 225), atribuiu ao Registro de Imóveis características que outrora não possuía. Dentre elas, está a necessidade de incorporação do conceito de função social da propriedade e do meio ambiente, percepção claramente observada pelo legislador no Estatuto da Cidade e na legislação ambiental. Nesse aspecto, o Registro de Imóveis tem sido utilizado estrategicamente para potencializar a função social da propriedade. Na regularização fundiária (Lei nº 11.977/2009), tem exercido papel importantíssimo para a materialização dos direitos de moradia, inclusive controlando a aquisição pela usucapião administrativa ou tabular. Com relação à publicidade inerente ao Registro de Imóveis, é inegável o avanço nos últimos anos.

Importante ressaltar que consta da décima quinta declaração da Primeira Jornada Internacional sobre serviços ambientais e segurança jurídica realizada em Barcelona pelo Colégio de Registradores da Espanha da Catalunha, em 07 de julho de 2011, que "o Registro de Imóveis constitui um dos instrumentos mais eficazes para se obter a segurança jurí-

[439] Maria Helena Leonel Gandolfo leciona que matrícula: "É um ato de registro, no sentido lato, que dá origem à individualidade do imóvel na sistemática registral brasileira, possuindo um atributo dominial derivado da transcrição da qual se originou" (GANDOLFO, Maria Helena Leonel. Reflexões sobre a matrícula 17 anos depois. *Revista de Direito Imobiliário*, vol. 33. São Paulo: Revista dos Tribunais, jan. – jun., 1994).

dica no tratamento de valores ambientais e as propriedades imobiliárias e para a geração da riqueza ambiental".[440]

Mas não é somente na publicidade dos espaços territoriais especialmente protegidos que o Registro de Imóveis pode ajudar o meio ambiente. Várias são as situações nas quais podemos nos valer do instituto, ou melhor, da estrutura do Registro de Imóveis para garantir o respeito e a reparação do meio ambiente, o que será observado no decorrer do estudo.

Podemos conceituar o Registro de Imóveis como

> órgão auxiliar do direito civil destinado ao assentamento de títulos públicos e privados, outorgando-lhes oponibilidade a terceiros, com ampla publicidade e destinado ao controle, eficácia, segurança e autenticidade das relações jurídicas envolvendo imóveis, garantindo-lhes presunção relativa da prova da propriedade.[441]

Esse é conceito tradicional do Registro de Imóveis; contudo, hodiernamente, não exerce somente a função de guardião do direito da propriedade, mas também a novel missão de *guardião da função social da propriedade* – nesta, incluída a ambiental. Cabe observar que a facilidade natural de concentração das informações imobiliárias e o fato de se tratar de órgão constitutivo da propriedade por meio do registro levaram o Registro de Imóveis, no decorrer dos anos, a exercer funções atípicas, como fiscalizar o recolhimento de tributos (imposto predial e territorial urbano, imposto de transmissão de bens imóveis, imposto territorial rural, entre outros).

Por fim, importante consignar que essa vinculação entre Registro de Imóveis e meio ambiente data, do ponto de vista normativo ou legal, desde 1934, onde o primeiro código florestal brasileiro estabelecia a necessidade de que todos os atos governamentais atinentes a árvores e florestas fossem *comunicados* ao Oficial do Registro de Imóveis (art. 104 do Decreto

[440] DECANATO AUTONOMICO DE LOS REGISTRADORES DE CATALUÑA. *Cuadernos Ambientales de la Propiedad*. Edição extraordinária. Fevereiro de 2012. Disponível em: registradores.cat. Acesso em: 04 fev. 2023 [grifos nossos].

[441] MELO, Marcelo Augusto Santana de. *Teoria Geral do Registro de Imóveis*: estrutura e função. 2ª edição. JusPodivm, 2023, p. 68.

nº 23.793, de 23 de janeiro de 1934)[442]. Obviamente essa comunicação informativa, em razão das dificuldades tecnológicas da época, não se efetivou de forma satisfatória, mas ressalta e confirma **a vocação natural do Registro de Imóveis em publicizar informações ambientais**.

3.3 Estrutura do Registro de Imóvel em favor do meio ambiente

Os fundamentos e princípios do direito ambiental orbitam em torno, principalmente, de evitar que o dano ambiental ocorra e, não sendo possível, que a agressão à natureza seja restaurada na medida do possível ou, ainda, compensada e, neste aspecto essencial, o Registro de Imóveis é de uma importância única, mas timidamente utilizado. Com efeito, o liame jurídico e comunicativo entre o meio ambiente e o Registro de Imóveis é a propriedade e, como pudemos estudar no decorrer da obra, referida relação é próxima e existencial. A sorte do direito de propriedade é a mesma do registro imobiliário e este deve espelhar todos os atributos dos imóveis.

No entanto, o sistema de transmissão imobiliário brasileiro, que já é secular, tem se estruturado não somente juridicamente, mas administrativamente, para prestar um serviço de excelência, e todo esse arcabouço estruturante deve ser utilizado pelo meio ambiente. A seguir, relacionamos algumas características[443] do Registro de Imóveis brasileiro que podem ser úteis e fundamentais para o desenvolvimento da proteção da natureza.

a) O Registro de Imóveis é um órgão que exerce serviço público (art. 236 da CF)

O art. 236 da CF dispõe que "os serviços notariais e de registro são exercidos em caráter privado, por delegação do Poder Público". O art. 3º da Lei nº 8.935/94, que regulamentou referido dispositivo constitucio-

[442] Brasil. Congresso Nacional. Art. 107 do Decreto nº 23.793, de 23 de janeiro de 1934: "Todos os actos governamentaes attinentes a arvores, florestas, ou immoveis determinados, expedidos em virtude deste codigo, serão logo communicados ao official de registro de immoveis competente, para que, ex-officio, faça as averbações correspondentes, sob pena de responsabilidade civil e criminal". Disponível em < https://www.planalto.gov.br/ccivil_03/decreto/1930-1949/d23793.htm>; Acesso em 04 fev 2023.

[443] Giner, Antonio. O registro de imóveis e a informação ambiental. *Revista de Direito Imobiliário*, vol. 57. São Paulo: Revista dos Tribunais (Thompson Reuters), 2004, p. 593.

nal, por seu turno, define: "Notário, ou tabelião, e oficial de registro, ou registrador, são profissionais do direito, dotados de fé pública, a quem é delegado o exercício da atividade notarial e de registro".

O registrador imobiliário, por desempenhar função pública e ser órgão delegado do Estado, é detentor de fé pública, possuindo seus atos presunção de veracidade, o que legitima sua atuação para publicizar informações ambientais em seus livros, agindo em conjunto com a Administração Pública.

b) Os Registros de Imóveis são organizados territorialmente

Uma das maiores vantagens do Registro de Imóveis é sua organização territorial, porque acaba por facilitar a obtenção da informação para a beneficiária direta, que é a população local. Praticamente todas as comarcas do País possuem um cartório de Registro de Imóveis, o que permite um acesso fácil à informação registral e, por consequência, à ambiental também.

Observa-se que a informação ambiental pode ser oriunda dos três entes federativos. Dificilmente, existe correspondência entre as unidades de administração ambiental e os respectivos municípios e comarcas, o que corrobora com a ideia de facilidade da utilização da estrutura do Registro de Imóveis.

Adverte Alexandre Augusto de Paiva Barreiros:

> Analisando a publicidade registral pela perspectiva da funcionalidade e da praticidade temos que esta tem por característica marcante o alcance in loco do interessado ao conteúdo da propriedade imobiliária, isto porque, contrário ao que ocorre com a informação ambiental que esta dispersa no Sisnama, o Registro de Imóveis é órgão acessível a todos e possível centralizador dos preceitos ambientais nas circunscrições das respectivas matrículas, este agrupamento implicaria instrumentalização do disposto no art. 5º, XXXIII, da CF/1988 (LGL\1988\3).[444]

[444] Barreiros, Alexandre Augusto de Paiva. Registro de Imóveis e a microfísica da publicidade ambiental. *Revista de Direito Imobiliário*, vol. 75. São Paulo: Revista dos Tribunais (Thompson Reuters), 2013, p. 201.

No estudo elaborado na Espanha,[445] percebe-se claramente que a informatização é a base para disponibilizar o acesso à informação de forma rápida e eficaz. Todos os registros de propriedade do país estão interligados eletronicamente, além de possuírem *softwares* de visualização das propriedades que estão georreferenciadas, inclusive com fotos via satélite. Nesse aspecto, é preciso que o registrador imobiliário brasileiro tenha noção da importância da informatização do cartório, que servirá como forma eficaz de divulgação do serviço disponibilizado, facilitando muito a troca de informações entre os órgãos ambientais e Registro de Imóveis se existir uma rede entre os cartórios.

É preciso desenvolver a ideia de que, somente com a informatização e uma rede entre os registros imobiliários do País, os serviços poderão ser prestados de forma ágil, eficiente e uniforme. A informatização também é necessária para a segurança do tráfego imobiliário e ajudará a facilitar as pesquisas imobiliárias, maior dificuldade dos usuários e da Administração Pública.

A Lei nº 14.382, de 27 de junho de 2022, que se originou com a Medida Provisória nº 1.085, de 27 de dezembro de 2021, procurou trazer ao universo registrário o dinamismo dos avanços tecnológicos e, já neste aspecto, não apresentou novidade alguma. Isto porque o registro eletrônico já estava previsto no art. 37 da Lei nº 11.977, de 07 de julho de 2009, em pleno funcionamento em todo o território nacional e exercido pelo Operador Nacional do Sistema de Registro Eletrônico de Imóveis (ONR), criado nos termos do art. 76, da Lei nº 13.465, de 11 de julho de 2017, e do Provimento nº 89, de 18 de dezembro de 2019, da Corregedoria Nacional de Justiça do Conselho Nacional de Justiça (CNJ), pelos oficiais de registro de imóveis do Brasil.

Com a nova legislação, foi criada outra entidade, pessoa jurídica de direito privado, na modalidade de entidade civil sem fins lucrativos, como associação ou fundação (§ 4º do art. 3º), que será responsável pelo Sistema Eletrônico dos Registros Públicos (Serp), englobando as especialidades registrárias previstas na Lei nº 8.935/1994 (registro de imóveis, registro de títulos e documentos civis das pessoas jurídicas e registros

[445] AGENCIA, 2002.

civis das pessoas naturais e de interdições e tutelas). O Operador Nacional do Sistema de Registro Eletrônico de Imóveis (ONR) permanece existindo e integrará o Serp (arts. 5º e 7º, V).

As inovações tecnológicas, inclusive a eletrônica, fazem parte do cotidiano de qualquer sociedade e são, no âmbito administrativo, principiologicamente, de uso compulsório, já que o uso de ferramentas mais úteis, menos onerosas e mais ágeis integra a necessidade imperiosa de eficiência.[446] A utilização eletrônica e informatizada de rotinas administrativas, mais do que a reflexão de uma realidade irreversível da sociedade moderna, consubstancia-se em uma manifestação do cumprimento da eficiência inerente à administração pública, mesmo que indireta (art. 37, CF).

Atualmente, consta expressamente do § 3º do art. 1º da Lei nº 6.015/73 que os registros serão escriturados, publicizados e conservados *em meio eletrônico*, nos termos estabelecidos pela Corregedoria Nacional de Justiça do Conselho Nacional de Justiça, especialmente os padrões tecnológicos de escrituração, indexação, publicidade, segurança, redundância e conservação (inciso I); e prazos de implantação nos registros públicos (inciso II).

O Sistema Eletrônico dos Registros Públicos (Serp), que será mantido por contribuição de todos os oficiais registradores brasileiros (art. 5º da Lei nº 14.382/2022), será o responsável pela integração eletrônica nacionalmente, ou seja, os serviços registrais serão realizados de forma uniforme e eficaz, o que irá ser de grande importância para a imagem corporativa do Registro de Imóveis.

Assim, a tecnologia está sendo empregada no Registro de Imóveis brasileiro de forma corporativa a nível nacional. O registro eletrônico e a conexão de todos os registros brasileiros estão revolucionando o sistema de transmissão da propriedade imobiliária, tornando-o mais célere, padronizado e uniforme, o que facilitará muito no desenvolvimento de ferramentas para a proteção da natureza.

[446] Art. 37, CF; Art. 4º, CC; Art. 38 da Lei nº 8.935/1994.

c) O Registro de Imóveis possui relação com todos os demais órgãos da Administração

Por ser um órgão que desempenha serviço público, o Registro de Imóveis possui forte vínculo com a Administração. Em vários municípios, é comum encontrar convênio entre as unidades de registro e as prefeituras, citando como exemplo o que ocorreu na comarca da capital do Estado de São Paulo, onde existe forte intercâmbio de informações entre os órgãos.

Os Ofícios Imobiliários também possuem relação direta com a Secretaria da Receita Federal nas Declarações sobre Operações Imobiliárias (DOI) (no art. 8º da Lei nº 10.426, de 24 de abril de 2002) que são realizadas mensalmente pela internet e Secretaria do Patrimônio da União (SPU) (art. 3º-A do Dec.-lei nº 2.398/87), no caso de atos praticados em imóveis da União.

d) O Registro de Imóveis oferece serviços feitos por profissionais de alta qualificação técnica após aprovação em concurso de prova e de títulos (art. 3º da Lei nº 8.935/94)

Os registradores imobiliários são profissionais do direito aprovados em concurso de prova e de títulos, o que, somado à experiência e trabalho dos institutos de estudo, os legitima para trabalhar não somente com relação ao direito de propriedade, mas também às respectivas limitações ambientais.

O Oficial de Registro de Imóveis, para qualificar ou analisar os títulos e documentos a ele submetidos, é dotado de elementos suficientes para resguardar sua independência, a qual possui várias perspectivas: as principais são as independências jurídica, administrativa e financeira (constantes das Lei 8.935/94 e 6.015/73), sem as quais seria impossível garantir a imparcialidade inerente ao sistema registral.

e) O Registro de Imóveis está conectado com o Sistema Geodésico Brasileiro (SGP) (Lei nº 10.267/2001)

A Lei nº 10.267, de 28 de agosto de 2001, alterou a Lei nº 6.015/73 e criou uma forma descritiva de propriedade imobiliária chamada de georreferenciamento, que utiliza coordenadas geográficas fixadas com o auxílio de satélites.

Com relação ao meio ambiente, inegável a importância do georreferenciamento, porque os espaços territoriais especialmente protegidos possuirão a precisão necessária para facilitar a fiscalização e identificação do proprietário para a imposição de obrigações civis, penais e administrativas, além, é claro, de expressar com exatidão cadastral a situação jurídica do imóvel. Por essa razão, entendemos que, no futuro, será impossível afastar o georreferenciamento para a especialização da reserva florestal legal, reserva particular do patrimônio natural e demais espaços ambientalmente protegidos. Malgrado não conste expressamente da Lei nº 10.267/2001, bem como de seu regulamento, a necessidade de georreferenciamento para essas áreas trata-se de consequência lógica e inevitável.

Apesar de tímido, o fluxo de informações que deve ocorrer entre o Instituto Nacional de Colonização e Reforma Agrária (INCRA) e os Registros de Imóveis começa a desenvolver. No momento, a matéria é regulamentada pelos Decs. nº 4.449, de 30 de outubro de 2005, e nº 5.570, de 31 de outubro de 2005, e o futuro será uma interação eficaz e democrática entre os órgãos.

Com a existência de coordenadas geográficas, tornar-se-ia fácil para o registrador imobiliário a elaboração de um mosaico gráfico dos imóveis rurais de sua circunscrição. Existem vários programas gratuitos na internet que podem auxiliar o Registro de Imóveis nesta tarefa, sendo referida ferramenta de utilidade extraordinária para a visualização gráfica da matrícula, auxiliando as buscas de forma rápida e precisa.

Sobre a utilização de bases gráficas vinculadas ao Registro de Imóveis, importante o trabalho de Jorge Requejo Liberal:

> Percebemos, assim, que a estrutura do Registro de Imóveis é adequada e ideal como fonte de reforço da publicidade ambiental, que deve ocorrer naturalmente e livre de preconceitos pelos operadores do direito. O Registro de Imóveis é utilizado pela Administração como órgão auxiliar para o cumprimento de obrigações tributárias; hodiernamente, no entanto, a finalidade

é outra, qual seja a social, justificando a utilização de seus livros para reforçar a publicidade ambiental.[447]

A vinculação gráfica de propriedades imobiliárias a uma base gráfica cadastral ambiental é uma realidade no Brasil e o reflexo disso certamente chegará ao Registro de Imóveis. A ideia de um sistema cadastral das propriedades imobiliárias bem elaborado e desenvolvido, e sua conexão com todos os registradores, poderá permitir que as ocorrências de desmatamentos cheguem de forma célere e cirúrgica nas matrículas dos imóveis.

3.4 Competência

Somente à União cabe legislar sobre registros públicos (art. 22, XXV, da CF). Trata-se, no nosso entendimento, do principal problema para a interligação entre meio ambiente e Registro de Imóveis, porque existe a possibilidade de três entes políticos criarem mecanismos ou institutos de proteção ao meio ambiente. Contudo, somente a União pode legislar para prever a possibilidade de ingresso de títulos no Registro de Imóveis.

As informações ambientais devem ser recebidas pelo sistema imobiliário de forma coerente e ampla. Veremos que é possível a existência de restrições ambientais de todos os entes políticos e entidades da administração pública indireta e todas podem, em razão de atribuição constitucional, afetar o direito de propriedade, merecendo, também, publicidade ambiental, quer dos espaços protegidos, quer dos respectivos danos ou reparações.

3.5 Princípios do Registro de Imóveis utilizados no direito ambiental

A segurança jurídica requer uma certeza nas regras do direito, exigindo sua publicidade. Pensando na segurança nas transações de bens imóveis, qualquer informação que possa limitar o direito de propriedade deve constar do fólio real, sob pena de abalar o sistema de transmissão de propriedade. Na proteção do meio ambiente, torna-se impossível não se restringir ou regular uso da propriedade. Porém, a publicidade das restrições não está perfeitamente delimitada em nosso direito, merecendo estudo

[447] AGENCIA, 2002.

nesse sentido, para que a segurança jurídica, pilar de nosso direito, não seja ameaçada.

Nesse sentido são os ensinamentos do registrador espanhol Mariano Va Aguaviva, na introdução do *Expert córner report*, publicado em 1º de outubro de 2002, denominado *El Registro de la Propriedad y Mercantil como instrumento al servicio de la sostenibilidad*, realizado pelo Colégio de Registradores da Espanha para a Agência Europea de Meio Ambiente:

> Es de interés general y la sociedad debe exigir que tales situaciones sean publicadas no sólo por el principio de seguridad jurídica general, sino además por la materia específica, medio ambiente, que precisa de especial atención y protección 'un alto nivel de protección y de mejora de la calidad del medio ambiente', artículo 1.2 del Tratado CE basado en el principio de cautela y acción preventiva, artículo 174.2 del Tratado CE, que ineludiblemente requiere de una precisa información y publicidad con efectos jurídicos y que puede obtenerse mediante el Registro de la Propiedad.[448]

É cediço que o Registro de Imóveis possui princípios jurídicos sólidos e que não poderão dar espaço a regras que abalem sua estrutura, de forma que, para tornar efetiva a publicidade ambiental, devemos nos valer dos mecanismos já vigentes no sistema registrário. Tomado esse cuidado, analisaremos alguns princípios registrários.

3.5.1 Princípio da publicidade

A publicidade registral é tida como um dos tesouros mais preciosos do amadurecimento do espírito jurídico, uma nova forma de ser do direito de propriedade, sobre o qual se assentam o sistema financeiro, a tutela do crédito e a segurança das transações imobiliárias.[449] Ensina Balbino

[448] VA AGUAVIVA, Mariano. Introducción. In: AGENCIA EUROPEA DE MEDIO AMBIENTE. *El Registro de la Propiedad y Mercantil como instrumento al servicio de la sostenibilidad*. Expert's corner report. Realizado pelo Colegio de Registradores de la Propiedad y Mercantiles de España. Organização de José-Luis Salazar-Máñez. Informe Técnico nº 88, 2002. Disponível em: https://www.eea.europa.eu/es/publications/technical_report_2002_88. Acesso em: 04 fev. 2023.

[449] ALVAREZ CAPEROCHIPI, José Antonio. *Direito imobiliário registral*. Madrid: Civitas, 1986, p. 56.

Filho que "a publicidade é a alma dos registros públicos. É a oportunidade que o legislador quer dar ao povo de conhecer tudo que lhe interessa a respeito de determinados atos. Deixa a par de todo o movimento de pessoas e bens".[450] Um sistema de publicidade eficaz, como defendia Ruy Barbosa, é a base de uma economia forte, porque ajuda a circulação natural dos bens.[451]

A maior ou menor segurança do tráfego jurídico econômico está em função da publicidade, o mesmo que o desenvolvimento do crédito habitacional, que são objetivos de índole econômica desejáveis em uma comunidade bem-organizada.[452]

A publicidade é uma das características do Registro de Imóveis. Não se pode admitir que um registro tenha eficácia *erga omnes* (contra todos) e, ao mesmo tempo, seja negada informação ao público em geral. No Registro de Imóveis, a publicidade dos atos por ele praticados é garantida não somente pela própria Lei nº 6.015/73, como também por norma constitucional (artigo 5º, inciso XXXIII, CF), devendo ser fornecida certidão para qualquer parte que a solicite, independentemente de identificação.[453]

Para nós, quem melhor conceitua publicidade registral é Garcia Garcia. Para ele, "publicidade registral é a exteriorização continuada e organizada de situações jurídicas de transcendência real para produzir cognoscibilidade geral *erga omnes* e com certos efeitos jurídicos substantivos sobre a situação publicada".[454] A exteriorização se contrapõe à clandestinidade, mas não se trata de mera aparência, é uma situação aparente qualificada, com os efeitos gerados sobre o próprio direito registral, no caso do Brasil. O caráter de continuidade se refere à perenidade

[450] BALBINO FILHO, Nicolau. *Registro de Imóveis*. 9ª edição. São Paulo: Saraiva, 1999, p. 09.

[451] Justificativa do projeto que deu origem à legislação, assinado por Ruy Barbosa, Manoel F. de Campos Salles e Francisco Glicerio, acompanhado do decreto de regulamentação, publicação sem página de rosto. Rio de Janeiro: Imprensa Nacional, 1890, p. 49.

[452] PICAZO, Luis Diéz; GULLON, Antonio. *Sistema de Derecho Civil*. Volumen III. Derecho de cosas y Derecho Inmobiliario Registral. 7ª edição. Madrid: Ed. Tecnos, 2004, p. 222.

[453] O fornecimento da certidão não pode ser retardado por mais de 5 (cinco) dias (Art. 19 da Lei nº 6.015/73).

[454] GARCIA, Jose Manuel Garcia. *Derecho Inmobiliario Registral o Hipotecário*. Tomo I. Madrid: Editorial Civitas, 1988, p. 41.

dos assentos registrários, que são conservados, atualmente, inclusive, de forma eletrônica.

As informações são organizadas e contínuas, formando um verdadeiro *estado civil* do imóvel. As situações jurídicas publicizadas no Registro de Imóveis são de transcendência real, na maioria das vezes constituindo o próprio direito real e, quando não, nos casos de aquisições originárias ou decorrentes de sucessão, é necessária a publicidade registral para que o atributo da disponibilidade seja potencializado e exteriorizado.

Trata-se de cognoscibilidade, não de conhecimento efetivo. Não se trata de publicar para produzir um conhecimento, mas possibilitar que exista, ou seja, tornar possível esse conhecimento, devendo o acesso à informação ser facilitado por todas as formas, principalmente, nos dias de hoje, por meio eletrônico. Finalmente, a publicidade tem como consequência a produção de efeitos jurídicos substantivos e materiais sobre a situação publicada, despendendo, obviamente, do sistema registral de cada país.

Com relação à finalidade da publicidade registral, é possível elencar quatro finalidades principais: 1) *a segurança jurídica dos direitos e do tráfego imobiliário*, porque, através da publicidade e da aparência gerada pelo registro, resulta numa base jurídica sólida para que o mercado se desenvolva; 2) *fomento do crédito territorial*, já que, com um sistema registral público e que garanta às instituições financeiras estabilidade e confiabilidade dos atos de registro, fica mais fácil a liberação dos créditos, sendo a situação jurídica imobiliária séria, não demandando maiores pesquisas de títulos dominiais, potencializando, então, a redução de juros; 3) *evitação de usura e fraude*: essa finalidade é justificada pelo fato de a publicidade ser operada e controlada por profissionais de direito concursados, garantindo higidez das bases imobiliárias e controle na segurança contra fraudes; e, por fim, tem uma 4) *finalidade cautelar*, já que, com o sistema de publicidade registral, se cumpre, no âmbito da propriedade e direitos reais sobre imóveis, uma função preventiva ou cautelar, evitando que se proliferem excessivamente as ações, tendo por objeto a discussão de títulos e o próprio registro.

O autor português Carlos Ferreira de Almeida qualifica "os registros públicos como os meios mais perfeitos e evoluídos da publicidade, igualando-os mesmo ao conceito técnico-jurídico de publicidade".[455]

Embora reconheçamos que integra a publicidade a configuração ou imputação dos efeitos jurídicos decorrente do registro, entendemos que se trata de uma consequência lógica imediata da publicidade gerada, mas é preciso afastar a ideia errônea de que a publicidade em si já configura os efeitos, o que deve ser analisado e dissecado em momento ulterior, com o estudo dos princípios inerentes aos efeitos gerados pela inscrição do negócio jurídico correspondente. No caso, são três: 1) princípios da legitimação, 2) fé pública registral e 3) inatacabilidade decorrente do registro torrens. Carvalho cometeu o erro que mencionamos, atribuindo diretamente à publicidade os efeitos,[456] o mesmo ocorrendo com Marcelo Salaroli de Oliveira.[457] Carlos Ferreira de Almeida classifica a publicidade registral, segundo seus efeitos, por meio de três vertentes: a) publicidade-notícia (sem particulares efeitos no ato publicado); b) publicidade declarativa (necessária para que os fatos sejam eficazes com relação a terceiros); e c) publicidade constitutiva (indispensável para que os fatos produzam quaisquer efeitos).[458]

O Registro de Imóveis brasileiro, como é cediço, confere a seus atos publicidades distintas, quer para a averbação, quer para o registro em sentido estrito. Para não adentrarmos espécies de publicidade que não utilizaremos no presente trabalho, restringiremos o estudo apenas à publicidade-notícia.

A publicidade utilizada no direito ambiental é a publicidade-notícia, que apresenta pouca eficácia perante terceiros, não apresentando qualquer efeito sobre a eficácia do fato registrado. O legislador conferiu ao Registro de Imóveis, na grande maioria das vezes, em matéria ambiental, o reforço de uma publicidade já criada ou definida em outros meios,

[455] ALMEIDA, Carlos Ferreira de. *Publicidade e teoria dos registros*. Coimbra: Almedina, 1966, p. 163.

[456] CARVALHO, Afrânio. *Registro de Imóveis*. 2ª edição. Rio de Janeiro: Forense, 1976a, p. 29.

[457] OLIVEIRA, Marcelo Salaroli. *Publicidade Registral Imobiliária*. Série Direito Registral e Notarial. Coordenação de Sergio Jacomino. São Paulo: Saraiva, 2010.

[458] ALMEIDA, 1966, p. 163.

como a reserva florestal legal, áreas contaminadas e área de proteção e recuperação de mananciais. Averba Lucas Paes Koch que,

> Tendo em vista que o acesso à informação ambiental possui como consequência o pleno exercício do direito ao meio ambiente ecologicamente equilibrado, a publicidade registral se demonstra pronta para atender o direito da sociedade de ter acesso eficaz acerca da incidência de gravames ambientais que recaiam sobre o imóvel.[459]

Muitas restrições administrativas, agora definidas como espaços territoriais especialmente protegidos, já possuem publicidade decorrente da própria lei que as constituiu. Porém, para a segurança jurídica e o cumprimento de obrigações decorrentes da limitação, seria aconselhável não se confiar somente na publicidade legal, mas também na publicidade imobiliária, para dar conhecimento e vincular definitivamente futuros adquirentes. O homem médio não possui o hábito de leitura de textos legislativos, ainda mais dos três entes políticos, de forma que o sistema jurídico não pode se valer tão somente dessa publicidade ilusória ou fictícia.

3.5.2 Princípio da especialidade

De origem doutrinária, esse princípio foi emprestado dos direitos reais de garantia na referência à especialização da hipoteca. Afrânio de Carvalho, com a clareza que lhe é peculiar, afirma que "o princípio de especialidade significa que toda inscrição deve recair sobre um objeto precisamente individuado".[460]

Assim, o requisito registral da especialidade do imóvel, vertido no fraseado clássico do direito, significa a sua descrição como corpo certo, a sua representação escrita como individualidade autônoma, como o seu modo de ser físico, que o torna inconfundível e, portanto, heterogêneo em relação a qualquer outro. O corpo certo imobiliário ocupa um lugar

[459] Koch, Lucas Paes. O fólio real como matriz integrativa e informativa para a adequada tutela do meio ambiente. *Revista de Direito Imobiliário*. São Paulo: Revista dos Tribunais (Thompson Reuters), 2020, p. 37 – 73.
[460] Carvalho, 1976b, p. 219.

determinado no espaço, que é o abrangido por seu contorno, dentro do qual se pode encontrar maior ou menor área, contanto que não sejam ultrapassadas as raias definidoras da entidade territorial.[461]

O art. 176 da Lei nº 6.015/73 é a expressão do princípio da especialidade. Objetivamente, exige a identificação do imóvel com todas as suas características e confrontações, localização, área e denominação, se rural ou logradouro e número, se urbano, e sua designação cadastral, se houver. Subjetivamente, existe a qualificação e identificação completa dos titulares de direito real, principalmente nome, estado civil (e regime de bens), registro geral ou filiação, cadastro fiscal para fins tributários e domicílio.

A Lei nº 10.267, de 28 de agosto de 2001, alterou a Lei nº 6.015/73 e criou uma nova forma descritiva de propriedade imobiliária chamada de georreferenciamento, que utiliza coordenadas geográficas fixadas com o auxílio de satélites para os imóveis rústicos ou rurais, exigindo a identificação dos imóveis rurais por meio desse sistema que será obtido a partir de memorial descritivo, assinado por profissional habilitado e com a devida Anotação de Responsabilidade Técnica (ART), contendo as coordenadas dos vértices definidores dos limites dos imóveis rurais, georreferenciadas ao Sistema Geodésico Brasileiro e com precisão posicional a ser fixada pelo INCRA (§ 3º do art. 176). Assim, deu-se início a uma interconexão entre cadastro e registro, inédita no cenário mundial. O registro, além de tecnicamente descrito, corresponderá exatamente à figura geométrica fática.

Uma das principais funções ambientais do Registro de Imóveis é dar publicidade registral *erga omnes* dos espaços territoriais especialmente protegidos. Dentre eles, podemos destacar as reservas florestais legais, reservas particulares do patrimônio natural e servidões ambientais. A grande maioria dos espaços protegidos tem a natureza jurídica da limitação administrativa ou ambiental, existe uma restrição à utilização da propriedade imobiliária em seus atributos plenos.[462] A publicidade registral

[461] Carvalho, 1976b, p. 224.

[462] Se a restrição que incide sobre imóvel for em benefício de interesse público genérico e abstrato, como a estética, a proteção do meio ambiente, a tutela do patrimônio histórico e artístico, existe limitação à propriedade, mas não servidão (Di Pietro, Maria Sylvia Zanella. *Direito administrativo*. 18ª edição. São Paulo: Atlas, 2005, p. 144).

não é constitutiva, é no órgão ambiental que existe a criação. O Registro de Imóveis, como salientamos, opera como reforço de uma publicidade já criada ou definida em outros meios. Importante lembrar que muitas restrições administrativas, agora definidas como espaços territoriais especialmente protegidos, já possuem publicidade decorrente da própria lei que as constituiu. Porém, para segurança jurídica e cumprimento de obrigações decorrentes da limitação, seria aconselhável não se confiar somente na publicidade legal, mas também na publicidade imobiliária, para dar conhecimento e vincular definitivamente futuros adquirentes.

Assim considerando, o Oficial de Registro de Imóveis deve entender que a finalidade da publicidade registral ambiental é ***espelhar*** as restrições ambientais inerentes ao direito de propriedade da forma mais exata possível. Mas, para que isso ocorra, como veremos, a comunicação entre registro e cadastro deve ser eficaz. Obviamente, surgirão hipóteses em que a especialidade rígida ou exata não será possível, demandando quase uma publicidade mínima da restrição ambiental, quase que existencial, para que, num futuro próximo, a publicidade completa possa ser atingida.

Sabemos que várias são as formas como os imóveis foram descritos desde a criação do Registro de Imóveis e, na grande maioria das vezes, nem mesmo a descrição existe ou, ainda, com divisas imprecisas e frágeis, tornando-se difícil localizar ou especializar a reserva. É claro que o advento da Lei nº 10.267/2001, que criou o georreferenciamento, resolverá paulatinamente o problema das descrições dos imóveis rurais. No entanto, nessa transição, deverá a reserva ser especializada na forma do regulamento, devendo o Oficial esforçar-se para estabelecer um ponto de amarração entre reserva (descrição georreferenciada) e descrição registrária (azimutes, latitude e longitude, rumos magnéticos etc.)[463]

[463] Nesse sentido, a jurisprudência administrativa da Corregedoria Geral da Justiça do Estado de São Paulo: REGISTRO DE IMÓVEIS – Averbação – Reserva legal encravada no bem imóvel rural – Incompatibilidade entre as descrições constantes do título e da matrícula – Princípio da especialidade – Flexibilização – Especialização suficiente para a localização do espaço territorial ambientalmente protegido – Preponderância dos princípios da segurança jurídica e da publicidade – Função socioambiental do Registro de Imóveis – Desqualificação registrária afastada – Recurso provido (BRASIL. Tribunal de Justiça de São Paulo. Corregedoria Geral da Justiça. *Processo nº 2012/77684*, Tanabi. Relator:

Nenhuma ofensa ou prejuízo ao princípio da especialidade ocorre na hipótese. Além de a averbação não ser constitutiva, quando do término dos prazos constante do art. 9º do Decreto nº 4.449, de 30 de outubro de 2002, todos os imóveis rurais do Brasil serão necessariamente georreferenciados, bastando, quando do procedimento de retificação de registro resultante (art. 213 da Lei nº 6.015/73), o Oficial de Registro de Imóveis exigir a identificação da Reserva Particular na planta apresentada.

Exigir uma coincidência na forma descritiva entre Reserva Particular e perímetro do imóvel com certificação pelo INCRA e respectiva retificação (art. 213 da Lei nº 6.015/73) seria transformar a apregoada rigidez formal do sistema registrário em dogma, que redundaria em negação do direito ambiental e do próprio direito real, punindo as deficiências anteriores com soluções inadequadas e exigindo perfeição ainda não atingida. Recordando as palavras do Des. Márcio Martins Bonilha, "a razoabilidade há de pautar a conduta de todos os que atuam na área, principalmente registral".[464]

3.5.3 A qualificação registral em questões ambientais

Apresentado o título para registro, o Registrador irá proceder a aplicação dos princípios registrários, surgindo a viabilidade ou não do acesso ao fólio real. Referida análise é chamada pela doutrina de *qualificação*.

Ao produzir o Registro uma presunção *iuris tantum* de exatidão em favor do titular inscrito, é lógico que, para impedir fraudes, o Estado adote uma série de medidas rigorosas com o objetivo de que os títulos que ingressem no cartório sejam minuciosamente analisados por pessoas de formação técnica-jurídica. A qualificação registral é a exteriorização do *princípio da legalidade*, ou seja, sua forma mais contundente, pois, em linhas gerais, deve o Registrador observar na análise dos títulos o ordenamento jurídico em vigor.

Desembargador José Renato Nalini. Data do julgamento: 26/07/2012. Data da publicação no DJE: 14/08/2012).

[464] BRASIL. Tribunal de Justiça de São Paulo. Conselho Superior da Magistratura do Estado de São Paulo. *Apelação Cível nº 29.175-0/0* – São Paulo. Data do julgamento: 15/05/1996. Data da publicação no DJE: 13/06/1996.

García García, registrador espanhol, conceitua a qualificação registral como

> controle de legalidade do organismo registral, oficial, público e imparcial e baixo a responsabilidade do mesmo, da forma e conteúdo dos documentos que pretendam o acesso ao Registro, como requisito para a prática dos assentos registrais e como requisito da publicidade registral geradora dos efeitos derivados dos assentos registrais.[465]

Sintetizando, a qualificação registral é o controle da legalidade por parte do Registrador imobiliário dos efeitos da publicidade e da segurança do tráfego jurídico imobiliário. Qualificar significa atribuir qualidade e vem do latim *qualificare,* e é no mesmo sentido léxico a correspondência jurídico-registral.[466] O registrador emite um *juízo sobre a legalidade dos títulos apresentados*[467]. O principal fundamento da qualificação registral é a atribuição de direito real e, por conseguinte, os efeitos jurídicos a ele pertinentes e para compreensão da extensão dessa afirmação, importante conhecer o sistema de transmissão de propriedade.

A qualificação registral em questões ambientais demanda, além do domínio completo do direito de propriedade, objeto maior do Registro de Imóveis, na necessidade de o registrador imobiliário ter compreensão dos princípios basilares do direito ao meio ambiente. Nesse aspecto, princípios como o da prevenção e precaução devem ser rigorosamente observados.

A falta de uma publicidade ambiental no álbum imobiliário poderá ensejar em uma consequência irreversível para a efetiva proteção da natureza. Assim, por exemplo, é justificada a atuação no registrador imobiliário em exigir o respectivo lançamento da reserva florestal legal no âmbito do cadastro ambiental rural até que ele seja analisado e validado pela autoridade ambiental.

[465] Garcia, Garcia, José Manuel. *Derecho Inmobilario Registral o Hipotecario.* Tomo III. Madrid: Civitas, 2002, p. 332.

[466] DIP, Ricardo Henry Marques. *Qualificação Registral. Revista de Direito Imobiliário.* Volume nº 29, jan-jun, São Paulo: Revista dos Tribunais, 1992, p. 40.

[467] Carvalho, Afrânio. *Registro de Imóveis.* 2ª edição. Rio de Janeiro: Forense, 1977, p. 283.

Outro aspecto na função ambiental do registrador imobiliário é de que na dúvida sobre a publicidade ou não de uma informação ambiental, deve ela tender pela publicação (*in dubio pro natura)*, isso porque a publicidade ambiental além de prevista na Constituição Federal, está prevista em diversos documentos internacionais. Obviamente a publicidade ambiental deverá se ater à legalidade, a informação ambiental deverá estar amparada por legislação específica, lembrando, ainda, que referida informação poderá se originar dos diversos entes políticos existentes (União, Estados-membros, Distrito-Federal e municípios), além de membros da administração pública indireta (autarquias, empresas públicas etc.).

Por fim, no âmbito da qualificação o registrador deverá se ater às hipóteses em que o licenciamento ambiental é necessário. Existindo fonte de poluição e, de acordo a legislação específica (geralmente municipal e estadual), deve ser apresentado no Registro de Imóveis o licenciamento ambiental, isso ocorre principalmente no registro de parcelamentos de solo e incorporações imobiliárias.

3.6 O diálogo das fontes e o registro de imóveis

O direito registral tem como característica marcante seu caráter interdisciplinar, de forma que existe um intercâmbio comunicativo recíproco com os demais ramos do direito, sendo referida transversalidade observada de forma substancial com o direito civil e, em especial, com o direito de propriedade. A teoria do diálogo das fontes tem se destacado como importante instrumento em razão de *facilitar* a comunicação dos subsistemas entre si.[468]

Erik Jayme foi o primeiro a identificar o *pluralismo de fontes normativas* como decorrência e característica da pós-modernidade, resultando na necessidade de criação de um indispensável *diálogo harmonizador* das

[468] Amaral Júnior, Alberto do. O "Diálogo" das fontes: fragmentação e coerência no Direito Internacional contemporâneo. *Anuário brasileiro de direito internacional*, v. 3, n. 2. Belo Horizonte: CEDIN, 2008, p. 18. Disponível em: https://www.corteidh.or.cr/tablas/r27147.pdf. Acesso em: 02 set. 2021.

múltiplas fontes legislativas[469] que regulam os mesmos fatos, de forma a legitimar o consenso, pelo menos em pontos genéricos ou comuns (*dougle coding*), sendo referida intercambialidade inerente à proteção de bens difusos, como o meio ambiente e o direito do consumidor.[470]

Na teoria do diálogo das fontes existe o reconhecimento de que os critérios tradicionais de resolução de antinomia (anterioridade, especialidade e hierarquia) já não são suficientes para a resolução da complexa problemática das relações jurídicas modernas, demandando uma harmonização funcional do sistema, assegurando, assim, efeitos úteis às fontes, sempre com a compreensão decorrente do valor constitucional.[471] Ensina Claudia Lima Marques que a teoria tem como finalidade principal a *coordenação flexível e útil* das normas, visando à coerência do sistema normativo, e a denominação *diálogo* se justifica porque as influências normativas são recíprocas, e não excludentes,[472] bem como a aplicação das normas seria de fontes plúrimas legislativas *convergentes*.[473]

A doutrina de Erik Jayme se potencializou no Brasil, principalmente, tendo como expoente Claudia Lima Marques, que tem apontado as variadas formas de *diálogo* entre as fontes normativas, em especial as decor-

[469] "É cediço que vivemos um momento de explosão de leis, um '*big bang legislativo*', como simbolizou Ricardo Lorenzetti (...). O *diálogo das fontes* serve como leme nessa tempestade de hipercomplexidade" (Hironaka, Giselda Maria Fernandes; Tartuce, Flávio. A teoria do diálogo das fontes e a prescrição. Comunicações entre o Código Civil e o Código de Defesa do Consumidor. A teoria do "diálogo das fontes" hoje no Brasil e seus novos desafios. In: Marques, Claudia Lima; Miragem, Bruno (Coords.). *Diálogo das fontes, novos estudos sobre a coordenação e aplicação das normas no direito brasileiro*. São Paulo: ko Brasil, 2020, p. 179).

[470] Jayme, Erik. Identité culturelle et intégration: le droit international privé postmoderne. *Recueil des Cours de l'Académie de Droit International de la Haye*, 1995, II, Kluwer, Haia, p. 36.

[471] Marques, Claudia Lima. A teoria do "diálogo das fontes" hoje no Brasil e seus novos desafios. In: Marques, Claudia Lima; Miragem, Bruno (Coords.). *Diálogo das fontes, novos estudos sobre a coordenação e aplicação das normas no direito brasileiro*. São Paulo: Thompson Reuters Brasil, 2020, p. 23.

[472] Marques, Claudia Lima. *Contratos no Código de Defesa do Consumidor*. São Paulo: RT, 2019, p. 759.

[473] Marques, Claudia Lima; Benjamin, Antônio Hermann V.; Miragem, Bruno. *Comentários ao Código de Defesa do Consumidor*. 5ª edição. São Paulo: Editora Revista dos Tribunais, 2016, p. 43.

rentes de interesses difusos e coletivos e o Código Civil de 2002, o que permitiu uma *conexão* comunicativa. A autora destaca três principais[474] formas de diálogo: I) *diálogo sistemático de coerência*, havendo a aplicação simultânea de duas leis, uma servindo de base conceitual para a outra; II) *diálogo sistemático de complementaridade e subsidiariedade*, onde uma lei, ou aspectos dela, tem papel de complementar a outra; e, finalmente, a forma de comunicação de maior importância para nós, III) *diálogo de coordenação e adaptação sistemática*, onde as comunicações constantes em dois textos legislativos são recíprocas e sistemáticas, existindo uma interação dinâmica de fontes distintas, o que ocorre, com certa frequência, com o Código Civil e o Código de Defesa do Consumidor, de forma que é a "influência do sistema especial no geral e do geral no especial, um diálogo de *double sens*".[475]

A teoria do diálogo das fontes foi amplamente aceita pela jurisprudência brasileira, merecendo destaque em julgados envolvendo relação de consumo.[476] No entanto, vem ganhando espaço, também, no direito ambiental, as águas subterrâneas, que são "recurso ambiental", nos exatos termos do art. 3º, V, da Lei da Política Nacional do Meio Ambiente (Lei nº 6.938/1981), o que obriga o intérprete, na solução de litígios associados à gestão de recursos hídricos, a fazer uma leitura conjunta dos dois textos legais, em genuíno exercício de diálogo das fontes.[477]

Ao disciplinar o direito de propriedade, o Código Civil de 2002, no § 1º do art. 1.228, estabelece a necessidade expressa do diálogo com as

[474] Marques; Benjamin; Miragem, 2016, p. 44 – 45.

[475] Marques, 2020, p. 26.

[476] "A relação havida entre as partes é, inegavelmente, de consumo, o que torna prudente a aplicação da teoria do diálogo das fontes para que se possa definir a legislação aplicável, com vistas a aplicar o prazo mais favorável ao consumidor" (BRASIL. Superior Tribunal de Justiça. Terceira Seção. *Recurso Especial nº 1890327 – SP*. Relator: Ministro Nancy Andrighi. Data do julgamento: 20/04/2021. Data da publicação no DJE: 26/04/2021. Disponível em: https://scon.stj.jus.br/SCON/GetInteiroTeorDoAcordao?num_registro=202002092770&dt_publicacao=26/04/2021. Acesso em: 02 set. 2021).

[477] BRASIL. Superior Tribunal de Justiça. Segunda Turma. *Recurso Especial nº 994120 – RS*. Relator: Ministro Hermann Benjamin. Data do julgamento: 25/08/2009. Data da publicação no DJE: 27/04/2011. Disponível em: https://scon.stj.jus.br/SCON/GetInteiroTeorDoAcordao?num_registro=200702348520&dt_publicacao=27/04/2011. Acesso em: 02 set. 2021.

leis urbanísticas e *ambientais*, ao passo que o direito registral se vale de outras fontes, não menos importantes, como o direito tributário e, inclusive, o criminal. Ao mesmo tempo em que o Registro de Imóveis fornece aos demais subsistemas informações essenciais, como a titularidade da propriedade, recebe um contrafluxo informativo significativo, marcando e caracterizando o diálogo das fontes como essencial para o sistema registral.

3.7 Cadastro e registro

Muito importante, quando estivermos tratando de meio ambiente e Registro de Imóveis, é ter em mente a diferenciação entre estes dois institutos para que não seja criada confusão, prejudicando a verdadeira função de cada um. Com efeito, quando falamos em cadastro, estamos nos referindo ao controle administrativo necessário e criado pela Administração com finalidade precípua de arrecadação de impostos ou cumprimento de funções administrativas e ambientais. Nesse controle, apenas se utilizam informações constantes de obrigações outras, mas com o objetivo de controle fiscal.

No Registro, porém, malgrado exista também um controle, sua finalidade é totalmente distinta da cadastral. O Registro é o guardião do direito de propriedade, dos detentores de referido direito, sua extensão e efeitos. No Brasil, é constitutivo de direitos que nascem dentro do Registro de Imóveis que exerce a função de controle do tráfico imobiliário.

No entanto, cadastro e registro possuem forte conexão no momento em que a Administração precisa utilizar as informações constantes dos livros do Registro de Imóveis para criar ou alimentar sua base cadastral; isso é facilmente observado no cadastro fiscal dos municípios que necessitam da informação registral para promover o lançamento do imposto predial e territorial urbano. O Registro de Imóveis também necessita de informações cadastrais para conferir à publicidade registral maior correspondência com a realidade, ou melhor, para incrementar o valor jurídico do registro, buscando-se, assim, manter uma simetria com os dados dos cadastros fundiária, tributário e ambiental.

No direito ambiental, a ligação entre cadastro e registro é mais íntima ainda. Primeiro, porque a grande maioria das informações ambientais consta do cadastro dos mais diversos órgãos da Administração das três esferas políticas (União, Estados-membros e Municípios). Segundo, porque as informações cadastrais transcendem muitas vezes o cadastro para o registro na medida em que alteram, significativamente, o direito de propriedade, restringindo-o de forma drástica em alguns casos. As áreas de preservação permanente são um exemplo, possuem previsão e localização constantes de lei e cadastros públicos; no entanto, quem adquire imóvel com referida área não poderá aproveitá-la economicamente. O mesmo ocorre com as áreas contaminadas que constam do cadastro e agora possuem publicidade registral: o proprietário deverá remediar a área antes de aproveitá-la, descontaminação essa que poderá custar muitas vezes mais que o valor da própria propriedade, de acordo com a contaminação.

O problema é que o Brasil não possuía vocação cadastral, não existindo uniformização dos cadastros fiscais de seu território. Poucos municípios possuem informações fiscais confiáveis e de fácil localização, o que acabou prejudicando ainda mais a confusão do Registro de Imóveis como órgão que exercia referida função.

Afirma Roca Sastre (apud GARCÍA, 2002) que

> *el Catastro y el Registro de la Propiedad son instituciones autónomas que nacen con distinta naturaleza y finalidad y se sirven de técnicas o instrumentos igualmente diversos. El Catastro es una institución jurídica de Derecho público, configurada a partir de un inventario o registro de bienes inmuebles de naturaleza administrativa y aplicación multifuncional (fiscal, urbanística, expropiatoria etc.), que se organiza en forma de base de datos, en la que los bienes inmuebles figuran determinados mediante su descripción y expresión gráfica y son objeto de evaluación o estimación económica. El Registro, en cambio, es en esencia una institución de Derecho privado destinada a proteger el tráfico jurídico inmobiliario mediante la publicidad de los actos de constitución, transmisión, modificación y extinción de los derechos reales sobre fincas, con efectos de naturaleza jurídico-substantiva, consistentes especialmente en la legitimación y protección de las titularidades inscritas y de los terceros adquirentes.*[478]

[478] García, José Francisco Fernández. Catastro y el Registro de la Propiedad. *Revista Aranzadi de Urbanismo y Edificación*, nº 9. Madrid: Aranzadi, 2002, p. 62.

Assim, a diferenciação entre os institutos é importante para que não haja confusão conceitual e funcional entre cadastro e registro, possibilitando-nos desenvolver a tese da utilização do Registro de Imóveis também para reforçar a publicidade ambiental.

Com o advento do Código Florestal de 2012, foi criado o Cadastro Ambiental Rural (CAR) (art. 29 da Lei nº 12.651, de 25 de maio de 2012). No entanto, com fortes erros jurídicos e conceitos que podem levar à confusão com certas questões relativas ao registro. No Estado de São Paulo, através das Normas de Serviço da Corregedoria Geral da Justiça (Provimento nº 58/89), procurou-se, como veremos, estabelecer uma comunicação com fluxo de informações relevantes entre cadastro e registro e corrigir as imperfeições legislativas. A problemática da confusão entre cadastro e registro será tratada de forma mais aprofundada quando da análise do espaço territorial mais relevante que é a reserva florestal legal.

3.8 Fundamento da publicidade ambiental no Registro de Imóveis

3.8.1 Teoria das propriedades diferenciadas e efeito da concentração

A Lei nº 6.015/1973 dividiu os atos praticados no Registro de Imóveis, em especial na matrícula do imóvel, em dois grandes grupos: registro e averbação. O primeiro envolve direitos e ônus reais; o segundo, atos relativos à mutação objetiva ou subjetiva da matrícula, conforme se observa em seu artigo 167. Tanto a doutrina como a jurisprudência já firmaram entendimento no sentido de que referido rol dos atos de registro *stricto sensu* é taxativo[479] (*numerus clausus*), somente podendo ser ampliado por vontade legislativa.

[479] Sobre a taxatividade dos atos registrários, pelo brilhantismo das ideias, é oportuno transcrever a lição de Dr. Ricardo Henry Marques Dip: "No que concerne à terceira proposição – os mesmos direitos reais, sabidamente, são elencados no direito brasileiro em *numerus clausus* –, concede-se *juxta modum*. É certo que se adotou no direito pátrio o critério da taxatividade dos direitos reais, mas cabe ao intérprete dizer quais dos direitos alinhados são reais e quais não o são, o que, de conseguinte, afasta um critério de oficialidade literal (a direta doutrina do *sens clair normative*). A proposta de conclusão *sub examine* – os fatos suscetíveis de registro estão igualmente previstos de modo taxativo na Lei de Registros Públicos – não se infere das premissas. Desde o plano estritamente lógico-formal não se pode extrair da taxatividade dos direitos reais uma correlata enumeração exaustiva dos

Algumas averbações contendo informações de relevância para o direito de propriedade possuem a tendência de, cada vez mais, serem frequentes no Registro de Imóveis. Isso ocorreu, por exemplo, com a publicidade de tombamentos em razão de proteção ao patrimônio cultural das cidades, restrições urbanísticas de loteamento etc.

Quem primeiramente identificou essa tendência atrativa no Registro de Imóveis de publicizar informações que de alguma forma tenham relevância para o fólio real foi Ademar Fioranelli, afirmando que a "luta é para que se firme entendimento no sentido de que o Registro Imobiliário seja órgão concentrador e fonte maior de publicidade de todos os direitos reais".[480] Posteriormente, João Pedro Lamana Paiva[481] defendeu que nenhum fato jurígeno ou ato jurídico que diga respeito à situação jurídica do imóvel ou às mutações subjetivas pode ficar indiferente à inscrição na matrícula. Referida tese foi apresentada na 2ª Jornada Ibero-Americana de Derecho Registral, realizada em Cuba, de 16 a 19 de maio de 2001.

atos suscetíveis de registração predial. Apropositam-se a isso alguns tantos fundamentos. Primeiro, o de que o registro imobiliário, como visto, destina-se a acolher títulos não referentes a direitos reais. Segundo, o de que a taxatividade dos direitos reais não implica restrição consequente dos títulos relativos a esses direitos: ter-se-á notado acaso que, na mescla de uma terminologia criticável, o art. 167 da vigente Lei de Registros Públicos, tratando do registro em sentido estrito, não se refere expressamente à propriedade? Mais além: não se diz que espécie de título permitiria o registro – por sinal, declarativo – de aquisição imobiliária por aluvião (arts. 530, II, 536, III, e 538 do CC). Isso não é nenhuma defectividade da normativa registral, mas próprio de um sistema processual *lato sensu*, que, por seu caráter fundamentalmente instrumentário, proporciona- se mediante uma formulação de subsídio à realização do direito material. Negar que se possa registrar um título no ofício imobiliário porque não o prevê expressamente inscritível a regulativa específica ou lei extravagante é, em síntese, desprezar o caráter instrumental do registro e, no fim e ao cabo, denegar a realização de um direito que, recognoscível na ordem substantiva, não poderia já efetuar-se. Seria, guardadas as distinções, o mesmo que dizer que o locador tem direito a reaver o imóvel de um locatário inadimplente e negar-lhe toda possibilidade de manejar uma ação de despejo" (DIP, Ricardo Henry Marques. São taxativos os atos registráveis? *Revista de Direito Imobiliário*, v. 47. São Paulo: Revista dos Tribunais, 1999, p. 123).

[480] Fioranelli, Ademar. Da compra e venda no registro imobiliário. *Revista de Direito Imobiliário*, v. 39, set. – dez., 1996. São Paulo: Revista dos Tribunais, p. 70.

[481] Erpen, Décio Antonio; Paiva, João Pedro Lamana. A autonomia registral e o princípio da concentração. *Revista de Direito Imobiliário*, v. 49. São Paulo: Revista dos Tribunais, 2000, p. 154.

A ideia lançada foi importante para o início do debate com relação à atração ao Registro de Imóveis de informações inerentes à propriedade. Não obstante, longe está de configurar um princípio, pois referida atração ou concentração é característica do Registro de Imóveis, já que se trata de vocação natural do órgão a publicidade de fatos jurídicos ligados à propriedade, efeito esse corroborado em virtude da territorialidade, de forma que entendemos impossível afastar a discussão da análise do efeito como características do direito de propriedade, bem como da taxatividade dos atos registrários.

O Registro de Imóveis reflete a propriedade complexa moderna, na qual, além da questão funcional socioambiental, está o reconhecimento da adoção do direito pátrio da teoria das propriedades diferenciadas. Nas palavras de Serpa Lopes, "para a propriedade imobiliária, o registro representa o mesmo papel que o Registro Civil em relação Estado civil" das pessoas.[482] Em suma, a propriedade e o Registro de Imóveis refletem um ao outro.

Destarte, deixar ao arbítrio do registrador imobiliário ou demais órgãos operadores do direito o entendimento de fato relevante juridicamente para se dar publicidade por meio de averbação é temeroso para a segurança jurídica e deve ser afastado de pronto. Advertem Marta Valls Teixidó e Mercedes Tormo Satonja que "*no debemos tampoco convertir nuestros Registros en un conglomerado de informaciones que no tengan verdadera trascendencia. Se trata de incorporar al Registro únicamente la información que sea útil y además de la forma más clara posible y con una duración determinada según los casos para facilitar su cancelación*".[483]

A concentração é de suma importância para a evolução e desenvolvimento do Registro de Imóveis no Brasil, demonstrando que sua promoção pode ser considerada um verdadeiro marco no direito registral brasileiro. Ocorre que não podemos compreender a concentração como princípio, pois não é qualquer fato que se configura relevante ao Registro de Imóveis, dado que o fato precisa estar relacionado com o próprio direito de propriedade. Nesse sentido, em precedente administrativo em

482 Serpa Lopes, 1996, p. 196.
483 AGENCIA, 2002, p. 33.

São Paulo, entendeu-se pela inviabilidade de averbação de uma imposição de obrigação de fazer ao futuro adquirente do imóvel.[484]

Com efeito, não é qualquer fato que deva ser publicado no Registro de Imóveis; é necessário que o fato tenha uma correspondência com o valor e norma. Lembrando a estrutura tridimensional do Direito na obra de Miguel Reale, há sempre uma relação dialética convergente entre os três fatores (fato, valor e norma); o Direito é sempre fato, valor e norma, para quem quer que o estude, havendo apenas variação no ângulo ou prisma de pesquisa. Conclui Miguel Reale que o termo *tridimensional*

> só pode ser compreendido rigorosamente como traduzindo um processo dialético, no qual o elemento normativo integral em si e supera a correlação fático-axiológica, podendo a norma, por sua vez, converter-se em *fato*, em um ulterior momento do processo, mas somente em referência e em função de uma nova integração normativa determinada por novas exigências axiológicas e novas intercorrências fáticas.[485]

Merece publicação no Registro de Imóveis o fato que tenha correspondência valorativa com a propriedade, e isso, por si, já afasta a aceitação da concentração como princípio.

O sistema de registros públicos brasileiro, e em especial o Registro de Imóveis, tem se tornado exemplo para o mundo, principalmente por sua seriedade e eficácia, de sorte que o efeito da concentração deve ser aplicado somente em casos em que a publicidade é necessária, especialmente em situações que possam trazer alguma limitação ou restrição ao direito

[484] "Registro de imóveis – as hipóteses de averbação, embora não estejam exaustivamente capituladas no artigo 167, II, da Lei de Registros Públicos, estão restritas a situações que efetivamente alterem o registro ou repercutam nos direitos inscritos – inviabilidade de averbação de uma imposição de obrigação de fazer ao futuro adquirente do imóvel – ausente eficácia modificativa do registro com a prática do ato pretendido – indeferimento do pedido – recurso não provido (BRASIL. Tribunal de Justiça de São Paulo. Corregedoria Geral da Justiça. *Processo Digital nº 1057614-05.2021.8.26.0100*. Data do julgamento: 14/10/2022. Data da publicação no DJE: 20/10/2022. Disponível em: http://kollsys.org/s4i. Acesso em: 13 nov. 2022).

[485] Reale, Miguel. *Teoria Tridimensional do direito*. 5ª edição. 9ª tiragem. São Paulo: Saraiva, 2014, p. 77.

de propriedade. Nesse propósito, questões ligadas ao meio ambiente enquadram-se perfeitamente, pois, além de temas de ordem pública, estão protegidas pela CF. O princípio da publicidade ambiental também corrobora a possibilidade de o Registro de Imóveis averbar determinadas informações. Foi esse princípio que trouxe ao Registro de Imóveis a possibilidade de averbação da reserva florestal legal para imóveis rurais e do ato definitivo de tombamento de bens imóveis.[486]

Os atos registráveis (lato senso) não são taxativos, como reiteradamente tem decidido a Corregedoria Geral da Justiça de São Paulo,[487]

[486] Item 1, *b*, 19, do Capítulo XX das Normas de Serviço de São Paulo.

[487] *a)* Averbação de reserva florestal, possibilidade (BRASIL. Tribunal de Justiça de São Paulo. Corregedoria Geral da Justiça. *Processo nº 53873/1980*. Relator: Desembargador Adriano Marrey. Data do julgamento: 30/01/1980. Data da publicação no DJ: 12/02/1980); *b)* Lavra de água mineral concedida pela União – Averbação de área de proteção da fonte – Possibilidade – Informação relevante que, a exemplo da concessão de lavra, deve ser publicizada – Inteligência do artigo 246 da Lei nº 6.015/73 – Descrição de área de proteção cuja localização não é certa – Dúvida a respeito do avanço da área sobre outros imóveis – Afronta à especialidade objetiva – Recurso desprovido (BRASIL. Tribunal de Justiça de São Paulo. Corregedoria Geral da Justiça. *Processo nº 167.910/2015*. Relator: Desembargador Manoel de Queiroz Pereira Calças, Bananal. Data do julgamento: 24/02/2016. Data da publicação no DJE: 1/3/2016); *c)* Cadastramento de áreas contaminadas sob a responsabilidade da CETESB, qualificado com presunção de veracidade e legalidade, própria dos atos da Administração Pública – Interesse público que envolve a referida matéria ambiental e que impõe amplitude de informação – Segurança jurídico-registral, estática e dinâmica, que reclama concentração da notícia de contaminação, oficialmente declarada, no fólio real – Integração do Registro Predial na esfera da tutela ambiental – Admissibilidade da publicidade registral de áreas contaminadas por substâncias tóxicas e perigosas, por averbação enunciativa de 'declaração' ou 'termo' emitido pela Cetesb – Inteligência do artigo 246 da Lei de Registros Públicos – Consulta conhecida, com resposta positiva (BRASIL. Tribunal de Justiça de São Paulo. Corregedoria Geral da Justiça. Processo nº 167/2005. Relator: Desembargador Gilberto Passos De Freitas. Data do julgamento: 02/05/2006. Data da publicação no DJE: 12/06/2006. Disponível em: https://extrajudicial.tjsp.jus.br/pexPtl/visualizarDetalhesPublicacao.do?cdTipopublicacao=5&nuSeqpublicacao=155. Acesso em: 05 fev. 2023); e *d)* Registro de imóveis recurso administrativo pretensão de averbação de interposição de agravo de instrumento – Art. 167, II, c.c. Art. 246 da Lei de Registros Públicos – Inexistência de rol taxativo – Impossibilidade de averbação no caso telado em face da ausência de repercussão no fólio real – Recurso não provido (BRASIL. Tribunal de Justiça de São Paulo. Corregedoria Geral da Justiça. *Processo nº 0003070-02.2018.8.26.0323*. Relator:

malgrado os direitos sejam *numerus clausus*, de forma que o efeito da concentração é reflexo do art. 246 da Lei nº 6.015/1973, permitindo a averbação de qualquer ato que altere ou tenha influência no direito de propriedade registrado, outorgando publicidade para casos não expressamente autorizados pela Lei nº 6.015/1973, mas que, de qualquer forma, mesmo reflexamente, possam limitar o direito de propriedade ou, ainda, fatos de grande relevância para o direito inscrito, justificando o ingresso por meio de averbação de institutos decorrentes do direito ambiental,[488] estabelecendo-se uma fusão entre as publicidades ambiental e registral.[489]

É interessante a evolução da redação do art. 246 porque reflete o desenvolvimento doutrinário e prático decorrente da publicidade de informações registrais.

Fernando Antonio Torres Garcia. Data do julgamento: 24/08/2022. Data da publicação no DJE: 26/08/2023).

[488] Somente a União pode legislar sobre registros públicos; não obstante, Estados e Municípios, além de também serem responsáveis pela proteção do meio ambiente, poderem legislar sobre a matéria, surgindo a dificuldade de publicidade no Registro de Imóveis. O rol de atos registráveis constante do art. 167 da Lei nº 6.015/73 não pode ser taxativo para institutos do direito ambiental, porque estaria a União invadindo a competência material de Estados e Municípios.

[489] É com base no efeito da concentração que a Egrégia CG do Rio Grande do Sul autorizou a averbação de florestas no Registro de Imóveis: Art. 604 – A averbação da existência da floresta plantada ocorrerá, a requerimento do proprietário, com apresentação de laudo técnico assinado por engenheiro florestal ou agrônomo, inscrito no Conselho Regional de Engenharia, Arquitetura e Agronomia – CREA, acompanhado da respectiva planta planimétrica de localização no imóvel (RIO GRANDE DO SUL. Tribunal de Justiça do Estado do Rio Grande do Sul. Consolidação Normativa Registral, Provimento 1/2020. Disponível em: https://www.tjrs.jus.br/static/2023/01/Consolidacao-Normativa-Notarial-Registral-2023-TEXTO-INTEGRAL-18_01_2023.pdf. Acesso em: 07 fev. 2023).

Redação original (Lei nº 6.015, 31/12/1973) Art. 247	As averbações abrangerão, além dos casos expressamente indicados no inciso III do artigo 168, as sub-rogações e outras ocorrências que por qualquer modo alterem a matrícula ou os registros, em relação aos imóveis e às pessoas que neles figurarem, inclusive a prorrogação do prazo da hipoteca.
Lei nº 6.216, de 30/06/1975 Art. 246	Além dos casos expressamente indicados no item II do artigo 167, serão averbadas na matrícula as sub-rogações e outras ocorrências que, por qualquer modo, alterem o registro.
Lei nº 14.382, de 27/06/2022 Art. 246	Além dos casos expressamente indicados no inciso II do *caput* do art. 167 desta Lei, serão averbadas na matrícula as sub-rogações e outras ocorrências que, por qualquer modo, alterem o registro ou repercutam nos direitos relativos ao imóvel [grifo nosso].

A redação conferida pela Lei nº 14.382/2022, ao incluir a expressão "alterem o registro ou repercutam nos direitos relativos ao imóvel", adotou o entendimento jurisprudencial e doutrinário de que qualquer repercussão ao direito de propriedade deve receber publicidade do Registro de Imóveis. O advento, porém, da Lei nº 14.382/2022, que conferiu nova redação ao artigo 246, *caput*, da Lei de Registros Públicos, embora tenha sido útil para se superar certa resistência da jurisprudência administrativa[490] com relação aos atos passíveis de averbação no Registro de Imóveis, pode trazer o efeito inverso, ou seja, excesso de publicidade de informações não relacionadas ao direito de propriedade.

O efeito da concentração ganhou relevância no direito registral brasileiro com a publicação da Lei nº 13.097, de 19 de janeiro de 2015, que expressamente criou ou enfatizou uma atração de informações relevantes, do ponto de vista do direito de propriedade, para as respectivas matrículas dos imóveis no Registro de Imóveis. O inciso III do art. 54 prevê expressamente a "averbação de restrição administrativa ou conven-

[490] Dúvida – Registro de Imóveis de Imóveis – Comodato. Possibilidade de averbação do instrumento particular de comodato. Aplicação do art. 246 da LRP com redação conferida pela Lei nº 14.382/2022 (BRASIL. 1ª Vara de Registros Públicos de São Paulo. *Processo nº 1078412-50.2022.8.26.0100*. MM.ª Juíza de Direito Luciana Carone Nucci Eugênio Mahuad. Data da sentença: 02/09/2022. Data da publicação no DJE: 06/09/2022).

cional ao gozo de direitos registrados, de indisponibilidade ou de outros ônus quando previstos em lei". Nos incisos I e II, enfatiza-se a possibilidade de averbações de registro de citações de ações reais ou pessoais reipersecutórios, bem como de distribuição de ações, ambas as hipóteses já previstas expressamente na legislação específica, ou seja, no art. 167 da Lei de Registros Públicos.

Embora não possa ser considerada uma novidade no direito registral brasileiro, é preciso reconhecer que a legislação aprovada tem relevante importância para o reforço da publicidade no Registro de Imóveis, principalmente com relação a situações determinadas, que afetam o direito de propriedade. Existe um prestígio inegável da publicidade registral, jamais observado na história do direito brasileiro, fruto do reconhecimento da estabilidade jurídica gerada pela dinâmica organizacional, declarada na Constituição Federal de 1988, no art. 236.

O Registro de Imóveis, na verdade, não concentra informações, mas reflete os atributos do direito de propriedade que, atualmente, deve respeitar contornos socioambientais e urbanísticos. Publicizar informações relativas ao direito de propriedade sempre foi a função do Registro de Imóveis; devemos entender tudo isso como uma evolução do direito de propriedade e refletida de forma eficaz no fólio real.

O direito ambiental é prova inequívoca da não taxatividade dos atos registráveis, porque, como foi consignado no presente estudo, os Estados e Municípios também estão autorizados constitucionalmente a legislar sobre meio ambiente – observados os limites constitucionais – e, por conseguinte, criar materialmente institutos, inclusive fixando a necessidade de publicidade no Registro de Imóveis. Assim, a publicidade de institutos protetores do direito ambiental deve ocorrer no Registro de Imóveis não somente pela adoção do efeito da concentração, mas também pela aceitação da não taxatividade dos atos registrários e, principalmente, em razão da permissão constitucional material de Estados e Municípios legislarem sobre a matéria.

O Superior Tribunal de Justiça, tratando da referida matéria, fixou tese jurídica[491] de que "o regime registral brasileiro admite a averbação de

[491] BRASIL. Superior Tribunal de Justiça. *REsp 1857098*. Relator: Ministro Og Fernandes. Data do julgamento: 27/04/2022. Data da publicação no DJE: 25/05/2022. Disponível em

informações facultativas sobre o imóvel, de interesse público, inclusive as ambientais". Consta do art. 926, *caput*, do Código de Processo Civil de 2015, que "os tribunais devem uniformizar sua jurisprudência e mantê-la estável, íntegra e coerente". Por sua vez, o artigo 927, cujo mecanismo tem por finalidade manter a uniformidade da jurisprudência, determina que os precedentes vinculantes, inclusive as teses jurídicas dos tribunais superiores, devem ser observados pelos juízes e pelos tribunais. Assim, em razão da referida tese jurídica, a função ambiental do Registro de Imóveis deverá ser respeitada em todo o país pelos tribunais e juízes, inclusive administrativamente.

O sistema de registros públicos brasileiro, e, em especial, o Registro de Imóveis, tem-se tornado exemplo para o mundo, principalmente por sua seriedade e eficácia, de sorte que o efeito da concentração deve ser aplicado somente em casos nos quais a publicidade é necessária, especialmente em situações em que possam trazer alguma limitação ou restrição ao direito de propriedade. Nesse propósito, questões ligadas ao meio ambiente se enquadram perfeitamente, pois, além de ordem pública, estão protegidas pela CF. O princípio da publicidade ambiental também corrobora a possibilidade de o Registro de Imóveis averbar determinadas informações. Foi esse princípio que trouxe ao Registro de Imóveis a possibilidade de averbação da reserva legal para imóveis rurais e do ato definitivo de tombamento de bens imóveis.[492]

Observe-se, outrossim, que o Brasil subscreveu e ratificou o texto da Convenção sobre Diversidade Biológica, assinada durante a Conferência das Nações Unidas sobre o Meio Ambiente realizada na cidade do Rio de Janeiro, em 1992 (Dec. Legislativo nº 2, de 03 de fevereiro de 1994). Nessa oportunidade, houve o compromisso de disponibilizar as informações ambientais de todas as formas possíveis à população, e os tratados e acordos internacionais passaram a integrar os direitos e as garantias fundamentais constitucionais e são normas de aplicação imediata ou autoexecutáveis (§§ 2º e 3º do art. 5º da CF).

https://processo.stj.jus.br/processo/revista/documento/mediado/?componente=ATC&sequencial=153322901&num_registro=202000064028&data=20220524&tipo=41&formato=PDF. Acesso em: 09 fev. 2023.

[492] Item 1, b, 19, do Capítulo XX das Normas de Serviço de São Paulo.

4.
ESPAÇOS TERRITORIAIS ESPECIALMENTE PROTEGIDOS

A princípio, é preciso esclarecer que o objeto do estudo é autorizar a publicidade de espaços territoriais protegidos ou de relevância ambiental, de forma que serão afastados quase todos os grandes ecossistemas ou biomas brasileiros, dos quais a Floresta Amazônica, a Serra do Mar, o Pantanal Mato-Grossense e a Zona Costeira, que expressamente fazem parte do patrimônio nacional (art. 225, § 4º, da CF), excetuando-se a Mata Atlântica, que estudaremos em capítulo próprio.

As características naturais de singular relevância de determinados espaços geográficos ou territoriais aconselham a sujeição a regimes jurídicos de proteção; é o que se pode chamar de espaços territoriais ou naturais protegidos. Andrés Betancor Rodriguez[493] identifica três elementos principais nessa categoria jurídica: (i) um elemento *físico*, ou seja, as condições naturais e vocacionais do próprio espaço geográfico que deve; (ii) um elemento *formal*, uma declaração expressa e formal por parte de uma autoridade pública com competência suficiente de que o espaço está submetido a um regime de proteção – lembrando que a declaração ou reconhecimento poderá, como veremos, constar do próprio texto legal, como as áreas de preservação permanente –; (iii) um elemento *teleológico*, a finalidade de proteção do ecossistema suportado pelo espaço que se pretende proteger, também denominado de aspecto funcional, porque é a função ecológica relevante que o espaço deve conter.

A tutela da natureza é um fenômeno recente não somente no direito, mas na história, de forma que a proteção ambiental vinculada às proprie-

[493] Betancor Rodríguez, 2014, p. 907.

dades sempre foi tratada como *limitações* pelo direito privado. Primeiramente, a preocupação surgiu no direito civil como forma de restrição ao direito de propriedade e, por séculos, assim permaneceu. Posteriormente, existiu uma transição do tratamento do ponto de vista civil para o administrativo. Foi o direito administrativo que, primeiramente, estabeleceu correlação de limitações de ordem pública com o direito de propriedade,[494] nas chamadas limitações administrativas, que são espécies de intervenção na propriedade privada – no entanto, mais brandas do que as desapropriações que extinguem o domínio. Referidas limitações, lembrava Orlando Gomes, "se inspiram no princípio da predominância do *interesse público*".[495]

A ideia de limitações ao direito de propriedade, que também foi acolhida pela doutrina civil,[496] demonstrou não ser suficiente para o direito ambiental na medida em que existe conformação ou confusão de referidas restrições ao próprio conceito de direito de propriedade. Embora não possamos confundir ou restringir as limitações à propriedade decorrentes do direito ambiental à função social ambiental, e sim exigir uma coerência ou conformidade, preferimos utilizar a classificação "ambientais" para compreender as intervenções na propriedade decorrentes do direito ambiental. Nesse propósito, interessante é a conceituação de espaços territoriais especialmente protegidos de Édis Milaré, que, inspirado na doutrina francesa[497] e na Convenção sobre Diversidade Biológica de 1992,[498] os define como "espaços geográficos, públicos ou privados, dotados de atributos ambientais relevantes, que, por desempenharem

[494] Hely Lopes Meirelles definia intervenção na propriedade privada como "todo ato do Poder Público que compulsoriamente retira ou restringe direitos dominiais privados ou sujeita o uso de bens particulares a uma destinação de interesse público" (Meirelles, Hely Lopes. *Direito administrativo brasileiro*. 29ª edição. São Paulo: Malheiros, 2004, p. 505).

[495] Gomes, 1973, p. 110.

[496] Gomes, 1973, p. 109; Dabus Maluf, 2011, p. 5.

[497] Os espaços territoriais especialmente protegidos aproximam-se dos espaços naturais sensíveis (*Espaces naturels sensibles*) do sistema francês (Edis Milaré). *Cf.*: Prieur, Michel. *Droit de l'Environnment*. 2ª edição. Paris: Dalloz, 1991, p. 381.

[498] UNITED NATIONS, 1992. A Convenção Sobre Diversidade Biológica foi ratificada pelo Brasil por meio do Decreto nº 2.519, de 16 de março de 1998. *Cf.*: BRASIL, 1998.

papel estratégico na proteção da diversidade biológica existente no território nacional, requerem sua sujeição, pela lei".[499]

Na grande maioria das vezes, a natureza jurídica dos espaços territoriais especialmente protegidos se confunde com a limitação administrativa, que tradicionalmente é conceituada como "toda imposição geral, gratuita, unilateral e de ordem pública condicionadora do exercício de direitos ou de atividades particulares às exigências do bem-estar social".[500] Não obstante, o conceito de espaços ambientais protegidos é muito mais abrangente e complexo porque, além das propriedades particulares, também engloba as áreas públicas, que impõem um ônus coletivo ao proprietário de suportar e proteger o bem ambiental.

Essa é a definição de José Afonso da Silva:

> Espaços territoriais especialmente protegidos são áreas geográficas públicas ou privadas (porção do território nacional) dotadas de atributos ambientais que requeiram sua sujeição, pela lei, a um regime jurídico de interesse público que implique sua relativa imodificabilidade e sua utilização sustentada, tendo em vista a preservação e proteção da integridade de amostras de todas as diversidades de ecossistemas, a proteção ao processo evolutivo das espécies, a preservação e proteção dos recursos naturais.[501]

Espaços territoriais especialmente protegidos, denominação adotada pela Convenção da Biodiversidade das Nações Unidas,[502] assim, englobam todo um conjunto de áreas de proteção ambiental, merecendo destaque as unidades de conservação, as áreas de preservação permanentes e as reservas florestais legais. Não existe, outrossim, num primeiro momento, grau de importância hierárquica entre os espaços ambientais protegidos, mas é possível dar ênfase às áreas de preservação permanente (APPs) porque, como veremos, estão situadas em áreas extremamente sensíveis,

[499] Prieur, 1991, p. 233.

[500] Meirelles, 2004, p. 568.

[501] Silva, José Afonso. *Direito ambiental constitucional.* 6ª edição. São Paulo: Malheiros, 2004, p. 160 – 161.

[502] UNITED NATIONS, 1992. A Convenção Sobre Diversidade Biológica foi ratificada pelo Brasil por meio do Decreto nº 2.519, de 16 de março de 1998. *Cf.*: BRASIL, 1998.

do ponto de visto ecológico, merecendo, não somente no aspecto normativo, mas também nas políticas públicas, tratamento especial e prioritário, quer para se evitar o dano ecológico, quer para sua pronta recuperação.

Mas não serão todos os espaços territoriais especialmente protegidos que serão estudados. Nos ensinamentos de Jose Siméon,

> *las limitaciones que nos interesan son aquellas que tocan, pues, al contenido de la propiedad, afectando a sus usos (clasificación del suelo a causa del planeamiento, zonas protegidas), confiriendo determinados derechos (derechos de emisión), o iniciando o ejecutando medidas correctoras de protección medioambiental.*[503]

Espaços geográficos protegidos são importantíssimos para a proteção da fauna, mas não resolvem a problemática da proteção do habitat, conforme salientamos, em razão das interações biológicas que ocorrem entre as propriedades. A atribuição ou criação de uma área protegida deveria, necessariamente, ser associada à urgente necessidade de avaliação da ocorrência de espécimes cuja sobrevivência também dependa de ações de proteção ambiental.[504]

Não obstante, o direito ambiental brasileiro, em razão da facilidade geográfica, procurou proteger territorialmente a fauna silvestre, criando muitos institutos ambientais, os quais iremos estudar detalhadamente para analisar se cumprem a necessidade de proteção ou função ecológica constante do mandamento constitucional.

Para a compreensão da importância das áreas privadas para a conservação da biodiversidade, interessante analisar estatisticamente, mesmo que de forma não científica, o mapa fundiário do Brasil e traçar um estudo comparativo com a quantidade de parques e unidades de conservação.

[503] SIMÉON, Jose. El Registro de la Propiedad y Mercantil como instrumento al servicio de la sostenibilidad. In: AGENCIA EUROPEA DE MEDIO AMBIENTE. *El Registro de la Propiedad y Mercantil como instrumento al servicio de la sostenibilidad.* Expert's corner report. Realizado pelo Colegio de Registradores de la Propiedad y Mercantiles de España. Organização de José-Luis Salazar-Máñez. Informe Técnico nº 88, 2002, p. 57. Disponível em: https://www.eea.europa.eu/es/publications/technical_report_2002_88. Acesso em: 04 fev. 2023.

[504] AYALA, 2005.

O Brasil[505] possui uma extensão territorial de 8.515.767,049 km^2, segundo o Instituto Brasileiro de Geografia e Estatística (IBGE).[506] Conforme o Cadastro Nacional de Unidades de Conservação (UNUC),[507] existem, no país, em todas as esferas federativas, 2.506.199 km^2 de unidades de conservação, como parques e reservas ecológicas. As terras tradicionalmente ocupadas por índios representam 1.173.770 km^2, segundo levantamento do Instituto Socioambiental,[508] restando em mãos particulares ou, ainda, como terras devolutas,[509] uma área de 4.835.798,049 km^2 ou 43% (quarenta e três por cento) do territorial nacional.

O universo científico[510] e o resultado da experiência acumulada por planejadores e gestores de unidades de conservação, ensina Victor Eduardo Lima Ranieri, "tem demonstrado que o pequeno percentual de áreas protegidas na forma de parques e reservas não é suficiente para garantir a conservação da biodiversidade",[511] de forma que a conserva-

505 O Brasil configura-se como o quinto país em extensão territorial, ocupando 1,6% da superfície da terra (5,6% das áreas emersas), 20,8% da área de toda a América e 47,3% da área da América do Sul (Terra, Lygia; Coelho, Marcos de Amorim. *Geografia geral e geografia do Brasil*: o espaço natural e socioeconômico. 1ª edição. São Paulo: Moderna, 2005, p. 26).

506 IBGE apresenta nova área territorial brasileira: 8.515.767,049 km^2. *Agência IBGE Notícias*. Publicado em 27 de novembro de 2012. Disponível em: https://agenciadenoticias.ibge.gov.br/agencia-sala-de-imprensa/2013-agencia-de-noticias/releases/14318-asi-ibge-apresenta-nova-area-territorial-brasileira-8515767049-km. Acesso em: 28 maio 2020.

507 BRASIL. *Ministério do Meio Ambiente*, s/d. Disponível em: https://www.mma.gov.br/images/arquivo/80229/CNUC_FEV20%20-%20B_Cat.pdf. Acesso em: 28 maio 2020.

508 LOCALIZAÇÃO e extensões das TIs. *Povos Indígenas no Brasil*. ISA. Disponível em: https://pib.socioambiental.org/pt/Localiza%C3%A7%C3%A3o_e_extens%C3%A3o_das_TIs. Acesso em: 28 maio 2020.

509 "São *devolutas*, na faixa da fronteira, nos Territórios Federais e no Distrito Federal, as terras que, não sendo próprias nem aplicadas a algum uso público federal, estadual territorial ou municipal, não se incorporaram ao domínio privado" (Artigo 5º do Decreto-Lei nº 9.760/46, grifo nosso).

510 Primack, R. B.; Rodrigues, E. *Biologia da conservação*. Londrina: Editado por Efraim Rodrigues, 2018, p. 327; Western, D. Conservation without parks: wildlife in the rural landscape. In: Western, D.; Perl, M. *Conservation for the twenty-first century*. Oxford: Oxford University Press, 2001, p. 158 e seguintes.

511 Ranieri, Victor Eduardo Lima. Reservas legais: critérios para localização e aspectos de gestão. 2004. 149 p. Tese (Doutorado em Engenharia) – Escola de Engenharia de São

ção dos recursos naturais em terras particulares deve ser parte integrante das estratégias direcionadas para a conservação efetiva dos ecossistemas. Assim, é cada vez mais evidente que os parques e reservas nacionais são inadequados para proteger a biodiversidade, tendo um estudo realizado no Chile concluído pela fundamental importância das áreas privadas para a conservação de mamíferos, mesmo com os problemas que possam ocorrer com a interação com animais domésticos.[512]

Não é difícil concluir, assim, sobre a fundamental importância das áreas particulares para proteção ambiental, especialmente da flora e, por consequência, da fauna silvestre. O estatuto civil não foi omisso nesse sentido; pelo contrário, expressamente prevê a importância da propriedade privada na preservação da flora e fauna, com vinculação expressa ao equilíbrio ecológico (§ 1º, art. 1.228, CC), dotando, como pudemos observar, o Código brasileiro de especial e moderno dinamismo no tratamento não somente da propriedade, como também da preservação da natureza.

Assim, considerando a finalidade do nosso estudo, podemos identificar categorias fundamentais de espaços territoriais especialmente protegidos: a Área de Preservação Permanente (APP), a Reserva Florestal Legal (RFL), a Área de Proteção Ambiental (APA) e, dentre as Unidades de Conservação (UC), as categorias de Reserva Particular do Patrimônio Natural (RPPN) e de Reserva de Vida Silvestre (RVS). Não obstante, será necessário, também, estudar a proteção decorrente do Bioma Mata Atlântica, que possui legislação específica moderna e de grande importância para a tutela da fauna silvestre. Posteriormente, analisaremos outros espaços protegidos relevantes para o direito ambiental brasileiro, tais como a servidão florestal, terras indígenas, florestas públicas e limitações ambientais provisórias.

Carlos, Universidade de São Paulo, São Carlos, 2004. Disponível em: <http://www.teses.usp.br/teses/disponiveis/18/18138/tde-16102009-170059/en.php>, p. 5. Acesso em: 09 maio 2019.

512 SIMONETTI, Javier A. Wildlife Conservation Outside Parks Is a Disease-Mediated Task. *Conservation Biology*, v. 9, n. 2, 1995, p. 454 – 456. JSTOR. Disponível em: https://www.jstor.org/stable/238678. Acesso em: 16 maio 2020.

4.1 Áreas de proteção especial

A finalidade desses espaços é a prevenção contra a lesão a bens e valores estratégicos, principalmente decorrentes da urbanização. Assim, as áreas estão definidas, a princípio, no contexto de parcelamento de solo para implantação de loteamento. Na Lei nº 6.766/79, encontramos vários desses espaços. O art. 13, I, define áreas de interesse especial, "tais como as de proteção aos mananciais ou ao patrimônio cultural, histórico, paisagístico e arqueológico, assim definidas por legislação estadual ou federal". O art. 3º, III, não permite o parcelamento "em áreas de preservação ecológica ou naquelas onde a poluição impeça condições sanitárias suportáveis, até a sua correção". Estudaremos a publicidade no Registro de Imóveis das áreas de proteção e recuperação dos mananciais e das áreas contaminadas (poluição).

4.1.1 Áreas de Proteção e Recuperação dos Mananciais (APRM)

Manancial é qualquer corpo d'água, superficial ou subterrâneo, utilizado para abastecimento humano, industrial, animal ou irrigação. A Lei Estadual de São Paulo nº 9.866/97 considera mananciais as águas interiores subterrâneas, superficiais, fluentes, emergentes ou depósito, efetiva ou potencialmente utilizáveis para abastecimento público (§ único do art. 1º). Referida lei criou as APRM, estabelecendo diretrizes e normas para a proteção e recuperação das bacias hidrográficas dos mananciais.

Trata-se de limitação administrativa porque o uso das APRM é legalmente protegido e restrito; restrição essa que engloba a infraestrutura sanitária, o controle e o monitoramento da qualidade ambiental. Não se confundem, porém, com as áreas de proteção permanente, coincidindo, quase sempre, em razão da exigência de faixas ao longo de rios, lagos e represas e outros cursos d'água. Trata-se de limitação mais abrangente, cuja maior finalidade é a preservação das reservas hídricas, podendo abranger uma área muito maior, necessária à preservação do ecossistema, garantindo a integridade dos recursos hídricos. A Lei paulista, sem dúvida, é provida de evidente avanço ambiental. A razão é justificada porque São Paulo é o Estado em que as áreas de mananciais sofreram maiores danos em virtude do crescimento urbano desordenado.

As APRM, suas Áreas de Intervenção e respectivas diretrizes e normas ambientais e urbanísticas de interesse regional serão criadas por lei estadual, cabendo aos municípios incorporar as diretrizes e normas ambientais e urbanísticas de interesse para a preservação, conservação e recuperação dos mananciais, definidas pela lei específica da APRM (arts. 18 e 19 da Lei Estadual nº 9.866/97). Cada lei da APRM estabelecerá as restrições necessárias à proteção ou conservação da área.

Com relação à publicidade das APRM, a Lei foi ousada, *in verbis*:

> Art. 28. O licenciamento de construção, instalação, ampliação e funcionamento de estabelecimentos, usos e atividades em APRM por qualquer órgão público estadual ou municipal dependerá de apresentação prévia de *certidão do registro de imóvel que mencione a averbação das restrições estabelecidas nas leis específicas para cada APRM*.
>
> § 1º As certidões de matrícula ou registro que forem expedidas pelos Cartórios de Registro de Imóveis deverão conter, expressamente, as restrições ambientais que incidem sobre a área objeto da matrícula ou registro, sob pena de responsabilidade funcional do servidor.
>
> § 2º A lei específica de cada APRM deverá indicar o órgão da administração pública responsável pela expedição de certidão que aponte as restrições a serem averbadas.
>
> § 3º Caberá ao órgão público normalizador de cada lei específica da APRM comunicar aos respectivos Cartórios de Registro de Imóveis as restrições contidas em cada lei [grifo do autor].

A especialização das APRM é mais complexa que a da RLF, porque a descrição será fornecida pelo órgão competente de toda a área protegida, de sorte que a análise do registrador imobiliário será difícil. Seria conveniente que o órgão consignasse expressamente quais as matrículas ou transcrições atingidas pela proteção ambiental, lançando, o oficial, a averbação e relatando a existência de área de proteção e recuperação a manancial conforme lei estadual, mapa e memorial descritivo arquivado no cartório, e, ainda, observando que, muitas vezes, a proteção recai sobre lençol freático e sua localização é dificultada geograficamente.[513] Dessa forma, malgrado a especialização das APRM seja possível, não se

[513] É um lençol d'água subterrâneo que se encontra em pressão normal e que se formou em profundidade relativamente pequena.

trata de regra absoluta e indispensável, sendo mais relevante a publicidade das restrições decorrentes da instituição da área do que sua própria demarcação.

O Conselho Superior da Magistratura do Estado de São Paulo entendeu como de suma importância o conhecimento pelo Registro de Imóveis das restrições ambientais decorrentes da área de proteção ao manancial para a correta observância na qualificação dos documentos a ele submetidos.[514] Trata-se, sem dúvida, de informação importantíssima, não somente pela necessidade da publicidade ambiental, mas também para o registrador imobiliário, que deverá impedir o parcelamento da área em razão do art. 3º, V, da Lei nº 6.766/79, ou, ainda, exigir licença de instalação da Companhia de Tecnologia de Saneamento Ambiental (CETESB), no caso de São Paulo –[515] tendo sido, inclusive, vetado o registro de renúncia abdicativa de propriedade em área de proteção ao manancial porque a deixaria em completo abandono.[516]

[514] "Dúvida. Recusa de registro de escritura pública de divisão de imóvel rural situado em área de proteção de mananciais. Necessidade de manifestação favorável da Secretaria do Meio Ambiente. Inteligência das Leis Estaduais 898/1975 e 1.172/1976. Sentença de procedência mantida. Recurso não provido" (BRASIL. Tribunal de Justiça. Conselho Registro de Imóveis. *Apelação Cível nº 575-6/5*, da Comarca de São Bernardo do Campo. Data do julgamento: 29/01/2007. Data da publicação no DJE: 15/02/2007. Disponível em: https://extrajudicial.tjsp.jus.br/pexPtl/visualizarDetalhesPublicacao.do?cdTipopublicacao=5&nuSeqpublicacao=1724. Acesso em 30/01/2023.

[515] "Escritura pública de venda e compra de lote, em que se promove, também sua divisão em duas partes – Desdobro que deve ser aprovado pelo órgão ambiental estadual – Imóvel situado em área de proteção aos mananciais – Existência de aprovação da Prefeitura Municipal que não elide a necessidade de anuência do referido órgão estadual – Precedentes deste Conselho Superior e da Corregedoria Geral da Justiça – Recurso não provido" (BRASIL. Tribunal de Justiça de São Paulo. Conselho Superior da Magistratura. *Apelação Cível nº 1.182-6/9*. Data do julgamento: 27/10/2009. Data de publicação no DJE: 03/12/2009. Disponível em: https://extrajudicial.tjsp.jus.br/pexPtl/visualizarDetalhesPublicacao.do?cdTipopublicacao=5&nuSeqpublicacao=2416. Acesso em: 30 jan. 2023).

[516] BRASIL. Tribunal de Justiça de São Paulo. Conselho Superior da Magistratura. *Apelação Cível nº 957-6/9*. Data do julgamento: 11/11/2008. Data da publicação no DJE: 11/11/2008. Disponível em: http://kollsys.org/bfl. Acesso em: 30 jan. 2023.

4.1.2 Áreas Contaminadas (AC)

Para compreender o conceito de Área Contaminada (AC), deve-se, inicialmente, estudar o conceito de poluição. A Lei de Política Nacional do Meio Ambiente (Lei nº 6.938, de 31 de agosto de 1981) dá uma abrangente definição de poluição:

> A degradação da qualidade ambiental resultante de atividades que direta ou indiretamente:
> a) prejudiquem a saúde, a segurança e o bem-estar da população;
> b) criem condições adversas às atividades sociais e econômicas;
> c) afetem desfavoravelmente a biota;
> d) afetem as condições estéticas ou sanitárias do meio ambiente;
> e) lancem materiais ou energia em desacordo com os padrões ambientais estabelecidos (art. 3º, III).

Etimologicamente, poluir (do latim, *polluere*) equivale a estragar, sujar, manchar, profanar.[517] A alínea "a" do artigo 1º da Convenção de Genebra sobre Poluição Atmosférica Transfronteiriça de Longo Alcance é considerada uma referência no conceito de poluição:

> introdução pelo homem, direta ou indiretamente, de substâncias ou energias no ar resultando em efeitos deletérios capazes de pôr em perigo a saúde humana, prejudicar recursos vivos e ecossistemas, a propriedade material e prejudicar ou interferir com atividades recreativas e outras formas legítimas de uso do meio ambiente, e os "poluentes do ar" devem ser interpretados em conformidade.[518]

Embora o conceito seja para a poluição atmosférica, é perfeitamente possível utilizá-lo para todas as demais formas de poluição. Com relação ao objeto do nosso estudo, é possível extrair, sucintamente, que as áreas contaminadas são, num primeiro momento, espaços geográficos que, em decorrência de ação humana ou não, sofreram de alguma concentração

[517] MACHADO, José Pedro. *Dicionário etimológico da língua portuguesa*. 4º volume (m-p). 8ª edição. Lisboa: Livros Horizonte, 2003, p. 396.
[518] WORLD HEALTH ORGANIZATION. *Glossary on air pollution*.WHO, 1980, p. 76.

de substâncias que possam prejudicar, principalmente, a saúde humana e o meio ambiente.

A poluição ou contaminação decorrem da noção de nocividade e, obviamente, cabe à Ciência definir o que vem a ser ou não uma substância contaminante, sendo fato que a grande maioria das ocorrências contaminantes são derivadas de substâncias químicas lançadas ao solo ou atmosfera.

No Estado de São Paulo, foi publicada a Lei nº 13.577, de 08 de julho de 2009, que dispõe sobre o gerenciamento de áreas contaminadas no Estado e traz conceitos importantes, além, é claro, de segurança jurídica para o cadastro de áreas contaminadas, que anteriormente era alicerçado em leis genéricas de poluição do solo. Vejamos:

> Área Contaminada: área, terreno, local, instalação, edificação ou benfeitoria que contenha quantidades ou concentrações de matéria em condições que causem ou possam causar danos à saúde humana, ao meio ambiente ou a outro bem a proteger;
>
> Área Contaminada sob Investigação: área contaminada na qual estão sendo realizados procedimentos para determinar a extensão da contaminação e os receptores afetados;
>
> Área com Potencial de Contaminação: área, terreno, local, instalação, edificação ou benfeitoria onde são ou foram desenvolvidas atividades que, por suas características, possam acumular quantidades ou concentrações de matéria em condições que a tornem contaminada;
>
> Área Remediada para o Uso Declarado: área, terreno, local, instalação, edificação ou benfeitoria anteriormente contaminada que, depois de submetida à remediação, tem restabelecido o nível de risco aceitável à saúde humana, considerado o uso declarado;
>
> Área Suspeita de Contaminação: área, terreno, local, instalação, edificação ou benfeitoria com indícios de ser uma área contaminada;
>
> Cadastro de Áreas Contaminadas: conjunto de informações referentes aos empreendimentos e atividades que apresentam potencial de contami-

nação e às áreas suspeitas de contaminação e contaminadas, distribuídas em classes de acordo com a etapa do processo de identificação e remediação da contaminação em que se encontram;

Remediação de área contaminada: adoção de medidas para a eliminação ou redução dos riscos em níveis aceitáveis para o uso declarado;

Observamos, a princípio, que o Cadastro de Áreas Contaminadas é amplo, extenso, contendo informação não somente sobre a área contaminada propriamente dita, mas também sobre áreas suspeitas e potencialmente contaminadas.

A Lei Complementar do Estado do Rio Grande do Norte nº 272, de 03 de março de 2004, considera AC

> toda porção territorial que contenha quantidades ou concentrações de resíduos, substâncias ou produtos em condições tais que causem ou possam causar danos à saúde humana ou ao meio ambiente.

O Dec. nº 42.319, de 21 de agosto de 2002, da Prefeitura do Município de São Paulo (art. 2º), define que AC é

> aquela onde comprovadamente há poluição causada por quaisquer substâncias ou resíduos que nela tenham sido depositados, acumulados, armazenados, enterrados ou infiltrados, e que causa impacto negativo à saúde humana e ao meio ambiente.

Diversas são as leis que tratam da poluição. Dentre as principais, podemos relacionar as seguintes: a citada Lei Federal nº 6.938/81 (Política Nacional do Meio Ambiente); Leis Estaduais (SP) nº 9.509/97 (Política Estadual do Meio Ambiente), nº 997/1997 (controle de poluição); nº 6.134/88 (preservação dos depósitos naturais de águas subterrâneas); nº 898/75 (uso do solo para proteção dos mananciais); nº 7.663/91 (política de recursos hídricos); nº 7.750/92 (política de saneamento); nº 9.999/98 (uso de zonas industriais sob o critério de contaminação de solo). No Estado de São Paulo, o Dec. nº 8.468/76, que regulamentou a Lei nº 997/76, nos arts. 5º e 6º, estabelece a atuação da CETESB para o problema de áreas contaminadas, considerando-as um fator nocivo ao meio ambiente e citando a integração na esfera municipal.

A Lei de Parcelamento de Solo (nº 6.766/79) não permite o parcelamento em áreas poluídas:

> Art. 3º [...]
>
> § único. Não será permitido o parcelamento do solo:
>
> [...]
>
> II – em terrenos que tenham sido aterrados com material nocivo à saúde pública, sem que sejam previamente saneados;
>
> [...]
>
> V – em áreas de preservação ecológica ou naquelas onde a poluição impeça condições sanitárias suportáveis, até a sua correção.

Para se obter uma ideia da dimensão do problema, em todo o Estado de São Paulo, em outubro de 2003, eram catalogadas 726 áreas contaminadas ou suspeitas de contaminação, segundo informação da CETESB. Em novembro de 2007, esse número era de 2.272 e, em dezembro de 2013, totalizava 4.771 as áreas.[519] Em 2023, o número de áreas que foram contaminadas ou estão sob suspeita é de 6.690, excluindo-se as áreas que foram remedidas ou estão sob o processo de remedição (contaminação). Atualmente, no Estado de São Paulo, existem 1.515 áreas contaminação ou sob suspeita de contaminação, existindo, ainda, 15 áreas contaminadas criticamente, ou seja, onde há dano ou risco agudo (iminente) à vida ou à saúde humana, sendo que algumas delas são de empreendimentos imobiliários habitacionais.[520]

A publicidade das áreas contaminadas ocorre de forma contrária aos demais institutos estudados, nos quais se busca que o conhecimento a

[519] GOVERNO DO ESTADO DE SÃO PAULO. Companhia Ambiental do Estado de São Paulo CETESB. *Relação de áreas contaminadas e reabilitadas*. Disponível em: https://cetesb.sp.gov.br/areas-contaminadas/relacao-de-areas-contaminadas/. Acesso em: 31 jan. 2023.

[520] COHAB Heliópolis (GLEBA L), em São Paulo; Comunidade Espírito Santo (antigo Lixão Cidade São Jorge), em Santo André; Condomínio Barão de Mauá (SQG Empr. e Constr. LTDA.), em Mauá; Condomínio Parque Primavera (CONCIMA) (antiga PROQUIMA Prod. Quím.), em Campinas.

terceiros ajude na preservação dos espaços especialmente protegidos; neste caso, está se dando publicidade do que não deveria acontecer com uma propriedade, ou seja, a poluição.

Levar ao Registro de Imóveis às áreas contaminadas pode impedir que aconteçam casos como um muito divulgado na imprensa, ocorrido em São Paulo no Condomínio Barão de Mauá. A Cofap jogou seus resíduos industriais num aterro clandestino entre 1960 e 1980. Na década seguinte, a Construtora SQG ergueu um condomínio onde vivem quatro mil pessoas. A contaminação do subsolo por resíduos cancerígenos e gases inflamáveis veio à tona no final de 1990, quando uma caixa-d'água explodiu, matando uma pessoa.[521]

O órgão natural para a publicidade das AC, indubitavelmente, é o Registro de Imóveis, pelas referidas áreas configurarem fator relevante para a propriedade, já que limitam seu regular uso, sem falar no potencial risco de adquirentes dessas áreas, em razão de desconhecimento do problema. Paulo Affonso Leme Machado ensina que "a averbação das informações no Registro Público tem também um caráter de higidez dos contratos, pois pretende afastar a ignorância ambiental dos que queiram contratar relativamente a um determinado imóvel".[522]

A Espanha foi o primeiro país a utilizar o Registro de Imóveis para outorgar publicidade para as AC. Com o Real Dec. nº 9/2005, foi possível a publicidade de AC por meio de três formas, todas pelas notas marginais (averbações), que correspondem à mera publicidade-notícia:

> I – *áreas potencialmente contaminadas*: dando publicidade de declarações constantes das escrituras públicas envolvendo empresas cujo objeto social inclui atividade potencialmente contaminante;
>
> II – *investigação de áreas contaminadas*: quando a autoridade ambiental solicita certidão (*certificación*) de imóvel em processo de investigação, o registrador lançará em nota marginal a expedição da certidão que deu início ao processo investigatório; e
>
> III – *áreas contaminadas*: resolução administrativa da autoridade ambiental declarando o solo como contaminado.

[521] Revista Isto É, n. 1.822, de 08 set. 2004, p. 95.
[522] Machado, 2014, p. 714.

O Brasil, seguindo exemplo espanhol, também permitiu a publicidade das áreas contaminadas no Registro de Imóveis. Foi publicada, no dia 12 de junho de 2006, Decisão Normativa da CG do Estado São Paulo nº 167/2005 disciplinando a possibilidade de averbação enunciativa ou de mera notícia, no Estado, de *termo* ou *declaração* de AC oficialmente emitidos pela CETESB.[523]

Os critérios estabelecidos na decisão normativa para a averbação das áreas comprovadamente contaminadas são objetivos e conferem segurança para a publicidade dessas áreas, dependendo, inclusive, de notificação dos proprietários e detentores de direito real, além da prévia identificação do imóvel e sua correspondência com matrícula ou transcrição.

A decisão autorizou a publicidade registral de áreas contaminadas por substâncias tóxicas e perigosas para a saúde humana, silenciando com relação às substâncias contaminantes. Entendemos que o ideal é que as substâncias que contaminam o solo devem ser incluídas, não somente no termo de AC, mas também na consequente averbação; é preciso conferir a maior publicidade possível ao ato. O que não pode ocorrer – e isso contraria a certeza necessária de que os atos registrários devem conter – é ser enviada ao fólio real informação de mera suspeita de contaminação, imprecisa e vaga. Importante consignar que a notícia das substâncias contaminadas somente será possível quando a área estiver contaminada, o que pode não ser possível quando estiver sob investigação.

[523] "Registro de Imóveis. Cadastramento de áreas contaminadas sob a responsabilidade da Cetesb, qualificado com presunção de veracidade e legalidade, própria dos atos da Administração Pública. Interesse público que envolve a referida matéria ambiental e que impõe amplitude de informação. Segurança jurídico-registral, estática e dinâmica, que reclama concentração da notícia de contaminação, oficialmente declarada, no fólio real. Integração do Registro Predial na esfera da tutela ambiental. Admissibilidade da publicidade registral de áreas contaminadas por substâncias tóxicas e perigosas, por averbação enunciativa de 'declaração' ou 'termo' emitido pela CETESB. Inteligência do art. 246 da Lei de Registros Públicos. Consulta conhecida, com resposta positiva" (BRASIL. Tribunal de Justiça de São Paulo. Corregedoria Geral da Justiça. Relator: Desembargador Gilberto Passos de Freitas. *Processo nº 167/2005*. Data do julgamento: 20/04/2006. Data da publicação no DJE: 12/06/2006).

Importante ressaltar, outrossim, que o ato normativo fixou e identificou a responsabilidade pelo fornecimento das informações que é – e não poderia ser diferente – do órgão ambiental respectivo. Ao Registro de Imóveis cabe tão somente publicizar as informações identificadas e delimitadas no cadastro ambiental da autoridade ambiental, que deve tomar todas as providências e cautelas possíveis para somente enviar a notícia quando todos os procedimentos técnicos forem utilizados para a constatação inequívoca.

No Estado de São Paulo, a publicidade ambiental das áreas contaminadas sofreu nova regulamentação normativa. Em razão de previsão específica do Capítulo XX das Normas de Serviço, existe a previsão de averbação de informação de classificação da área, pela CETESB, como *Área Contaminada sob Investigação (ACI); informação de classificação da área, pela CETESB, como Área Contaminada com Risco Confirmado (ACRi);* e informação de classificação da área, pela CETESB, como Área Reabilitada para o Uso Declarado (AR),[524] Alínea 39, item 11, subitem 39 a 41 das Normas de Serviço de São Paulo. A averbação de qualquer das hipóteses de áreas contaminadas poderá ser realizada de forma gratuita pela CETESB ou por qualquer pessoa.[525] [526]

Os requisitos constantes da decisão nº 167/2005 não foram repetidos na íntegra nas Normas de Serviço (Provimento nº 58/89). Sendo atual-

[524] Alínea 39, item 11, subitem 39 a 41 das Normas de Serviço de São Paulo.

[525] "12.6.1. A averbação prevista na alínea 39 do item 11, b, deve conter a informação da contaminação identificada. 12.6.2. A averbação prevista na alínea 40 do item 11, b, deve conter a informação sobre os riscos identificados na Avaliação de Risco. 12.6.3. A averbação prevista na alínea 41 do item 11, b, deve indicar o conteúdo do Termo de Reabilitação para o Uso Declarado, com menção expressa ao uso para o qual a AR foi reabilitada, além da localização e tempo de vigência das medidas de controle institucional e de engenharia implantadas. 12.6.4 As averbações referidas nas alíneas 39, 40 e 41 do item 11, b, 6 serão feitas de ofício pelo Oficial do Registro de Imóveis, sem cobrança de emolumentos, quando do primeiro registro e por meio do Serviço de Registro Eletrônico de Imóveis (SREI), assim que implantados os mecanismos de fluxo de informações entre a Secretaria do Meio Ambiente do Estado de São Paulo (SMA), a Companhia Ambiental do Estado de São Paulo (Cetesb) e a Associação dos Registradores Imobiliários de São Paulo (Arisp), definidos no Acordo de Cooperação Técnica que entre si celebraram" (Capítulo XX das Normas de Serviço de São Paulo).

[526] Alínea 12.6, Cap. XX, das Normas de Serviço de São Paulo.

mente reguladas inteiramente pelas Normas de Serviço (Provimento nº 58/89). O que se exige é que a informação ambiental seja reproduzida de forma inequívoca no Registro de Imóveis, tanto que qualquer pessoa do povo pode procedê-la. Assim, uma certidão do órgão ambiental constando a contaminação basta para a publicidade, inclusive com previsão de troca de informações eletrônicas. Não é necessário, do ponto de vista normativo, que o proprietário seja previamente notificado, mesmo porque a publicidade ocorrerá *erga omnes* com a averbação da área contaminada.

Embora a averbação das áreas contaminadas seja uma experiência recente nos direitos registral e ambiental brasileiro, impossível não conjecturar a expansão da publicidade registral a outras espécies de contaminação. A contaminação por ruído é um exemplo típico que analisaremos a seguir, mas existem outras hipóteses em que a averbação também seria útil a potenciais compradores, como locais contaminados por moléstia (doenças graves) e até odor, como locais próximos a tratamento de esgoto, usinas de álcool e matadouros.

4.1.2.1 Contaminação por ruídos (poluição sonora)

É preciso destacar uma fonte de contaminação cada vez mais frequente e comum em grandes centros metropolitanos, que é a decorrente de ruídos. Ruído (do latim, *rugitu*) significa estrondo, de forma que podemos dizer, de forma leiga, que o ruído é uma forma potencializada de algum som. A poluição sonora ambiental, logo depois da poluição atmosférica, é considerada pela Organização Mundial da Saúde (OMS) a forma mais dominante de poluição na sociedade industrializada.[527]

Segundo a Organização Mundial da Saúde (OMS),[528] o ruído de trânsito recomendado não pode ultrapassar 55 decibéis (dB). Acima desse valor, as consequências à saúde humana são acentuadas, que passam, além de problemas auditivos, a gerar um incômodo permanente, que

[527] BERGLUND, B.; LINDVALL, T.; SCHWELA, D. H. *Guidelines for community noise (Guideline)*. Geneva: World Health Organization, 1999.

[528] WORLD HEALTH ORGANIZATION. *Compendium of WHO and other UN guidance on health and environment (update 2022)*. Disponível em: https://cdn.who.int/media/docs/default-source/who-compendium-on-health-and-environment/who_compendium_noise_01042022.pdf?sfvrsn=bc371498_3. Acesso em: 31 jan. 2023.

pode causar insônia, estresse, resultando em doenças ou, ainda, potencializar infartos.

A poluição sonora é disciplinada de forma genérica no Brasil pela mesma Lei nº 6.938, de 31 de agosto de 1981 (poluição, em geral), existindo uma regulamentação pela Resolução nº 01, de 08 de março de 1990, pelo Conselho Nacional do Meio Ambiente (CONAMA), destacando-se o item II, *in verbis*:

> São prejudiciais à saúde e ao sossego público, para os fins do item anterior aos ruídos com níveis superiores aos considerados aceitáveis pela norma NBR 10.152 – Avaliação do Ruído em Áreas Habitadas visando o conforto da comunidade, da Associação Brasileira de Normas Técnicas – ABNT.

No Estado de São Paulo, a Lei nº 997, de 31 de maio de 1976, considera poluição do meio ambiente

> a presença, o lançamento ou a liberação, nas águas, no ar ou no solo, de toda e qualquer forma de matéria ou energia, com intensidade em quantidade, de concentração ou com características em desacordo com as que forem estabelecidas em decorrência desta lei, ou que tornem ou possam tornar as águas, o ar ou o solo:
>
> I – impróprios, nocivos ou ofensivos à saúde;
>
> II – inconvenientes ao bem-estar público;
>
> III – danosos aos materiais, à fauna e à flora;
>
> IV – prejudiciais à segurança, ao uso e gozo da propriedade e às atividades normais da comunidade.

Falta para o Brasil uma legislação específica disciplinando a contaminação por ruído. Na Espanha, por exemplo, existe a Lei nº 37/2003, que define a contaminação acústica como a "presença no ambiente de ruídos ou vibrações, qualquer que seja o emissor acústico que os origine, que impliquem moléstias, riscos ou danos para as pessoas, para o desenvolvimento de suas atividades ou para os bens de qualquer natureza, ou que causem efeitos significativos sobre o meio ambiente". Na ausência de norma específica, devemos aplicar as normas gerais.

A principal norma técnica aplicada para o âmbito de nosso estudo é a NBR 10.152, com a segunda edição datada de 24/11/2017, corrigida em 31/03/2020, que disciplina os procedimentos técnicos a serem adotados na execução de medições de níveis de pressão sonora em ambientes internos a edificações, bem como os valores de referência para avaliação dos resultados em função da finalidade de uso do ambiente.

A NBR 10.151, por sua vez, que teve sua segunda edição datada de 31/05/2019, corrigida em 31/03/2020, tem o objetivo de estabelecer as *condições mínimas* para a determinação da aceitabilidade do ruído, ou seja, ela detalha sob que circunstâncias técnicas podem-se mensurar a intensidade sonora em um determinado ambiente.

O som ou ruído é auferido por meio de decibéis. A unidade de medida decibel (dB) é usada para medir a intensidade do som, chamado de *volume* ou *altura*, por medir a relação entre os picos e depressões de uma onda sonora.[529]

Para a NBR 10.152, por exemplo, consideram-se aceitáveis de 30 a 40 dB para áreas residenciais (dormitórios, salas de estar). Acima desses valores, o imóvel poderá estar com *contaminação sonora*. Obviamente, para a constatação de contaminação sonora, será necessária a constatação com profissional de engenharia ou arquitetura responsável, que levará em conta, entre outras especificações, a permanência e constância do ruído ao longo do dia.

A magnitude da contaminação acústica e a dificuldade para reduzi-la ou eliminá-la resultam numa conclusão de que sua existência tenha relação direta com o próprio direito de propriedade, porque se configura, sem dúvidas, num dos principais problemas ambientais dos grandes centros. Um imóvel contaminado por ruído sofre consequente desvalorização econômica, e quem pretende comprá-lo merece e deve ter conhecimento prévio a respeito. Mas não é apenas no aspecto econômico que a propriedade é afetada, é preciso compreender que ela também é destinada à moradia e neste aspecto, o sossego é elemento intrínseco e

529 Halliday, D.; Resnick, R.; Walker, J. *Fundamentos de Física 2*. 4ª edição. São Paulo: Livros Técnicos e Científicos Editora, 1996, p. 116.

inseparável da propriedade. Nesse sentido, o Superior Tribunal de Justiça[530] decidiu que:

> O direito de propriedade, assegurado constitucionalmente, não é só de quem explora economicamente o seu imóvel, mas sobretudo daquele que faz dele a sua moradia e que nele almeja encontrar, além de um lugar seguro para a sua família, a paz e o sossego necessários para recompor as energias gastas ao longo do dia.

O processo de urbanização traz grandes mazelas, e a contaminação por ruído é uma delas. O ruído é um subsetor do meio ambiente; entre outros, "é um agente contaminante que apresenta umas incidências de especial relevância sobre o ser humano e, especialmente, sobre sua saúde".[531]

Francisco Morales Delgado ensina que o ruído, mais do que um som não desejado, é "todo som que tem efeito negativo sobre as pessoas, ora por resultar perturbação para a sua saúde ou atividade, ora por produzir moléstia, mal-estar, dano ou prejuízo de qualquer tipo, ou bem por impor-se sem base, nem razão suficiente ao desejo de quem o ouve". Resumidamente, o ruído é um som que ataca direitos fundamentais das pessoas.[532]

Os ambientes ruidosos geram insegurança, produção incontrolada de resíduos, desvalorização da propriedade, diminuição do valor turístico de algumas zonas, incômodo, condutas delitivas, alteração do ritmo normal e habitual do desenvolvimento da vida das pessoas, violação dos direitos fundamentais declarados constitucionalmente etc.[533]

[530] BRASIL. Superior Tribunal de Justiça. Terceira Turma. REsp 1.884.483/PR. Relator: Ministro RICARDO VILLAS BÔAS CUEVA. Data do julgamento: 23/11/2021. Data da publicação no DJE: 16/12/2021. Disponível em < https://scon.stj.jus.br/SCON/GetInteiroTeorDoAcordao?num_registro=202001740396&dt_publicacao=02/02/2022>. Acesso em 30/10/2023.

[531] LÓPEZ, Adolfo López. *El ruido en las ciudades*. Coordenação de Jorge Pinedo Hay. Barcelona: Editorial Bosch, 2009, p. 62.

[532] DELGADO, Francisco Morales. *El ruido en las ciudades*. Coordenação de Jorge Pinedo Hay. Barcelona: Editorial Bosch, 2009, p. 469.

[533] LÓPEZ, Adolfo López. *El ruido en las ciudades*. Coordenação de Jorge Pinedo Hay. Barcelona: Editorial Bosch, 2009, p. 63.

Em São Paulo, há um exemplo perfeito de contaminação por ruído de trânsito, que é o Elevado Presidente João Goulart, popularmente conhecido como "Minhocão", localizado no Centro da cidade. Com o viaduto em operação, os níveis sonoros nos edifícios localizados no entorno chegam entre 69 e 76 dB.[534] As centenas de apartamentos (talvez milhares) que acompanham o viaduto sofrem contaminações de todas as ordens, como de ruídos, vibrações e gases tóxicos dos escapamentos dos veículos.

Indubitavelmente, a publicidade de contaminação sonora ou por ruídos poderá ingressar no Registro de Imóveis, e o fundamento é o mesmo das contaminações *químicas*. No entanto, **é preciso que a contaminação seja constante e perene** porque aí sim, o exercício do direito de propriedade estaria comprometido, justificando-se a publicidade registral. Contaminações sonoras pontuais não devem ser publicizadas.

Além de prejudicar a saúde humana, que é um direito fundamental, existe uma correlação entre o direito de propriedade, mesmo que em seus aspectos econômicos e até em questões envolvendo o direito de consumidor. No âmbito do direito civil, "o proprietário ou o possuidor de um prédio tem o direito de fazer cessar as interferências prejudiciais à segurança, ao sossego e à saúde dos que o habitam, provocadas pela utilização de propriedade vizinha" (Art. 1.277) que, embora, tratado sob o manto do direito de vizinhança, demonstra a preocupação do legislador com relação à correlação entre propriedades, paz ou sossego e saúde.

Na hipótese de um empreendimento imobiliário como incorporação para construção de condomínios edilícios ou loteamentos, os adquirentes necessariamente precisam ter conhecimento se o imóvel possui níveis de ruídos acima do recomendado pela legislação brasileira e normas técnicas da saúde humana, sendo o dever de informar do empreendedor ou incorporação e da autoridade licenciadora.

Determina o art. 8º do Código de Defesa do Consumidor (Lei nº 8.078/90) que:

534 ASSOCIAÇÃO BRASILEIRA PARA A QUALIDADE ACÚSTICA – PROACÚSTICA. Artigos. Disponível em: https://www.proacustica.org.br/publicacoes/artigos/. Acesso em: 31 jan. 2023.

> os produtos e serviços colocados no mercado de consumo não acarretarão riscos à saúde ou segurança dos consumidores, exceto os considerados normais e previsíveis em decorrência de sua natureza e fruição, obrigando-se os fornecedores, em qualquer hipótese, *a dar as informações necessárias e adequadas a seu respeito* [grifos nossos].

No § 2º do referido artigo, com relação a produtos e serviços colocados à disposição do consumidor, deverá o fornecedor *informar*, "de maneira ostensiva e adequada, quando for o caso, sobre o risco de contaminação". Assim, entendemos que existe base legal[535] suficiente para a constatação da contaminação sonora, malgrado careça o sistema de proteção ambiental brasileiro de legislação específica, principalmente em centros urbanos, em qualquer nível, disciplinando a contaminação por ruídos, sendo, possível, a averbação da poluição sonora em empreendimentos imobiliários quando do respectivo registro da incorporação imobiliário ou loteamento.

Obviamente para que a informação conste da matrícula seria necessária a constatação e confirmação da contaminação pelo órgão licenciador urbanístico ou ambiental responsável, ou seja, quando da expedição do alvará de construção em incorporações imobiliárias, a municipalidade poderia consignar expressamente a existência de contaminação sonora ou, ainda, dos níveis oficiais de ruídos registrados na região.

O direito à informação não se exaure em si mesmo porque tem a finalidade de assegurar ao consumidor uma escolha consciente e clara, permitindo que as suas expectativas em relação ao produto ou serviço sejam de fato atingidas. Nos ensinamentos de Sergio Cavalieri Filho[536], denomina-se *consentimento informado ou vontade qualificada*, de modo que,

[535] Com relação à competência legislativa concorrente, o art. 24 da Constituição declara competir à União, aos Estados e ao Distrito Federal legislar sobre florestas, caça, pesca, fauna, conservação da natureza, defesa do solo e dos recursos naturais, proteção do meio ambiente e controle da poluição (inc. VI); sobre proteção ao patrimônio histórico, cultural, artístico, turístico e paisagístico (inc. VII); assim como sobre responsabilidade por danos ao meio ambiente, a bens e direitos de valor artístico, estético, histórico, turístico e paisagístico (inc. VIII).

[536] Cavalieri Filho, Sérgio. *Programa de direito do consumidor*. São Paulo: Atlas, 2008, p. 83

"sem informação adequada e precisa o consumidor não pode fazer boas escolhas, ou, pelo menos, a mais correta".

O Superior Tribunal de Justiça[537] tem conferido importância singular ao direito de informar:

> Assim, o "direito à informação", espécie do gênero constitucional, confere ao consumidor "uma escolha consciente, permitindo que suas expectativas em relação ao produto ou serviço sejam de fato atingidas, manifestando o que vem sendo denominado de consentimento informado ou vontade qualificada. Diante disso, o comando do art. 6º, III, do CDC, somente estará sendo efetivamente cumprido quando a informação for prestada ao consumidor de forma adequada, assim entendida como aquela que se apresenta simultaneamente completa, gratuita e útil, vedada, neste último caso, a diluição da comunicação efetivamente relevante pelo uso de informações soltas, redundantes ou destituídas de qualquer serventia.

Por fim, nas demais hipóteses, considerando, ainda, envolver o direito de propriedade, a averbação deverá ser realizada por uma autoridade ambiental, ou, ainda, o Ministério Público, munido, preferencialmente, de documentação técnica sobre a contaminação sonora, como laudo de engenharia ou arquitetura executado e assinado por profissional habilitado e com a devida Anotação de Responsabilidade Técnica (ART) ou Registro de Responsabilidade Técnica (RRT).

Esses são os argumentos jurídicos, alicerçados por questões de saúde, que justificam a discussão sobre averbar os níveis de contaminação sonora nas matrículas dos imóveis atingidos. Quem adquire uma propriedade imobiliária tem o direito de ter todas as informações necessárias para realizar a escolha adequada e consciente. Por fim, a poluição sonora impacta, por consequência, a propriedade em seu aspecto econômico, já que um imóvel suscetível a ruídos acima dos padrões aceitáveis tende a se des-

[537] BRASIL. Superior Tribunal de Justiça. REsp 1.144.840/SP, Rel. Ministra Nancy Andrighi, Terceira Turma, julgado em 20/3/2012, DJe 11/4/2012. Disponível em <https://scon.stj.jus.br/SCON/GetInteiroTeorDoAcordao?num_registro=200901842121&dt_publicacao=11/04/2012>. Acesso em 28/10/2023.

valorizar com relação ao valor de mercado, mas, em uma ponderação[538] de princípios sensíveis, a saúde humana deve prevalecer sobre qualquer outro direito porque à vida, no caso, em seu aspecto qualitativo, é direito humano fundamental[539].

4.2 Área de Preservação Permanente (APP)

O Código Florestal denomina como de *preservação permanente* as áreas protegidas, cobertas ou não por vegetação nativa, "com a função ambiental de preservar os recursos hídricos, a paisagem, a estabilidade geológica e a biodiversidade, facilitar o fluxo gênico de fauna e flora, proteger o solo e assegurar o bem-estar das populações humanas" (artigo 3º, inciso II).

A área de preservação permanente e a reserva florestal legal configuram-se como pressupostos internos do direito de propriedade no Brasil, porque "visam a assegurar o mínimo ecológico do imóvel, sob o manto da inafastável garantia constitucional dos 'processos ecológicos essenciais' e da 'diversidade biológica'".[540] São florestas e demais formas de vegetação que não podem ser removidas, tendo em vista a sua localização e inte-

[538] BRASIL. Supremo Tribunal Federal. *ADins nº 4901, 4902, 4903 e 4937 e ADC nº 42*. Plenário. Data do julgamento: 28/02/2018. Data da publicação no DJE: 13/08/2019. Disponível em: https://redir.stf.jus.br/paginadorpub/paginador.jsp?docTP=TP&docID=750504737. Acesso em 30 jun. 2021.

[539] O direito à vida é consagrado no artigo 3 da Declaração Universal dos Direitos Humanos, celebrada em 1948, no seio da Assembleia Geral da Organização das Nações Unidas, por meio da Resolução 217 A (III) e atribuível a todo ser humano. A própria Lei Federal nº 6.938/81, que trata da Política Nacional do Meio Ambiente, ao definir o meio ambiente em seu art. 3º, I, ressalta a vida em todas as formas. O artigo 5º, caput, da Constituição da República Federativa do Brasil de 1988, consagra o direito à vida como fundamental, sendo reconhecido como um dos pilares dos demais direitos fundamentais. A Norma Maior ainda reservou aos artigos 6º, 7º, 8º e 9º a instrumentalização do direito à vida em seus aspectos materiais e imateriais.

[540] BRASIL. Superior Tribunal de Justiça. Segunda Turma. *Recurso Especial nº 1.240.122 – PR*. Rel. Min. Herman Benjamin. Data do julgamento: 28/11/2011. Data da publicação no DJE: 19/12/2012. Disponível em: https://ww2.stj.jus.br/processo/revista/documento/mediado/?componente=ITA&sequencial=1068252&num_registro=201100461496&data=20120911&formato=PDF. Acesso em: 10 maio. 2019.

resse ambiental específico e essencial.[541] Geralmente, a individualização da área de preservação permanente é *ictu oculi* – visual, de forma que qualquer pessoa, em tese, está habilitada com um mínimo de conhecimento técnico ou experiência a identificá-la, porque a localização é geralmente fixa e estável, como margens de rios, áreas com inclinação acima de 45 graus ou topos de morro.[542] Interessante o texto da exposição de motivos

[541] Define o Código Florestal (Lei nº 12.451/2012) as áreas de preservação permanente (art. 4º): I – as faixas marginais de qualquer curso d'água natural perene e intermitente, excluídos os efêmeros, desde a borda da calha do leito regular, em largura mínima de a) 30 (trinta) metros, para os cursos d'água de menos de 10 (dez) metros de largura; b) 50 (cinquenta) metros, para os cursos d'água que tenham de 10 (dez) a 50 (cinquenta) metros de largura; c) 100 (cem) metros, para os cursos d'água que tenham de 50 (cinquenta) a 200 (duzentos) metros de largura; d) 200 (duzentos) metros, para os cursos d'água que tenham de 200 (duzentos) a 600 (seiscentos) metros de largura; e) 500 (quinhentos) metros, para os cursos d'água que tenham largura superior a 600 (seiscentos) metros; II – as áreas no entorno dos lagos e lagoas naturais, em faixa com largura mínima de: a) 100 (cem) metros, em zonas rurais, exceto para o corpo d'água com até 20 (vinte) hectares de superfície, cuja faixa marginal será de 50 (cinquenta) metros; b) 30 (trinta) metros, em zonas urbanas; III – as áreas no entorno dos reservatórios d'água artificiais, decorrentes de barramento ou represamento de cursos d'água naturais, na faixa definida na licença ambiental do empreendimento; IV – as áreas no entorno das nascentes e dos olhos d'água perenes, qualquer que seja sua situação topográfica, no raio mínimo de 50 (cinquenta) metros; V – as encostas ou partes destas com declividade superior a 45°, equivalente a 100% (cem por cento) na linha de maior declive; VI – as restingas, como fixadoras de dunas ou estabilizadoras de mangues; VII – os manguezais, em toda a sua extensão; VIII – as bordas dos tabuleiros ou chapadas, até a linha de ruptura do relevo, em faixa nunca inferior a 100 (cem) metros em projeções horizontais; IX – no topo de morros, montes, montanhas e serras, com altura mínima de 100 (cem) metros e inclinação média maior que 25°, as áreas delimitadas a partir da curva de nível correspondente a 2/3 (dois terços) da altura mínima da elevação sempre em relação à base, sendo esta definida pelo plano horizontal determinado por planície ou espelho d'água adjacente ou, nos relevos ondulados, pela cota do ponto de sela mais próximo da elevação; X – as áreas em altitude superior a 1.800 (mil e oitocentos) metros, qualquer que seja a vegetação; XI – em veredas, a faixa marginal, em projeção horizontal, com largura mínima de 50 (cinquenta) metros, a partir do espaço permanentemente brejoso e encharcado.

[542] BRASIL. Superior Tribunal de Justiça. Segunda Turma. *Recurso Especial nº 218.781 – PR*. Rel. Min. Herman Benjamin. Data do julgamento: 09/12/2009. Data da publicação no DJE: 23/02/2012. Disponível em: https://scon.stj.jus.br/SCON/GetInteiroTeorDoAcordao?num_registro=200201468439&dt_publicacao=23/02/2012. Acesso em: 12 fev. 2021.

do Projeto de Lei nº 4.494/1962,[543] que serviu de base para o Projeto de Lei nº 2874/1965, que resultou no Código Florestal de 1965 (Lei nº 4.771):

> Ora, se o Poder Político pode criar restrições ao uso da propriedade, que dizer daquelas restrições que são impostas pela própria natureza, antes da existência daquele Poder? Assim como certas matas seguram pedras que ameaçam rolar, outras protegem fontes que poderiam secar, outras conservam o calado de um rio que poderia deixar de ser navegável etc. São restrições impostas pela própria natureza ao uso da terra, ditadas pelo bem-estar social.

A natureza jurídica da área de preservação permanente é de limitação administrativa extrema, não pode ser manejada de forma a sofrer cortes rasos, pois deixaria de cumprir sua missão específica. Não é possível, por exemplo, imaginar rios, córregos e nascentes, fontes primárias de água, inclusive para a preservação do homem, sem a proteção da cobertura florestal mínima. A supressão nas áreas de preservação permanente é uma exceção, devendo respeitar os limites impostos no Código Florestal (art. 8º), ou seja, o desmatamento somente poderá ser autorizado em caso de utilidade pública ou de interesse social, desde que caracterizados e motivados em procedimento de licenciamento ambiental específico, devendo, ainda, inexistir alternativa técnica viável.

É finalidade legal da Área de Preservação Permanente (APP) facilitar o *fluxo gênico de fauna* (inciso II, art. 3º), entendendo-se como tal uma migração de genes entre populações. O fluxo gênico tem como objetivo primordial a homogeneização das populações que se encontram separadas que compartilharão mais variações. Ensina o pesquisador em genética Arthur Tavares de Oliveira Melo que o "fluxo gênico é um termo coletivo que caracteriza todos os mecanismos resultantes do movimento de genes de uma população para outra. Este movimento geralmente ocorre entre populações de uma mesma espécie, porém algum tipo de troca genética

[543] BRASIL. Congresso Nacional. *Projeto de Lei nº 4.494/1962*. Disponível em: https://www.camara.leg.br/proposicoesWeb/prop_mostrarintegra?codteor=1202085&filename=Dossie-PL%204494/1962%20CM. Acesso em: 08 fev. 2023.

interespecífica é conhecido".[544] A fragmentação ambiental é a principal ação antrópica (que advém da ação humana) em hábitats naturais, prejudicando a variação genética, que pode, inclusive, enfraquecer, do ponto de vista biológico, as populações isoladas.

Tamanhos são a importância e o regime protetivo das áreas de preservação permanente, que levaram Paulo Affonso Leme Machado a defender, na sistemática do Código Florestal anterior, que, "a menos que haja clara e insofismável revogação do Código Florestal para casos especiais, todas as desvirtuações mencionadas podem e devem ser nulificadas, ou pelo Poder Público ou por ação popular a ser utilizada por qualquer cidadão".[545]

O Superior Tribunal de Justiça, no Recurso Especial nº 176.753 – SC (1998/0040595-0), reconheceu e consagrou a importância das áreas de preservação permanente como forma de manutenção do *habitat* para a fauna e formação de corredores biológicos:

> A Constituição Federal ampara os *processos ecológicos essenciais*, entre eles as Áreas de Preservação Permanente ciliares. Sua essencialidade decorre das *funções ecológicas* que desempenham, sobretudo na conservação do solo e das águas. Entre elas cabe citar a) proteção da disponibilidade e qualidade da água, tanto ao facilitar sua infiltração e armazenamento no lençol freático, como ao salvaguardar a integridade físico-química dos corpos d'água da foz à nascente, como tampão e filtro, sobretudo por dificultar a erosão e o assoreamento e por barrar poluentes e detritos, e b) a manutenção de *habitat* para a fauna e formação de corredores biológicos, cada vez mais preciosos em face da fragmentação do território decorrente da ocupação humana.[546]

[544] MELO, A. T. O. *Fluxo gênico e estrutura genética espacial de Cabralea canjerana (*Vell. Mart. Meliaceae*) em fragmentos florestais de Mata Atlântica*. 2012. 87 f. Dissertação (Mestrado em Genética e Melhoramento de Plantas) – Escola de Agronomia e Engenharia de Alimentos, Universidade Federal de Goiás, Goiânia, 2012, p. 23. Disponível em: https://files.cercomp.ufg.br/weby/up/237/o/Arthur_disserta%C3%A7%C3%A3o.pdf. Acesso em: 11 jun. 2020.

[545] MACHADO, 2004, p. 709.

[546] BRASIL. Superior Tribunal de Justiça. Segunda Turma. *Recurso Especial nº 176.753 – SC (1998/0040595-0)*. Relator: Ministro Herman Benjamin. Data do julgamento: 07/02/2008. Data de publicação no DJE: 11/11/2009. Disponível em: https://processo.stj.jus.br/pro-

O Código Florestal de 1965 (Lei nº 4.771), expressamente em seu art. 3º, possuía relevante regime de proteção para a proteção da fauna silvestre, já que considerava automaticamente área de preservação permanente as propriedades que contivessem "exemplares da fauna ou flora ameaçados de extinção" (alínea f). O Código Florestal de 2012 trouxe regramento semelhante, mas com redação ambígua, que resultará em grande debate no meio jurídico:

> Art. 6º Consideram-se, ainda, de preservação permanente, quando declaradas de interesse social por ato do Chefe do Poder Executivo, as áreas cobertas com florestas ou outras formas de vegetação destinadas a uma ou mais das seguintes finalidades: (...) IV – abrigar exemplares da fauna ou da flora ameaçados de extinção.

O Código Florestal de 2002 exige, para a configuração das áreas de preservação permanente, uma declaração "de interesse social por ato do Chefe do Poder Executivo", o que gera o questionamento quanto a se é necessária ou não a consequente desapropriação.

Problema reiteradamente enfrentado pelos registradores imobiliários e órgãos públicos é a criação de loteamentos ou condomínios nas margens de represas, rios e demais cursos d'água. Particularmente, na comarca de Araçatuba, em razão do represamento do Rio Tietê para a construção da Usina Hidrelétrica de Três Irmãos, esse problema tem se tornado crônico porque existem loteamentos irregulares implantados em área de preservação permanente, ou seja, construídos no limite de cem metros da quota máxima de inundação da represa.

Paulo Affonso Leme Machado, na sistemática do Código Florestal anterior, com muita propriedade, ensinava que

> a menos que haja clara e insofismável revogação do Código Florestal para casos especiais, todas as desvirtuações mencionadas podem e devem ser

cesso/revista/documento/mediado/?componente=ITA&sequencial=750574&num_registro=199800405950&data=20091111&formato=PDF. Acesso em: 21 out. 2020.

nulificadas, ou pelo Poder Público ou por ação popular a ser utilizada por qualquer cidadão.[547]

São dois os principais argumentos para a não observância da faixa de cem metros para essas áreas: o primeiro seria que o Município, por lei, integrou a área ao perímetro urbano ou em área de expansão urbana. Isso não pode ser acatado porque, além da resolução do CONAMA que previa a hipótese, exige requisitos para assim ser considerada a área e possibilitar a redução para trinta metros a faixa da APP, sem falar que o Código Tributário Nacional também exige requisitos para a cobrança de Imposto Predial e consequente transformação do perímetro da área (art. 32). O segundo argumento seria que as áreas estão desmatadas, mas também se trata de frágil argumento, porque o art. 18 do Código Florestal passado previa que:

> nas terras de propriedade privada, onde seja necessário o florestamento ou o reflorestamento de preservação permanente, o Poder Público Federal poderá fazê-lo sem desapropriá-las, se não o fizer o proprietário.

O art. 62 da Lei nº 12.651/2012 (novo Código Florestal) estabelece que, se houver contratos de concessão ou autorização assinados, anteriormente à Medida Provisória nº 2.166-67, de 24 de agosto de 2001, a faixa da Área de Preservação Permanente será a distância entre o nível máximo operativo normal e a cota máxima "maximorum". Referida alteração permitirá, num primeiro momento, a regularização de inúmeros empreendimentos, uma vez que reduz significativamente a incidência da faixa da área de preservação permanente.

É preciso, ainda, observar que o inciso III do art. 4º do Código Florestal traz regra muito genérica ao informar que "as áreas no entorno dos reservatórios d'água artificiais, na faixa definida na licença ambiental do empreendimento, observado o disposto nos §§ 1º e 2º", bem como observar o art. 4º, § 2º, que determina que, "no entorno dos reservatórios arti-

547 MACHADO, 2004, p. 709.

ficiais situados em áreas rurais com até 20 (vinte) hectares de superfície, a área de preservação permanente terá, no mínimo, 15 (quinze) metros".

Finalmente, o art. 5º obriga a desapropriação das áreas de preservação permanente, na implantação de reservatório d'água artificial destinado a geração de energia ou abastecimento público, conforme estabelecido no licenciamento ambiental, "observando-se a faixa mínima de 30 (trinta) metros e máxima de 100 (cem) metros em área rural, e a faixa mínima de 15 (quinze) metros e máxima de 30 (trinta) metros em área urbana".

Parece-nos que, ao fixar uma data limite (24 de agosto de 2001), o legislador criou uma regra excepcional, permitindo uma sensível mudança das áreas de preservação permanente nos represamentos até então realizados. O art. 65 permite a regularização de empreendimentos com ocupação em APP, em áreas urbanas consolidadas que não estejam em área de risco.

4.2.1 Importância registral da APP

O art. 3º, III, da Lei nº 6.766/79 não permite o parcelamento "em áreas de preservação ecológica". É preciso consignar que a expressão "área de preservação ecológica" se refere a todos os espaços territoriais especialmente protegidos pelas legislações federais e estaduais, neles incluídas as áreas de preservação permanente. Mas a regra não deve ser interpretada com rigor absoluto; não se pode admitir que um lote seja projetado quase que totalmente em APP, porque a finalidade do mesmo é a construção e estaria incompatível com a preservação, mas será possível o parcelamento da área (loteamento, desmembramento ou desdobro) em imóvel que possua APP se o lote for atingido em pequena extensão pela limitação administrativa. Caso contrário, bastaria um córrego, lago ou outro curso d'água na área a ser loteada para inviabilizar o empreendimento.

Essas áreas independem do registro, pois a lei, além de lhes dar publicidade, indica com relativa clareza a sua localização. Não obstante, inegável a importância de sua especialização no Registro de Imóveis como caráter didático, já que o proprietário e futuros proprietários teriam ciência da restrição, reforçando a ideia contida na legislação ambiental, aumentando-lhes a consciência ecológica. Outra utilidade em se proceder à averbação da APP seria a facilidade do registrador imobiliário em constatar uma exclusão no cômputo, em eventual especialização de RLF por vedação expressa do Código Florestal.

Existe facilidade de localização, já que a própria lei já apresenta algumas referências, principalmente em margens de cursos d'água. Mas a averbação poderá ser realizada, a nosso ver, com a apresentação de planta e memorial descritivo subscrito por profissional habilitado (engenheiros florestais ou agronômicos, por exemplo), com o respectivo recolhimento de anotação de responsabilidade técnica (ART), para se ter certeza da especiação.

As APPs serão definidas e especializadas no Cadastro Ambiental Rural (CAR), de forma que, uma vez efetivada a inscrição, bastará a reprodução no Registro de Imóveis nos mesmos moldes que ocorre com a reserva florestal legal.

Mas está na legislação tributária uma razão motivadora do interesse dos proprietários em especializar as áreas de preservação permanente. A Lei nº 9.393, de 19 de dezembro de 1993 – que dispõe sobre o Imposto sobre a Propriedade Territorial Rural (ITR) –, declara que a APP é excluída do cálculo do imposto (art. 10, § 1º, II, a), e sua especialização no Registro de Imóveis facilitaria a isenção ou não incidência.

Em virtude da expressa indicação da legislação ambiental das APP, fácil sua constatação pelos órgãos públicos, incluído o Registro de Imóveis. Em razão de o procedimento de retificação de área agora ser presidido pelo registrador imobiliário (Lei nº 10.931/2004), este poderá instruir os profissionais técnicos a demarcarem na planta e computarem a APP do imóvel retificando, consignando, inclusive, referida informação na planta.

O Conselho Superior da Magistratura do Estado de São Paulo, em acórdão passado nos autos da ApCív 659-6/9, da Comarca de Brotas, de 22 de fevereiro de 2007, entendeu ser necessária a participação de Secretaria do Meio Ambiente em procedimento de desmembramento e retificação de imóvel localizado na margem de represa e dentro de área de preservação permanente, no entanto, em razão das restrições decorrentes da lei de proteção de manancial.[548]

[548] O Registro de Imóveis, assim, deve exigir a prévia licença ambiental do órgão estadual em caso de atos registrários que estejam em referida área. Isto porque a Resolução nº

As áreas de preservação permanente configuram-se como um espaço territorial especialmente protegido de máxima proteção. Os casos de intervenção e supressão de vegetação são raros e eram tratados, excepcionalmente, pela Resolução nº 369 (CONAMA), de 28 de março de 2006, nas hipóteses de utilidade pública, interesse social ou baixo impacto ambiental; esses aspectos possibilitam a intervenção ou supressão de vegetação em APP. A publicidade de referidas áreas pode ser vista como essencial para o Registro de Imóveis e a população em geral; deveria ser tratada com prioridade e acessar o fólio real antes mesmo das reservas legais florestais, pela importância ambiental e até econômica que representam.

4.3 Reserva Florestal Legal (RFL)

A reserva legal (florestal) representa o espaço ambientalmente protegido mais importante do Brasil, representando 170 milhões de hectares de vegetação nativa, e que corresponde a um pouco mais de 20% do território nacional ou três vezes o estado da Bahia.[549] Evidente, assim, que a maioria das florestas existentes no país encontra-se em terras particulares. Ironicamente, a reserva florestal tem sido, desde a criação, fruto de resistência[550] ao comando legal, com fundamento no componente econômico e social da propriedade.[551]

237/97 do CONAMA prevê, no art. 5º, que: "Compete ao órgão ambiental estadual ou do Distrito Federal o licenciamento ambiental dos empreendimentos e atividades: [...] II – localizados ou desenvolvidos nas florestas e demais formas de vegetação natural de preservação permanente relacionadas no art. 2º da Lei 4.771, de 15 de setembro de 1965, e em todas as que assim forem consideradas por normas federais, estaduais ou municipais" (BRASIL. Tribunal de Justiça de São Paulo. Corregedoria Geral da Justiça. *Processo nº 4.607/2007*. Relator: Ruy Camilo. Data do julgamento: 07/03/2008. Data da publicação no DJE: 15/03/2008).

549 Freitas, Flavio L. M. et al. Potential increase of legal deforestation in Brazilian Amazon after Forest Act revision. *Nature Sustainability*, v. 1, n. 11, p. 665 – 670, novembro, 2018.

550 Na região do Pontal do Paranapanema, estudos apontam que a cobertura florestal legal corresponde a menos da metade do que a legislação determina (20%) DITT, Eduardo Humberto. Fragmentos florestais no Pontal do Paranapanema. São Paulo: Annablume/ Ipê IIEB, 2002, p. 118).

551 Ferreira Filho, Edward. *Reserva Florestal Legal*. Registro de Imóveis e Meio Ambiente. Coordenação de Sérgio Jacomino, Marcelo Augusto Santana de Melo e Francisco de Assis Palácios Criado. São Paulo: Saraiva, 2010, p. 398.

No estudo do histórico da reserva, constata-se que ela tem origem já antiga em nosso direito. Nas famosas instruções redigidas por José Bonifácio de Andrada e Silva, no exercício de vice-presidente da Junta Governativa de São Paulo, em 1821, a reserva legal (de lenha) aparece como interessante proposta de nova legislação sobre terras, visando a que os possuidores deixassem para *matos e arvoredos* uma parte da floresta para que nunca faltassem lenhas e madeiras necessárias para o império.[552]

O objetivo original da criação dessa chamada reserva, ensina Ranieri, "era assegurar, nas áreas de colonização mais antiga e, consequentemente, mais desmatadas, uma reserva mínima de recursos florestais (lenha, carvão e madeira) para uso na propriedade e abastecimento de mercados locais".[553] Interessante que um mecanismo criado para uma finalidade tenha se transformado, ao longo dos anos, em outra totalmente diversa; as reservas legais de madeira transformaram-se em reservas legais florestais para fins de preservação.

No entanto, somente em 1934, com o advento do primeiro Código Florestal brasileiro (Decreto nº 23.793, de 23 de janeiro), o instituto ambiental da reserva florestal começou a ser definido, determinando-se que "nenhum proprietário de terras cobertas de matas" poderia abater mais de ¾ (três quartas partes) da vegetação existente, com algumas raras exceções (art. 23). O Código Florestal de 1934 é considerado a primeira lei de proteção florestal do Brasil e criou um sistema de proteção complexo, do ponto de vista jurídico, com o estabelecimento de sanções administrativas e criminais para quem degradasse a flora e a fauna de acordo com os termos estabelecidos.

Em 1962, foi criado um Grupo de Trabalho liderado pelo jurista do Rio de Janeiro (Estado da Guanabara, na época) Desembargador Osny Duarte Pereira, considerado um dos precursores do direito ambiental

[552] ANDRADA E SILVA, José Bonifácio. 1763 – 1838. Coleção Formadores do Brasil. Organização e introdução de Jorge Caldeira. São Paulo: Editora 37, 2002, p. 131. In: FALCÃO, Edgard de Cerqueira (Org.). *Obras científicas, políticas e sociais de José Bonifácio de Andrada e Silva*. Vol. II, p. 95 – 101. São Paulo: Revista dos Tribunais, 1965. José Bonifácio ocupava o cargo de vice-presidente da Junta Provisória de São Paulo, antes da independência do Brasil (1820). O documento retrata instruções dirigidas aos deputados que iriam representar São Paulo nas Cortes de Lisboa.

[553] RANIERI, 2004, p. 26.

brasileiro, tendo publicado, ainda em 1950, a pioneira obra intitulada *Direito Florestal Brasileiro*.[554] Consta da exposição de motivos do Projeto de Lei nº 4.494/1962 [555] que "a agricultura itinerante continua se desenvolvendo segundo os métodos primitivos dos primeiros anos do descobrimento. Chega o agricultor derruba e queima as matas, sem indagar se elas são necessárias à conservação da feracidade do solo ou do regime das águas".

O referido Projeto de Lei nº 2.874/1965, que resultou no Código Florestal de 1965 (Lei nº 4.771), manteve a reserva florestal legal, com diminuição do mínimo de cobertura florestal possível para 20% de cada propriedade. No entanto, provavelmente o instituto da reserva florestal tenha sofrido, nesse momento, a transformação jurídica de reserva de madeira para uma reserva ambiental. A redação original do art. 16 consignava que as florestas de domínio privado não sujeitas ao regime de utilização limitada são suscetíveis de exploração, obedecidas algumas restrições, onde destacamos:

> nas regiões Leste Meridional, Sul e Centro-Oeste, esta na parte sul, as derrubadas de florestas nativas, primitivas ou regeneradas, só serão permitidas, desde que seja, em qualquer caso, respeitado o limite mínimo de 20% da área de cada propriedade com cobertura arbórea localizada, a critério da autoridade competente (art. 16, a).

A Medida Provisória nº 2.166-67, de 24 de agosto de 2001, subscrita pelo então presidente Fernando Henrique Cardoso, pode ser considerada um marco na conservação florestal, constando de sua exposição de motivos que seu principal intuito era a preservação e redução do desmatamento do bioma amazônico, considerado Patrimônio Nacional pela Constituição Federal (art. 225, § 4º).[556] O ato do executivo que veio a

[554] Pereira, Osny Duarte. *Direito florestal brasileiro*. Rio de Janeiro: Borsoi, 1950.

[555] BRASIL. Congresso Nacional. *Projeto de Lei nº 4.494/1962*. Disponível em: https://www.camara.leg.br/proposicoesWeb/prop_mostrarintegra?codteor=1202085&filename=Dossie-PL%204494/1962%20CM. Acesso em: 08 fev. 2023.

[556] BRASIL. Câmara dos Deputados. Exposição de Motivos nº 04, de 25 de julho de 1996. *Anais da Câmara dos Deputados*, p. 290. Disponível em: http://imagem.camara.gov.

durar até 2012, por previsão da Constituição,[557] conferiu à reserva florestal uma conceituação técnica, que viria a consagrar o instituto como importante ferramenta de proteção da flora e fauna vinculada ao uso racional da propriedade imobiliária, *in verbis*: "área localizada no interior de uma propriedade ou posse rural, excetuada a de preservação permanente, necessária ao uso sustentável dos recursos naturais, à conservação e reabilitação dos processos ecológicos, à conservação da biodiversidade e ao abrigo e proteção de fauna e flora nativas" (art. 1º, inciso III).

A Lei nº 12.651, de 25 de maio de 2012, chamada de Código Florestal, apesar de a expressão não constar do seu texto, novamente modificou a definição de reserva florestal legal, buscando conciliar o instituto com o desenvolvimento econômico e sustentabilidade:

> Reserva Legal: área localizada no interior de uma propriedade ou posse rural, delimitada nos termos do art. 12, com a função de assegurar o uso econômico de modo sustentável dos recursos naturais do imóvel rural, auxiliar a conservação e a reabilitação dos processos ecológicos e promover a conservação da biodiversidade, bem como o abrigo e a proteção de fauna silvestre e da flora nativa (art. 3º, III).

O cadastro ambiental rural não figurava no Projeto de Lei nº 1.876/1999, que deu origem à Lei nº 12.651/2012; ele foi incorporado posteriormente, após a discussão na Câmara dos Deputados, constando da exposição de motivos que o projeto "cria mecanismos voltados a assegurar o registro das áreas de Reserva Legal. Para tanto, determina a nulidade de qualquer registro ou averbação de atos relativos a imóvel rural em cuja matrícula não tenha sido averbada a Reserva Legal".[558]

br/dc_20.asp?selCodColecaoCsv=J&Datain=22/09/2001&txpagina=19455&altura=700&largura=800. Acesso em: 07 fev. 2022.

557 A Emenda Constitucional 32, de 11 de setembro de 2001, no art. 2º, estabeleceu que "as medidas provisórias editadas em data anterior à da publicação desta emenda continuam em vigor até que medida provisória ulterior as revogue explicitamente ou até deliberação definitiva do Congresso Nacional", o que conferiu eficácia ao texto até a promulgação do Código Florestal de 2012.

558 BRASIL. Câmara dos Deputados. *Projeto de Lei nº 1.876/1999*, do Deputado Sérgio Carvalho. Disponível em: http://imagem.camara.gov.br/MostraIntegraImagem.asp?strSiglaP

A função ecológica da reserva legal é indubitável, porque está presente praticamente em todas as propriedades imobiliárias do Brasil, sendo a proteção da fauna uma de suas finalidades expressamente definidas. Neste aspecto, é preciso ressaltar a importância do espaço ambiental, principalmente com relação aos chamados corredores ecológicos, que se configuram como o encadeamento físico das reservas legais dos imóveis vinculados, ainda, às matas ciliares (áreas de preservação permanente vinculadas a cursos d'água). A localização da área de Reserva Legal no imóvel rural deverá levar em consideração expressamente o plano de bacia hidrográfica, áreas de importância para a conservação da biodiversidade, áreas de maior fragilidade ambiental, o zoneamento ecológico-econômico e, principalmente, a "formação de corredores ecológicos com outra Reserva Legal, com Área de Preservação Permanente, com Unidade de Conservação ou com outra área legalmente protegida" (art. 14 do Código Florestal).

Em razão de a reserva legal representar a grande maioria da cobertura florestal brasileira, seu papel para a proteção da fauna, além de constar da finalidade legal, atendendo a regra geral constitucional (art. 225, CF), é essencial para que exista interação ou conectividade entre os respectivos fragmentos ou unidades florestais.

A jurisprudência tem consagrado a importante e imprescindível função da reserva florestal legal para a efetiva proteção da fauna e flora. Vejamos:

> a) O conceito de Reserva Legal, outrora considerado como mera conservação de parte das matas que se supunha existentes, passou a significar dever real de criar a reserva em local onde não exista, com o fim de assegurar o uso sustentável dos recursos naturais, conservação e reabilitação dos processos ecológicos, conservação da biodiversidade, abrigo e proteção à fauna e flora nativa.[559]

rop=PL&intProp=1876&intAnoProp=1999&intParteProp=1#/. Acesso em: 08 fev. 2023.

559 BRASIL. Tribunal de Justiça de São Paulo. 2ª Câmara Reservada ao Meio Ambiente do Estado de São Paulo. *Apelação Cível nº 1003300-23.2018.8.26.0292*. Relator: Des. Paulo Ayrosa. Data do julgamento: 22/02/2019. Data da publicação no DJE: 22/02/2019. Dispo-

b) A Reserva Legal é um dos institutos jurídicos mais importantes para a efetivação de uma política de preservação florestal no país, conforme o art. 30, III, do Código Florestal.[560]

Pela sistemática constante do Código Florestal, toda propriedade imobiliária rural deve possuir uma cobertura florestal denominada reserva florestal legal. Conforme o art. 12,

> Todo imóvel rural deve manter área com cobertura de vegetação nativa, a título de Reserva Legal, sem prejuízo da aplicação das normas sobre as Áreas de Preservação Permanente, observados os seguintes percentuais mínimos em relação à área do imóvel, excetuados os casos previstos no art. 68 desta Lei:
>
> I – localizado na Amazônia Legal:
>
> a) 80% (oitenta por cento), no imóvel situado em área de florestas;
>
> b) 35% (trinta e cinco por cento), no imóvel situado em área de cerrado;
>
> c) 20% (vinte por cento), no imóvel situado em área de campos gerais;
>
> II – localizado nas demais regiões do País: 20% (vinte por cento).

As exceções são mínimas, podem não ser obrigados a constituir a reserva florestal legal os imóveis rurais de até quatro módulos fiscais, com déficit de reserva em 22/07/2008 (art. 67 do Código Florestal) e imóveis rurais com reserva delimitada, segundo a lei do tempo (art. 68, *caput*, da Lei nº 12.651/2012). Importante consignar que o Supremo Tribunal Federal, no julgamento das Ações Diretas de Inconstitucionalidade nºs 4901, 4902, 4903 e 4937 e Ação Declaratória de Constitucionalidade nº 42, entendeu não ferir o princípio do não retrocesso ambiental "a criação legal de regimes de transição entre marcos regulatórios, por imperativos

nível em: https://esaj.tjsp.jus.br/cjsg/getArquivo.do?cdAcordao=12246006&cdForo=0. Acesso em: 10 maio 2019.

560 BRASIL. Tribunal de Justiça de São Paulo. 2ª Câmara Reservada ao Meio Ambiente do Estado de São Paulo. *Apelação nº 3003334-56.2013.8.26.0318*. Relatora: Des. Vera Agrisani. Data do julgamento: 19/05/2016. Data da publicação no DJE: 20/05/2016. Disponível em: https://esaj.tjsp.jus.br/cjsg/getArquivo.do?cdAcordao=9453360&cdForo=0. Acesso em: 10 maio 2019.

de segurança jurídica (art. 5º, caput, da CRFB) e de política legislativa (artigos 21, XVII, e 48, VIII, da CRFB)".[561]

4.3.1 Natureza jurídica

A reserva florestal legal constitui um espaço ambiental especialmente protegido, embora conste expressamente dos arts. 12 e 17 da Lei nº 12.651/2012 tratar-se de limitação administrativa contendo obrigação *propter rem*, e sua gênese ocorre no âmbito do Cadastro Ambiental Rural (CAR), pela autoridade ambiental. Édis Milaré ensina que o "comando legal de se destinar certo percentual de uma propriedade, para fins de conservação e proteção da cobertura vegetal, caracteriza-se como uma obrigação geral, gratuita, imperativa, unilateral e de ordem pública", aproximando-o de uma limitação administrativa.[562]

Não se pode reduzir a reserva florestal legal a uma mera limitação administrativa porque, malgrado seja constituída ou ainda a ser criada em propriedades particulares, é notório que é possível identificar que a cobertura florestal se configura como bem de uso comum do povo por imperativo constitucional (art. 225, § 1º, III), ou seja, bem difuso com regime jurídico próprio que interessa a toda uma coletividade, de forma que a classificação jurídica adequada é de espaço territorial ambientalmente protegido, porque o que viria a ser uma limitação administrativa tem, também, aspecto funcional relevante, que é a preservação da biodiversidade e o equilibro ecológico.

4.3.2 Bases biológicas da reserva florestal legal

O Código Florestal de 2012 (Lei nº 12.651) disciplina que a reserva florestal legal tem por finalidade *o abrigo e a proteção de fauna silvestre* e da flora nativa (inciso III, art. 3º), conceitos esses indeterminados, que devem ser definidos e explicados pela ciência. *A funcionalidade biológica consiste no principal objetivo desse espaço protegido*, que configura o mais importante

[561] BRASIL. Supremo Tribunal Federal. *ADins nº 4901, 4902, 4903 e 4937 e ADC nº 42*. Plenário. Data do julgamento: 28/02/2018. Data da publicação no DJE: 13/08/2019. Disponível em: https://redir.stf.jus.br/paginadorpub/paginador.jsp?docTP=TP&docID=750504737. Acesso em: 30 jun. 2021.

[562] MILARÉ, 2014, p. 1307.

do direito brasileiro e atinge, com raras exceções, todas as propriedades imobiliárias privadas do Brasil.

Estudos científicos demonstram que a existência da reserva florestal legal no Brasil está associada ao risco de extinção de espécies e que uma eventual diminuição comprometeria "a efetividade dessas áreas como ecossistemas funcionais e seus serviços ecossistêmicos e ambientais".[563] A reserva floresta legal, ao contrário das áreas de preservação permanente, possui localização ou alocação não expressamente definidas pela legislação, o que provoca, necessariamente, uma comunicação com a ciência. Ranieri ensina que os critérios devem, necessariamente, observar a *manutenção dos fragmentos* existentes que possuem um valor ecológico único; *proteção das áreas de maior suscetibilidade à erosão* que são de difícil reversão; *alargamento das faixas de vegetação ao longo dos corpos d'água* que coincidem com outros espaços protegidos, como a área de preservação permanente; *proteção das cabeceiras das bacias*; *proteção das áreas de recarga de aquíferos*; *aumento de fragmentos existentes* e, principalmente, *redução das distâncias (isolamento) entre fragmentos*, observando que o cumprimento dos critérios anteriores resultaria da diminuição física entre os fragmentos.[564]

Com relação ao aspecto da conservação de fragmentos de florestas e outros tipos de vegetação nativa, tem-se concluído que a reserva florestal legal tem sido fundamental, mesmo que minimamente, para a fauna e a flora. Em estudo denominado *bases biológicas para a Reserva legal*, o pesquisador Jean Paul Walter Metzger[565] afirma que as considerações biológicas de espaços naturais podem ser resumidas em dois pontos principais de questionamento, quais sejam, se existe uma extensão ideal de reserva flo-

563 MARQUES, Emilena Muzolon; RANIERI, Victor Eduardo Lima. Determinantes da decisão de manter áreas protegidas em terras privadas: o caso das reservas legais do Estado de São Paulo. *Ambient. soc.*, São Paulo, v. 15, n. 1, p. 131 – 145, abr. 2012. Disponível em: http://www.scielo.br/scielo.php?script=sci_arttext&pid=S1414-753X2012000100009&lng=pt&nrm=iso. DOI: http://dx.doi.org/10.1590/S1414-753X2012000100009. Acesso em: 09 maio 2019.

564 MARQUES; RANIERI, 2012.

565 Professor pesquisador da Universidade de São Paulo (USP), cuja linha de pesquisa é Ecologia de Paisagens e Conservação. *Cf.*: JEAN PAUL Walter Metzger. *Departamento de Ecologia (IB – USP)*. Disponível em: http://ecologia.ib.usp.br/index.php/docentes/jean. Acesso em: 01 jun. 2020.

restal legal que consiga conciliar o desenvolvimento rural à proteção da biodiversidade e se existe uma disposição espacial de qualidade, essencial para a proteção da biodiversidade. A base científica utilizada pelo cientista é a *teoria da percolação*,[566] que foi extraída da física e procura explicar a questão da condutividade elétrica em espaços, como a quantidade mínima de um metal necessária para que determinada corrente elétrica seja eficiente. A biologia vem utilizando a analogia entre a passagem da eletricidade e a passagem de um determinado indivíduo por meio do que se chama paisagem (conectividade ou percolação biológica).

Jean Paul Walter Metzger ensina que a pergunta do biólogo, com relação a determinado fragmento florestal, deve ser: "qual a quantidade mínima necessária de vegetação para permitir que uma espécie atravesse a paisagem de uma ponta a outra?".[567] Em termos práticos, continua o pesquisador, visando à efetividade do aspecto da conservação, não é aceitável uma pulverização de fragmentos em uma mesma propriedade, de forma que o ideal seria que a reserva legal de cada propriedade fosse composta por uma área de vegetação, inclusive com a conexão com as reservas legais dos vizinhos, "formando uma área grande de vegetação nativa".[568] É o que se chama de conectividade biológica, necessária e essencialmente relacionada com a causalidade de risco de extinção de espécies silvestres.

Áreas de reserva florestal legal conectadas a outros espaços ambientais protegidos têm maior eficiência, segundo o pesquisador Luis Gus-

[566] "A *teoria da percolação* foi proposta pelos matemáticos Broadbent e Hammersly em 1957 para estudar a propagação de fluidos em meios desordenados. Nestes meios (por exemplo, rochas porosas), a propagação dos fluidos ocorre de uma forma não linear" (Centro de Física Teórica e Computacional – CFTC, Faculdade de Ciências da Universidade de Lisboa). *Cf.*: PERCOLAÇÃO. Modelos de percolação e fogos florestais. *PRISMA – À luz da Física*. Disponível em: https://cftc.ciencias.ulisboa.pt/PRISMA/capitulos/capitulo5/modulo6/topico1.php. Acesso em: 05 nov. 2021.

[567] METZGER, Jean Paul Walter. Bases biológicas para a Reserva legal. *Ciência Hoje*, v. 31, n. 183, jun. 2002. Disponível em: https://www.tecniflora.com.br/8_-_Metzger_CH-opiniao-2002.pdf. Acesso em: 01 jun. 2020.

[568] METZGER, 2002.

tavo Maciel,[569] e podem alcançar com eficácia as funções socioambientais previstas no Código Florestal. Não tem interesse biológico a existência de fragmentos pulverizados de reserva legal numa propriedade imobiliária, mesmo que exista vegetação já formada, porque não possui função ecológica determinante.

Existem argumentos científicos sólidos, assim, que sustentam que as reservas florestais legais *devem ter preservada a biodiversidade de uma conectividade biológica mínima garantidora do fluxo da fauna* para possuir função ecológica. A fragmentação ou isolamento é causa direta da perda da biodiversidade.[570] A propriedade imobiliária rural que não possua não somente uma reserva legal florestal, mas um espaço protegido com conectividade de paisagem, não está cumprindo sua função socioambiental de proteção da fauna.

A ideia de conectividade biológica já existe, do ponto de vista normativo, com relação às Unidades de Conservação (áreas públicas de proteção integral). A Lei nº 9.985/2000 define corredor ecológico como

> porções de ecossistemas naturais ou seminaturais, ligando unidades de conservação, que possibilitam entre elas o fluxo de genes e o movimento da biota, facilitando a dispersão de espécies e a recolonização de áreas degradadas, bem como a manutenção de populações que demandam para sua sobrevivência áreas com extensão maior do que aquela das unidades individuais (art. 2º, inciso XIX).

Aspecto relevante e que não tem recebido o devido tratamento, principalmente no tocante à educação ambiental, é a relação dos benefícios econômicos e agrícolas que a reserva legal pode trazer para as propriedades rurais. Estudos científicos têm demonstrado a importância da reserva

[569] Maciel, Luis Gustavo. *Efetividade e eficácia das reservas legais e áreas de preservação permanente nos cerrados.* 2008. Dissertação (Mestrado em Desenvolvimento Sustentável) – Universidade de Brasília, Brasília, 2008. Disponível em: https://repositorio.unb.br/handle/10482/4162. Acesso em: 26 abr. 2020.

[570] Dixo, Mariana et al. Habitat fragmentation reduces genetic diversity and connectivity among toad populations in the Brazilian Atlantic Coastal Forest. Science Direct. *Biological Conservation*, v. 142, issue 8, agosto, 2009, p. 1.560 – 1.569. DOI: https://doi.org/10.1016/j.biocon.2008.11.016. Acesso em: 01 jun. 2020.

florestal legal para o controle natural de pragas pela manutenção de maior diversidade de habitats e atuação como barreiras na disseminação de doenças,[571] além da melhoria para permeabilidade do solo com relação às chuvas e combate à erosão.[572]

4.3.3 Código florestal e cadastro ambiental rural

Primeiramente, é preciso ressaltar que o Código Florestal de 2012 não é considerado, para significativa parte da doutrina, um código de defesa da biodiversidade, possuindo claramente uma perspectiva ambiental vinculada ao agronegócio,[573] o que demanda uma análise sistemática da proteção ambiental constante dos diversos diplomas legais existentes. Configura-se como uma lei geral, que não esgota a proteção ambiental nas propriedades imobiliárias.

Atualmente, a reserva florestal está vinculada de forma intrínseca à existência de um Cadastro Ambiental Rural (CAR), e que consiste em um "registro público eletrônico de âmbito nacional, obrigatório para todos os imóveis rurais, com a finalidade de integrar as informações ambientais das propriedades e posses rurais, compondo base de dados para controle, monitoramento, planejamento ambiental e econômico e combate ao desmatamento" (art. 29).

A inscrição de qualquer imóvel no CAR não significa, necessariamente, que o imóvel esteja regular com relação ao passivo ambiental. Os imóveis devem ser lançados e os espaços ambientais protegidos devem

[571] Delalibera, Hevandro C. et al. Alocação de reserva legal em propriedades rurais: do cartesiano ao holístico. *Rev. bras. eng. viola. ambiente.* Campina Grande, v. 12, n. 3, p. 286 – 292, junho, 2008. DOI: https://doi.org/10.1590/S1415-43662008000300010. Disponível em: http://www.scielo.br/scielo.php?script=sci_arttext&pid=S1415-43662008000300010&lng=en&nrm=iso. Acesso em: 19 jan. 2021.

[572] Silva, Jessica Santos da; Ranieri, Victor Eduardo Lima. O mecanismo de compensação de reserva legal e suas implicações econômicas e ambientais. *Ambient. soc.*, São Paulo, v. 17, n. 1, p. 115 – 132, março, 2014. Disponível em: http://www.scielo.br/scielo.php?script=sci_arttext&pid=S1414-753X2014000100008&lng=en&nrm=iso. Acesso em: 19 jan. 2021.

[573] Figueiredo, Guilherme José Purvin de. *Novo código florestal*: comentários à Lei 12.651, de 25 de maio de 2012. Coordenação de Édis Milaré e Paulo Affonso Leme Machado. 2ª edição. São Paulo: Revista dos Tribunais, 2013, p. 38.

ser consignados e virtualmente demarcados, especialmente as áreas de preservação permanente e reserva florestal legal, o que não obriga a propriedade a ter o efetivo florestal existente. A regra existente no cadastro é a necessidade de serem lançadas as áreas de preservação permanente, bem como ser *proposta* a área de reserva legal que será objeto de futura análise pelo órgão ambiental. Na hipótese de o imóvel não possuir efetivamente a cobertura florestal nos respectivos espaços protegidos, o proprietário deverá aderir a um programa de recuperação ambiental previsto no próprio estatuto florestal (art. 59) ou, ainda, propor medidas compensatórias, como a servidão ambiental, constante da Lei que institui a Política Nacional do Meio Ambiente (art. 9º-A), ou a própria cota de reserva ambiental (CRA), também constante Código Florestal (art. 44), mas ainda não regulamentada.

Consta do artigo 18 do Código Florestal de 2012, com redação pouco técnica, que a área de reserva florestal "deverá ser registrada no órgão ambiental competente por meio de inscrição no CAR", e, em seu § 4º, determina que "o registro da Reserva Legal no CAR desobriga a averbação no Cartório de Registro de Imóveis, sendo que, no período entre a data da publicação desta Lei e o registro no CAR, o proprietário ou possuidor rural que desejar fazer a averbação terá direito à gratuidade deste ato".

Uma das maiores características do cadastro ambiental, e que tem sido alvo de inúmeras críticas de ambientalistas, tem a ver com a sua natureza jurídica. O cadastro *tem natureza meramente declaratória e permanente* (art. 6º do Decreto Federal nº 7.830/2012), sendo que, enquanto não houver manifestação do órgão ambiental com relação a eventuais pendências ou inconsistências nas informações declaradas, será considerada efetivada e escorreita a inscrição do imóvel no CAR para todos os efeitos legais (§ 2º do art. 7º do Decreto Federal nº 7.830/2012).

O caráter autodeclaratório do Cadastro Ambiental Rural (CAR) foi considerado, em estudo realizado na Universidade Federal do Mato Grosso, a principal fragilidade do Código Florestal de 2012, constando-se de que, de 75 (setenta e cinco) grandes propriedades na região de Rondonópolis (MT), 49 (quarenta e nove) proprietários declararam possuir áreas preservadas maiores do que o observado em imagens de satélites.[574] A não coincidência ou assimetria informativa entre os dados do Cadastro Ambiental Rural e a realidade encontrada pelo censo do Instituto Brasileiro de Geografia e Estatística (IBGE) já foi apontada em estudo realizado pelo Instituto de Pesquisa Econômica Aplicada (IPEA).[575]

Não obstante, é o fator operacional que preocupa mais do que o caráter autodeclaratório do Cadastro Ambiental Rural. Segundo o último boletim oficial do Governo Federal, baseado nas informações do Sistema de Cadastro Ambiental Rural, o número de inscrições no CAR, até janeiro de 2020, ultrapassava 6,4 milhões em todo o país, distribuídos em uma área cadastrada de mais de 540 milhões de hectares, "superando a área passível de cadastramento estimada por meio do Censo Agropecuário do Instituto Brasileiro de Geografia e Estatística para estabelecimentos agropecuários".[576] Não consta no boletim a porcentagem de cadastros validados (analisados), de forma que é consignada somente a informação de que a maioria era de inscrições, ou seja, meras declarações.[577]

[574] VACCHIANO, Marcelo Caetano. *O impacto da Alteração da Legislação Ambiental (Novo Código Florestal) sobre as Políticas de Conservação da Natureza na Amazônia Legal*: Estudo de Caso sobre a Conservação das Áreas de Preservação Permanente e Reserva Legal nas Grandes Propriedades Rurais do Município de Rondonópolis – MT. 2017. Dissertação (Mestrado em Geografia) – Universidade Federal de Mato Grosso, Rondonópolis, 2017. Disponível em: https://www1.ufmt.br/ufmt/unidade/userfiles/publicacoes/0614f70c1356a0ce59ed33526c0d6133.pdf. Acesso em: 06 out. 2020.

[575] MIRANDA, Evaristo Eduardo de; CARVALHO, Carlos Alberto de; GASQUES, José Garcia. *O mundo rural do censo agropecuário não é o do cadastro ambiental rural?* Instituto de Pesquisa Econômica Aplicada (Ipea). Brasília: Instituto de Pesquisa Econômica Aplicada (Ipea), 2020. DOI: http://dx.doi.org/10.38116/978-65-5635-011-0/cap6. Acesso em: 26 jan. 2021.

[576] BRASIL. Ministério da Agricultura, Pecuária e Abastecimento. *Cadastro Ambiental Rural – CAR*. Boletim Informativo. Edição Especial. Janeiro de 2020. Disponível em: https://www.florestal.gov.br/documentos/car/boletim-do-car/4418-revisao-boletim-car-encaminhar-07abril2020-1/file. Acesso em: 26 jan. 2021.

[577] Em matéria do jornal O Estado de S. Paulo, publicada em 02 de dezembro de 2021, intitulada "Um cadastro ambiental à espera de validação", a jornalista Juliana Martins constatou que a certificação agora depende de checagem federal e estadual, e o Governo Federal procura desenvolver uma ferramenta para a análise do gigante cadastro, já que, humanamente, configura-se como uma tarefa impossível. *Cf.*: MARTINS, Juliana. Um cadastro ambiental à espera de validação. *O Estado de S. Paulo*. Publicado em 02 de dezembro de 2020. Disponível em: https://economia.estadao.com.br/noticias/agronegocios,um-cadastro-ambiental-a-espera-de-validacao,70003536114. Acesso em: 26 jan. 2021.

Assim, "o CAR hoje configura-se como um *outdoor de ilusões*, resultando grande preocupação, sob a perspectiva da proteção ambiental, porque valida automaticamente uma informação precária".[578] A análise ou apuração da autoridade ambiental poderá, infelizmente, nunca acontecer, porque demanda uma série de procedimentos, como investimento em tecnologia, treinamento especializado e vontade política. Não se trata, de forma alguma, de ignorar a boa-fé que é inerente ao direito, de forma geral, mas reconhecer que a obrigação ambiental, como direito fundamental, é incompatível com precariedades ou provisoriedades.

O art. 29 da Lei nº 12.651, de 2012, dispõe que o Cadastro Ambiental Rural (CAR) é um "registro público eletrônico", não existindo, estranhamente, menção à publicidade em seu regulamento (Decreto nº 7.830, de 17 de outubro de 2012), já que o acesso à informação pública é uma garantia constitucional que não pode ser afastada por ser direito fundamental (Art. 5º, XXXIII),[579] impossibilitando ou dificultando a fiscalização do espaço ambiental por qualquer cidadão. A publicidade é sinônimo e se configura como a viga mestra da transparência, e a ausência de menção ao decreto é potencializada pela Instrução Normativa nº 2/2014, do Ministério do Meio Ambiente, que confirma a restrição ao cadastro ambiental, *in verbis*: "Art. 12. As informações de natureza pública de que trata o inciso V do art. 3º do Decreto nº 7.830, de 2012, a serem disponibilizadas pelo SICAR, *será limitada* [grifo nosso]".

Finalmente, é preciso destacar que o Cadastro Ambiental Rural (CAR) originariamente era de competência do Ministério do Meio Ambiente (2012) por meio do Serviço Florestal Brasileiro (criado pela Lei nº 11.284/2006), que em 13 de maio de 2020 (Decreto nº 10.347), passou para a atribuição do Ministério da Agricultura, Pecuária e Abastecimento. Em 1º de janeiro de 2023 o cadastro voltou para o Ministé-

578 PASSARELLI, Luciano Lopes; MELO, Marcelo Augusto Santana de. Publicidade da Reserva Florestal Legal. Análise da antinomia do Código Florestal com a Lei de Registros Públicos. *Revista de Direito Ambiental*, v. 100, 2020, p. 540.

579 Leciona Paulo Affonso Leme Machado que "na Constituição Federal de 1988 há uma manifesta opção pelo princípio do livre acesso à informação e pelo princípio da publicidade. *É impossível proteger bem o que é de todos através do segredo*. A proteção do meio ambiente só se torna efetiva em todo o Planeta quando dois direitos caminharem juntos: o direito à informação e o direito à participação" (MACHADO, 2006, p. 265, grifo nosso).

rio do Meio Ambiente (Decreto nº 11.349), tendo finalmente, em 19 de junho de 2023 (Lei nº 14.600, art. 32, inciso XII,), passado para a gestão do Ministério da Gestão e da Inovação em Serviços Públicos. As inúmeras mudanças de competência resultaram em grande comprometimento de gestão dessa importante ferramenta, principalmente para a proteção ambiental, e demonstram, em razão pertinência temática de cada ministério, a forte disputa política envolvida.

4.3.4 A publicidade da reserva florestal legal no registro de imóveis

A questão mais controversa do cadastro ambiental rural é se persiste ou não a obrigatoriedade de averbação da reserva florestal nos cartórios de Registro de Imóveis.[580] Com a revogação total do Código Florestal de 1965 e criação do Cadastro Ambiental Rural (CAR), foi posta em questionamento a permanência ou não da publicidade das áreas de reserva florestal legal nas respectivas matrículas dos Cartórios de Registro de Imóveis, principalmente porque não existiu revogação expressa do dispositivo legal da Lei nº 6.015/73, que também prevê a averbação da reserva legal no Registro de Imóveis (art. 167, II, 22).

Antes da promulgação do novo Código Florestal de 2012, o legislador *expressamente* conferia duas formas de publicidade para a reserva florestal legal: a legal, que é a presunção de que a reserva existe na porcentagem estabelecida; e a registral, que configura a sua exata localização e permite um reforço da publicidade e potencialidade exploratória da área rural. A área de reserva florestal era averbada na matrícula do imóvel, no registro de imóveis respectivo, sendo vedada a alteração de sua destinação, nos casos de transmissão, a qualquer título, de desmembramento ou de retificação da área, com as exceções previstas neste Código.[581]

Entre a doutrina ambiental tradicional brasileira, a questão também não foi pacificada. Paulo Affonso Leme Machado entende que o órgão da inscrição foi alterado de forma absoluta, deixando o Registro de Imóveis de averbar a reserva florestal.[582] Édis Milaré,[583] por sua vez, defende que

[580] Passarelli; Melo, 2020, p. 540.
[581] § 8º do Art. 16 do Código Florestal, redação dada pela MedProv 2.166-67/2001.
[582] Machado, 2014, p. 917.
[583] Milaré, 2014, p. 1313.

"nada obsta – sendo recomendável – venha a reserva legal a ser averbada no Cartório de Registro de Imóveis", mesmo porque ele ganha publicidade no registro imobiliário, recomendando uma comunicação eletrônica entre o cadastro e o registro.[584]

Completada uma década de vigência do Código Florestal de 2012, a situação ainda não foi pacificada nos tribunais, tanto na esfera jurisdicional como na administrativa. O Superior Tribunal de Justiça[585] expressamente determinou que a demarcação e averbação da reserva florestal no cadastro ambiental é condição para o registro da sentença de usucapião, não pretendendo a nova lei reduzir a eficácia ambiental, mas somente alterar o órgão responsável pela inscrição, entendimento este que foi seguido de forma administrativa pelo Conselho Superior da Magistratura de São Paulo.[586]

[584] No Estado de São Paulo, o Provimento nº 36/2013, de 07 de novembro de 2013, bem como sua atualização (Provimento nº 09/2016), procurou-se conciliar o Código Florestal de 2012, com a Lei de Registros Públicos, criando-se uma comunicação eletrônica direta entre o Cadastro Ambiental e os cartórios de Registro de Imóveis, de forma que as informações ambientais consigam migrar para as matrículas dos imóveis direta ou indiretamente, conferindo, assim, na normativa paulista, interpretação, que deu um sentido prático para o Código Florestal de 2012, estabelecendo um espelho comunicativo entre as matrículas do Registro de Imóveis e o cadastro ambiental (CORREGEDORIA GERAL DA JUSTIÇA. *Normas de Serviço*. Cartórios Extrajudiciais. Tomo II. São Paulo, 1989. Disponível em: https://api.tjsp.jus.br/Handlers/Handler/FileFetch.ashx?codigo=112823. Acesso em: 12 set. 2019).

[585] BRASIL. Superior Tribunal de Justiça. *REsp nº 1.356.207 - SP*. Rel.: Min. Humberto Martins. Data do julgamento: 24/05/2013. Data da publicação no DJE: 28/04/2015. Disponível em: https://processo.stj.jus.br/processo/revista/documento/mediado/?componente=ITA&sequencial=1258701&num_registro=201100864536&data=20130906&formato=PDF. Acesso em: 01 nov. 2021.

[586] Ementa Oficial: REGISTRO DE IMÓVEIS – Dúvida registral – Sentença de usucapião – Não especialização da reserva legal no CAR – Mera inscrição no CAR sem identificação da reserva legal é insuficiente para desobrigar a averbação na serventia predial – A regra do art. 67 da Lei nº 12.651/2012 não exclui a obrigação de localização da reserva legal – Suavização da obrigação de recuperação da área de reserva legal que não se confunde com a isenção afirmada pelos recorrentes/interessados – Desqualificação registral e sentença confirmadas – Recurso desprovido (BRASIL. Conselho Superior da Magistratura de São Paulo. *Apelação nº 1000891-63.2015.8.26.0362*, da Comarca de Mogi-Guaçu. Data do julgamento: 02/06/2016. Data da publicação do DJE: 28/06/2016. Disponível em: https://

Na esfera administrativa, merece atenção o acórdão do Conselho Superior da Magistratura de São Paulo[587] determinando que a mera inscrição do bem imóvel rural no CAR não bastaria, "competindo ao Oficial de Registro de Imóveis, ao realizar o juízo de qualificação registral, apurar se a inscrição cadastral indicou, em atenção ao inc. III do § 1º do art. 29 da Lei nº 12.651/2012 ou, conforme a dimensão do imóvel, ao art. 53 do Código Florestal, a localização da reserva legal florestal".

No entanto, o Superior Tribunal de Justiça fixou entendimento de que "o novo Código Florestal não aboliu a necessidade de averbação da reserva legal no Cartório de Registro de Imóveis"[588] e, mais recentemente, reiteradamente tem decidido sobre a necessidade de publicidade registral direta das reservas legais florestais, aplicando-se o Código Florestal anterior:

> O caso dos autos deve ser regido pela Lei n. 4.771/1964, à exceção da possibilidade de as rés regularizarem a Reserva Legal, nos termos do art. 66 da Lei n. 12.651/2012, que contém comando retroativo expresso. Precedente: REsp 1.646.193/SP, Rel. Min. Napoleão Nunes Maia Filho, Rel. p/ acórdão Min. Gurgel de Faria, Primeira Turma, DJe 4/6/2020. A Corte de origem autorizou o registro da Reserva Legal apenas no Cadastro Ambiental Rural - CAR. Ocorre que o caso deve ser regido pela lei vigente ao tempo do fato, com respaldo no princípio tempus regit actum, razão por que o registro da

extrajudicial.tjsp.jus.br/pexPtl/visualizarDetalhesPublicacao.do?cdTipopublicacao=5&nuSeqpublicacao=5632. Acesso em: 01 nov. 2021).

[587] BRASIL. Conselho Superior da Magistratura de São Paulo. *Apelação Cível nº 1025597-86.2015.8.26.0564*. Data do julgamento: 10/11/2016. Data da publicação no DJE: 15/12/2016. Disponível em: https://extrajudicial.tjsp.jus.br/pexPtl/visualizarDetalhesPublicacao.do?cdTipopublicacao=5&nuSeqpublicacao=5949. Acesso em: 01 nov. 2021.

[588] BRASIL. Superior Tribunal de Justiça. Segunda Turma. *AgInt nos EDcl no Recurso Especial nº 1.722.410 – SP*. Relator: Ministro Francisco Galvão. Data do julgamento: 24/11/2020. Data da publicação no DJE: 01/12/2020. Disponível em: https://processo.stj.jus.br/processo/revista/documento/mediado/?componente=ITA&sequencial=1768977&num_registro=201800258135&data=20201201&peticao_numero=201800488763&formato=PDF. Acesso em: 23 mar. 2021.

Reserva Legal deve ser feito por meio de sua averbação no competente Cartório de Imóveis.[589]

Pela sistemática constante da jurisprudência da Corte Superior, *prevalece o entendimento de que é necessária a averbação nas matrículas dos imóveis porque essa era a obrigação ambiental constante do código passado*, pouco importando o fato de que ela tenha sido realizada ou regularizada, de forma que a omissão do proprietário não teria o condão de desobrigar a averbação.

Para nós, essa insegurança ou instabilidade operacional do CAR deveria ser objeto de uma padronização administrativa em todo o Brasil, a ser realizada pelo Conselho Nacional de Justiça, órgão responsável pela normatização nacional dos serviços notariais e de registro (art. 103-B, § 4º, inciso III), porque a carência de um entendimento uniforme e homogêneo gera instabilidade e pode prejudicar a publicidade ambiental, tão necessária para uma efetiva fiscalização.[590]

[589] BRASIL. Superior Tribunal de Justiça. Primeira Turma. *AgInt nos EDcl no Recurso Especial nº 1.681.074 – SP*. Relator: Ministro Napoleão Nunes Maia Filho. Data do julgamento: 25/05/2021. Data da publicação no DJE: 16/06/2021. Disponível em: https://processo.stj.jus.br/processo/revista/documento/mediado/?componente=ATC&sequencial=128692244&num_registro=201701482698&data=20210616&tipo=5&formato=PDF. Acesso em: 19 ago. 2021.

[590] Para compreensão da falta de entendimento uniforme sobre a publicidade no Registro de Imóveis no Brasil, no Estado de São Paulo a reserva legal demanda publicidade registral (Item 123.2.1, Capítulo XX, das Normas de Serviço da Corregedoria Geral da Justiça. Tomo II. São Paulo, 1989. Disponível em: https://api.tjsp.jus.br/Handlers/Handler/FileFetch.ashx?codigo=112823). No Estado do Rio Grande do Sul, assim como no Estado do Paraná, a averbação da reserva é meramente facultativa (Parágrafo único do art. 584, Tribunal de Justiça do Estado do Rio Grande do Sul, Consolidação Normativa Registral, Provimento 1/2020. Disponível em: https://www.tjrs.jus.br/static/2023/01/Consolidacao-Normativa--Notarial-Registral-2023-TEXTO-INTEGRAL-18_01_2023.pdf. Acesso em: 07 fev. 2023); e § 2º do art. 577 do Código de Normas do Paraná. Disponível em: https://www.tjpr.jus.br/documents/13302/29328945/C%C3%B3digo+de+Normas+do+Foro+Extrajudicial+-+atualizado+at%C3%A9+o+provimento+314.2022+-+2023.pdf/c4a2d507-6875-d276-c14d-f450dd047c77. Acesso em: 09 fev. 2023. No Estado de Minas Gerais, assim no Mato Grosso do Sul, a averbação da reservada é *dispensada*, dando-se publicidade somente à inscrição no CAR (Inciso VI do art. 198 do Código de Normas, Corregedoria Geral da Justiça de Minas Gerais. Disponível em: http://www8.tjmg.jus.br/institucional/at/pdf/vc00932020.pdf. Acesso em: 09 fev. 2023; e inciso I do art. 1.341 do Código de Normas

No entanto, é possível concluir que, em linhas gerais, existe um ponto de concordância na jurisprudência administrativa e jurisdicional, que é a *possibilidade da publicidade registral*, mesmo com o advento do Código Florestal de 2012, ainda que de forma facultativa (minoritariamente). E isso já foi observado, também, na esfera política, já que, quando da conversão da Medida Provisória nº 571, de 25 de maio de 2012, na Lei nº 12.727, de 13 de outubro de 2012, que buscava revogar expressamente o item 22 do inciso II do art. 167 da Lei nº 6.015/73, último dispositivo registral que permite a averbação da reserva florestal, recebeu veto presidencial, cujas razões valem ser transcritas:

> ao propor a revogação do item 22 do inciso II do art. 167 da Lei no 6.015, de 31 de dezembro de 1973, dispensa a averbação da Reserva Legal sem que haja ainda um sistema substituto que permita ao poder público controlar o cumprimento das obrigações legais referentes ao tema, ao contrário do que ocorre no próprio art. 18, § 4º, da Lei no 12.651.

A finalidade do Código Florestal de 2012 não foi a de excluir a publicidade registral, mesmo porque é princípio do direito ambiental a informação ampla e irrestrita.[591] Trata-se da aplicação do processo interpretativo sociológico ou teleológico, buscando na norma uma finalidade social, ou

do Estado do Mato Grosso do Sul, Corregedoria Geral da Justiça do Mato Grosso do Sul. Disponível em: https://www.tjms.jus.br/legislacao/public/pdf-legislacoes/Livro%20feito%20pela%20Corregedoria.pdf. Acesso em: 09 fev. 2023. No Estado do Mato Grosso, a averbação da reserva legal é desobrigada no Registro de Imóveis e também poderá ser realizada de forma facultativa (§ 2º do art. 1.019 do Código de Normas da Corregedoria Geral da Justiça do Mato Grosso. Disponível em: https://www.anoregmt.org.br/novo/wp-content/uploads/2020/12/42.2020-CGJ-Institui-nova-CNGCE.pdf. Acesso em: 09 fev. 2023. No Estado do Rio de Janeiro, a averbação da reserva florestal é desobrigada, sendo facultativa a inscrição do cadastro rural (Parágrafo único do art. 1.310 do Código de Normas da Corregedoria Geral do Estado do Rio de Janeiro. Disponível em: https://cgj.tjrj.jus.br/documents/1017893/0/codigo-de-normas-da-cgj-parte-extrajudicial-01.02.2023.pdf/3d8f2918-a6d2-dc32-3fc7-ac0dbdd39ac5?t=1675346753471. Acesso em: 09 fev. 2023).

[591] Paulo Affonso Leme Machado leciona que a informação ambiental "deve ser veraz, contínua, tempestiva e completa", destacando ou identificando as características da *tecnicidade*, *compreensibilidade* e *rapidez* (Machado, 2006, p. 92).

a *ratio* do preceito normativo, determinando, a partir dela, o sentido, o resultado que a norma precisa alcançar com sua aplicação. Miguel Reale leciona que praticamente toda intepretação jurídica tem natureza teleológica fundada na consistência valorativa do direito, não sendo a solução encontrada no isolamento, mas numa estrutura de significações.[592] A lógica do razoável, ensina Maria Helena Diniz, "ajusta-se à solução das antinomias, ante o disposto no art. 5º da nossa Lei de Introdução às Normas do Direito Brasileiro".[593]

Devemos, em face da dinamicidade do direito, nas palavras de Maria Helena Diniz, "redimensionar os valores, mediante a ideologia, baseando-se nas pautas estimativas, informadoras da ordem jurídico-positivo, preferindo uma decisão razoável".[594] É o processo lógico que poderá ajudar a solução *razoável* de uma antinomia teleológica, e o art. 5º da Lei de Introdução às Normas do Direito Brasileiro pode nos ajudar a encontrar o predomínio da finalidade da norma sobre sua letra, fornecendo-nos os critérios hermenêuticos necessários ao entendimento das normas, permitindo corrigir o conflito e chegar a uma solução razoável, constituindo-se verdadeira *válvula de segurança*.[595]

O art. 5º da Lei de Introdução às Normas do Direito Brasileiro disciplina que, "na aplicação da lei, o juiz atenderá aos fins sociais a que ela se dirige e às exigências do bem comum". O caráter social da preservação ambiental é de uma evidência cristalina para a correta exegese da antinomia. A reserva florestal legal é um território ambiental protegido pela Magna Carta, e a função social da propriedade imobiliária, incluída a ambiental, fartamente prevista no ordenamento jurídico (arts. 5º, inciso XXIII, 170, III, 182 e 186, Constituição, e art. 1.228, § 1º). O fim social é o objetivo máximo de uma sociedade, podendo abranger o útil, a necessidade social e o equilíbrio de interesses. A busca desse fim será o objeto de qualquer aplicador do direito. O propósito da norma jurídica consiste na produção de uma realidade social, dos efeitos desejados, em razão de

[592] Reale, Miguel. Lições preliminares de Direito. 27ª edição. 22ª tiragem. São Paulo: Saraiva, 2018, p. 289.
[593] Diniz, 2014, p. 72.
[594] Diniz, 2014, p. 102.
[595] Diniz, 2014, p. 72.

serem valiosos, justos, convenientes e, como ensina Maria Helena Diniz, "adequados à subsistência de uma sociedade".[596]

O Cartório de Registro de Imóveis, como órgão controlador e nascedouro do direito de propriedade, e tendo em vista uma análise sistêmica, necessariamente precisa, espelha a situação jurídica dos direitos reais e possui, por meio das averbações, a possibilidade de dar publicidade e informações não somente ambientais, mas também urbanísticas e todas as demais relativas a alguma restrição ao exercício regular do imóvel.

Afrânio de Carvalho, em 1990,[597] já defendia que a Lei de Registros Públicos, ao prever como requisito "a identificação do imóvel, feita mediante a indicação de suas características" (176, § 1º, II, n. 3), levou a publicidade das matas para o Registro de Imóveis: "ora, ninguém negará que uma das principais características do imóvel, se não a principal é a presença ou ausência de matas, tanto mais quanto outra lei impõe que as possua em percentagem que fixa imperativamente". A reserva florestal legal é característica fundamental do imóvel e o principal órgão interessado e responsável por sua publicidade é o registro imobiliário.

As duas normas podem e devem ser aplicadas, necessitando um imprescindível *diálogo* entre as fontes normativas que não são excludentes, de forma que afastar a averbação da reserva florestal legal no Registro de Imóveis seria reduzir o alcance das informações ambientais, exteriorizando uma afronta ao bem-comum. É preciso ressaltar que, entre duas normas justificáveis, o intérprete deve necessariamente opinar pela que permite uma aplicação do direito com justiça, sabedoria, eficiência e, principalmente, coerência, neste caso, *in dubio pro natura*. Quando surge uma antinomia (real), a solução deverá ser satisfatória e justa, estando autorizado o aplicador do direito a se socorrer dos *princípios gerais de direito* e dos *valores* eminentemente predominantes na sociedade.[598]

As informações ambientais são de uso comum do povo e todos têm direito de fiscalizar. Ora, como adverte Fernando Grella Vieira, uma vez averbada no Registro de Imóveis, "a reserva legal se converte em obriga-

[596] DINIZ, 2014, p. 187.

[597] CARVALHO, Afrânio de. *As matas e o Registro de Imóveis*. Vol. 656. São Paulo: Revista dos Tribunais (Thomson Reuters), 1990, p. 34.

[598] DINIZ, 2014, p. 74.

ção de respeitá-la como tal (não explorá-la), exigível pelos entes legitimados a promover a tutela do Meio Ambiente de quem quer que se torne titular do domínio do imóvel".[599]

O problema da falta de publicidade do Cadastro Ambiental Rural que justificamos é de difícil solução se a publicidade registral não for utilizada, porque somente o Registro de Imóveis possui as ferramentas necessárias que possibilitam a pesquisa para qualquer cidadão que desejar ter acesso às informações ambientais, tais como os indicadores real e pessoal, além de vinculação ao sistema geodésico nacional, por meio de montagem do mosaico virtual registral, com imagens de satélite georreferenciadas.

É possível, assim, afirmar que persiste a averbação da reserva legal no Registro de Imóveis, de forma que

> O § 4º do art. 18 do novo Código Florestal, expressamente, *desobriga* da averbação no Registro de Imóveis, mas o verbo *desobrigar* não é sinônimo de impedir, de sorte que a averbação da reserva florestal legal prevalece no sistema de Registro de Imóveis. Os atos de registro continuam obrigatórios (art. 169 da Lei nº 6.015/73) e o novo Código Florestal, a teor do que dispõe o art. 18, desobriga o proprietário de averbar a reserva florestal no Registro de *Imóveis, porém, não impede a autoridade ambiental ou qualquer interessado* de promover a averbação.[600]

O meio ambiente, de acordo com a nova perspectiva social, pode ser considerado princípio geral do direito essencial. Constatada uma antinomia, o valor do *justum* deverá sempre lograr entre suas normas que se mostram incompatíveis, devendo-se, como ensina Maria Helena Diniz, "seguir a mais justa ou a mais favorável, procurando salvaguardar a ordem pública ou social".[601] Em toda norma jurídica, há um elemento lógico ou proporcional, que pode ser estudado, segundo Miguel Reale, de duas maneiras distintas: "ou em si mesmo, isto é, em seu significado formal; ou

599 Vieira, Fernando Grella. A reserva legal como condição de exploração das florestas privadas. *Revista de Direito Imobiliário*, vol. 701. São Paulo: Revista dos Tribunais (Thomson Reuters), 1994, p. 30.

600 Passarelli; Melo, 2020, p. 540.

601 Diniz, 2014, p. 53.

em sua 'correlação dialética como os elementos factuais e valorativos'".[602] Sem a integração de valores e fatos às normas, não podemos chegar a qualquer resultado satisfatório para a compreensão e integração legislativa. O princípio da publicidade ambiental[603] é de interesse público e se confunde com a própria natureza do meio ambiente, que é de uso comum do povo (art. 225, Constituição Federal), merecendo ser potencializado de todas as formas possíveis.[604]

O Superior Tribunal de Justiça já analisou a compatibilidade entre o Código Florestal de 2012 e a Lei de Registros Públicos:

> Quanto à Reserva Legal, **convivem em perfeita harmonia o regime jurídico do Código Florestal e o da Lei de Registros Públicos**: poderá a instituição ser realizada, alternativamente e à escolha do proprietário, no Cartório de Registro Imobiliário (= averbação) ou no Cadastro Ambiental Rural – CAR (= registro administrativo). Ocorrendo, contudo, negócio jurídico – compra e venda, usucapião, hipoteca, loteamento, incorporação, parcelamento do solo, servidão, usufruto, convenção antenupcial etc. – que, por constituição, transferência ou modificação, judicial ou extrajudicial, de direitos reais atrelados ao imóvel, exija atualização nos assentos do Registro Imobiliário, para este devem ser transplantados, no mesmo momento, os dados da Reserva Legal anteriormente inseridos no cadastro administrativo[605] [grifos nossos].

[602] Reale, 2018, p. 104.

[603] A Declaração do Rio de Janeiro, de 1992, em uma das frases do Princípio 10, afirma que, "no nível nacional, cada indivíduo deve ter acesso adequado a informações relativas ao meio ambiente de que disponham as autoridades públicas, inclusive informações sobre materiais e atividades perigosas em suas comunidades". AARHUS, 25 jun.1998. A Convenção foi preparada pelo Comitê de Políticas de Meio Ambiente da Comissão Econômica para a Europa das Nações Unidas. Entrou em vigor em 30 de outubro de 2001.

[604] França, R. Limongi. *Princípios gerais de Direito*. 2ª edição. São Paulo: Revista dos Tribunais, 1971, p. 201.

[605] BRASIL. Superior Tribunal de Justiça. Segunda Turma. Recurso Especial nº 1.742.149 – MG. Relator: Ministro Herman Benjamim. Data do julgamento: 23/04/2019. Data da publicação no DJE: 18/06/2019. Disponível em: https://scon.stj.jus.br/SCON/GetInteiroTeorDoAcordao?num_registro=201801159496&dt_publicacao=18/06/2019. Acesso em: 23 mar. 2021.

Por fim, alguns artigos do Código Florestal de 2012 indicam ambiguidades ou incompatibilidades com relação à reserva legal, que expõem a confusão operada pelo legislador entre cadastro e registro e *justificam a manutenção da publicidade registral*. O artigo 30 do Código Florestal reconhece as averbações de reserva florestal constantes do Registro de Imóveis existente quando da promulgação da lei, permitindo a utilização de referidas informações diretamente no cadastro ambiental; não determina ao menos o cancelamento delas, que seguem produzindo seus regulares efeitos nos termos do art. 252 da Lei nº 6.015/73. Caso o legislador desejasse realmente romper com a comunicação entre cadastro e registro teria não somente revogado a possibilidade de averbação constante do art. 167, II, da Lei de Registros Públicos, mas também teria previsto o necessário cancelamento da averbação de reserva florestal, uma vez migrada a informação ao cadastro. O que ocorreu foi a manutenção dos dois sistemas[606].

4.3.5 Obrigatoriedade do CAR

A exigibilidade da especialização da reserva florestal legal segue a sorte da obrigatoriedade para que o Cadastro Ambiental Rural seja realizado. No entanto, as sucessivas alterações legislativas, bem como dos decretos regulamentadores, tornaram a operacionalização do sistema cadastral uma tormentosa tarefa interpretativa que merece destaque.

A redação originária do § 3º do art. 29, da referida Lei nº 12.651/2012, determinava que a inscrição no CAR seria obrigatória para todas as propriedades e posses rurais, "devendo ser requerida no prazo de 1 (um) ano contado da sua implantação, prorrogável, uma única vez, por igual período por ato do Chefe do Poder Executivo". Nesse momento, instaurou-se uma discussão para se determinar quando o cadastro ambiental se tornaria obrigatório, já que muitos Estados-membros já possuíam seu sistema operando, enquanto outros esperam o lançamento do sistema cadastral

[606] Outro ponto interessante é o que ocorre com o excedente florestal previsto no § 2º, art. 15, do Código Florestal de 2012, ou seja, as áreas preservadas que ultrapassem o mínimo exigido no Código Florestal poderão ser transformadas em servidão ambiental ou em cota de reserva ambiental, e ambos os institutos recebem expressa publicidade registral pela Lei nº 12.651/2012 no art. 78, in verbis: "Para se utilizar a cota de reserva ambiental, é imprescindível a averbação de sua emissão na matrícula do imóvel".

nacional. O Decreto nº 7.830, de 17 de outubro de 2012, que dispõe sobre o Sistema Nacional de Cadastro Ambiental Rural, em art. 21 disciplinou que "ato do Ministro de Estado do Meio Ambiente estabelecerá a data a partir da qual o CAR será considerado implantado".

Em 06 de maio de 2014, foi publicada a Instrução Normativa 2/2014,[607] do Ministério do Meio Ambiente, declarando que o Cadastro Ambiental Rural (CAR) estava formalmente implantado em todo o território nacional (art. 64), ou seja, começava a correr o prazo de um ano constante do § 3º do art. 29, cujo termo final seria 06 de maio de 2015. Por meio do Decreto Federal nº 8.439, de 29 de abril de 2015, o Governo Federal delegou ao Ministro do Meio Ambiente a faculdade de prorrogação do prazo da implantação do CAR, o que foi realizado pela Portaria MMA nº 100,[608] de 04 de maio de 2015, passando, assim, a ter como termo para implantação a data de 05 de maio de 2016.

Em 14 de junho de 2016, a Lei Federal nº 13.295, alterou novamente a redação do § 3º do art. 29 do Código Florestal, de forma que a inscrição deveria ser requerida até 31 de dezembro de 2017, prorrogável por mais 1 (um) ano por ato do chefe do Poder Executivo. Em 29 de dezembro de 2017, foi emitido o Decreto nº 9.257, prorrogando o prazo para a inscrição do CAR para 31 de maio de 2018. Em 30 de maio de 2018 (Decreto nº 9.395), novamente o prazo foi prorrogado, desta vez para 31 de dezembro de 2018, regulamento esse que, na época, não respeitou o texto legal, que somente permitia a prorrogação por uma única vez.

Finalmente, a Medida Provisória nº 884, de 14 de junho de 2019, alterou o § 3º do art. 29 do Código Florestal, tornando a inscrição no CAR "**obrigatória para todas as propriedades e posses rurais** [grifo nosso]", sem condicionar a um termo final. No entanto, na conversão da referida medida provisória na Lei nº 13.887, de 17 de outubro de 2019, o texto foi alterado, de forma que o § 3º do art. 29 passou a ter a seguinte redação:

607 BRASIL. Ministério do Meio Ambiente. *Diário Oficial da União nº 84, de 06 de maio de 2014*. Seção 1. Disponível em: http://www.ibama.gov.br/sophia/cnia/legislacao/MMA/IN0002-050514.pdf. Acesso em: 18 ago. 2021.

608 BRASIL. Ministério do Meio Ambiente. *Diário Oficial da União nº 83, de 05 de maio de 2015*. Disponível em: https://pesquisa.in.gov.br/imprensa/jsp/visualiza/index.jsp?jornal=1&pagina=44&data=05/05/2015. Acesso em: 18 ago. 2021.

"A inscrição no CAR é obrigatória e por prazo indeterminado para todas as propriedades e posses rurais".

A redação do texto legal é péssima, mas, a nosso ver, somente pode resultar em uma interpretação possível porque ou a inscrição cadastral é obrigatória e a expressão "por prazo indeterminado" significa que não existe termo final para a inserção do requerimento no sistema, ou seja, é imediata; ou a inscrição é facultativa e não pode ser exigida porque não existe prazo condicionante, o que resultaria na quebra da sistemática criada pelo Código Florestal de 2012, ou seja, ninguém jamais seria obrigado a se inscrever no cadastro rural ambiental, tampouco seria passível de punição ou impelido de cumprimento das obrigações ambientais, porque não existiria obrigação exigível, ou seja, uma norma sem sanção ou executividade, configurando uma contradição em si. Nas palavras de Washington de Barros Monteiro, seria "um fogo que não queima, uma luz que não alumia".[609]

4.3.6 A qualificação registral da reserva florestal legal

Superada a permanência e publicidade no Registro de Imóveis, principalmente em razão da jurisprudência do Superior Tribunal de Justiça, resta analisar como deverá ser a atitude do oficial de Registro de Imóveis quando da análise de títulos a ele submetidos.

Para isso, é preciso reiterar a compreensão do funcionamento do cadastro ambiental. A especialização ou identificação da reserva florestal legal é realizada primeiramente de forma eletrônica no CAR, e de forma reflexa no Registro de Imóveis. A matriz ambiental é o cadastro ambiental rural, e não mais o Registro de Imóveis, sendo, assim, facultativa.

No âmbito da qualificação registral, o Oficial deve ficar atento nas hipóteses em que a reserva legal é exigível, ou seja, na prática de qualquer ato registrário em sentido estrito (registro)[610] ou ainda, nas modificações da figura geodésica dos imóveis[611]. Exigir a inscrição no cadastro rural para

[609] Barros Monteiro, 1967, p. 14.

[610] STJ (REsp 1.742.149/MG, 23/04/2017, REsp 1.641.168/MG) e § 3º do art. 29, da referida Lei nº 12.651/2012 (Redação dada pela Lei nº 13.887/2019).

[611] STJ, REsp 218.781, 09/12/2009. Revista do Superior Tribunal de Justiça. N. 1 (set. 1989). -- Brasília: STJ, 1989. Disponível em <https://www.stj.jus.br/docs_internet/revista/ele-

qualquer ato registrário, para nós, prejudicaria a dinâmica dos atos registrários, dificultando, inclusive a atualização da matrícula. Assim, sendo o caso de exigência de reserva florestal, deverá ser checado se existe lançamento ou especialização no cadastro rural, essa é, atualmente, **a principal função ambiental do Registro de Imóveis**. Posteriormente, uma vez aprovada ou validada pelo órgão ambiental, recomenda-se o transporte de referida informação para a matrícula do imóvel, se possível referido transporte de acordo com a compatibilidade descritiva.

Não existe razão lógica-prática que impeça o proprietário de promover o lançamento virtual no cadastro ambiental rural, já que a informação é declaratória e será necessariamente supervisionada pela autoridade ambiental, sem falar que a ferramenta eletrônica é de fácil utilização. Eventual inconsistência poderá ser, a qualquer tempo retificada ou complementada, o que não se justifica é não existir qualquer lançamento ou indicação do proprietário sobre as informações ambientais, como se existisse uma esperança de mitigação da legislação em vigor já demasiadamente abrandada no decorrer dos anos.

Quando a reserva legal for aprovada pelo órgão responsável, a averbação no Registro de Imóveis pode ocorrer através de comunicação eletrônica das informações do CAR, através de checagem pelo Oficial quando do próximo ato de registro a ser realizado, ou, ainda, quando retificação/georreferenciamento.

Importante que **não se deve confundir a especialidade da reserva legal lançada no cadastro ambiental com a especialidade registral**. Optou o legislador, bem ou mal, que o Registro de Imóveis não deve publicar diretamente referidos espaços ambientalmente protegidos. Mas o fato de a averbação da especialização registral não existir como outrora não significa a desobrigação de, no âmbito da qualificação registral, o Oficial fiscalizar se a reserva florestal legal está lançada no CAR. Trata-se de cumprimento do princípio da legalidade, uma vez o cadastro ambiental sendo obrigatório.

Nesse sentido acórdão do Conselho Superior da Magistratura de São Paulo:

tronica/stj-revista-eletronica-2015_238.pdf>. Acesso em 11/04/2023.

Nada obstante, a desobrigação positivada no art. 18, § 4º, da Lei nº 12.651/2012, não se contenta com a mera inscrição do bem imóvel rural no CAR. Não basta a comprovação de sua realização; é necessário que se demonstre a especialização da reserva legal. Por isso, compete ao Oficial, ao realizar o juízo de qualificação registral, apurar se a inscrição cadastral indicou, em atenção ao inc. III do § 1º do art. 29 da Lei nº 12.651/2012 ou, conforme a dimensão do imóvel, ao art. 53 do Código Florestal, a localização da reserva legal florestal. Sua falta, consequentemente, justificará a recusa do título, orientada pelo princípio da legalidade.[612]

Finalmente, também é preciso distinguir a especialização da reserva florestal legal que é realizada no âmbito eletrônico do Cadastro Ambiental Rural (CAR) *da efetiva existência fática de cobertura florestal no imóvel.* Com efeito, o grau de desenvolvimento florestal não deve ser fiscalizado pelo Oficial de Registro de Imóveis, mas o lançamento e definição da mesma continua sob a competência do registro imobiliário em razão, como dissemos, do princípio da legalidade. Dispõe a Lei nº 12.651, de 25 de maio de 2012, que os imóveis que não possuam reserva florestal mínima devem reflorestar ou aderir ao programa de regularização ambiental previsto no art. 59. Referida adesão, para nós, não deve ser fiscalizada pelo Oficial de Registro de Imóveis porque extrapola o âmbito da qualificação registral. A jurisprudência do STJ é forte no sentido de que a obrigação *propter rem* de demarcação da reserva florestal existe independentemente de haver área florestal ou vegetação nativa na propriedade.[613]

O Oficial de Registro de Imóveis deve, assim, checar se a reserva florestal lançada no CAR corresponde ao mínimo exigido por lei, ou seja, se corresponde à porcentagem estabelecida no art. 68 do Código Florestal.

[612] BRASIL. Tribunal de Justiça de São Paulo. Conselho Superior da Magistratura. *Apelação Cível nº 1025597-86.2015.8.26.0564*. Relator: Desembargador Pereira Calças. Data do julgamento: 10/11/2016. Data da publicação no DJE: 15/12/2016. Disponível em: https://extrajudicial.tjsp.jus.br/pexPtl/visualizarDetalhesPublicacao.do?cdTipopublicacao=5&nuSeqpublicacao=5949. Acesso em: 30 jan. 2023.

[613] REsp 865.309/MG, Rel. Min. Castro Meira, Segunda Turma, julgado em 23.9.2008, DJe de 23.10.2008; REsp 867.085/PR, Ministro João Otávio de Noronha, Segunda Turma. DJ 27/11/2007 p. 293, e REsp 821.083/MG, Rel. Ministro Luiz Fux, Primeira Turma, julgado em 25.3.2008, DJe de 9.4.2008).

Não correspondendo, deve desqualificar o título para a demarcação da reserva (com ou sem floresta nativa). Cumpre salientar, no entanto, que, uma vez validada ou confirmada a inscrição do cadastro ambiental rural, *não pode a qualificação registral se sobrepor ao decidido pela autoridade ambiental ou responsável, mesmo que a área da reserva seja inferior ao constante do CAR.*

O ato praticado pelo Registro de Imóveis é a averbação da inscrição do imóvel no Cadastro Rural Ambiental (CAR), *bem como a informação de lançamento da especialização da reserva florestal acompanhado do status da análise do órgão ambiental, que pode estar inscrita, em retificação ou validada.* Lembrando que as informações ambientais possuem presunção de veracidade até análise posterior. A Corregedoria Geral da Justiça de São Paulo, seguindo o entendimento, decidiu que a mera averbação do número do cadastro ambiental rural não supre a necessidade da publicidade registral, devendo constar os lançamentos existentes como reserva legal e/ou compensação, confirmando, ainda, que não basta o mero cadastro no sistema, é preciso que exista lançamento da reserva legal respectiva nos moldes exigidos pela legislação.[614]

O advento do novo Código Florestal fixou as hipóteses em que a inscrição no cadastro ambiental rural deve ocorrer e, por consequência, o lançamento da reserva florestal ou, ainda, adesão ao Programa de Regularização Ambiental (PRA). O cadastro ambiental rural é hoje obrigatório para qualquer hipótese administrativa, inclusive para atos do Registro de Imóveis.

A matriz ambiental, como afirmamos, foi transferida do Registro de Imóveis para o cadastro ambiental rural, de forma que o Registro de imóveis, atualmente, apenas reflete, em seus livros, o conteúdo do cadastro, não tem controle mais sobre a existência e criação dos espaços territoriais protegidos. O art. 18 da Lei nº 12.651, de 25 de maio de 2012, dispõe que a área de Reserva Legal deverá ser inscrita no órgão ambiental competente por meio de inscrição no CAR, "sendo vedada a alteração de sua destinação, nos casos de transmissão, a qualquer título, ou de desmembramento".

Finalmente, sobre a rogação ou instância, considerando que o meio ambiente é bem de uso comum do povo e o fato de o § 1º do art. 246

[614] BRASIL. Tribunal de Justiça de São Paulo. Corregedoria Geral da Justiça. *Recurso Administrativo nº 1001648-91.2017.8.26.0037.* Relator: Desembargador Manoel de Queiroz Pereira Calças; Data do julgamento: 10/07/2017. Data da publicação no DJE: 28/08/2017.

da Lei nº 6.015/76 permitir que qualquer[615] averbação seja realizada por qualquer interessado, não vislumbramos qualquer problema de legitimidade[616] para se requerer a averbação de reserva florestal legal.[617]

4.3.6.1 Especialização registral

Sendo o cadastro ambiental rural a nova matriz ambiental brasileira, inclusive com confirmação de constitucionalidade pelo próprio Supremo Tribunal Federal,[618] a reprodução de sua especialização no Registro de Imóveis ocorre sob duas importantes condições. A primeira é a de que o CAR tenha sido validado ou confirmado pelo respectivo responsável, no caso, pela autoridade ambiental ou outro órgão expressamente autorizado. Isso porque não pode levar ao álbum imobiliário uma informação precária, sujeita a confirmação, circunstância totalmente incompatível com a eficácia e certeza e esperar pelos atos registrários.

A segunda condição para se promover a averbação seria o momento registral adequado, ou seja, em que oportunidade o Oficial de Registro de Imóveis checaria o *status* do cadastro para saber se está validado ou não. O ideal seria que existisse uma comunicação eletrônica entre o CAR

[615] "Independentemente de ser ou não proprietário da propriedade rural, qualquer pessoa e, portanto, o Ministério Público e as associações poderão promover o registro e a averbação, incumbindo-lhes as despesas respectivas, e desde que ofereçam elementos fáticos e documentais" (Lemes Machado, Paulo Affonso. *Direito Ambiental Brasileiro.* 22ª edição. São Paulo: Malheiros, 2014, p. 723).

[616] A Corregedoria Geral da Justiça de São Paulo vem entendendo o mesmo, permitindo que qualquer pessoa possa, por exemplo, averbar áreas contaminadas nas matrículas dos imóveis, conforme item 12.6, Capítulo XX, das Normas de Serviço.

[617] "Qualquer pessoa pode dirigir-se diretamente ao Cartório de Registro de Imóveis para informar-se sobre a existência da averbação da Reserva Legal e, independentemente de ser ou não proprietário da propriedade rural, promover a sua averbação, incumbindo-lhe as despesas respectivas, desde que ofereça elementos fáticos e documentais, nos termos do art. 217 da Lei 6.015/1973" (Maia, Leonardo Castro. O novo código florestal e a averbação da reserva legal no Registro de imóveis. *Revista de Direito Imobiliário*, vol. 70, p. 77 – 100. São Paulo: Revista dos Tribunais (Thomson Reuters), 2013).

[618] BRASIL. Supremo Tribunal Federal. *ADins nº 4901, 4902, 4903 e 4937 e ADC nº 42.* Plenário. Data do julgamento: 28/02/2018. Data da publicação no DJE: 13/08/2019. Disponível em: https://redir.stf.jus.br/paginadorpub/paginador.jsp?docTP=TP&docID=750504737. Acesso em: 30 jun. 2021.

e os respectivos registros de imóveis, pelo Sistema Eletrônico dos Registros Públicos (Serp) previsto na Lei nº 14.382/2022, para que, uma vez validado o cadastro, referida informação fosse automaticamente para as respectivas matrículas.

A especialização ou demarcação da reserva legal no Registro de Imóveis sempre foi dificultosa. A RLF – como outras áreas especialmente protegidas – precisa utilizar o princípio da especialidade para localização geodésica da área no imóvel. Narciso Orlandi Neto leciona que

> o grande problema da averbação é a especialização da reserva, assim entendida a identificação da área instituída como unidade inconfundível, localizada e localizável dentro do imóvel de que faz parte.[619]

Com efeito, várias são as formas como os imóveis foram descritos desde a criação do Registro de Imóveis e, na grande maioria das vezes, nem mesmo a descrição existe ou, ainda, com divisas imprecisas e frágeis, tornando-se impossível localizar ou especializar a reserva. É claro que o advento da Lei nº 10.267/2001, que criou o georreferenciamento, resolverá paulatinamente o problema das descrições dos imóveis rurais. No entanto, nessa transição deverá a reserva ser especializada da forma que consta a descrição da matrícula ou transcrição, seja rumo magnético, azimute ou georreferenciamento com coordenadas UTM. O registrador imobiliário deve, então, esforçar-se para estabelecer um ponto de amarração entre reserva e descrição registrária, mesmo porque, ao contrário da servidão, não se trata de direito real, e sim de limitações administrativas, não sendo a averbação constitutiva. Se a reserva for toda interna, encravada, o proprietário descreverá as divisas tecnicamente, mas procurará localizá-la no todo, isto é, fará referência aos principais pontos da descrição que consta do Registro.

A averbação deve ser feita de forma reflexa no Registro de Imóveis através de acesso direto ao CAR. Pode acontecer de a planta não permitir a identificação do mesmo imóvel da matrícula (ou transcrição), principalmente no caso de descrições antigas e descuidadas. Mas a planta não

[619] Orlandi Neto, Narciso. Reservas florestais. *Revista de Direito Imobiliário*, v. 42. São Paulo: Revista dos Tribunais, 1997, p. 59.

integra a matrícula. Servirá ela para localizar a reserva dentro do todo e ajudar o oficial a controlar a disponibilidade quantitativa e qualitativa do imóvel.[620] Na legislação anterior, em virtude de a averbação não ser constitutiva e existir independentemente do ingresso no fólio real, não deve o registrador imobiliário aplicar com rigor o princípio da especialidade. Nesse sentido é a jurisprudência administrativa da Corregedoria-Geral da Justiça do Estado de São Paulo.[621]

4.3.6.2 Retificação de registro imobiliário

No regime do código florestal passado, sempre se entendeu, com base no da especialidade e do próprio direito de propriedade, que, nas retificações de registro, existe a especialização do perímetro do imóvel e a reserva florestal legal integra o imóvel em sua essência, devendo também ser especializada suas parcelas. Não podemos olvidar que o imóvel é formado também de parcelas ou (subáreas) internas que integram o mesmo. A Parcela é uma fração (subárea) de um imóvel com regime jurídico único.

Em interessante acórdão do Conselho Superior da Magistratura de São Paulo, analisando a relação do direito de propriedade, foi consignado que

> a reserva legal florestal, nessa linha, revela-se, por força de lei, condição para a propriedade rural cumprir sua função social, sua função socioambiental. É pressuposto da legitimidade do direito de propriedade rural. Consoante o art. 186, I e II, da CF, o aproveitamento racional e adequado do imóvel rural, a utilização adequada dos recursos naturais disponíveis e a preservação do meio ambiente são requisitos indispensáveis, ao lado de outros, previstos

620 Orlandi Neto, 1997, p. 60.

621 REGISTRO DE IMÓVEIS – Averbação – Reserva legal encravada no bem imóvel rural – Incompatibilidade entre as descrições constantes do título e da matrícula – Princípio da especialidade – Flexibilização – Especialização suficiente para a localização do espaço territorial ambientalmente protegido – Preponderância dos princípios da segurança jurídica e da publicidade – Função socioambiental do Registro de Imóveis – Desqualificação registrária afastada – Recurso provido (BRASIL. Tribunal de Justiça de São Paulo. Corregedoria Geral da Justiça. *Processo nº 2012/77684*. Parecer 206/2012-E. Data da decisão: 26/07/2023. Data da publicação no DJE: 14/08/2023).

nos seus incs. III e IV, para o cumprimento da função social da propriedade rural.[622]

O imóvel é dividido em tantas partes (parcelas) quantas forem as áreas com regimes jurídicos diferentes. Estas podem ser áreas de domínio, de posse, áreas públicas (como estradas, rios, lagos) ou áreas de restrições, como reservas legais, de preservação, servidões administrativas ou legais etc. Um imóvel é formado por uma ou várias parcelas, mas uma parcela nunca é dividida em vários imóveis. A parcela é subárea do imóvel, nunca o contrário. A partir do levantamento das parcelas, poder-se-ão modelar unidades territoriais para os mais diversos fins econômicos, administrativos ou legais com as mais diversas definições de imóvel (ambiental, econômico, explosão rural ou agrícola etc.).

Ora, se todo imóvel rural é formado pela parcela rural da reserva legal, nada mais natural que, quando do levantamento técnico do perímetro do mesmo, seja também especializada sua parcela de reserva florestal legal. Obviamente, referida parcela necessita estar validada no CAR. Contudo, a providência seria facilitada, já que, para promoção da respectiva retificação, é necessária a contratação de profissional habilitado para descrever, através de coordenadas georreferenciadas ou topografia, metodologia ordinária para descrever o perímetro do imóvel.

Assim, em conclusão, quando da qualificação registral de retificações de registro de imóveis rurais, o oficial de registro de imóveis deverá exigir caso o cadastro ambiental rural esteja validado ou confirmado, que conste da planta e memorial descritivo apresentados, a descrição e localização da reserva florestal legal, assim como as áreas de preservação permanente.

4.3.7 A Reserva florestal nas normas de serviço da corregedoria geral da justiça de São Paulo

O Provimento nº 36/2013, de 07 de novembro de 2013, bem como sua atualização (Provimento nº 09/2016), procurou conciliar a legislação

[622] BRASIL. Tribunal de Justiça de São Paulo. Conselho Superior da Magistratura. *Apelação nº 1000891-63.2015.8.26.0362*, Mogi-Guaçu. Data do julgamento: 28/06/2016. Data da publicação no DJE: 15/07/2017.

e jurisprudência em vigor, notadamente o novo Código Florestal com a Lei de Registros Públicos, em especial, a necessidade de averbação e especialização de reserva florestal legal em atos de retificação de registro consagrada no Superior Tribunal de Justiça. De certa forma, a alteração normativa de São Paulo acabou por conferir interpretação que deu um sentido lógico para o Código Florestal vigente, reconhecendo o Registro de Imóveis como espelho das informações contidas no cadastro ambiental, harmonizando opiniões conflitantes da doutrina e jurisprudência.

Dessa forma, foi utilizada a ferramenta do cadastro ambiental (CAR) para o cumprimento da necessidade de especialização e retificação de reserva florestal legal nas retificações de registro, acrescentando-se, ainda, a necessidade de inscrição ambiental nas modificações das figuras geodésicas dos imóveis, como desmembramento e unificações de imóveis, bem como em servidões de passagem que poderiam se sobrepor em áreas ambientais protegidas.

Em São Paulo, existe a previsão expressa de averbação do número de inscrição do imóvel rural no Cadastro Ambiental Rural (CAR) (item 123.1), cuja obrigatoriedade de exigência pelo Oficial de Registro de Imóveis ficará condicionada ao decurso do prazo estabelecido no § 3º do artigo 29 da Lei nº 12.651, de 25 de maio de 2012 (item 12.5). A averbação poderá ser realizada a requerimento de qualquer pessoa, por ser tratar de bem de uso comum do povo. Por meio da sistemática aplicada em São Paulo, o Registro de Imóveis acabou por ter consagrada sua função ambiental de forma eficiente, porque espelha ou reproduz as informações contidas no Cadastro Ambiental de forma célere, sustentável e eficiente, sem maiores formalidades, que poderiam interromper o fluxo do direito de propriedade.

A comunicação entre o Registro de Imóveis e o cadastro ambiental ocorre através do chamado espelhamento recíproco. O registro oferece informações do direito de propriedade ao CAR, que, por sua vez, fornece ao registro as informações relevantes da propriedade imobiliária. Um não interfere na função do outro, como deve ocorrer para que o fluxo de informações seja confiável e célere.

Prestigiando, ainda, o entendimento fixado pelo Superior Tribunal de Justiça[623] e Corregedoria Geral de Justiça de São Paulo,[624] independentemente do prazo final para a implantação do Cadastro Ambiental previsto no Código Florestal, a averbação da inscrição do CAR é necessária nas "retificações de registro, os desmembramentos, unificações, outros atos registrais modificativos da figura geodésica dos imóveis e o registro de servidões de passagem" (item 123.3), devendo a averbação da especialização da reserva florestal legal ser realizada em ato futuro quando implantado o sistema eletrônico de comunicação entre o órgão ambiental e o Serviço Eletrônico de Imóveis (SREI).

Assim, mesmo nas hipóteses em que a reserva florestal legal é exigível, como o caso das retificações de registro e modificações geodésicas da descrição do imóvel na matrícula, o Oficial de Registro de Imóveis deve exigir uma *proposta* de reserva diretamente no cadastro ambiental, já que a mesma será analisada e validada pela autoridade ambiental em momento oportuno. Consignamos expressamente o termo *proposta*, porque a natureza jurídica do cadastro ambiental é declaratória e as informações serão submetidas ao crivo da autoridade ambiental ou responsável. Somente após a informação ser confirmada é que poderá sofrer publicidade no registro imobiliário. Nesse sentido, confirmando nosso entendimento, a Corregedoria Geral da Justiça de São Paulo entendeu que a averbação da descrição da reserva florestal "só pode ocorrer após o cadastro no SICAR-SP e aprovação dos órgãos de meio ambiente.[625]

O item 123.6, com a redação conferida pelo Provimento 25, de 27 de novembro de 2023, consigna que nas hipóteses de retificação de registro de instituição de servidão de passagem, o Oficial de Registro de Imóveis, à vista do número de inscrição no cadastro ambiental rural, "deverá verificar se foi feita a especialização da reserva legal florestal ***aprovada***

623 BRASIL. Superior Tribunal de Justiça. *Recurso Especial nº 218.781 (2002/0146843-9)*. Data do julgamento: 09/12/2009. Data da publicação no DJE: 20/12/2009.

624 Decisão proferida nos autos nº 44347/2012, em 04 de setembro de 2012, e Processo CG 2012/13790, em 25/10/2012.

625 BRASIL. Tribunal de Justiça de São Paulo. Corregedoria Geral da Justiça. *Processo nº 2013/100877*. São Paulo. Data do julgamento: 02/12/2015. Data da publicação no DJE: 03/12/2015. Disponível em: https://extrajudicial.tjsp.jus.br/pexPtl/visualizarDetalhesPublicacao.do?cdTipopublicacao=5&nuSeqpublicacao=5429. Acesso em: 04 fev. 2023.

em conformidade com o Demonstrativo da Situação das Informações Declaradas, qualificando negativamente o título em caso contrário" (grifo nosso), parecendo-nos que existiu em erro material, sendo a palavra correta *proposta,* por duas razões constantes do próprio corpo normativo. O item 123.4 determina que o registrador imobiliário realize a averbação da especialização da reserva de ofício quando o perímetro da reserva for validado no CAR, ou seja, será realizada em momento posterior e não em qualquer hipótese; e o item 123.7, por sua vez, dispõe que o cadastro precisa estar *validado* com reserva florestal aprovada quando esta esteja abaixo do mínimo legal. Referido item perderia o sentido no caso de qualquer reserva florestal tivesse que estar aprovada em qualquer hipótese.

É possível, também, a averbação da informação de adesão do interessado ao Programa de Regularização Ambiental (PRA) de posses e propriedades rurais (item 123, inciso III). A averbação da especialização da reserva florestal legal, ou seja, da demarcação do perímetro da parcela, não é prova de que na referida área existe uma cobertura florestal. Com efeito, é possível que na área exista uma cobertura florestal menor do que a indicada no art. 12 do Código Florestal e esteja em recuperação, conforme o Programa de Regularização Ambiental (PRA), existindo, assim, um passivo ambiental cuja obrigação tem natureza *propter rem* e acompanha a propriedade imobiliária. Na medida do possível, referida informação é de toda relevância para futuros adquirentes.

4.3.8 Conceito de imóvel rural conforme o Código Florestal de 2012

Ao disciplinar o imóvel rural, o novo Código Florestal deixou de expressamente definir qual conceito de imóvel atribuir para fins de cálculo e cômputo dos espaços territoriais especialmente protegidos. O Código Florestal revogado tinha como base a matriz imobiliária, ou seja, a matrícula, de forma que todos os cálculos relativos ao cômputo da reserva legal florestal tinham como referência a especialidade constante do Registro de Imóveis.

A Instrução Normativa nº 2, de 05 de maio de 2014, do Ministério de Meio Ambiente, que regulamentou o Cadastro Ambiental Rural (CAR) no âmbito nacional entende que deve ser utilizado o conceito constante da Lei de Reforma Agrária (nº 8.625/93) como parâmetro, de forma que as especializações de espaços ambientais no Registro de Imóveis devem ser adaptar a essa realidade porque existiu rompimento com a base anterior.

Entende-se, conforme art. 2º, inciso I, da referida IN nº 2/2014, como "imóvel rural: o prédio rústico de área contínua, qualquer que seja sua localização, que se destine ou possa se destinar à exploração agrícola, pecuária, extrativa vegetal, florestal ou agroindustrial, conforme disposto no inciso I do art. 4º da Lei nº 8.629, de 25 de fevereiro de 1993".

Assim, abandonou-se o critério geográfico para o de exploração, também utilizado pelo Estatuto da Terra (Lei nº 4.504, de 30 de novembro de 1964) e Lei nº 4.947, de 06 de abril de 1966, não podendo os cartórios de Registro de Imóveis exigir uma inscrição do CAR/SICAR para cada matrícula, já que poderá ocorrer de um cadastro ambiental conter várias matrículas imobiliárias.

Embora tenha utilizado o mesmo critério para conceituar a propriedade imobiliária, a lei não vinculou o CCIR (Certificado de Cadastro Imobiliário Rural) ao Cadastro Ambiental Rural (CAR), o que nos parece mais uma grande falha da legislação, porque existirá uma grande assimetria informativa, já que, em tese, é possível a divergência entre matrícula imobiliária e cadastros rural e ambiental. Em São Paulo, no mesmo sentido, existe expressa observância nas Normas de Serviço do Extrajudicial da Corregedoria Geral da Justiça.[626]

4.3.9 Dispensabilidade de reserva florestal legal em áreas rurais menores que quatro módulos fiscais (art. 67 do Código Florestal)

Dispõe o art. 67 do novo Código Florestal que

> nos imóveis rurais que detinham, em 22 de julho de 2008, área de até 4 (quatro) módulos fiscais e que possuam remanescente de vegetação nativa em percentuais inferiores ao previsto no art. 12, a Reserva Legal será constitu-

[626] Capítulo XX, 125.1.4. O conceito de imóvel para fins de Cadastro Ambiental Rural (CAR/SICAR – SP) obedece ao disposto na Instrução Normativa 2, de 5 de maio de 2014, do Ministério de Meio Ambiente; e Lei nº 8.629, de 25 de fevereiro de 1993, inciso I, art. 4º, não sendo obrigatória a coincidência e total identidade entre a matrícula imobiliária e o Cadastro Ambiental Rural (SICAR – SP).

ída com a área ocupada com a vegetação nativa existente em 22 de julho de 2008, vedadas novas conversões para uso alternativo do solo.

O art. 67 do Código Florestal dispõe sobre *remanescente de vegetação*, e não total ausência, de sorte que a doutrina e jurisprudência devem interpretar referido dispositivo. Édis Milaré[627] entende que a razoabilidade deve prevalecer na interpretação, não sendo justificada a dispensa para áreas com mínimo de vegetação, mesmo que quase zero e ausência total. Leonardo Papp[628] entende que a isenção necessita de cobertura florestal mínima, como requisito do regime especial do art. 67.

O módulo fiscal está previsto no art. 50, § 2º, da Lei nº 4.504, de 30/11/64 (utilizado para a composição do Imposto Territorial Rural), e calculado na forma do art. 4 do Decreto nº 84.685, de 06 de maio de 1980. Pela tabela constante da Instrução Especial Incra nº 20, de 1980, o módulo fiscal pode variar de 05 (cinco) a 100 (cem) hectares, ou seja, dependendo também da região do país. Assim, imóveis entre 20 (vinte) e 400 (quatrocentos) hectares estariam *dispensados* de possuir reserva florestal legal caso tenha ocorrido desmatamento até 22 de julho de 2008 (data fixada pela lei). Considerando que a grande maioria das propriedades rurais, principalmente no sudeste e sul do país, possui menos de três módulos, é possível ter uma ideia da perda ambiental ocorrida.

No Estado de São Paulo, a questão foi aparentemente resolvida por meio da Lei nº 15.684, de 14 de janeiro de 2015, que, no artigo 32, assim disciplina:

> Nas propriedades ou posses rurais que detinham, em 22 de julho de 2008, área de até 4 (quatro) módulos fiscais e que possuíam remanescente de vegetação nativa em percentuais inferiores ao previsto no artigo 12 da Lei Federal nº 12.651, de 25 de maio de 2012, a Reserva Legal será constituída com a área ocupada com a vegetação nativa existente em 22 de julho de 2008, vedadas novas conversões para uso alternativo do solo". No § 3º do referido artigo expressamente dispõe que "**nos imóveis sem remanescente**

627 Milaré, 2014, p. 1306.

628 Papp, Leonardo. *Comentários ao novo Código Florestal Brasileiro (Lei 12.651/12)*. Campinas: Millennium, 2012, p. 252.

de vegetação nativa na data de 22 de julho de 2008, fica o proprietário ou possuidor desobrigado de recompor" [grifo nosso].

Assim, infelizmente, privilegiou-se quem desmatou, desrespeitando-se o Código Florestal revogado, e puniu quem de forma diligente cumpriu a legislação ambiental da época, o que poderá trazer ao Estado de Direito um problema social, inclusive, para cumprir a atual legislação.

Interessante, do ponto de vista ambiental, que na elaboração do texto do novo Código Florestal foi considerado um alerta que fizemos, em reportagem do jornal Folha de S. Paulo,[629] referente ao crescimento da demanda de pedidos de desmembramento de imóveis rurais com o objetivo de enquadrá-los na medida mínima (quatro módulos) para configurar a dispensabilidade de manutenção ou regeneração de reserva florestal. O § 1º do art. 12 prevê: "Em caso de fracionamento do imóvel rural, a qualquer título, inclusive para assentamentos pelo Programa de Reforma Agrária, será considerada, para fins do disposto do caput, a área do imóvel antes do fracionamento". Assim, é importante que o Oficial de Registro de Imóveis considere a área existente em 22 de julho de 2008 para fins da análise dos quatro módulos fiscais constantes do art. 67 do Código Florestal.

Como afirmamos, o Registro de Imóveis, quando confere publicidade da reserva florestal legal, não fiscaliza a existência de cobertura florestal, não é função inerente à qualificação registral. A função ambiental do Registro de Imóveis de espaços protegidos é circunscrita tão somente em espelhar informações ambientais contidas e criadas no Cadastro Ambiental; a obrigação ambiental não é criada com o registro, que apenas potencializa a publicidade ambiental, tornando-se pública e com acesso a todos. Nas hipóteses em que o Registro de Imóveis se vale das informações contidas no CAR e que verifica uma ausência de reserva florestal legal, deve o Oficial se atentar para a razão da propriedade imobiliária estar dispensada da reserva florestal legal e exigir a validação do cadastro

[629] ANGELO, Claudio. Fazendeiros do interior paulista já tentam burlar lei florestal. *Folha de S. Paulo*. Seção Ambiente. Publicado em 04 de julho de 2010. Disponível em: https://www1.folha.uol.com.br/ambiente/761644-fazendeiros-do-interior-paulista-ja-tentam-burlar-lei-florestal.shtml. Acesso em: 28 jun. 2012.

pela autoridade responsável, devendo proceder da mesma forma quando a reserva florestal for inferior ao mínimo legal.

4.3.10 Possibilidade de inclusão da área de preservação permanente na reserva florestal legal

Pelo novo Código Florestal, é admitido o cômputo das áreas de preservação permanente no cálculo do percentual da reserva legal do imóvel (art. 15), desde que o benefício previsto não implique a conversão de novas áreas para o uso alternativo do solo; que a área a ser computada esteja conservada ou em processo de recuperação, conforme comprovação do proprietário ao órgão estadual integrante do Sisnama; e que o proprietário ou possuidor tenha requerido inclusão do imóvel no Cadastro Ambiental Rural (CAR), observando, ainda, que o regime de proteção da APP não se altera, ou seja, o regime jurídico aplicado às áreas de preservação permanente não será o da reserva florestal legal (§ 1º do art. 15).

4.3.11 Reserva florestal legal urbana

O Código Florestal passado não disciplinava o destino da reserva florestal legal, se o imóvel rural passasse a integrar a área urbana ou a área de expansão urbana, o que era muito debatido pela doutrina e por autoridades ambientais. Felizmente, o novo diploma, no artigo 19, determina que a "inserção do imóvel rural em perímetro urbano definido mediante lei municipal não desobriga o proprietário ou posseiro da manutenção da área de Reserva Legal, que só será extinta concomitantemente ao registro do parcelamento do solo para fins urbanos aprovado segundo a legislação específica e consoante as diretrizes do plano diretor".

O artigo 25 ainda prevê, como instrumento do Poder Público Municipal para o estabelecimento de áreas verdes urbanas, a possibilidade de transformação das reservas legais em áreas verdes, o que necessariamente deverá constar do plano diretor, ferramenta legal adequada para tratar da função social das cidades.

4.3.12 Reserva florestal legal voluntária

O § 2º, art. 15, dispõe sobre a reserva florestal voluntária, ou seja, o excedente florestal existente na propriedade rural. Assim, toda área conservada que ultrapasse o mínimo exigido pela lei poderá ser utilizada para constituição de servidão ambiental ou Cota de Reserva Ambiental.

Questão interessante é saber o destino das reservas legais florestais especializadas e averbadas no Registro de Imóveis antes da promulgação do novo Código Florestal e que estejam abaixo dos quatro módulos passíveis de exigibilidade. Tecnicamente, é possível conjecturar que as reservas legais florestais podem ser desmatadas, porque não existe mais a *exigibilidade*, o mesmo ocorrendo com as áreas de preservação permanente não computadas em reservas legais, o que atualmente é permitido (art. 15). No entanto, não há previsão expressa no Código Florestal vigente a respeito da afetação definitiva ou não de referidas áreas, conforme art. 225, § 1º, inciso III, da Constituição Federal.

4.3.13 Área verde urbana

A área verde urbana está prevista, de forma genérica,[630] como espaços livres, na Lei do Parcelamento do Solo (nº 6.766/79), em seu artigo 22, determinando que os espaços destinados à implantação de "vias e praças, *os espaços livres* e as áreas destinadas a edifícios públicos e outros equipamentos urbanos, após o registro do loteamento, passam a integrar os bens de domínio público". Geralmente, são espaços destinados ao público em geral, integrantes do patrimônio público, quase sempre de propriedade do município.

O Código Florestal de 2012 trouxe a conceituação legal que estava faltando. Segundo o art. 3º, inciso XX, áreas verdes urbanas são

> espaços, públicos ou privados, com predomínio de vegetação, preferencialmente nativa, natural ou recuperada, previstos no Plano Diretor, nas Leis de Zoneamento Urbano e Uso do Solo do Município, indisponíveis para construção de moradias, destinados aos propósitos de recreação, lazer, melhoria

[630] "A Lei 6.766/1979, que, no âmbito federal, atualmente rege o parcelamento do solo urbano e traça os contornos gerais para a implantação de loteamentos e desmembramentos, em nenhum de seus artigos define o que sejam área verde e institucional" (FREITAS, José Carlos de. Bens públicos de loteamentos e sua proteção legal. *Revista de Direito Imobiliário*, v. 46. São Paulo: Revista dos Tribunais, 1999, p. 183).

da qualidade ambiental urbana, proteção dos recursos hídricos, manutenção ou melhoria paisagística, proteção de bens e manifestações culturais.

Como a matéria é de interesse local ou regional (art. 30, inciso I, CF), os municípios possuem competência para legislar sobre áreas verdes decorrentes de loteamento, de forma que, geralmente, determinam que referidos espaços sejam, num primeiro momento, criados e mantidos pelo empreendedor ou proprietário. Uma vez incorporada a área verde ao plano da cidade, ficaria a cargo das respectivas prefeituras a manutenção e preservação, advertindo Paulo Affonso Leme Machado que está o município obrigado a zelar pelas áreas verdes e praças e não pode desvirtuar as funções fundamentais desses espaços que são de uso comum do povo, não podendo, assim, transferir a iniciativas privadas referidos espaços.[631]

4.3.14 Compensação

Pelo art. 66, da Lei nº 12.651, de 2012, "o proprietário ou possuidor de imóvel rural que detinha, em 22 de julho de 2008, área de Reserva Legal em extensão inferior ao estabelecido no art. 12, poderá regularizar sua situação, independentemente da adesão ao programa de regularização ambiental (PRA), adotando as seguintes alternativas, isolada ou conjuntamente: I – recompor a Reserva Legal; II – permitir a regeneração natural da vegetação na área de Reserva Legal; III – compensar a Reserva Legal".

O Código Florestal de 2012, nos termos do art. 66, § 6º, inciso II, permite a compensação de reserva florestal legal em áreas do mesmo bioma, ou seja, áreas que representam um conjunto de diferentes ecossistemas, com relativo nível de homogeneidade. São biomas conhecidos a mata atlântica, o cerrado, pantanal etc. O Supremo Tribunal Federal, em julgamento da Ação Declaratória de Constitucionalidade (ADC 42, julgamento de 28 de fevereiro de 2018), por maioria, conferiu interpretação conforme a Constituição ao art. 48, § 2º, do Código Florestal, para permitir compensação apenas entre áreas com identidade ecológica.

[631] Machado, 2014, p. 459.

Dispõe, ainda, o estatuto florestal que, "na hipótese de compensação de Reserva Legal, a servidão ambiental deve ser averbada na matrícula de todos os imóveis envolvidos" (§ 5º, art. 9º-A da Lei nº 6.938, de 31 de agosto de 1981). Não consta que toda a compensação será averbada, somente as decorrentes de servidão ambiental; mais uma falha do legislador, mas entendemos que qualquer hipótese deve receber publicidade registral, assim como ocorre com a reserva florestal legal.

A primeira forma de regularização de área sem cobertura florestal adequada é a adesão ao Programa de Regularização Ambiental (PRA), previsto no art. 59 do Estatuto Florestal, que exige requerimento formal do proprietário, prévia inscrição no CAR, assinatura de termo de compromisso com o órgão ambiental que deverá homologar o procedimento até final reparação, tudo dependendo, obviamente, da regulamentação pela legislação estadual respectiva.[632]

A compensação de reserva florestal pode ser definida diretamente no PRA e constar do termo de compromisso, que deverá necessariamente ser inscrito no Cadastro Ambiental Rural, porque este centraliza por definição legal *todas* as informações de interesse ambiental. O sistema de matriz ambiental deve prevalecer, de sorte que o instrumento adequado para o Registro de Imóveis averbar nas respectivas matrículas é o documento eletrônico (CAR), não devendo ser averbado o termo de compromisso diretamente decorrente de PRA.[633] Uma vez inserido o termo de compromisso no CAR, poderá a circunstância ser averbada no Registro de Imóveis.

O vínculo do imóvel ao CRA será necessariamente averbado na matrícula do imóvel, e está previsto diretamente no Código Florestal (§ 3º, art. 45), não existindo, nesse caso, previsão de gratuidade da averbação.

Como consta do *caput* do art. 66 do Estatuto Florestal, não é necessário o proprietário aderir ao programa de regularização ambiental para resol-

[632] No Estado de São Paulo, o Programa de Regularização Ambiental – PRA está disciplinado pela Lei Estadual nº 15.684, de 14 de janeiro de 2015.

[633] Veja que, no Estado de São Paulo, existe previsão específica de inscrição do termo de compromisso de PRA no CAR: "Realizadas as adequações requeridas pelo proprietário ou possuidor, o termo de compromisso revisto deverá ser inscrito no SICAR" (§ 2º, art. 10, da Lei nº 15.684, de 14 de janeiro de 2015).

ver o passivo florestal de sua propriedade; poderá diretamente recompor a reserva florestal, permitir a regeneração ou *compensar a reserva.*

A compensação da reserva florestal ocorrerá, assim, de forma *direta*, quando o proprietário de determinado imóvel com passivo ambiental decorrente de ausência de reserva florestal legal total ou parcial utiliza o outro imóvel de sua propriedade com excedente florestal, inscrevendo referidas situações no Cadastro Ambiental Rural (CAR).

A compensação pode, ainda, ser *indireta*, hipótese em que o proprietário sem a reserva florestal legal pode adquirir Cotas de Reserva Ambiental (CRA), arrendar área sob regime de servidão ambiental ou Reserva Legal voluntária; ou, ainda, doar ao Poder Público de área localizada no interior de Unidade de Conservação de domínio público pendente de regularização fundiária (§ 5º do art. 66 do Código Florestal).

O Registrador deverá observar se existe coincidência entre os proprietários dos imóveis, porque, caso não ocorra, o caso não é de compensação direta, e sim indireta, por meio de arrendamento ou aquisição de cotas de reserva florestal.

A averbação da RLF não ocorre somente no imóvel que está servindo de compensação, é preciso também proceder à averbação da notícia da compensação no imóvel compensado, completando o procedimento e evitando que no futuro ocorra questionamento sobre a RLF do respectivo imóvel.

Na compensação indireta por arrendamento da servidão florestal de outra propriedade, é importante a publicidade registrária, não do arrendamento pela falta de previsão legal (art. 167 da LRP), mas da notícia de que a reserva florestal legal do imóvel está especializada em razão de compensação aprovada pelo órgão ambiental competente.

O art. 66, § 6º, do Código Florestal disciplina expressamente três formas de compensação de reserva florestal possíveis: I – aquisição de Cota de Reserva Ambiental (CRA), que estudaremos no próximo capítulo; II – arrendamento de área sob regime de servidão ambiental ou Reserva Legal voluntária; ou III – doação ao Poder Público de área localizada no interior de Unidade de Conservação de domínio público pendente de regularização fundiária.

Uma questão interessante é saber se a compensação segue a regra geral do cadastro ambiental ou deve ser previamente aprovada pela autoridade ambiental respectiva. Entendemos que, por falta de regramento específico, o sistema deve ser idêntico ao da reserva florestal legal, ou seja, é realizado através de declaração eletrônica e referida informação tem presunção de regularidade até a análise ou validação das informações no CAR. O Oficial de Registro de Imóveis deve ficar atento quando o imóvel com excedente florestal estiver em nome de outro proprietário (compensação indireta); nesse caso, é importante que exista um contrato de arrendamento regulando a compensação, não bastando a mera declaração no cadastro ambiental – isso porque fere a continuidade registral referido ato sem um esclarecimento que estabeleça um liame jurídico entre o imóvel e área compensada. Nessa hipótese, também deverá ser comprovado que existe um excedente florestal apto para servir de compensação, ou seja, se, na matrícula do imóvel, tem servidão ambiental averbada ou reserva florestal voluntária.

A Corregedoria Geral da Justiça de São Paulo já se posicionou no sentido de que o Oficial de Registro de Imóveis pode utilizar diretamente o cadastro ambiental para proceder às averbações necessárias.[634]

Um ponto importante com relação à averbação da compensação é preciso ser enfrentado. Uma vez constante a compensação do Cadastro Ambiental Rural (CAR), poderá o Oficial de Registro de Imóveis tão somente aceitar a informação declarada pelo proprietário sem homologação do órgão ambiental? Pensamos que não. A compensação de reserva florestal legal é um ato complexo, que envolve, além de negociais, verificação de viabilidade ambiental, já que, somente com validação do órgão ambiental, poderá ingressar no Registro de Imóveis. São diversos requisitos que devem ser levados em consideração pela autoridade ambiental. Um exemplo importante é a correspondência entre biomas, já que, pelo novo estatuto florestal, é necessária a coincidência de bioma para ocorrer a compensação (art. 66, § 5º, inciso IV). Não se trata de desprezar o caráter declaratório do cadastro ambiental, que foi somente definido por decreto (art. 6º, Decreto nº 7.830/2012); a analogia não pode ser aplicada, porque a situação é excepcional, existe um passivo ambiental que,

634 BRASIL. Tribunal de Justiça de São Paulo. Corregedoria Geral da Justiça. *Processo nº 2015/21.247*, Guará. Data do julgamento: 13/04/2015. Data da publicação no DJE: 01/06/2015.

para ser sanado, necessita de um cumprimento expresso da legislação ambiental.

Imagine a hipótese de o Registro de Imóveis conferir publicidade de compensação ambiental que não atenda aos requisitos legais ambientais. Não é nenhum absurdo falar em eventual responsabilidade, mesmo porque não é raro as compensações ambientais envolverem altos valores. Assim, não basta a mera declaração dos proprietários, mas sim a validação do cadastro ambiental pelo órgão ambiental, devendo o registrador observar o *status* do CAR quando da averbação.

4.3.15 Cota de Reserva Ambiental (CRA)

O art. 44 do Código Florestal instituiu "a Cota de Reserva Ambiental - CRA, título nominativo representativo de área com vegetação nativa, existente ou em processo de recuperação". A ideia central "consiste na tentativa de viabilizar o aproveitamento (jurídico e econômico) de áreas de vegetação nativa que excedam as obrigações impostas pela legislação ambiental, criando-se uma espécie de mercado de CRA".[635] Assim, estão representadas pelas CRAs tão somente áreas de preservação que excedem a obrigação legal que toda propriedade imobiliária rural deve ter como áreas de preservação permanente e reservas legais florestais.

Configura um aperfeiçoamento da Cota de Reserva Florestal (CRF), emitida nos termos do art. 44-B da Lei nº 4.771, de 15 de setembro de 1965, que não foi implementada, mas, juridicamente, agora é convertida em Cota de Reserva Ambiental (CRA) (art. 44, § 3º).

Interessante, do ponto de vista registrário, é que "o vínculo de área à CRA será averbado na matrícula do respectivo imóvel no registro de imóveis competente" (art. 45, § 3º), bem como na "utilização de CRA para compensação da Reserva Legal será averbada na matrícula do imóvel no qual se situa a área vinculada ao título e na do imóvel beneficiário da compensação", provando a forte vinculação entre o título e o direito real nele representado. E configura, necessariamente, um direito real porque, além da publicidade registrária, o art. 49, § 2º, dispõe que a "transmissão inter vivos ou causa mortis do imóvel não elimina nem altera o vínculo de área

635 PAPP, 2012, p. 210.

contida no imóvel à CRA". O cancelamento também será averbado nas respectivas matrículas, conforme o § 3º do art. 50 da Lei nº 12.651/2012.

O artigo 44 traz as hipóteses em que a CRA será emitida. São elas áreas sob regime de servidão ambiental, instituída na forma do art. 9º-A da Lei nº 6.938, de 31 de agosto de 1981; correspondente à área de Reserva Legal instituída voluntariamente sobre a vegetação que exceder os percentuais exigidos na lei; protegida na forma de Reserva Particular do Patrimônio Natural (RPPN), nos termos do art. 21 da Lei nº 9.985, de 18 de julho de 2000; e existente em propriedade rural localizada no interior de Unidade de Conservação de domínio público que ainda não tenha sido desapropriada.

O documento que será apresentado no Registro de Imóveis é um termo ou certidão assinado pela autoridade ambiental contendo a especialização da área que provavelmente já possua publicidade registral. As cotas de reserva ambientais representam um excedente florestal que deve ser conhecido, já que circulará em meio próprio para fins de compensação, de forma que deve o Registrador Imobiliário ter o cuidado de checar se está averbada na respectiva matrícula.

4.4 Servidão ambiental

A servidão ambiental estava prevista na legislação brasileira, no Código Florestal revogado, conforme art. 44-A, que teve a sua redação apresentada pela Medida Provisória nº 2.166/01-67, de 24 de agosto de 2001, bem como pela Lei nº 11.284, de 02 de março de 2006 (art. 85), que havia introduzido o art. 9º-A na Lei nº 6.938, de 31 de agosto de 1981, que dispõe sobre a Política Nacional do Meio Ambiente.

O novo Código Florestal revogou expressamente a Lei nº 4.771/65 e pacificou a questão quanto a se o dispositivo havia ou não sido revogado pela Lei nº 11.284, de 02 de março de 2006, o que era defendido por parte da doutrina.[636]

[636] CARDOSO, Sônia Letícia de Méllo. A servidão ambiental segundo a Lei nº 11.284/2006. In: JACOMINO, Sérgio; MELO, Marcelo Augusto Santana de; CRIADO, Francisco de Assis Palácios (Coords.). *Registro de Imóveis e Meio Ambiente*. São Paulo: Editora Saraiva, 2010. São Paulo: Editora Saraiva, 2010, p. 128.

Primeiramente, é preciso entender, do ponto de vista jurídico, que não se trata propriamente de uma servidão. Se a restrição que incide sobre imóvel for em benefício de interesse público genérico e abstrato, como a estética, a proteção do meio ambiente, a tutela do patrimônio histórico e artístico, existe limitação à propriedade, mas não servidão.[637] Na servidão ambiental, não existe um beneficiado direto, como na servidão civil.

A servidão ambiental agora recebe o caráter de direito real, diferentemente dos diplomas anteriores, em que o tratamento conferido era de espaço territorial protegido, nos mesmos moldes da reserva florestal legal. Entendemos haver características de direito real porque o inciso II, do § 4º, do art. 9º, prevê, expressamente, a averbação do contrato de alienação, cessão ou transferência da servidão ambiental, bem como a possibilidade de que ela seja temporária, com período mínimo de quinze anos, ou perpétua, induzindo a possibilidade de que seja transferida também por *mortis causa*.

A própria lei agora diz que a servidão ambiental nasce com um contrato, na verdade uma declaração, e tem sua eficácia com a averbação e o proprietário ou possuidor de imóvel, pessoa natural ou jurídica, pode, por instrumento público ou particular, ou por termo administrativo firmado perante órgão integrante do Sisnama, limitar o uso de toda a sua propriedade ou de parte dela para preservar, conservar ou recuperar os recursos ambientais existentes, instituindo servidão ambiental (9-A). O contrato deverá ter as regras de preservação e regime jurídico aplicado e terão que ser, no mínimo, as mesmas conferidas à reserva florestal legal.

Existe uma renúncia de exploração pelo proprietário e a declaração pública ou particular deverá conter referida circunstância de forma expressa, devendo ser observado com critério pelo registrador ou tabelião que elaborou o instrumento a capacidade de quem está instituindo a servidão ambiental.

A servidão ambiental poderá ser onerosa ou gratuita, temporária ou perpétua (Art. 9º-B), sendo que o prazo mínimo da servidão ambiental temporária será de quinze anos § 1º), podendo ser instituídos também imóveis urbanos; a atual redação não restringe a imóveis rurais, criando a

[637] Di Pietro, 2005, p. 144.

possibilidade de afetação de florestas urbanas particulares, uma impossibilidade, até então, no direito ambiental brasileiro.

O regime legal anterior (Lei nº 11.284/2006) condicionava a instituição da servidão ambiental à anuência do órgão ambiental. A redação conferida pelo Código Florestal de 2012 é silente com relação à aprovação prévia ambiental, apenas é expressamente necessária se a servidão ambiental for utilizada para compensação ambiental. Erika Bechara, comentado o art. 78 do Código Florestal de 2012, entende que

> o novo regime já não exige que o órgão ambiental aprecie previamente e muito menos que autorize a constituição da servidão, respeitando, nesse sentido a autonomia da vontade do proprietário [...] a instituição da servidão ambiental não depende de um contrato bilateral, por se tratar de ato unilateral do proprietário, e não envolve anuência ou participação de outra parte.[638]

Assim, não deve o Oficial de Registro de Imóveis, de acordo com nova legislação, exigir a aprovação do órgão ambiental, mas deve tomar o cuidado necessário para que a servidão não incida sobre área de preservação ambiental ou reserva florestal legal, nos termos do § 2º do art. 9º-A da Lei nº 9.938/81. Para tanto, deverá ser exigida, quando da qualificação registral, a apresentação de prova de inscrição no Cadastro Ambiental Rural (CAR), contendo a necessária identificação e especialização dos espaços protegidos ambientalmente. Em que pese ter o cadastro ambiental natureza declaratória, não pode o Oficial de Registro de Imóveis aceitar a inscrição não validada pela autoridade ambiental, porque colocará em risco a segurança jurídica das informações publicadas na matrícula.

A servidão ambiental é instituída para o excedente florestal existente na propriedade imobiliária e deve, necessariamente, ser averbada na matrícula do imóvel cujas regras inerentes à descrição são idênticas às da reserva floresta legal. O ato a ser praticado no Cartório de Registro de Imóveis é o de averbação, em razão de expressa determinação contida no art. 167, inciso II, 23, da Lei nº 6.015/73. Como a averbação é constitutiva, ou seja, nasce com a averbação na matrícula do imóvel, o princípio da

[638] Bechara, Erika. *Novo Código Florestal*. Coordenação de Édis Milaré e Paulo Affonso Leme Machado. São Paulo: Revista dos Tribunais, 2013, p. 506.

especialidade deve ser observado e aplicado com rigor, devendo a parcela (servidão) ter a mesma forma descritiva que o perímetro do imóvel; e, se este estiver mal descrito (sem medidas lineares, no mínimo), deverá ser promovida a retificação do registro nos termos do art. 213 da Lei nº 6.015/73. Assim, nesse aspecto (especialidade objetiva), as regras da especialidade inerentes à reserva florestal legal não podem ser aplicadas.

O art. 9º-C prevê, também, que "o contrato de alienação, cessão ou transferência da servidão ambiental deve ser averbado na matrícula do imóvel". A hipótese é de compensação, ou seja, o excedente florestal é utilizado para compensar outro imóvel que possui déficit florestal. Prevê, também, a nova legislação a publicidade dessa ocorrência que, nesta hipótese, necessariamente deverá ser acompanhada da aprovação do órgão ambiental competente.

4.5 Unidades de Conservação (UC)

O sistema brasileiro de espaços ambientalmente protegidos, apesar de possuir características próprias, tem inspiração, como em muitos outros países, na forma criada nos Estados Unidos, que tem como marco a criação do Parque Nacional de Yellowstone, em 1872. O ato de criação do famoso parque estadunidense previa expressamente a preservação e manutenção das maravilhas naturais de "lesão ou deterioração", reservando, ainda, áreas para servirem de "campo de prazer para o benefício e prazer das pessoas". Esses dois preceitos forneceram a base e influenciaram o desenvolvimento da política de concessão e conservação do Parque Nacional.[639]

O Brasil, antes de 1937, já possuía algumas áreas protegidas, mas somente nesse ano foi criado oficialmente o primeiro espaço protegido de destaque, o Parque Nacional de Itatiaia, concebido durante o governo de Getúlio de Dornelles Vargas, em 14 de junho de 1937, por meio do

639 Culpin, Mary Shivers. *"For the Benefit and Enjoyment of the People"*: a History of the Concession Development in Yellowstone National Park, 1872 – 1966. National Park Service, Yellowstone Center for Resources, Yellowstone National Park, Wyoming, YCR-CR-2003-01. Disponível em: https://www.nps.gov/yell/learn/historyculture/upload/ConcessionDevelopment.pdf. Acesso em: 17 dez. 2020.

Decreto Federal nº 1.713.[640] A Lei nº 6.938/1981, que instituiu a Política Nacional do Meio Ambiente, impulsionou o agrupamento de áreas públicas de conservação, o que somente foi consolidado com a Lei nº 9.985, de 18 de junho de 2000, que criou o Sistema Nacional de Unidades de Conservação (SNUC).

A Lei nº 9.985/2000 conceitua unidade de conservação como "espaço territorial e seus recursos ambientais, incluindo as águas jurisdicionais, com características naturais relevantes, legalmente instituído pelo Poder Público, com objetivos de conservação e limites definidos, sob regime especial de administração, ao qual se aplicam garantias adequadas de proteção" (art. 2º, I).

Em linhas gerais, para a criação de espaços protegidos – denominação mais adequada, porque constante da Constituição Federal (art. 225) e da Convenção da Biodiversidade –, requer a existência de alguns pré-requisitos, especialmente a relevância natural, oficialismo, delimitação territorial, objetivo conservacionista e regime especial de proteção e administração.[641]

As unidades de conservação possuem dois grandes grupos: de *proteção integral* e de *uso sustentável*. Entende-se por proteção integral quando a finalidade precípua da unidade de conservação visa à "manutenção dos ecossistemas livres de alterações causadas por interferência humana, admitido apenas o uso indireto dos seus atributos naturais" (art. 2º, inciso VI, da Lei nº 9.985/2000). O interesse público é acentuado nesse grupo, sendo a propriedade das áreas também pública ou com rara possibilidade de participação de particulares. Integram a primeira categoria a Estação Ecológica, a Reserva Biológica, o Parque Nacional, o Monumento Natural e o Refúgio de Vida Silvestre. O outro grupo (Unidades de Uso Sustentável) é de áreas cujo objetivo é compatibilizar a conservação da natureza com o uso sustentável de parcela dos seus recursos naturais. Pertencem a este grupo: Área de Proteção Ambiental, Reserva Particular do Patrimônio Natural, Área

[640] BRASIL. Presidência da República. *Decreto nº 1.713, de 14 de junho de 1937*. Crêa o Parque Nacional de Itatiaia. Disponível em: http://www.planalto.gov.br/ccivil_03/Atos/decretos/1937/D01713.html. Acesso em: 21 dez. 2020.
[641] BENJAMIN, 1996.

de Relevante Interesse Ecológico, Floresta Nacional, Reserva Extrativista, Reserva de Fauna e Reserva de Desenvolvimento Sustentável.

A Lei que instituiu o Sistema Nacional de Unidades de Conservação da Natureza (nº 9.985/00) criou duas figuras de espaços territoriais protegidos ligados à fauna: os refúgios de vida silvestre e as reservas da fauna. O refúgio de vida silvestre está previsto no art. 13 e consiste em espaço particular ou público, cujo objetivo é proteger ambientes naturais, onde se asseguram condições para a existência ou reprodução de espécies ou comunidades da flora local e da fauna residente ou migratória. As reservas de fauna, por sua vez, previstas no art. 19, devem ser públicas e consistem em área natural com populações animais de espécies nativas, terrestres ou aquáticas, residentes ou migratórias, adequadas para estudos técnico-científicos sobre o manejo econômico sustentável de recursos faunísticos.

As unidades de uso sustentável fazem parte do zoneamento ambiental, que é um dos instrumentos da Política Nacional do Meio Ambiente, instituída pela Lei Federal nº 6.938/81. O zoneamento é um conjunto de procedimentos de natureza geoeconômica, uma vez que se aplica a uma determinada área com vocação múltipla, permitindo-se, assim, o aproveitamento econômico da área.

Todas as unidades de conservação devem possuir o chamado plano de manejo (art. 27 da Lei nº 9.985/2000), que consiste em "documento técnico mediante o qual, com fundamento nos objetivos gerais de uma unidade de conservação, se estabelece o seu zoneamento e as normas que devem presidir o uso da área e o manejo dos recursos naturais, inclusive a implantação das estruturas físicas necessárias à gestão da unidade" (art. 2º, XVII, da Lei nº 9.985/2000). Configura-se, assim, como norma ambiental técnica, que deve regrar a utilização da unidade de conservação em todos os seus aspectos, principalmente administrativos e relativos ao zoneamento ambiental, ou seja, à delimitação científica das atividades, abrangendo, também, as regras de visitação do espaço protegido.

Apesar da relevância ambiental, interessa-nos somente o estudo das unidades de conservação em que a propriedade é privada ou, ainda, em que coexistam propriedades pública e privada, o que não nos impede de analisar algumas características e princípios constantes da Lei das Unidades de Conservação.

4.5.1 Áreas de Proteção Ambiental (APA)

A APA é uma categoria de unidade de conservação relativamente nova. Sua implementação se iniciou na década de 1980, com base na Lei Federal nº 6.902, de 27 de abril de 1981, que estabelece, no art. 8º: "Havendo relevante interesse público, os poderes executivos Federal, Estadual ou Municipal poderão declarar determinadas áreas dos seus territórios de interesse para a proteção ambiental, a fim de assegurar o bem-estar das populações humanas, a proteção, a recuperação e a conservação dos recursos naturais".

Conforme estabelece a Resolução CONAMA de 10 de dezembro de 1988, "as APAs terão sempre um zoneamento ecológico-econômico, o qual estabelecerá normas de uso, de acordo com suas condições", sendo que todas as APA devem possuir em seu perímetro, uma ZVS. Os diplomas legais, criadores da maioria das APA estaduais, definem como ZVS as áreas abrangidas por remanescentes da flora original e as áreas de preservação permanente, definidas pelo Código Florestal.

No território das APA, coexistem áreas urbanas e rurais, com suas atividades socioeconômicas e culturais; as terras permanecem sob o domínio privado, não exigindo desapropriação pelo Poder Público. Observem que o regime jurídico das APA permite a exploração dos recursos naturais existentes, observados os requisitos legais gerais (União, Estado e Municípios); e específicos, constantes da lei que criou a área protegida, especialmente as limitações administrativas.

As Áreas de Proteção Ambiental não são parques ecológicos. O conceito é diverso, podendo, inclusive, abrangê-los. São áreas onde a exploração dos recursos naturais, devido ao forte interesse ambiental, sofre limitações severas, visando à melhoria da qualidade de vida da população local e também objetivando a proteção dos ecossistemas regionais.

A publicidade das APA é útil não só sob aspecto ecológico, mas também sob o urbanístico. Nenhum projeto de urbanização poderá ser implantado numa APA sem a prévia licença especial emitida pela entidade administradora (art. 7º da Resolução CONAMA de 10 de dezembro de 1988). Ocorre que, muitas vezes, a lei declara todas as áreas do município (rurais e urbanas) como de proteção ambiental, como ocorre em São Paulo, com os municípios de Jundiaí e Campos do Jordão. Isso afastaria, em princípio, a necessidade de publicidade; assim, entendemos que a publicidade deve ocorrer tão somente quando as áreas forem geograficamente delimitadas, sob pena de constar somente no Registro de Imóveis as restrições à exploração do imóvel, quando existirem.

4.5.2 Reserva Particular do Patrimônio Natural (RPPN)

A Reserva Particular do Patrimônio Natural (RPPN) configura-se como um dos principais espaços ambientais protegidos do Brasil, integra as unidades de conservação[642] e consiste numa afetação ambiental de uma área particular pública ou privada, gravada de forma perpétua, com o objetivo precípuo de conservação da diversidade biológica (art. 21 da Lei nº 9.985/2000). A RPPN compõe, por disposição legal, as unidades de conservação de uso sustentável (art. 14, inciso VII), ou seja, se procura compatibilizar a conservação da natureza com o uso sustentável de parcela dos seus recursos naturais existentes na propriedade.

A Reserva Particular do Patrimônio Natural surgiu com a ideia de engajar o cidadão para a proteção ambiental de um determinado espaço, incentivando sua criação, bem como isentando o proprietário de impostos.[643] O espaço protegido foi criado no direito brasileiro pelo Código Florestal de 1934 e era chamado de floresta de conservação perene.[644] No entanto, os contornos do instituto foram criados com o advento do Código Florestal de 1965, no art. 6º:

> O proprietário da floresta não preservada, nos termos desta Lei, poderá gravá-la com perpetuidade, desde que verificada a existência de interesse

[642] Unidade de conservação é o espaço territorial e seus recursos ambientais, incluindo as águas jurisdicionais, com características naturais relevantes, legalmente instituído pelo Poder Público, com objetivos de conservação e limites definidos, sob regime especial de administração, ao qual se aplicam garantias adequadas de proteção (Art. 2º, inciso I, da Lei nº 9.985/2000).

[643] MILARÉ, 2014, p. 1257.

[644] Art. 8º do Código Florestal de 1934: "Consideram-se de conservação perenne, e são inalienaveis, salvo se o adquirente se obrigar, por si, seus herdeiros e successores, a mantel-as sob o regimen legal respectivo, as florestas protectoras e as remanescentes" (BRASIL. Presidência da República. *Decreto nº 23.793, de 23 de janeiro de 1934*. Approva o codigo florestal que com este baixa. Disponível em: http://www.planalto.gov.br/ccivil_03/decreto/1930-1949/D23793impressao.htm. Acesso em: 16 maio 2020).

público pela autoridade florestal. O vínculo constará de termo assinado perante a autoridade florestal e será averbado à margem da inscrição no Registro Público.

O que torna a criação da RPPN especial é que sua origem, ou melhor, iniciativa, parte diretamente do aspecto volitivo de particulares. O interesse e o início do procedimento são da iniciativa privada, mas necessitam de aprovação ou homologação do Poder Público. O processo de transformação de uma propriedade ou de parte dela numa RPPN é complexo; a criação da reserva foi regulamentada pelo Decreto nº 5.746, de 05 de abril de 2006.

Embora possa ser criada nos respectivos estados, no âmbito federal, o órgão responsável pela análise das RPPNs, atualmente, é o Instituto Chico Mendes de Conservação da Biodiversidade (ICMBio) (Lei nº 11.516/2007). Após o proprietário cumprir todas as etapas constantes do sistema eletrônico e regulamentação administrativa, o processo é finalizado com o recebimento de um documento administrativo chamado termo de compromisso, que deverá ser enviado para averbação no Cartório de Registro de Imóveis.

A propriedade imobiliária permanece na titularidade do particular e a Reserva Particular do Patrimônio Natural cria um regime de tutela que apresenta restrições perpétuas ao direito de propriedade, sempre vinculadas à proteção ambiental, não se permitindo qualquer atividade extrativista.[645]

A importância das RPPNs para a proteção da flora e da fauna ameaçadas no Brasil é inquestionável, protegendo atualmente mais de 890.459,34 hectares do território brasileiro, distribuídos em cerca de 1.567 reservas,[646] garantindo a proteção de muitas espécies ameaçadas,

[645] Milaré, 2004, p. 259.

[646] Dados consolidados estatísticos da Confederação Nacional de RPPNs (CONFEDERAÇÃO NACIONAL DE RPPNs. *Sobre*. Disponível em: https://www.rppn.org.br/sobre. Acesso em: 16 jun. 2020). O número diverge do Cadastro Nacional de Unidades de Conservação – UNC, que relata a existência nas esferas nacional, estaduais e municipais de 993 reservas, com a área de 5.917km^2 (BRASIL. Ministério do Meio Ambiente. *Diário Oficial da União nº 83, de 05 de maio de 2015*. Disponível em: https://www.mma.gov.br/images/arquivo/80229/CNUC_FEV20%20-%20B_Cat.pdf. Acesso em: 16 jun. 2020).

dentre elas uma emblemática na luta pela conservação no Brasil, que é o mico-leão-dourado (*Leontopithecus rosalia*).

A RPPN é um espaço ambiental constitucionalmente protegido (art. 225, § 1º, III), em caráter permanente, em áreas particulares. Os poderes inerentes ao direito de propriedade são mínimos, de forma que a exploração do ambiente deve ser exercida de maneira a garantir a perenidade dos recursos ambientais renováveis e dos processos ecológicos, mantendo a biodiversidade e os demais atributos ecológicos, de forma socialmente justa e economicamente viável (art. 2º, XI), e somente em duas hipóteses previstas em lei, a pesquisa científica e a visitação com objetivos turísticos, recreativos e educacionais (art. 21, § 2º, incisos I e II, da Lei nº 9.985, de 18 de julho de 2000).

Com relação ao direito de propriedade, a Reserva Particular do Patrimônio Natural provavelmente apresenta-se como uma das mais fortes limitações, restringindo-se praticamente todos os atributos do direito subjetivo do titular, que ficariam vinculados a uma afetação ambiental. Em outras palavras, como lembra o Herman Benjamin, sobre a RPPN, o dono da propriedade desfruta de liberdade limitada no uso e aproveitamento dos recursos naturais, "mas retém liberdade ilimitada para abdicar de usá-los ou aproveitá-los, se imbuído do nobre fim social de conservar o meio ambiente para as presentes e futuras gerações".[647]

O inciso III do § 2º do art. 21 da Lei nº 9.985/00 permitia o aproveitamento econômico da propriedade, exceto madeira, e desde que não colocasse em risco as espécies ou os ecossistemas da RPPN. No entanto, o dispositivo foi expressamente vetado pelo Presidente da República, sob o argumento de que existiria um desvirtuamento completo "dos objetivos dessa unidade de conservação, como, também, dos propósitos do seu instituidor".[648] A ausência de possibilidade de exploração direta da

[647] BRASIL. Superior Tribunal de Justiça. Primeira Turma. *AgInt no Recurso Especial nº 1.688.885 – SP*. Relator: Ministro Herman Benjamin. Data do julgamento: 01/09/2020. Data da publicação no DJE: 20/10/2020. Disponível em: https://scon.stj.jus.br/SCON/GetInteiroTeorDoAcordao?num_registro=201701867122&dt_publicacao=20/10/2020. Acesso em: 19 ago. 2021.

[648] BRASIL. Presidência da República. *Mensagem de veto nº 967, de 18 de julho de 2000*. Disponível em: http://www.planalto.gov.br/ccivil_03/leis/Mensagem_Veto/2000/Mv0967-00.htm. Acesso em: 06 jan. 2022.

reserva particular levou parte da doutrina[649] a entender que existiu uma mudança de categoria da unidade conservação, que agora seria de proteção integral (art. 7º, inciso I, da Lei nº 9.985/00).

Os atributos dos direitos de propriedade na RPPN são quase que esvaziados,[650] mas existem, a lei permite a visitação com objetivos turísticos e recreativos, não estando expressamente proibida a exploração econômica nestes segmentos. No entanto, os que são acentuados são os deveres do proprietário. O decreto regulamentador (nº 5.746/06) é indicativo dessas características, ao disciplinar que caberá (art. 24) ao proprietário imóvel assegurar a manutenção dos atributos ambientais da RPPN (art. 24, I); elaborar e conseguir a aprovação do plano de manejo (art. 24, II); proibição de atividade econômica (art. 16), podendo o proprietário somente ter *moradia* no local (art. 17).

Não consta da Lei nº 9.985/2000 qualquer cláusula proibindo a alienação do imóvel objeto da RPPN, de forma que é livre a transmissão dessa *quase* propriedade, inclusive por *causa mortis*. Obviamente, o adquirente receberá a propriedade com as mesmas particularidades dos antecessores, com restrição ao direito de propriedade de forma perpétua, vinculada à proteção ambiental.

4.5.2.1 Publicidade registral

O § 1º do art. 21 da Lei nº 9.985/2000 dispõe que "o gravame de que trata este artigo constará do termo de compromisso assinado perante o órgão ambiental, que verificará a existência de interesse público", e "será averbado à margem da inscrição no Registro Público de Imóveis".[651] A Lei de Registros Públicos (nº 6.015/73) não contempla expressamente a averbação da RPPN no art. 167, inciso II. Os atos de averbação não são

[649] Wiedmann, Sonia Maria Pereira; Guagliardi, Roberta. *Programa Estadual de Reservas Particulares do Patrimônio Natural – RPPNs*: 10 anos de apoio à conservação da biodiversidade. Organização de Roberta Guagliardi. Rio de Janeiro: Instituto Estadual do Ambiente, 2018, p. 26.

[650] O único benefício direto para o proprietário é a isenção do Imposto sobre a Propriedade Territorial Rural (ITR) (art. 8º do Decreto nº 5.746/06).

[651] É preciso corrigir a falha técnico-registral contida na legislação, já que a matrícula de imóvel não possui margem, o que ocorria antes da Lei nº 6.015/73, com as transcrições das transmissões.

taxativos, já que o art. 246 permite a averbação de qualquer ato que altere o registro, outorgando publicidade para casos não expressamente autorizados pela lei.

A RPPN é uma afetação de uma área com forte restrição ao direito de propriedade e vinculada à preservação ambiental, principalmente a florestal, não existindo transmissão da propriedade, que continua com particulares. O § 1º do art. 21 da Lei nº 9.985/2000 em momento algum menciona que a descrição (perímetro) da reserva será averbada na matrícula do Registro de Imóveis, mas somente que o ***gravame*** receberá publicidade registral.

O assento não é necessariamente constitutivo, como era no Código Florestal revogado. A RPPN nasce com a aprovação e aceitação do órgão ambiental competente, no entanto, o gravame de perpetuidade somente recebe publicidade e deve ser respeitado *erga omnes* após a averbação na matrícula no Cartório de Registro de Imóveis respectivo. O próprio Dec. nº 5.746, de 05 de abril de 2006, no parágrafo único do art. 9º, dispõe que, a "partir da averbação do Termo de Compromisso no Cartório de Registro de Imóveis, ninguém mais poderá alegar o desconhecimento da RPPN".

O direito de propriedade ficará restrito a duas hipóteses, conforme o § 2º do art. 21 da Lei n 9.9985/2000: pesquisa científica e visitação com objetivos turísticos, recreativos e educacionais. Uma vez averbado o gravame, as restrições tornar-se-ão perpétuas e com publicidade *erga omnes*, não podendo ser desrespeitados por nenhum sucessor *mortis causa* ou *inter vivos*.

A reserva particular poderá ser instituída no imóvel como um todo, ou seja, existe uma individualização do imóvel com número de matrícula, bastará o Oficial de Registro de Imóveis averbar o termo de compromisso assinado pelo órgão ambiental e constar da averbação que o imóvel compõe uma RPPN em sua totalidade em caráter perpétuo. Quando a RPPN for instituída em parte certa e localizada de um imóvel matriculado, o Oficial de Registro de Imóveis deverá primeiramente se certificar de que a área da Reserva Particular está inserida dentro do perímetro do imóvel, ou seja, se não está avançando em outra matrícula, o que pode ser obtido, se necessário, com declaração do profissional que elaborou o projeto da RPPN ou, ainda, declaração do próprio proprietário.

4.5.2.2 Órgão ambiental competente

A criação da RPPN é de iniciativa do particular, mas necessita de homologação da autoridade ambiental. O processo de transformação de uma propriedade ou de parte dela numa RPPN é complexo, a criação da reserva foi regulamentada pelo Dec. nº 5.746, de 05 de abril de 2006.

As RPPNs também poderão ser criadas pelos órgãos integrantes do Sistema Nacional de Unidades de Conservação da Natureza (SNUC). Assim, no âmbito estadual ou municipal, é preciso saber se o órgão ambiental integra o SNUC através do *site* do Ministério do Meio Ambiente.[652]

No âmbito federal, o responsável pela análise das RPPNs é o Instituto Chico Mendes de Conservação da Biodiversidade (ICMBio), autarquia federal vinculada ao Ministério do Meio Ambiente criada pela Lei nº 11.516, de 28 de agosto de 2007.

O proprietário interessado em ter seu imóvel, integral ou parcialmente, transformado em RPPN, deverá acessar o Sistema Informatizado de Monitoria de Reservas Particulares do Patrimônio Natural (SIMRPPN) através do sítio eletrônico http://sistemas.icmbio.gov.br/simrppn/login e preencher o requerimento disponível no sistema. Após o proprietário cumprir todas as etapas constantes do sistema eletrônico, receberá o Termo de Compromisso pelo ICMBio e apresentará para averbação no Registro de Imóveis.

4.5.2.3 Qualificação registral

A documentação constante do decreto que regulamentou a RPPN, bem da respectiva instrução normativa, deve ser exigida tão somente pela autoridade ambiental. O destinatário da norma não é o Oficial de Registro de Imóveis, que deve exigir o Termo de Compromisso assinado pelo proprietário e órgão ambiental, planta do imóvel e Reserva Particular e memorial descritivo, se for o caso.

Por essa razão, por exemplo, não deve o Oficial de Registro de Imóveis conferir nem exigir a publicação da Reserva Particular no *Diário Oficial da União*. Referido procedimento ocorre na esfera administrativa, no âmbito da autoridade ambiental.

[652] BRASIL. *Ministério do Meio Ambiente*. Página inicial. Disponível em: http://www.mma.gov.br/.

Tanto o Dec. nº 5.746, de 05 de abril de 2006, como a instrução relacionam uma série de documentos que devem ser apresentados para a autoridade ambiental verificar a viabilidade ou não da instituição da RPPN. Reconhecida a Reserva Particular, é publicada a respectiva portaria no *Diário Oficial*. Após isso, deverá o proprietário providenciar a averbação da RPPN no Registro de Imóveis, gravando a área do imóvel com reserva em caráter perpétuo, a fim de que seja emitido o título de reconhecimento.

O Registro de Imóveis, na qualificação da documentação apresentada, deve exigir o documento principal para que a averbação do gravame da Reserva Particular seja realizada, que é o termo de compromisso assinado por todos os detentores de direito real que figurarem na matrícula. O termo de compromisso deve conter a descrição constante da matrícula e a descrição da Reserva Particular georreferenciada.

Caso não constem do Termo de Compromisso as descrições exigidas, referida providência poderá ser suprida facilmente com a apresentação de memorial descritivo subscrito pelo proprietário e autoridade ambiental competente.

Outro documento imprescindível é a planta do imóvel, que deverá conter o perímetro (área total da matrícula) e a Reserva Particular, contendo, na hipótese de ser parcial, um ponto de amarração com a descrição constante da matrícula para que o Oficial possa ter a certeza de que não está composta em outra propriedade.

Finalmente, tratando-se de imóvel rural, o artigo 21 da Lei nº 9.293/96 determina ser obrigatória comprovação do pagamento do Imposto sobre a Propriedade Territorial Rural (ITR) referente aos 05 (cinco) últimos exercícios, para serem praticados os atos previstos no artigo 167 e 168 da Lei de Registros Públicos, bem como o artigo 22, parágrafo 2º da Lei nº 4.947/66, que exige a apresentação do último lançamento do Certificado de Cadastro de Imóvel Rural (CCIR).

As assinaturas constantes do documento emitido pelo órgão ambiental não precisam ser reconhecidas, nem mesmo dos particulares. Isso porque os documentos públicos, em razão de princípios de direito administrativo, possuem presunção de legalidade e veracidade e não podem ser questionados sem justa razão ou suspeita de falsidade.

O mesmo ocorre com a exigência da figura de testemunhas instrumentárias porque não consta da Lei nº 9.985/2000 (SNUC), nem mesmo da Lei nº 6.015/73, bem como do seu respectivo regulamento. Interessante, ainda, que o Código Civil de 2012, no artigo 221, não repetiu a regra do estatuto civil passado (art. 135) e não exige nem mesmo que instrumentos particulares tenham necessariamente testemunhas.

A RPPN poderá ser criada em propriedade hipotecada, desde que o proprietário apresente anuência da instituição credora (art. 10 do Dec. n. 5.746, de 05 de abril de 2006). Se o imóvel tiver sido alienado fiduciariamente nos termos da Lei nº 9.514, de 20 de novembro de 1997, a instituição da RPPN ficará condicionada à anuência do credor fiduciário.

Consta do artigo 2º, § 1º, inciso VII, da Instrução Normativa nº 07, de 17 de dezembro de 2009, que é necessária a apresentação pelo proprietário de "certidão de matrícula e registro do imóvel no qual se constituirá a RPPN, indicando a cadeia dominial válida e ininterrupta, trintenária ou desde a sua origem".

Parece-nos que, do ponto de vista do direito civil, bastaria a apresentação de certidão da matrícula do imóvel em que se pretende instituir a RPPN e verificar o atual proprietário e a existência de ônus ou direito real impeditivos. Vejam que o artigo 10 do Dec. nº 5.746, de 05 de abril de 2006, permite, inclusive, a instituição de RPPN quando a área estiver hipotecada, bastando, no caso, a anuência do respectivo credor.

Não há qualquer relevância ambiental em se relacionar os proprietários do imóvel dos últimos trinta anos ou, até, a respectiva origem. Referida informação não é necessária para se afetar a área como de preservação ambiental, porque referida atribuição é tão somente do proprietário, em razão dos atributos inerentes ao direito de propriedade.

4.5.3 Zonas de amortecimento

O art. 25 da Lei nº 9.985, de 18 de julho de 2000, criou um espaço territorial especialmente protegido, que tem chamado pouco a atenção da doutrina, mas que vem gerando diversos problemas em áreas próximas a parques florestais. Com efeito, dispõe referido artigo que

> as unidades de conservação, exceto Área de Proteção Ambiental e Reserva Particular do Patrimônio Natural, devem possuir uma zona de amortecimento e, quando conveniente, corredores ecológicos [...].

Embora a grande maioria das unidades de conservação seja pública, o legislador foi sábio ao estabelecer que as áreas que com elas colidam devam sofrer alguma espécie de restrição para proteger e garantir a finalidade da sua criação. De nada adiantaria a criação de um parque florestal se não houvesse alguma espécie de proteção a seu redor, garantindo, assim, seu equilíbrio ecológico.

Trata-se de fenômeno recente e atual dos grandes centros urbanos brasileiros: as cidades estão crescendo e, cada vez mais, chegando perto de parques florestais, comprometendo a sustentabilidade ambiental dessas áreas. Acresce-se o crescimento de empreendimentos imobiliários residenciais cada vez mais frequentes em áreas de grande arborização, devido ao inestimável valor ambiental e de qualidade de vida.

As restrições ambientais devem ser sólidas e decorrentes de estudos para a criação das próprias unidades de conservação (federais ou estaduais). É recomendável que constem da própria lei de criação, e devem, indubitavelmente, receber publicidade registral nas respectivas matrículas, porque é importante que adquirentes de áreas próximas a unidades de conservação tenham consciência de que devem obedecer às restrições impostas em lei. A grande maioria das restrições impostas a zonas de amortecimento se refere à necessidade de estudos de impacto ambiental e licenciamento ambiental para desmembramentos e construções.

4.5.4 Refúgio de Vida Silvestre (RVS)

O refúgio de vida silvestre tem como objetivo "proteger ambientes naturais onde se asseguram condições para a existência ou reprodução de espécies ou comunidades da flora local e da fauna residente ou migratória" (art. 13 da Lei nº 9.985/2000), podendo ser constituído por áreas particulares, desde que seja possível compatibilizar os objetivos da unidade com a utilização da terra e dos recursos naturais do local pelos proprietários. Configura-se como um dos principais institutos de proteção ambiental vinculados à propriedade privada imobiliária. Como espécie de unidade de conservação, o RVS, mesmo potencialmente incidindo em propriedades imobiliárias privadas, pertence à categoria de unidades de proteção integral (máxima proteção).

As unidades de conservação de proteção integral têm por objetivo básico a preservação da natureza, sendo que as exceções são tratadas expressamente na lei que criou o Sistema Nacional de Unidades de Conservação da Natureza (SNUC) (§ 1º do art. 7º da Lei nº 9.985/2000), configurando o refúgio de vida silvestre a única possibilidade de uso indireto prevista, ou seja, a possibilidade de conciliação entre proteção ambiental e exploração econômica agropastoril da propriedade.

O RVS tem como finalidade a proteção da fauna silvestre em espaços territoriais específicos ou determinados, embora não conste expressamente da lei. No entanto, o Cadastro Nacional de Unidades de Conservação, organizado e mantido pelo Ministério do Meio Ambiente (art. 50 da Lei nº 9.985/2000), demonstra que existem, atualmente, nos âmbitos federal, estadual e municipal, 74 (setenta e quatro) áreas de refúgio de vida silvestre, todas delimitadas expressamente no ato de criação ou instituição. Provando tratar-se de unidade de conservação que tem por vocação áreas particulares, mais de 75% dos refúgios de vida silvestre constantes do Cadastro Nacional de Unidades de Conservação possuem referidas características.[653]

Em estudo científico publicado em 2015, o refúgio de vida silvestre foi classificado como de grande potencialidade para ser amplamente utilizado em propriedades imobiliárias com vocação para a proteção da fauna silvestre ameaçada de extinção ou necessidade de proteção, principalmente pela desnecessidade de desapropriação quando existir compatibilidade com as atividades agropecuárias, sendo a falta de regulamentação um dos principais entraves para o seu crescimento.[654]

[653] BRASIL. Ministério do Meio Ambiente. *Diário Oficial da União nº 83, de 05 de maio de 2015*. Disponível em: <https://www.mma.gov.br/images/arquivo/80229/CNUC_FEV20%20-%20B_Cat.pdf>. Acesso em: 08 maio 2020.

[654] STRAPAZZON, Márcia Casarin. Reflexões acerca das racionalidades em unidades de conservação: o caso do Refúgio de Vida Silvestre dos Campos de Palmas. 2015. 157 f. Dissertação (Mestrado em Desenvolvimento Regional) - Universidade Tecnológica Federal do Paraná, Pato Branco, 2015.

A utilização da propriedade imobiliária em regime de refúgio de vida silvestre depende de alguns fatores. O primeiro é a compatibilidade entre a preservação ambiental e a exploração econômica da propriedade – referida compatibilidade deve ser definida e especificada no plano de manejo da unidade de conservação. Uma vez estabelecidos as condições e os regramentos sobre as atividades permitidas ou não, o proprietário tem, ainda, a possibilidade de discordar das limitações ao direito de propriedade, de forma que a área deverá, nos termos do § 2º do art. 13 da Lei nº 9.885/2000, ser desapropriada.

Neste aspecto reside um defeito muito grave da lei, já que transforma a manutenção do refúgio ecológico de vida silvestre em áreas privadas como facultativa ao proprietário, afastando-se, neste aspecto, da origem americana do instituto. A existência da aquiescência dos proprietários estaria transformando a regra da unidade de conservação em outro instituto ambiental já existente e previsto na Lei nº 9.885/2000, que é a reserva particular do patrimônio natural (RPPN).

A concepção do RVS seria para a criação de um espaço ambiental protegido e ágil para a proteção de vida silvestre em espaços delimitados e, de acordo com as regras constitucionais de proteção da fauna, de espécies seriamente ameaçadas e em perigo de extinção. A propriedade imobiliária deve possuir uma finalidade ambiental, e proteção da fauna é atributo constante do próprio § 1º do art. 1.228 do Código Civil. Assim, entre proteção de espécie ameaçada e direito de propriedade, o estabelecimento de regime jurídico diferenciado não afetaria o direito privado, não necessitando a utilização do moroso e custoso instrumento da desapropriação.

Outro aspecto interessante é que o texto legal dispõe que "a área deve ser desapropriada" (§ 2º do art. 13 da Lei nº 9.885/2000), mas não determina que a propriedade estará desapropriada automaticamente, devendo ser observados os critérios de conveniência e oportunidade constantes da lei de desapropriação (nº 4.132/62). O pressuposto para a criação do refúgio de vida silvestre, para nós, é que a aquiescência do proprietário do espaço seja colhida antes da criação quando da elaboração do necessário estudo técnico (§ 2º do art. 22 da Lei nº 9.985/2000), porque, em caso de negativa ou de incompatibilidade, permitiria ao Poder Público eleger outra categoria de unidade de conservação mais adequada para a situação, evitando, assim, perda de tempo, o que comprometeria a conservação.

Não consta da lei que instituiu o Sistema Nacional de Unidades de Conservação da Natureza (SNUC) (nº 9.985/2000) nenhum incentivo para o proprietário que tenha em suas terras a criação de uma unidade de refúgio silvestre, existindo somente a não incidência do Imposto sobre a Propriedade Territorial Rural (ITR), nos termos do art. 10, inciso II, b, da Lei nº 9.393, de 19 de dezembro de 1996. Obviamente, outrossim, com a criação da unidade de conservação, estaria a propriedade imobiliária cumprindo sua finalidade socioambiental e, assim, tornando-se insuscetível de desapropriação para fins de reforma agrária (art. 9º, inciso II, da Lei nº 8.629, de 25 de fevereiro de 1993).

A unidade de conservação de refúgio de vida silvestre nasce, como toda unidade de conservação, através de *ato do Poder Público* (art. 22 da Lei nº 9.885/2000), o que foi regulamentado pelo Decreto nº 4.340, de 22 de agosto de 2002. Em pesquisa que realizamos, verificamos que, no âmbito federal, a criação é realizada através de decreto presidencial e, no âmbito estadual, geralmente, através de lei. Parece-nos que a intenção do legislador foi a de facilitar a criação da unidade de conservação, de forma que o decreto do chefe do Poder Executivo é suficiente para dar início à criação do RFS, mesmo no âmbito estadual, já que existe competência constitucional concorrente para os entes políticos legislarem sobre proteção ambiental. No ato de instituição, existe a possibilidade de criação de limitações ao direito de propriedade, mas a própria lei prevê essa possibilidade (art. 13 da Lei do SNUC), determinando apenas a existência de compatibilidade.

Também constatamos na pesquisa[655] dos atos de criação dos refúgios de vida de silvestre que muitas vezes o decreto ou lei se remete às restrições ao direito de propriedade a um futuro plano de manejo, o que traz muita insegurança jurídica. Considerando que o plano de manejo deverá ser realizado em até cinco anos (§ 3º, art. 27 da Lei nº 9.885/2000) pelo órgão gestor ou pelo proprietário, quando for o caso (art. 12 do Decreto

[655] ANEXO: a relação dos refúgios de vida silvestre constantes do Cadastro Nacional de Unidades de Conservação, com o respectivo ato de criação e restrição ao direito de propriedade respectivo.

nº 4.340, de 22 de agosto de 2002), deixar em aberto o aumento de restrições ao direito de propriedade fugiria da autorização legal da Lei do SNUC – lembrando, ainda, que somente à União cabe legislar sobre direito civil (art. 22, inciso I, Constituição Federal), e as limitações, que devem ser aceitas pelo proprietário, devem necessariamente estar previstas no ato de criação da unidade de conservação.

Devem, ainda, anteceder o ato de criação da unidade de conservação estudos técnicos necessários (§ 2º do art. 22) para a constatação e verificação do interesse ecológico, tendo entendido o Supremo Tribunal Federal que é nula a criação de unidade de conservação na falta de estudos técnicos e consulta pública.[656] Não existe previsão de dispensa da consulta pública para a criação do refúgio de vida silvestre, não obstante, sendo a área privada, a consulta ou aquiescência deverá recair tão somente sobre respectivo proprietário, mesmo porque, no § 2º do art. 22 (LSNUC), expressamente, consta a finalidade da consulta pública, que visa a permitir "identificar a localização, a dimensão e os limites mais adequados para a unidade, conforme se dispuser em regulamento".

Os refúgios de vida silvestre estão situados em propriedades privadas e possuem restrições ambientais ao direito de propriedade, devendo referido espaço protegido receber publicidade no Registro de Imóveis. O documento comprobatório para a averbação no Registro de Imóveis depende do órgão ambiental que tenha aprovado a criação do espaço protegido, podendo ser dos três entes políticos (União, Estado ou Distrito Federal e municípios), podendo ser uma certidão do órgão ambiental

[656] "EMENTA: MEIO AMBIENTE. Unidade de conservação. Estação ecológica. Ampliação dos limites originais na medida do acréscimo, mediante decreto do Presidente da República. Inadmissibilidade. Falta de estudos técnicos e de consulta pública. Requisitos prévios não satisfeitos. Nulidade do ato pronunciada. Ofensa a direito líquido e certo. Concessão do mandado de segurança. Inteligência do art. 66, §§ 2º e 6º, da Lei nº 9.985/2000. Votos vencidos. A ampliação dos limites de estação ecológica, sem alteração dos limites originais, exceto pelo acréscimo proposto, não pode ser feita sem observância dos requisitos prévios de estudos técnicos e consulta pública" (BRASIL. Supremo Tribunal Federal. *Mandado de Segurança nº 24.665/DF – Distrito Federal*. Relator: Min. Marco Aurélio Mello. Data do julgamento: 01/12/2004. Data da publicação no DJE: 06/10/2006. Disponível em: http://redir.stf.jus.br/paginadorpub/paginador.jsp?docTP=AC&docID=86172. Acesso em: 30 abr. 2019).

competente. Com relação à especialidade, depende de sua fonte criada, se atinge a totalidade ou parcialmente um imóvel, devendo, ainda, constar as restrições ao direito de propriedade de forma especificada.

4.6 A Floresta Atlântica

A Mata Atlântica é um dos biomas mais relevantes e exuberantes do território brasileiro, estando presente, principalmente, na região litorânea (do Rio Grande do Norte ao Rio Grande do Sul), mas também existe nos planaltos e serras do interior, inclusive no sul do Mato Grosso do Sul. Não é considerado um espaço territorial especialmente protegido; a proteção jurídica ambiental não é setorizada, e sim vinculada a determinada espécie de cobertura florestal; assim, onde é encontrada vegetação atlântica, pode existir alguma proteção jurídica.

A importância para a preservação da fauna é única, porque a Mata Atlântica é o bioma que apresenta maior número de espécies ameaçadas, tanto em números absolutos quanto em proporcionais à riqueza dos biomas, sendo que, do total de espécies ameaçadas do Brasil, 50,5% se encontram nesse bioma, sendo que 38,5% são endêmicos (originários) desse bioma.[657] O mico-leão-dourado (*Leontopithecus rosalia*), espécie ícone no histórico de preservação de animais em risco de extinção, é encontrado somente neste bioma, em pequenos fragmentos no interior do estado do Rio de Janeiro.[658]

A floresta atlântica[659] configura-se como um bioma, que consiste em uma grande unidade biótica com um conjunto de vida vegetal característico e facilmente reconhecido e é considerado pela Constituição da República Federativa do Brasil de 1988 patrimônio nacional (artigo 225, § 4º, CRFB/88), sendo que, nos anos de 1991 – 1992, o Brasil obteve, junto à Organização das Nações Unidas para a Educação, a Ciência e a

[657] INSTITUTO, 2018.

[658] Bergalho, Helena de Godoy; Rocha, Carlos Frederico Duarte da; Alves, Maria Alice dos Santos. *A Fauna Ameaçada de Extinção do Estado do Rio de Janeiro*. Rio de Janeiro: Editora da Universidade do Estado do Rio de Janeiro, 2000, p. 23 – 35.

[659] Penedo; Melo, 2021, p. 120.

Cultura (UNESCO), a categoria de *Reserva da Biosfera*,[660] tendo a diplomação ocorrido em 1992.[661]

A floresta atlântica, em razão da sua localização predominantemente costeira, desde o período da colonização, foi objeto de destruição a ferro e fogo em todos os ciclos econômicos por mais de 500 anos.[662] A floresta atlântica, como a amazônica, é tropical – inclusive, a umidade é um fator importante para o seu desenvolvimento –, e é a cadeia costeira de montanhas (Serra do Mar) que atua como barreira contra o vapor de água que vem do oceano.[663]

O famoso naturalista e considerado um dos primeiros exploradores Alexander Von Humbolt[664] descrevia a floresta atlântica como uma "floresta sobre uma floresta"; e não sem razão, porque as copas das árvores mais altas tocam-se umas nas outras, criando uma barreira que impede ou dificulta a passagem do sol; e, na parte considerada mais baixa, crescem com abundância arbustos, bambus, samambaias gigantes, orquídeas e bromélias, líquens que toleram luz escassa, formando, assim, os sub-bosques, que constituem *outra floresta*.[665] A fertilidade da terra da Mata Atlântica decorrente do material produzido, como folhas e galhos em constante decomposição, de forma irônica, incentivou a exploração e fomento de cultivo de lavouras, principalmente de café, levando esse

660 Reserva da Biosfera é um modelo de gestão integrada, participativa e sustentável dos recursos naturais criado pela Organização das Nações Unidas. A palavra "biosfera" se refere a todos os elementos naturais que fornecem e permitem a vida na Terra, como o solo, a água e a atmosfera. Uma Reserva da Biosfera pode ser entendida, dessa forma, como uma área especialmente eleita para conciliar a conservação ambiental e o desenvolvimento humano sustentável.

661 CÂMARA, Ibsen de Gusmão. *Breve história da conservação da Mata Atlântica*. Mata Atlântica: biodiversidade, ameaças e perspectivas. São Paulo: Fundação SOS Mata Atlântica; Belo Horizonte: Conservação Internacional, 2004, p. 39.

662 DEAN, Warren. *A ferro e fogo*: a história da devastação da Mata Atlântica brasileira. Tradução de Cid Knipel Moreira. São Paulo: Companhia das Letras, 1996, p. 225.

663 LOPES, Sônia; ROSSO, Sergio. Conecte live Bio 3. Parte 2. São Paulo: Saraiva, 2017, p. 364.

664 WULF, Andrea. *A invenção da natureza*: a vida e as descobertas de Alexander Von Humboldt. Tradução de Renato Marques. 1ª edição. São Paulo: Planeta, 2016, p. 356 [edição Kindle].

665 CÂMARA, 2004.

bioma, um dos mais ricos em biodiversidade, a ser um dos mais ameaçados do planeta.

O fato de a floresta atlântica estar localizada na região em que existiram as primeiras colonizações no Brasil desencadeou um conflito fundiário que perdura até os dias de hoje, estando fortemente em perigo,[666] resultando, infelizmente, de acordo com o consenso científico, na constatação de uma perda de praticamente a totalidade das florestas primárias originárias, configurando-se em um dos ecossistemas mais criticamente ameaçados de extinção no planeta, restando menos de 13,1% de remanescentes florestais.[667]

4.6.1 Lei da Mata Atlântica (nº 11.428, de 22 de dezembro de 2006)

A primeira preocupação jurídica com relação à floresta atlântica ocorreu na Carta Régia de Portugal de 1797, cujo reino estava temeroso com a utilização excessiva dos recursos das madeiras.[668] O direito mudou muito nos últimos séculos, não cabendo, no âmbito deste estudo, sua evolução histórica, de forma que, propositalmente, iniciar-se-á com a proteção estabelecida na Carta Maior.

O primeiro instrumento jurídico de proteção da Floresta Atlântica ocorreu de forma precária com a publicação do Decreto Federal nº 99.547, de 25 de setembro de 1990, que, em seu artigo 1º, proibia "*por prazo indeterminado, o corte e a respectiva exploração da vegetação nativa da Mata Atlântica* [grifo nosso]".[669] Posteriormente, foi publicado outro decreto federal

[666] Luiz Alberto David Araujo ensina que, infelizmente, "a sociedade moderna traz em si um grau de degradação ambiental elevadíssimo" (Araujo, Luiz Alberto David; Junes Júnior, Vidal Serrano. *Curso de direito constitucional.* 16ª edição. São Paulo: Editora Verbatim, 2012, p. 552).

[667] ATLAS dos Remanescentes Florestais da Mata Atlântica. Relatório Técnico. Período 2017 – 2018. Fundação SOS Mata Atlântica; Instituto Nacional de Pesquisas Espaciais – INPE. São Paulo, 2019. Disponível em: https://www.sosma.org.br/wp-content/uploads/2019/05/Atlas-mata-atlantica_17-18.pdf. Acesso em: 17 set. 2020.

[668] Câmara, 2004, p. 38.

[669] BRASIL. Presidência da República. *Decreto nº 99.547, de 25 de setembro de 1990.* Dispõe sobre a vedação do corte, e da respectiva exploração, da vegetação nativa da Mata Atlântica, e dá outras providências. Disponível em: http://www.planalto.gov.br/ccivil_03/decreto/1990-1994/D99547.htm. Acesso em: 16 jun. 2021.

(nº 750, de 10 de fevereiro de 1993),[670] que, de forma mais técnica, criou a primeira proteção jurídico-normativa da floresta atlântica, vedando "a supressão, a exploração e a supressão de vegetação primária ou nos estágios avançado e médio de regeneração da Mata Atlântica" (artigo 1º).[671]

O grande passo para a proteção jurídica do bioma foi a publicação da Lei da Mata Atlântica (nº 11.428, de 22 de dezembro de 2006), que criou a regra de *tratamento diferenciado da floresta atlântica* com relação ao corte, supressão e exploração da vegetação primária ou secundária (artigo 8º), configurando uma inovação jurídico-ambiental no tratamento da floresta, modificando parcialmente o regime de exploração da propriedade, disciplinado, até então, pelo Código Florestal.[672] Paulo Affonso Leme Machado enfatiza que o eventual desmatamento não desnatura o regime de proteção especial da floresta atlântica, porque de nada adiantaria a proteção jurídica especial se a mera supressão da vegetação afastasse a incidência da lei especial.[673]

A lei criou um regime especial de proteção da floresta atlântica para quando a cobertura florestal é primária ou secundária em estágios avançado e médio de regeneração (artigo 11 da LMA). Assim, o pré-requisito para que exista a exploração desse bioma é estabelecer, por exclusão, a inexistência destas hipóteses, configurando-se como um real pressuposto para se iniciar qualquer procedimento administrativo de licencia-

[670] BRASIL. Presidência da República. *Decreto nº 750, de 10 de fevereiro de 1993.* Dispõe sobre o corte, a exploração e a supressão de vegetação primária ou nos estágios avançado e médio de regeneração da Mata Atlântica, e dá outras providências. Disponível em: http://www.planalto.gov.br/ccivil_03/decreto/1990-1994/d750.htm. Acesso em: 16 jun. 2021.

[671] O Decreto Federal nº 750/93 foi revogado e substituído pelo Decreto Federal nº 6.660, de 21 de novembro de 2008, mantendo a técnica anterior de proteção das vegetações atlânticas primárias e em estágio de regeneração médio e avançado. *Cf.*: BRASIL. Presidência da República. *Decreto nº 6.660, de 21 de novembro de 2008.* Regulamenta dispositivos da Lei no 11.428, de 22 de dezembro de 2006, que dispõe sobre a utilização e proteção da vegetação nativa do Bioma Mata Atlântica. Disponível em: http://www.planalto.gov.br/ccivil_03/_Ato2007-2010/2008/Decreto/D6660.htm#art51. Acesso em: 16 jun. 2021.

[672] Figueiredo, 2010, p. 367.

[673] Machado, 2014, p. 929.

mento.[674] Dispõe o inciso I do art. 11 que supressão é vedada quando a vegetação:

> a) abrigar espécies da flora e da fauna silvestres ameaçadas de extinção e a intervenção ou o parcelamento puserem em risco a sobrevivência dessas espécies; b) exercer a função de proteção de mananciais ou de prevenção e controle de erosão; c) formar corredores entre remanescentes de vegetação primária ou secundária em estágio avançado de regeneração; d) proteger o entorno das unidades de conservação; ou e) possuir excepcional valor paisagístico, reconhecido pelos órgãos executivos competentes do Sistema Nacional do Meio Ambiente – SISNAMA.

O Conselho Nacional de Meio Ambiente (CONAMA) é o órgão técnico responsável pelas definições das vegetações atlânticas protegidas (art. 4º da Lei da Mata Atlântica), o que ocorreu pelas resoluções nº 10, de 1º de outubro de 1993 [675] e nº 388, de 23 de fevereiro de 2007.[676]

Ao se criar o regime de proibição geral de supressão de área de *vegetação primária* ou *secundária em estágios avançado e médio de regeneração*, a principal finalidade da lei foi a de barrar a possibilidade de desmatamento, protegendo-se, assim, o habitat das espécies silvestres, que é a principal

[674] Gaio, Alexandre. *Lei da Mata Atlântica Comentada*. 2ª edição. São Paulo: Almedina, 2018, p. 173.

[675] "Vegetação Primária consiste na vegetação de máxima expressão local, com grande diversidade biológica, sendo os efeitos das ações antrópicas mínimos, a ponto de não afetar significativamente suas características originais de estrutura e de espécies" (artigo 2º, I). "Vegetação Secundária ou em Regeneração pode ser entendida como a vegetação resultante dos processos naturais de sucessão, após supressão total ou parcial da vegetação primária por ações antrópicas (atuação humana) ou causas naturais, podendo ocorrer árvores remanescentes da vegetação primária" (artigo 2º, II) (BRASIL. Ministério do Meio Ambiente. *Resolução CONAMA nº 10, de 1º de outubro de 1993*. Estabelece os parâmetros básicos para análise dos estágios de sucessão de Mata Atlântica. Disponível em: http://www2.mma.gov.br/port/conama/legiabre.cfm?codlegi=135. Acesso em: 21 set. 2020).

[676] BRASIL. Ministério do Meio Ambiente. *Resolução nº 388, de 23 de fevereiro de 2007*. Dispõe sobre a convalidação das Resoluções que definem a vegetação primária e secundária nos estágios inicial, médio e avançado de regeneração da Mata Atlântica para fins do disposto no art. 4º § 1º da Lei nº 11.428, de 22 de dezembro de 2006. Disponível em: http://www2.mma.gov.br/port/conama/res/res07/res38807.pdf. Acesso em: 21 set. 2020.

causa de extinção, configurando-se como um dos instrumentos de proteção da fauna mais importantes na legislação brasileira. Obviamente, a lei expressamente prevê exceções para o regime de proteção (artigos 14, 20), em raríssimos casos, como aqueles de utilidade pública relativa a atividades de segurança nacional e de interesse social etc., sempre com o necessário estudo prévio de impacto ambiental (art. 15).

O artigo 11, inciso II, da Lei nº 11.428/2006, proibiu qualquer tipo de intervenção de forma genérica na floresta atlântica, se o proprietário ou possuidor não estiver cumprindo as obrigações relativas ao Código Florestal de 2012 (Lei nº 12.651), principalmente com relação ao estabelecimento prévio da reserva legal florestal e área de preservação permanente, deixando bem clara a diferenciação entre os institutos. A mata atlântica deve ser preservada independentemente de estar ou não em outro espaço ambiental protegido, embora a coincidência seja possível.

Assim, embora a floresta se incorpore ao solo (art. 79, CC) e seja considerada bem imóvel, integrando o direito de propriedade, o bioma atlântico não poderá ser livremente explorado pelo proprietário, malgrado permaneça em sua titularidade, não cabendo, ainda, indenização, como analisamos em capítulo próprio, por não se configurar como desapropriação indireta.[677]

4.6.2 Publicidade registral das restrições decorrentes da mata atlântica

A comprovação de que determinada propriedade imobiliária possui vegetação protegida especialmente do bioma da Mata Atlântica como mata primária ou secundária em estágio secundário de regeneração em níveis médio e avançado pode ser obtida através de certidão do respectivo

[677] A questão já foi debatida inúmeras vezes pelo Superior Tribunal de Justiça: "as limitações administrativas à propriedade geram obrigação de não fazer ao proprietário não se confunde com a desapropriação, sendo que a proibição do corte, da exploração e da supressão de vegetação primária ou nos estágios avançado e médio de regeneração da mata atlântica" (BRASIL. Superior Tribunal de Justiça. Primeira Turma. *REsp 901.319/SC*. Rel.: Min. Eliana Calmon. Data do julgamento: 24/06/2009. Publicação no Diário Oficial Eletrônico: 03/08/2009. Disponível em: https://ww2.stj.jus.br/processo/revista/documento/mediado/?componente=ITA&sequencial=897908&num_registro=200701609179&data=20090803&formato=PDF. Acesso em: 21 set. 2020).

órgão ambiental, estadual, federal ou municipal; neste último caso, nos municípios que possuam o plano municipal de conservação e recuperação da mata atlântica previsto no art. 38 da Lei nº 11.428/2006.

Outra hipótese de comprovação é aquela apresentada por meio de "laudo técnico com a respectiva ART, de profissional habilitado" (art. 7º, inciso VIII, do Decreto nº 6.660, de 21 de novembro de 2008), devendo conter, o *inventário fitossociológico*[678] da área a ser cortada ou suprimida, com vistas a determinar o estágio de regeneração da vegetação e a indicação da fitofisionomia original (flora típica de determinada região), elaborado com metodologia e suficiência amostral adequadas (art. 20, V).

Os profissionais habilitados para a confecção do laudo que comprova tratar-se de mata atlântica primária ou secundária e estágios médio e avançado de recuperação são, pela própria natureza da profissão, os biólogos (art. 2º, inciso I, da Lei nº 6.684, de 31 de setembro de 1979) e engenheiros florestais (Lei nº 4.643, de 31 de maio de 1965, resolução nº 186, de 14 de novembro de 1969), que podem elaborar referidos laudos e inventários, não excluindo, ainda, outros profissionais cujos laudos são comprovadamente aceitos pelas autoridades ambientais.

A averbação da Mata Atlântica tem particularidades próprias. Obviamente, tem a natureza de reforçar ou publicar uma informação na matrícula do imóvel para conhecimento de terceiros, às vezes do próprio proprietário. Além disso, ela permite, no âmbito da qualificação do Oficial de Registro de Imóveis, permitir que os licenciamentos especiais criados com a LMA sejam efetivamente fiscalizados e exigidos quando da apresentação de títulos submetidos à análise do cartório.

A função da averbação também é de prevenção de conflitos, já que a publicidade constante da matrícula do respectivo imóvel de que existe vegetação protegida por lei facilitará o acesso da informação por eventu-

[678] Fitossociologia é o estudo das características, classificação, relações e distribuição de comunidades vegetais naturais. Os sistemas utilizados para classificar estas comunidades denominam-se sistemas fitossociológicos. A fitossociologia visa a obter variáveis quantitativas sobre as vegetações do planeta (MORO; MARTINS, Marcelo Freire; ROBERTO, Fernando. *Métodos de levantamento do componente arbóreo-arbustivo*. Viçosa: Editora da Universidade Federal de Viçosa, 2011, p. 174 – 212).

ais empreendedores e compradores, que não poderão alegar desconhecimento face à publicidade registral.

Considerando que o meio ambiente é bem de uso comum,[679] a averbação da restrição decorrente de floresta atlântica poderia ser, em tese, realizada por qualquer interessado, nos termos do § 1º do art. 246 da Lei nº 6.015/76. No entanto, entendemos que, por ser direito de propriedade, seja necessário que a informação seja validada por meio de documentação comprobatória, o que demandaria a participação ou anuência do proprietário e eventuais titulares de direito. Obviamente, o proprietário, por sua vez, poderá requerer a averbação diretamente ao registro de imóvel, apresentando o respectivo laudo de profissional habilitado, averbação essa que introduziria um elemento restritivo na propriedade, que deverá ser respeitado por futuros adquirentes.

Obviamente, o Ministério Público, em razão de sua vocação natural e constitucional (art. 129, inciso III), possui muitas ferramentas para tornar pública a averbação da constatação da Mata Atlântica nos respectivos imóveis. Dentre eles, podemos relacionar o inquérito e a ação civil pública (Lei nº 7.347/1985), ressaltando-se, ainda, a existência de precedente administrativo permitindo a publicidade registral desses instrumentos.[680]

A vegetação decorrente do bioma da Mata Atlântica em estados primário e secundário (estágios médio e final) de regeneração exerce juridicamente uma influência sensível no direito de propriedade, merecendo, em decorrência da importância ambiental e por meio de tratados inter-

[679] "Independentemente de ser ou não proprietário da propriedade rural, qualquer pessoa e, portanto, o Ministério Público e as associações poderão promover o registro e a averbação, incumbindo-lhes as despesas respectivas, e desde que ofereçam elementos fáticos e documentais" (Lemes Machado, 2014, p. 723).

[680] Ementa: Registro de Imóveis. Recepção e arquivamento, pelo Oficial de Registro de Imóveis, de ofício expedido pelo Ministério Público com notícia da instauração de procedimento ou ação que versa sobre irregularidade no parcelamento do solo. Inclusão dessa informação nas certidões imobiliárias referentes aos registros correspondentes. Possibilidade. Medida que não se confunde com ato de averbação, nem impede a prática de atos de registro ou averbação nos registros atingidos (BRASIL. Tribunal de Justiça de São Paulo. Corregedoria Geral da Justiça. *Processo nº 8.505/2000*. Piracicaba. Data do julgamento: 16/07/2000. Data da publicação no DJE: 28/07/2000).

nacionais e legislação pátria, de uma ampla publicidade, que atinja a todos (*erga omnes*), o que somente poderá ocorrer com a utilização dos livros do Registro de Imóveis, que refletem a situação jurídica do direito de propriedade através de princípios jurídicos sólidos. A jurisprudência administrativa e os estudos acadêmicos são unânimes em admitir publicidade de eventos ambientais no Registro de Imóveis, desde que criados e estruturados legalmente, o que é o caso do bioma Mata Atlântica, que possui legislação e regramento consolidados.

O principal problema para a preservação da Mata Atlântica é o conflito fundiário, já que os remanescentes sofrem grande pressão dos grandes centros urbanos, sendo que a utilização da publicidade registral servirá de importante ferramenta de prevenção de conflitos, utilizando, ainda, a qualificação registral (análise do Oficial do Registro de Imóveis) para fiscalizar as restrições e licenciamentos exigidos pela legislação em decorrência do regime especial de proteção que o bioma da Mata Atlântica possui.

4.7 Terras indígenas

A noção de propriedade era desconhecida pelos povos originários brasileiros, cujo conceito era substituído pelo de *compartilhamento*, onde, por exemplo, não era considerada transgressão a subtração de objetos pertencentes a outrem, mas sim deixar de repartir uma caça.[681] Os povos indígenas não conheciam propriedade privada imóvel nos moldes estabelecidos hodiernamente, "a terra era bem comunal. Tudo quanto se plantava e colhia, mesmo caça e pesca, distribuía-se entre todos".[682] Ironicamente, é a propriedade como hoje é concebida e idealizada, no caso, pública, que restou para proteger o remanescente dessa população que habitou livremente as terras brasileiras por milênios.

[681] "Relatos de pessoas Kaingang mais velhas dão conta que, mesmo a caça não podia ser apropriada (consumida) pelo homem que a caçou, devendo ser repartida entre seus parentes" (Veiga, Juracilda. *Arrendamento e privatização da terra indígena*. Povos Indígenas no Brasil, 2001 – 2005. São Paulo: Instituto Socioambiental, 2006. Disponível em: http://www.portalkaingang.org/privatizacao_juracilda.pdf. Acesso em: 17 nov. 2022).

[682] Cascudo, Câmara. Os índios conheciam a propriedade privada? São Paulo: s/e, 1936. In: *Revista da Academia Norte-riograndense de Letras*, v. 40, n. 28, dezembro, 1998.

O art. 20, XI, da CF dispõe que são bens da União as terras tradicionalmente ocupadas pelos índios. O art. 231, § 1º, define como tal as terras habitadas pelos índios em caráter permanente, as utilizadas para suas atividades produtivas, *as imprescindíveis à preservação dos recursos ambientais* necessários ao seu bem-estar e as necessárias à sua reprodução física e cultural, segundo seus usos, costumes e tradições.

José Afonso da Silva leciona que a expressão *terras tradicionalmente ocupadas* não revela uma relação temporal:

> não se trata de posse ou prescrição imemorial, como se a ocupação indígena nesta se legitimasse, e dela se originassem os direitos dos índios sobre as terras por eles ocupadas, porque isso, além do mais, é incompatível com o reconhecimento constitucional dos direitos originários sobre elas.

Para o autor,

> o tradicionalmente refere-se ao modo tradicional de os índios ocuparem e utilizarem as terras e ao modo tradicional de produção, enfim, ao modo tradicional de como eles se relacionam com a terra, já que há comunidades mais estáveis, outras menos estáveis, e as que têm espaços mais amplos em que se deslocam etc.[683]

A regulamentação do art. 231 da CF ocorreu diretamente pelo Dec. nº 1.775, de 08 de janeiro de 1996, que estabeleceu um largo procedimento para a demarcação das terras tradicionalmente ocupadas por índios, e pela Portaria nº 14, de 09 de janeiro de 1996, do Ministério da Justiça, que disciplina as regras sobre a elaboração do relatório circunstanciado de identificação e delimitação de terras indígenas. O procedimento é presidido pela Fundação Nacional do Índio (FUNAI), por meio da Diretoria de Assuntos Fundiários, órgão do governo brasileiro que estabelece e executa a Política Indígena no Brasil, e consiste em dez etapas:

[683] SILVA, José Afonso da. *Curso de direito constitucional positivo*. 30ª edição. São Paulo: Malheiros, 2008, p. 823.

1. Estudos Antropológicos de Identificação: em que são realizados estudos que apresentarão o modo de ocupação de determinado grupo étnico indígena, de acordo com critérios culturais;
2. Formação de Grupo Técnico especializado: consiste na etapa de estudos complementares de caráter ambiental, histórico, etno-histórico, cartográfico, levantamento de ocupação não indígena e de outra natureza, necessários para demonstrar a ocupação tradicional e apresentação de proposta de delimitação de área. Esse Grupo Técnico será coordenado por antropólogo e ao final apresentará Relatório Circunstanciado de Identificação e Delimitação.
3. Aprovação do Relatório Circunstanciado: no prazo de 15 dias após aprovação pela Presidência da FUNAI será publicado resumo dos estudos nos *Diários Oficiais* da União e Estado;
4. Contraditório: manifestações relativas ao procedimento podem ser apresentadas desde o início dos trabalhos de identificação até 90 dias depois da publicação. A FUNAI responde as eventuais contestações no prazo de 60 dias e encaminha processos de identificação e de contestação para apreciação pelo Ministério da Justiça;
5. Emissão de Portaria Declaratória pelo Ministério da Justiça, declarando, reprovando ou solicitando diligências;
6. Demarcação Física: a materialização dos limites é feita apenas nas linhas secas, por meio de abertura de picadas, implantação de marcos e placas indicativas e medição topográfica e geodésica. Os limites naturais são definidos por conversão digital das cartas topográficas. Em seguida é elaborado o mapa e o memorial descritivo da demarcação, que instrui o decreto de homologação do Presidente da República;
7. Homologação do Presidente da República;
8. Atualização do levantamento fundiário e cadastro pelo Incra;
9. Registro no Cartório de Registro de Imóveis e anotação na Secretaria de Patrimônio da União – SPU;
10. Regularização fundiária: a legislação prevê o pagamento de indenizações relativas a benfeitorias derivadas da ocupação de boa-fé.

As áreas indígenas são de importância única para a preservação ambiental e não poderiam deixar de ser estuda em uma obra sobre meio ambiente e o Registro de Imóveis, já que uma de suas finalidades constantes do texto constitucional é a *tutela e preservação dos recursos naturais*. A vocação das terras dos povos originários é a preservação ambiental porque somente assim é possível que existam recursos naturais para sua subsistência. Excetuados os casos de invasão das terras para atividades ilícitas como o garimpo ilegal, existe correspondência lógica entre terras demarcadas de povos originários e preservação ambiental.

Chama-nos a atenção e configura-se como o tema de maior interesse deste capítulo a utilização do Registro de Imóveis para publicizar um bem público da União afetado ao uso de povos indígenas. É cediço que os bens públicos não necessitam da publicidade registral para garantir os direitos de seus titulares, já que são inalienáveis e, por decorrência, também imprescritíveis e impenhoráveis. No entanto, é notório que, cada vez mais, o Registro de Imóveis está sendo reconhecido como um importante reforço da publicidade legal.

O art. 6º do Dec. nº 1.775, de 08 de janeiro de 1996, determina que,

> em até 30 dias após a publicação do decreto de homologação, o órgão federal de assistência ao índio promoverá o respectivo registro em cartório imobiliário da comarca correspondente e na Secretaria do Patrimônio da União do Ministério da Fazenda.

O caminho ordinário, então utilizado pela União para proceder à abertura de matrícula no Registro de Imóveis de seus imóveis, era somete o procedimento discriminatório previsto no Dec.-lei nº 9.760, de 05 de setembro de 1946, e Lei nº 6.383, de 07 de dezembro de 1976, complexo e moroso e de competência também do INCRA, podendo ser administrativo ou judicial. O objetivo do processo discriminatório é separar as terras públicas das particulares, mediante verificação da legitimidade dos títulos de domínio particular, apurando, por exclusão, as terras do domínio público. No entanto, a Lei nº 5.972, de 11 de dezembro de 1973, permite a abertura de matrícula de áreas públicas no Registro de Imóveis, independentemente do título anterior (§ único do art. 2º), estabelecendo alguns requisitos, e pode ser utilizada para matricular as terras indígenas[684].

[684] Inicialmente, entendemos que a Lei nº 5.972/73 não está revogada, porque inexiste incompatibilidade direta com a normativa registrária vigente (Lei nº 6.015/73), mesmo

Outro instrumento recente que a União possui para demarcar e abrir matrículas de seus imóveis decorrentes de regularização fundiária de interesse social foi criado pela Lei nº 11.481, de 31 de maio de 2007, que introduziu os arts. de 18-A a 18-F no Dec.-lei nº 9.760, de 05 de setembro de 1946. No entanto, o maior fundamento para o registro das terras tradicionalmente ocupadas por povos tradicionais é o art. 195-B da Lei nº 6.015/73:

> A União, os Estados, o Distrito Federal e os Municípios poderão solicitar ao registro de imóveis competente a abertura de matrícula de parte ou da totalidade de imóveis urbanos sem registro anterior, cujo domínio lhe tenha sido assegurado pela legislação, por meio de requerimento acompanhado dos documentos previstos nos incisos I, II e III do caput do art. 195-A.

O procedimento administrativo de abertura de matrículas de terras indígenas está atualmente previsto no art. 424 do Código Nacional de Normas do Conselho Nacional de Justiça[685], que, sucintamente resulta na autorização para o Registro de Imóveis prenotar e autuar o requerimento visando a abertura da matrícula do imóvel em nome da União, destacando o § 2º do referido determinando que "todos os procedimentos administrativos de demarcação de terras tradicionalmente ocupadas pelos índios em caráter permanente, inclusive o resumo do estudo antropológico eventualmente realizado, deverão ser averbados nas matrículas dos imóveis".

O procedimento reconhece que a abertura de matrícula de terras indígenas deve ser realizada de forma praticamente inaugural, com descrição georreferenciada, no entanto, sem certificação (art. 424, VIII), devendo

porque dita lei sofreu alteração expressa pela Lei nº 9.821, de 23 de agosto de 1999, e foi regulamentada pelo Dec. nº 3.994, de 31 de outubro de 2001.

[685] BRASIL. Conselho Nacional de Justiça. Disponível em < https://www.cnj.jus.br/wp-content/uploads/2023/08/codigo-nacional-de-normas-da-corregedoria-nacional-de-justica-v6-23-08-2023.pdf>. Acesso em 17/10/2023.

ser averbado o procedimento em eventuais matrículas de imóveis até então tidos como privados[686].

Por derradeiro, para entendermos a importância do tema para o registro imobiliário, segundo a FUNAI, a superfície das 680 terras indígenas, cujos processos de demarcação estão na fase "delimitada", é de mais de 105.673.003 hectares (quase duas vezes o tamanho da Espanha), perfazendo 13,75% do total do território brasileiro, configurando um número impressionante.[687]

4.8 Florestas públicas

A Lei nº 11.284, de 02 de março de 2006, dispõe sobre a gestão de florestas públicas para produção sustentável, institui o Serviço Florestal Brasileiro (SFB), na estrutura do Ministério do Meio Ambiente, e cria o Fundo Nacional de Desenvolvimento Florestal (FNDF). Também foi criado o Cadastro Nacional de Florestas Públicas, interligado ao Sistema Nacional de Cadastro Rural e integrado pelo Cadastro-Geral de Florestas Públicas da União e cadastros de florestas públicas dos Estados, do Distrito Federal e dos Municípios (art. 14).

Em 20 de março de 2007, foi publicado o Dec. nº 6.063, que regulamentou a Lei de Concessão de Florestas Públicas, estabeleceu que o

[686] Levar ao Registro de Imóveis bens públicos não é exclusividade de nosso direito. O regulamento hipotecário espanhol, em seu art. 5º, disciplina que "os bens imóveis de domínio público também poderão ser objeto de inscrição, conforme a sua legislação especial". O legislador espanhol se deu conta do que estava ocorrendo durante muitos anos, principalmente nos bens públicos como vias pecuárias, cuja utilidade inicial foi notadamente desfigurada pelo desuso e foram objeto de apropriação por particulares que agregaram áreas públicas a seu domínio. Em outros casos, as áreas públicas foram utilizadas por populações carentes que utilizam esses espaços para estabelecer sua residência, principalmente em decorrência dos movimentos migratórios do campo para a cidade, como consequência da industrialização e, o que é pior, em muitas ocasiões a própria Administração acaba por incentivar o desaparecimento dessa classe de bens através de procedimentos de regularização fundiária. Nessa linha, se produz a reforma do Regulamento Hipotecário, através do art. 5º, permitindo que os bens de domínio público possam, também, ser objeto de proteção registrária.

[687] BRASIL. Fundação Nacional dos Povos Indígenas – FUNAI. Disponível em https://www.gov.br/funai/pt-br/atuacao/terras-indigenas/demarcacao-de-terras-indigenas. Acesso em: 06 fev. 2023.

CFPU é composto por três estágios: identificação, delimitação e demarcação (art. 3º). O § 2º do art. 3º do Decreto Regulamentador estabelece que "o estágio de delimitação, os polígonos de florestas públicas federais serão averbados nas matrículas dos imóveis públicos".

Finalmente, em 09 de julho de 2007, o Ministério do Meio Ambiente publicou a Resolução nº 02, que regulamenta o Cadastro Nacional de Florestas Públicas e estabelece a comunicação com o Registro de Imóveis. Vejamos:

> Art. 9º Na fase de delimitação, a floresta pública da União terá seu perímetro averbado junto à matrícula do Registro de Imóveis.
>
> § 1º Para os fins do disposto no *caput*, o Serviço Florestal Brasileiro deverá identificar o número da matrícula no Cartório de Registro de Imóveis.
>
> § 2º Será encaminhado ao respectivo Cartório de Registro de Imóveis o requerimento da averbação do perímetro da floresta pública delimitada, nos termos do art. 13, II, da Lei 6.015, de 31 de dezembro de 1973.
>
> § 3º No CFPU, constará o número da matrícula do Registro de Imóveis e os dados do respectivo Cartório de Registro de Imóveis, onde foi realizada a averbação da Floresta Pública Federal.
>
> Art. 10 O Serviço Florestal Brasileiro informará a averbação da floresta pública na matrícula do Cartório do Registro de Imóveis ao gestor do imóvel onde se localiza a Floresta Pública Federal.
>
> Art. 11 No estágio de delimitação, a estruturação de dados geoespaciais vetoriais, referentes ao mapeamento das florestas públicas da União seguirão a Norma da Cartografia Nacional, de estruturação de dados geoespaciais vetoriais, referentes ao mapeamento terrestre básico que compõe a Mapoteca Nacional Digital, homologada pela Resolução da Comissão Nacional de Cartografia – Concar 1, de 02 de agosto de 2006.
>
> Art. 12. A delimitação geográfica e o memorial descritivo das florestas públicas da União deverão conter as seguintes informações:
>
> I – a descrição do perímetro, com as coordenadas geográficas, e as confrontações em sentido direito (sentido horário);
>
> II – o azimute e a distância entre os vértices;
>
> III – o Meridiano Central (MC) da região, tendo como referencial planimétrico o Datum SAD69 até a adoção oficial do Sistema de Referência Geocêntrico para as Américas (Sirgas 2000).

§ único. Para fins do disposto no *caput*, todas as florestas públicas da União deverão ser georreferenciadas com precisão e projeção equivalente ou superior às cartas topográficas de maior escala editoradas pelo Exército Brasileiro ou pelo IBGE, de acordo com o Dec. 89.817, de 20 de junho de 1984.[688]

Os bens públicos, como afirmamos, não necessitam da publicidade registral para garantir os direitos de seus titulares, já que são inalienáveis; por decorrência, também imprescritíveis e impenhoráveis. Contudo, é notório que, cada vez mais, o Registro de Imóveis está sendo reconhecido como um importante reforço da publicidade legal, e foi justamente isso que ocorreu com as florestas públicas da União.

No entanto, muitas dúvidas irão surgir na aplicação desses preceitos legais e regulamentares, principalmente porque se prevê que o perímetro da floresta pública pertencente à União será averbado no Registro de Imóveis, provavelmente inaugurando a cadeia dominial do imóvel.

A grande maioria das terras públicas, principalmente as que não foram objeto de ação ou procedimento administrativo discriminatório, não possuem acesso ao Registro de Imóveis, mas não se nega a dificuldade do registrador em saber se a área a ser aberta já não possui matrícula ou transcrição, mesmo que lançada em nome de particulares, como é comum em algumas regiões do Brasil.

Como salientamos, quando do capítulo sobre terras indígenas, é possível a abertura de matrícula de bens públicos por meio das leis nº 5.972/73 e nº 11.481/2007. Porém, infelizmente, o legislador perdeu a oportunidade de outorgar maior publicidade aos procedimentos de concessão de florestas públicas. Uma vez registrada a concessão das florestas públicas, qualquer interessado poderia solicitar uma certidão para ter pleno conhecimento da situação jurídica do imóvel, o que seria facilitado pela localização dos cartórios de Registro de Imóveis.

A concessão florestal tem como objeto a exploração de produtos e serviços florestais, contratualmente especificados em unidade de manejo de floresta pública, ou seja, existe previsão contratual e indubitavelmente

[688] BRASIL. Ministério do Meio Ambiente. Cadastro Nacional de Florestas Públicas. *Resolução 02, de 09 de julho de 2007.*

trata-se de direito real sobre coisa alheia, ratificando o destinatário natural das concessões como o Registro de Imóveis. Voltamos à clandestinidade jurídica, em que o cidadão, para certificar-se da situação jurídica do imóvel, deve peregrinar pelos órgãos públicos das mais variadas instâncias e escalões sem, contudo, lograr a segurança jurídica necessária.

Enfim, a utilização da estrutura do Registro de Imóveis brasileiro poderia contribuir significativamente para a publicidade e redução de custos para a implantação do cadastro nacional de florestas públicas.

4.9 Limitações administrativas provisórias

A Lei nº 11.132, de 04 de julho de 2005 – que introduziu o art. 22-A na Lei nº 9.985/2000 e que dispõe sobre as unidades de conservação –, criou o instituto da limitação administrativa provisória para áreas que possuam certa potencialidade de transformação em unidades de conservação. Assim, quando houver risco de dano grave aos recursos naturais de determinada área que está em estudo de viabilidade para criação de unidade de conservação, o órgão ambiental competente poderá decretar limitações administrativas pelo prazo de sete meses, não sendo permitida a prorrogação.

A Lei nº 9.985/2000 conceitua unidade de conservação como o

> espaço territorial e seus recursos ambientais, incluindo as águas jurisdicionais, com características naturais relevantes, legalmente instituído pelo Poder Público, com objetivos de conservação e limites definidos, sob regime especial de administração, ao qual se aplicam garantias adequadas de proteção (art. 2º, I).

Basicamente, são espécies de unidades de conservação: *Área de Proteção Ambiental*; Área de Relevante Interesse Ecológico; Floresta Nacional; Reserva Extrativista; Reserva de Fauna; Reserva de Desenvolvimento Sustentável; e *Reserva Particular do Patrimônio Natural.*

As restrições advindas da limitação administrativa provisória são sérias, repercutindo, inclusive, no direito real de propriedade, já que a exploração do imóvel pode ser interrompida. Defendemos a tese de que referidas restrições transcendem o cadastro dos órgãos públicos e afetam direitos controlados e publicizados pelo Registro de Imóveis, de sorte que necessitam, também, ingressar no fólio real.

A limitação administrativa provisória, a exemplo do que ocorre com as indisponibilidades de bens, deve ingressar no Registro de Imóveis porque interessa ao mundo jurídico. O proprietário e terceiros de boa-fé devem ter conhecimento de que estão sendo promovidos estudos para a transformação de determinada área em unidade de conservação e somente o Registro de Imóveis pode outorgar essa publicidade de forma satisfatória, porque a ele, e somente a ele, cabe a inscrição de direitos reais de bens imóveis.

A publicidade dessas limitações administrativas deve ocorrer no Registro de Imóveis. Porém, devido a seu caráter provisório, o acesso poderia ser efetivado pelo Livro 1º a requerimento da autoridade ambiental competente. Seria cancelada, automaticamente, no final do prazo; como não configura nenhum impedimento de registro de outros atos, a publicidade alcançaria seu objetivo.

4.10 O domínio das águas e o Registro de Imóveis

Questão interessante, e que tem toda a relevância para o direito ambiental e registral, é sobre o domínio das águas. Saber da propriedade do leito e das águas é essencial para a atribuição das responsabilidades então inerentes ao respectivo direito. O Registro de Imóveis precisa definir a questão da dominialidade das águas para o procedimento de retificação de registro para a identificação dos respectivos confrontantes que deverão ser notificados nos termos do art. 213 da Lei nº 6.015/73. O Direito ambiental precisa da definição para a demarcação das áreas de proteção permanente e/ou áreas de proteção a mananciais, para atribuir as responsabilidades e promover a proteção do recurso natural.

As águas, depois da Constituição Federal e da Lei Federal nº 9.433, de 08 de janeiro de 1997 (Recursos Hídricos), são públicas[689] (estaduais ou da União), o mesmo se aplicando ao leito (consequência lógica), se o curso em questão (rio, riacho, córrego) tem estabilidade, ou melhor,

[689] "Com o advento da nova ordem constitucional, já não há mais que se falar em águas particulares, não obstante não seja o indivíduo impedido de apropriar-se de parcela de água" (FIGUEIREDO, 2010, p. 237).

não for variável, sofrendo influências em decorrência das cheias. Quando existe o fenômeno da variabilidade do leito, a doutrina tem entendido de forma distinta sobre a questão da propriedade dos leitos, de sorte que é possível identificar uma afetação pública da propriedade privada enquanto as águas estiverem ocupando as terras.[690]

Água é o conteúdo do álveo, seu continente. É a substância líquida depositada perenemente na depressão, seu suporte físico. Segundo Cretella:

> Não é possível conceber curso d'água sem pelo menos dois elementos essenciais, o elemento líquido, a água e o sólido, o álveo, o leito, suporte da corrente hídrica (...) Entende-se por leito ou álveo a porção de terreno que a água cobre sem transbordar para o solo natural, habitualmente enxuto. O curso d'água ou corrente d'água constitui assim uma unidade jurídica formada por elementos físicos assinalados, já que um rio não pode ser uma coisa sem ar (....) O domínio hídrico não compreende apenas as águas, mas também é claro o álveo no qual estão contidas e as margens que o delimitam.[691]

José Ribeiro estuda a transição normativa decorrente do advento da Constituição Federal, que não recepcionou o antigo Código de Águas, merecendo a transcrição abaixo:

> Tem-se assim que, com o novo disciplinamento dado às águas pela vigente Constituição Federal e pela mencionada Lei 9.433, o Código de Águas (Dec. 24.643, de 10.07.1934) ficou superado, por incompatibilidade, em vários aspectos, mas sobretudo na parte que conceituava e classificava as águas em águas públicas, águas comuns e águas particulares. Pela nova ordem constitucional, as águas serão sempre públicas e isso vem ratificado,

[690] "A água é um dos elementos do meio ambiente. Isto faz com que se aplique à água o enunciado do caput da CF: Todos têm direito ao meio ambiente ecologicamente equilibrado, bem de uso comum do povo [...] a água é um bem de domínio público, a Lei 9.433/97 abrange todo tipo de água, diante da generalidade empregada. Não especificando que a água a ser considerada, a água de superfície e água subterrânea, a água fluente e a água emergente passaram a ser de domínio público" (Machado, 2014, p. 422 – 423).

[691] Cretella Júnior, José Vladimir Passos de Freitas. *Águas*. Aspectos jurídicos e ambientais. Rio de Janeiro: Juruá, 2002, p. 45.

> expressamente, no art. 1º, I, da Lei 9.433, ao preceituar que a água é um bem de domínio público. Já não há, portanto, águas particulares (...) Assim sendo, é evidente que não passaram ao domínio público dos Estados apenas as águas que eram particulares, mas também a parte do solo por elas ocupadas (o leito, o álveo ou a porção de terra que é o suporte físico das águas). Portanto os particulares perderam o domínio ou a propriedade não só das águas, mas também do respectivo solo que lhes serve de suporte físico, já que a água "não fica no ar", mas forma, com o solo a que adere, uma unidade jurídica. E isso tem, indubitavelmente, reflexo nas matrículas dos imóveis onde tais águas se localizam. Essa nova situação jurídica deverá ficar consignada no Registro de Imóveis.[692]

Referido posicionamento é consagrado por ninguém mais do que José Afonso da Silva:[693]

> Essa posição é, hoje, sem sombra de dúvida, agasalhada pela Constituição Federal de 1988. Esta reparte o domínio das águas entre a União e os Estados, modificando profundamente o Código de Águas, eliminando as antigas águas municipais, as comuns e as particulares.

A jurisprudência administrativa[694] ainda considera estar em vigor o Código das Águas (Decreto n º 24.643, de 10 de julho de 1934). No entanto, o Superior Tribunal de Justiça começa a fixar entendimento de que "o Código de Águas (Decreto 24.643/1934) deve ser interpretado à

692 Ribeiro, José. Direito de propriedade sobre as águas e o registro de imóveis. *Revista de Direito Imobiliário*, n. 51. São Paulo: Revista dos Tribunais, 2002, p. 156.

693 Afonso Da Silva, 2004, p. 158.

694 A própria Corregedoria Geral da Justiça de São Paulo, no entanto, entendeu que o córrego não secciona o imóvel, tratando-se de acidente geográfico: "A inclusão do acidente geográfico na descrição imobiliária, não implicando em alteração de metragens, deformação da figura geométrica ou reposicionamento físico do prédio, pode ser deferida em retificação unilateral, desde que haja perfeito controle de especialidade" (BRASIL. Tribunal de Justiça de São Paulo. Corregedoria Geral da Justiça. *Processo nº 260/96*. Data do julgamento: 13/04/1996. Data de publicação no DJE: 25/04/1996). Posteriormente, reconhecendo a força da doutrina e jurisprudência, manteve o mesmo entendimento até que a questão fosse pacificada nos tribunais (BRASIL. Tribunal de Justiça de São Paulo. Corregedoria Geral da Justiça. *Processo nº 102.503/2008*. Relator: Desembargador Ruy Pereira Camilo. Data do julgamento: 30/03/2009. Data da publicação no DJE: 15/04/2009).

luz do sistema da Constituição Federal de 1988 e da Lei 9.433/1997 (Lei da Política Nacional de Recursos Hídricos), *que admitem apenas domínio público sobre os recursos hídricos*".[695] Assim, na linha dos referidos precedentes e com base em farta doutrina, entendemos que as águas **sempre serão públicas**, ou são estaduais (art. 26, inciso I, CF) ou federais (art. 20, inciso III, CF).

695 BRASIL. Superior Tribunal de Justiça. *Recurso Especial nº 1800313/SP*. Segunda Turma. Relator: Ministro Herman Benjamin. Data do julgamento: 20/08/2019. Data da publicação no DJE: 13/09/2019; BRASIL. Superior Tribunal de Justiça. *Recurso Especial nº 1352673/SP*. Segunda Turma. Relator: Ministro Herman Benjamin. Data do julgamento: 06/05/2014. Data da publicação no DJE: 07/11/2016; BRASIL. Superior Tribunal de Justiça. *Recurso Especial nº 1184624/SP*. Segunda Turma. Relator: Ministro Herman Benjamin. Data do julgamento: 02/12/2010. Data da publicação no DJE: 04/02/2011.

5.
GARANTIA DO CUMPRIMENTO DAS SANÇÕES E OBRIGAÇÕES AMBIENTAIS

5.1 Publicidade dos meios de repressão ao desrespeito à legislação ambiental. Termos de ajustamento de conduta

Os órgãos públicos legitimados para propor a ação civil pública poderão tomar dos interessados o compromisso de ajustamento de sua conduta às exigências legais, prevendo, inclusive, cominações no descumprimento, tendo eficácia de título executivo extrajudicial (§ 6º do art. 5º da Lei nº 7.347/85), garantindo, assim, a elaboração de um título a ser executado no caso de inadimplemento. Cumpre consignar que a CG de São Paulo já autorizou a publicidade pelo Registro de Imóveis de instauração de inquérito civil investigativo e outras peças de informação, sem necessidade de averbação, conforme interpretação constante do art. 18 da Lei nº 6.015/73. Assim, o Ministério Público pode oficiar ao Registro de Imóveis a existência de peças de informação, inquérito civil e ação civil pública, envolvendo questões de desrespeito ao meio ambiente.[696]

> Ementa: Registro de Imóveis. Recepção e arquivamento, pelo Oficial de Registro de Imóveis, de ofício expedido pelo Ministério Público com notícia da instauração de procedimento ou ação que versa sobre irregularidade no parcelamento do solo. Inclusão dessa informação nas certidões imobiliárias referentes aos registros correspondentes. Possibilidade. Medida que não se confunde com ato de averbação, nem impede a prática de atos de registro ou averbação nos registros atingidos.

[696] BRASIL. Tribunal de Justiça de São Paulo. Corregedoria Geral da Justiça. *Processo CG-8.505/2000*. Data da decisão: 16/06/2000. Data da publicação no DJE: 04/07/2000.

Posteriormente, o Superior Tribunal de Justiça ampliou referida forma de publicidade, permitindo-se a averbação direta, por requerimento e não requisição, de inquérito civil no registro imobiliário, desde que expressamente requerido pelo Ministério Público:[697]

> Averbação da existência do inquérito civil ambiental na matrícula do imóvel é respaldada pelo art. 13, incisos II e III da Lei 6.015/73, que prevê que os atos de registros podem ser praticados a requerimento dos interessados ou do Ministério Público, combinado com o art. 26, inciso VI da Lei 8.625/93, que dispõe que 'no exercício de suas funções, o Ministério Público poderá dar publicidade dos procedimentos administrativos não disciplinares que instaurar e das medidas adotadas.

5.2 Certidão negativa de débitos decorrentes de infrações ambientais

O Código Florestal revogado previa, expressamente, no art. 37, a exigibilidade da certidão negativa ambiental para os atos de transmissão no Registro de Imóveis. Em razão da precariedade do texto, que mencionava até "trânsito em julgado de atos administrativos", o dispositivo era muito criticado e de impossível aplicação, também em razão do extenso rol de autoridades ambientais potenciais.

O novo Código Florestal silencia a respeito, mas reforça a natureza jurídica das obrigações ambientais como *propter rem*, o que justificaria a exigibilidade, uma vez que o terceiro adquirente responderia, necessariamente, pelas obrigações do antecessor. Aliás, em razão do mesmo argumento, de natureza de obrigação real, o Conselho Superior da Magistratura de São Paulo entendeu como dispensável a apresentação de certidões negativas de débitos condominiais previstos na Lei nº 4.591/64.

Perdeu-se também a oportunidade de o novo disciplinamento prever a possibilidade de averbação de autos de infração ambiental nas matrículas dos imóveis atingidos, facilitando a fiscalização e o cumprimento da obrigação ambiental, como defendemos anteriormente.[698]

[697] BRASIL. Superior Tribunal de Justiça. *Recurso em Mandado de Segurança 58.769/RJ (2018/0247261-5)*. Segunda Turma. Relatora: Ministra Assusete Magalhães. Data do julgamento: 15/09/2020. Data da publicação no DJE: 23/09/2020.

[698] MELO, Marcelo Augusto Santana de. Meio ambiente e Registro de Imóveis. In:

Uma alternativa para a revogação da necessidade de apresentação no Registro de Imóveis da certidão negativa ambiental seria a adoção da publicidade dos autos de infração administrativa no Registro de Imóveis, medida mais justa, porque puniria tão somente o responsável pelo dano ambiental, e não todos os demais proprietários, que deveriam diligenciar em vários órgãos ambientais em busca das certidões.

5.3 Publicidade dos autos de infração ambiental

A Lei nº 10.650, de 16 de abril de 2003, determina que a lavratura de termos de compromisso de ajustamento de conduta e autos de infração e respectivas penalidades impostas pelos órgãos ambientais sejam publicados no *Diário Oficial* (art. 4º, III e IV).

No entanto, a publicidade decorrente de publicação em órgãos oficiais da Administração é medida totalmente desprovida de eficácia real. Deveria o legislador utilizar a estrutura do Registro de Imóveis para dar publicidade aos autos de infrações ambientais e respectivas multas ambientais. A grande maioria das autuações ocorre diretamente por desrespeito a algum espaço territorial especial protegido, como intervenções em reservas legais florestais, desmatamento, incêndios voluntários ou não, estes ainda com a obrigação de reflorestamento, etc.

Conforme estudos prévios do Ministério do Meio Ambiente, menos de 2% das multas ambientais são satisfeitas, o que não deixa de ser um absurdo jurídico e social, já que demonstra total desrespeito à legislação ambiental. Inegável que, malgrado tenha conteúdo pecuniário, a infração ambiental possui natureza jurídica de obrigação, que acompanha o imóvel nestas hipóteses. A Lei nº 9.605/98 utilizou a competência constitucional da União para elaborar uma norma geral sobre as infrações administrativas, sendo norma geral que deve ser suplementada pelos Estados e municípios, a fim de atender as peculiaridades locais.

Considera-se infração administrativa ambiental toda ação ou omissão que viole as regras jurídicas de uso, gozo, promoção, proteção e recuperação do meio ambiente (art. 70). As infrações administrativas são apuradas em processo administrativo próprio, conforme o critério de ampla defesa e contraditório, como também garante a CF (art. 5º, LV).

Conforme o art. 72 da Lei nº 9.605/98, as infrações administrativas serão punidas por meio de advertência, multa simples, multa diária, apreensão dos animais, produtos e subprodutos da fauna e flora, instrumentos, petrechos, equipamentos ou veículos de qualquer natureza utilizados na infração; destruição ou inutilização do produto; suspensão de venda e fabricação do produto; embargo de obra ou atividade; demolição de obra; suspensão parcial ou total de atividades; e restrição de direitos.

Entendemos que as infrações administrativas ambientais que forem punidas com multa e que possuam relação direta com a propriedade imobiliária podem acessar a matrícula respectiva no Registro de Imóveis, em razão do efeito da concentração e art. 246 da Lei nº 6.015/73. A publicidade registral existiria depois de outorga do prazo para o proprietário se defender, outorgando maior segurança ao ato.

Joaquín Delgado Ramos, registrador espanhol, analisa a utilização do Registro de Imóveis para conferir maior publicidade de obrigações ambientais:

> *El legislador, además de restringir las facultades dominicales, puede también imponer determinadas obligaciones legales activas que tengan por causa o finalidad la protección del medio ambiente, y haber que tales obligaciones Sean inherentes a la titularidad de la finca afectada, de modo que, en caso de transmisión, el nuevo adquirente se subrogue en las obligaciones del anterior. O dicho con otras palabras, afectar legalmente la finca al cumplimiento de tales obligaciones. Si dichas obligaciones derivan directamente de la ley, sin necesidad de acto aplicativo, tendrían en la propia ley suficiente publicidad, por lo que no precisarían de constancia registral. Pero se derivan de un acto concreto, esto es, de un acto administrativo singular que resuelva imponer tal o cual obligación, o de un convenio por el cual el particular asuma determinadas obligaciones de dar, hacer o no hacer, si se haría precisa su constancia registral para la afectación real o 'afección' de la finca y sus futuros titulares.*[699]

[699] RAMOS, Joaquín Delgado. La protección registral del medio ambiente. *Cuadernos de Derecho Registral*. Madrid: Colégio de Registradores de la Propiedad y Mercantiles de España, 2007, p. 102.

Não podemos olvidar que, para o acesso do auto de infração ambiental no Registro de Imóveis, seria necessária, a princípio, a criação legislativa respectiva ou orientação normativa do órgão judicial encarregado da fiscalização do Registro de Imóveis. Tal exigência se dá porque se trata de medida inédita no direito registral brasileiro e deve ser precedida de estudos, a exemplo do que ocorreu com as áreas contaminadas que, seguindo estudo nosso de 2004, acabou sendo autorizada a publicidade pela CG do Estado de São Paulo.

Semelhantemente ao que ocorre no Estado de São Paulo, nas penhoras decorrentes de execuções fiscais (Lei nº 11.331, de 26 de dezembro de 2002), em que os emolumentos são satisfeitos no final do processo. Visando à implantação sem onerosidade para a Administração, os atos registrários poderiam ser praticados diretamente, sem qualquer previsão de emolumentos, que seriam satisfeitos quando do cancelamento diretamente pelo interessado.

Com absoluta certeza, a averbação das infrações ambientais no Registro de Imóveis aumentaria o adimplemento das respectivas multas porque se estaria conferindo publicidade *erga omnes* do ato que, automaticamente, alertaria propensos adquirentes do imóvel e instituições financeiras para a concessão de crédito, que exigiria a satisfação da obrigação.

Por derradeiro, importante ressaltar que a responsabilidade administrativa ambiental é pessoal, não podendo o órgão administrativo punir uma pessoa pelo evento danoso causado por outra. No entanto, no aspecto civil, indubitável que o proprietário poderá ser compelido a reparar o dano a eventual espaço protegido como RLF ou área de preservação permanente, razão que corrobora na necessidade da publicidade de referidas infrações por meio de simples averbação-notícia no Registro de Imóveis.

5.4 Fiscalização do licenciamento ambiental

O Registro de Imóveis também exerce importante papel na fiscalização do cumprimento do prévio licenciamento ambiental. Isso ocorre de forma mais efetiva quando da análise de projeto de desmembramentos e loteamentos (Lei nº 6.766/79), onde existe a necessidade de o empreendimento ser submetido aos licenciamentos ambientais municipais, estaduais e, dependendo do interesse público, também federal. Nas incorporações imobiliárias e condomínios edilícios (Lei nº 4.591/64) ocorre o mesmo.

Muitas vezes, as autoridades ambientais fixam algumas obrigações ao empreendedor que constam do próprio licenciamento como condicionante da própria aprovação. Como exemplo, podemos mencionar a necessidade de assinatura de termos de compromisso de arborização pelo proprietário. O registrador, quando da qualificação registral, deve solicitar a apresentação de todos os documentos assinalados, além, é óbvio, da análise de formalidade do mesmo como órgão ou repartição competente, se o documento é idôneo etc.

5.4.1 Fontes de poluição

O licenciamento ambiental deve ocorrer sempre que o ato a ser praticado no Registro de Imóveis for uma fonte de poluição, lembrando que a concorrência é estadual na fiscalização e criação legislativa. Em razão de existir competência concorrente entre União, Estados e municípios, o oficial registrador deverá analisar de forma cuidadosa a legislação específica para saber quando e como deve exigir o respectivo licenciamento ambiental.

No Estado de São Paulo, a Lei nº 997, de 31 de maio de 1976, criou o Sistema de Prevenção e Controle da Poluição do Meio Ambiente (art. 1º), na forma prevista nesta Lei. No § 1º do art. 5º da referida, considera-se "fonte de poluição" qualquer atividade, sistema, processo, operação, maquinaria, equipamento ou dispositivo, móvel ou não, previsto no Regulamento desta lei, que cause ou possa causar poluição ambiental através da emissão de poluentes. Dessa forma, as atividades poluentes devem ser submetidas ao prévio licenciamento perante a CETESB – Companhia de Tecnologia de Saneamento Ambiental.[700] A lei foi regulamentada pelo

[700] Lei Estadual nº 118, de 29 de junho de 1973 – Autoriza a constituição de uma sociedade por ações, sob denominação de CETESB – Companhia de Tecnologia de Saneamento Básico e de Controle da Poluição das Águas, e dá providências correlatas:
"Art. 2º - A sociedade, na qualidade de órgão delegado ao Governo do Estado de São Paulo, no campo de controle de poluição das águas e de tecnologia de engenharia sanitária". Decreto nº 8.468, de 8 de setembro de 1976 – Aprova o Regulamento da Lei nº 997, de 31 de maio de 1976, que dispõe sobre a Prevenção e o Controle da Poluição do Meio Ambiente: "Art. 5º – Compete à Companhia Estadual de Tecnologia de Saneamento

Decreto nº 8.468, de 08 de setembro de 1976, que, no artigo 57, inciso X, declara como fonte de poluição "todo e qualquer loteamento ou desmembramento de imóveis, condomínios horizontais ou verticais e conjuntos habitacionais, independentemente do fim a que se destinam". O § 1º exclui expressamente do licenciamento "os condomínios verticais localizados fora dos municípios litorâneos, cuja implantação não implique a abertura de vias internas de circulação". Com relação aos projetos residenciais, no Estado de São Paulo o Decreto nº 66.960, de 08 de julho de 2022, reestruturou o Grupo de Análise e Aprovação de Projetos Habitacionais (GRAPROHAB), que analisará e deliberará sobre empreendimentos habitacionais de parcelamento do solo e condomínios edilícios localizados em área urbana, de expansão urbana ou de urbanização específica. O artigo 8º do referido decreto traz a relação de projetos[701] que, obrigatoriamente, deverão passar pelo órgão, devendo o oficial registrador se atentar a isso no âmbito da qualificação registral.

Básico e de Defesa do Meio Ambiente – CETESB, na qualidade de órgão delegado do Governo do Estado de São Paulo, a aplicação da Lei nº 997, de 31 de maio de 1976, deste Regulamento e das normas dele decorrentes".

[701] Artigo 8º – Submetem-se obrigatoriamente à análise do Grupo de Análise e Aprovação de Projetos Habitacionais – GRAPROHAB, para fim de emissão de Certificado de Aprovação, os projetos:
I – de loteamentos para fins habitacionais;
II – de desmembramentos para fins habitacionais que resultem em mais de 10 (dez) lotes não servidos por equipamentos urbanos de escoamento das águas pluviais, iluminação pública, esgotamento sanitário, abastecimento de água potável e energia elétrica pública;
III – habitacionais de condomínios edilícios que se enquadrem em uma das seguintes situações:
a) condomínios horizontais com mais de 200 unidades ou com área de terreno superior a 50.000,00 m2;
b) condomínios verticais com mais de 800 unidades ou com área de terreno superior a 50.000,00 m2;
c) condomínios mistos (horizontais e verticais) com mais de 350 unidades ou com área de terreno superior a 50.000,00 m2;
d) condomínios horizontais, verticais ou mistos localizados em área especialmente protegida pela legislação ambiental com área de terreno igual ou superior a 10.000,00 m2;
e) condomínios horizontais, verticais ou mistos a serem implantados em áreas não servidas por equipamentos urbanos de escoamento das águas pluviais, iluminação pública, esgotamento sanitário, abastecimento de água potável e energia elétrica pública.

O parágrafo único do artigo 3º da Lei nº 898/75 exige a manifestação favorável da Secretaria do Meio Ambiente, mediante parecer da Companhia Estadual de Tecnologia de Saneamento Básico e de Defesa do Meio Ambiente, para os projetos e a execução de arruamentos, loteamentos, edificações e obras, bem assim a prática de atividades agropecuárias, comerciais, industriais e recreativas, com relação aos imóveis que fazem parte das áreas de proteção de mananciais.

O art. 3º, III, da Lei nº 6.766/79 não permite o parcelamento "em áreas de preservação ecológica". É preciso consignar que a expressão "área de preservação ecológica" se refere a todos os espaços territoriais especialmente protegidos pelas legislações federal e estaduais, neles incluídas as áreas de preservação permanente. Mas a regra não deve ser interpretada com rigor absoluto; não se pode admitir que um lote seja projetado quase que totalmente em APP porque a finalidade do mesmo é a construção e estaria incompatível com a preservação, mas será possível o parcelamento da área (loteamento, desmembramento ou desdobro) em imóvel que possua APP se o lote for atingido em pequena extensão pela limitação administrativa. Caso contrário, bastaria um córrego, lago ou outro curso d'água na área a ser loteada para inviabilizar o empreendimento.

5.5 O desmatamento e o Registro de Imóveis

É impossível proteger o meio ambiente no Brasil nas propriedades imobiliárias sem combater ou resolver o problema do desmatamento. Os institutos protetivos hoje existentes demonstram que é preciso repensar os mecanismos de resposta ao desmatamento, o que exterioriza o fracasso do direito ambiental na proteção das florestas no Brasil. Isso porque seu intuito primordial, como ressaltava Hely Lopes Meirelles, era o de "impedir a destruição ou a degradação dos elementos da Natureza".[702]

A informação tecnológica e científica gerada pelos diversos satélites que orbitam a Terra não é utilizada com racionalidade e efetividade. Constatado que determinada região está sofrendo desmatamento ou incêndio, referida informação deve chegar rapidamente às autoridades ambientais e ao maior número de partícipes para que o regime protetivo

[702] MEIRELLES, 1987, p. 81.

seja intensificado. Neste aspecto, o sistema direito pouco tem a contribuir, porque é papel do sistema político o implemento das ações necessárias de combate do desmatamento, porque ele é manifestamente ilegal. Com o que o direito, especialmente o ambiental, pode contribuir é no desenvolvimento de mecanismos tecnológicos ágeis em resposta ao crescimento da supressão das florestas brasileiras.

Cientistas constataram que os incêndios florestais sucedem quase de forma imediata o desmatamento ilegal.[703] O cultivo das terras e sua utilização pela pecuária sempre visam à regularização fundiária, ou seja, titulação da propriedade delas, de forma que resultam no principal problema. A Lei nº 11.952, de 25 de junho de 2009, que dispõe sobre a regularização fundiária da Amazônia legal, quando trata das áreas não passíveis de alienação (art. 4º), omite a proibição da titulação em áreas anteriormente desmatadas.

Não é aceitável conceder a propriedade para áreas decorrentes de desmatamento, principalmente na região da Amazônia, onde a preservação florestal decorrente da reserva legal deve ser de 80% da área de superfície. A criação legislativa de uma afetação proibitiva à propriedade com ampla publicidade seria de suma importância para que o Estado não promovesse a validação da propriedade como prêmio para quem desmatou ou sucedeu o desmatador, servindo, ainda, como fator desestimulante, além de educativo. O procedimento de afetação das áreas desmatadas também serviria de forma eficaz para impedir o desmatamento de outros biomas, como a Mata Atlântica.

Uma esperança surge com relação ao extermínio em massa das florestas e bosques. Foi assinado em Glasgow, na Escócia, um importante documento internacional de combate ao desmatamento em todo o planeta, sendo o Brasil um dos signatários. O acordo ocorreu durante a COP-26 (de 31 de outubro a 12 de novembro de 2021), na Conferência

[703] Audiência Pública realizada no Senado, em 25 de setembro de 2019, que contou com a participação de diversos cientistas (Castro, Augusto. Especialistas dizem que incêndios na Amazônia são causados por desmatamento ilegal. *Senado Notícias*. Publicado em 25 de setembro de 2019. Disponível em: https://www12.senado.leg.br/noticias/materias/2019/09/25/para-especialistas-incendios-na-amazonia-sao-causados-por-desmatamento-ilegal. Acesso em: 10 set. 2020).

das Nações Unidas Sobre Mudança Climática, e 110 países que representam 85% das florestas do planeta se comprometeram a acabar com a supressão até 2030.[704]

O desmatamento tem relação direta com o direito de propriedade e, por consequência, com o Registro de Imóveis. Uma vez constatado o desmatamento, existe o nascimento da obrigação ambiental de restauração da área degradada. O passivo ambiental, uma vez assegurados os direitos de defesa e ao contraditório em procedimento administrativo próprio, pode e deve ingressar no fólio real, merecendo ser disciplinado por decreto regulamentador ou, ainda, pelo Conselho Nacional de Justiça (CNJ).

5.6. Mudanças climáticas. O mercado de carbono e o registro de imóveis

O balanço da saúde do Planeta Terra apresenta-se de modo *catastrófico*, de forma que é impossível esconder o fato da população. Como ressalta François Ost, "de todos os lados aparecem os sintomas da maleita".[705] É possível ao homem comum, pelos sentidos, perceber que as condições climáticas estão se modificando, mas o alerta e constatação são oriundos do consenso científico.

Os níveis de concentração de gases de efeito estufa no Planeta Terra começaram a aumentar de forma significativa no século XVIII, com a chegada da Revolução Industrial, que trouxe grandes mudanças no sistema de produção e nas relações de trabalho. É característica da transformação da indústria dessa época a utilização de máquinas a vapor, que eram movidas tendo como combustível o carvão.

Posteriormente, surgiria, em meados do século XIX, o combustível fóssil (principalmente, gasolina e diesel), que modificaria de forma abrupta a história, uma vez que se passou a utilizar o petróleo como fonte de combustível primária não somente na indústria, mas, também, como principal fonte de energia para veículos de transporte.

[704] ORGANIZAÇÃO DAS NAÇÕES UNIDAS. COP26: mais de 100 países se comprometem com o fim do desmatamento. *ONU News*. Publicado em 02 de novembro de 2021. Disponível em: https://news.un.org/pt/story/2021/11/1768962. Acesso em 03 nov. 2021.

[705] OST, 1997, p. 121.

As emissões decorrentes da utilização do carvão e combustível fóssil (petróleo) são os chamados gases do efeito estufa, que possuem a característica de absorver uma parte dos raios do sol e, ao redistribuí-los em forma de radiação na atmosfera, podendo, assim, funcionar como isolantes térmicos para a Terra, promove o aquecimento do planeta.[706] [707] Os principais gases do efeito que estão presentes na atmosfera são CO_2 (dióxido de carbono ou gás carbônico), CH_4 (metano), N_2O (óxido nitroso) e O_3 (ozônio).

O chamado efeito estufa não é por si um fenômeno artificial, ele existe naturalmente para que a existência de vida na Terra seja possível na forma em que conhecemos, porque os gases possuem o papel de reter o calor na Terra, evitando que as temperaturas esfriassem a níveis insuportáveis biologicamente. Ocorre que a atividade humana começou a emitir uma quantidade maior de gases, potencializando o efeito calor retido na atmosfera, de forma que o universo científico começou a estudar os referidos efeitos na temperatura da Terra.[708]

O primeiro alerta surgiu na Conferência das Nações Unidas para o Meio Ambiente e o Desenvolvimento, realizada em 1992, no Rio de Janeiro, onde foi adotada a Convenção-Quadro das Nações Unidas sobre Mudança do Clima.[709] Posteriormente, o Protocolo de Kyoto (ou Quioto)[710] estabeleceu que os países signatários considerados industrializados seriam obrigados a reduzir em 5,2% suas emissões de gás carbônico (CO_2) em relação ao nível emitido em 1990, tendo como meta

[706] Lopes; Rosso, 2018c, p. 320.

[707] Barry Cox, C; Moore, Peter D.; Ladle, Richard J. *Biogeografia*: uma abordagem ecológica e evolucionária. Tradução e revisão técnica por Ana Cláudia Mendes Malhado, Richard James Ladle e Thainá Lessa Pontes Silva. 9ª edição. Rio de Janeiro: LTC, 2019, p. 265.

[708] "No século passado, a temperatura global aumentou 0,4°C, e maioria dos especialistas concorda que ela irá aumentar de 2 a 6°C quando o dióxido de carbono e os demais gases-estufa que aprisionam o calor tiverem dobrado no próximo século" (Hickman Jr., 2019, p. 843). O dióxido de carbono atmosférico aumentou de cerca de 280 partes por milhão (ppm), antes da Revolução Industrial, para mais de 400 ppm, em 2013 (Lopes; Rosso, 2018c, p. 491).

[709] UNITED NATIONS, 1992; BRASIL, 1998.

[710] UNITED NATIONS. *Kyoto protocol to the united nations framework Convention on climate change*. Quioto, 1998. Disponível em <https://unfccc.int/resource/docs/convkp/kpeng.pdf>. Acesso em: 16 ago. 2021.

o período entre 2008 e 2012. O Protocolo prevê, em seu art. 12, um instrumento de compensação do carbono jogado na atmosfera, conhecido como Mecanismo de Desenvolvimento Limpo (MDL), tendo como instrumento os Certificados de Emissões Reduzidas (CER) ou Créditos de Carbono. O Protocolo de Kyoto integrou o ordenamento jurídico nacional por meio do Decreto Federal nº 5.445, de 12 de maio de 2005.

Finalmente, foi realizado pela Organização das Nações Unidas o Acordo de Paris,[711] homologado pelo Congresso Nacional pelo Decreto nº 9.073, de 5 de julho de 2017, que teve como principal objetivo o fortalecimento da resposta global à ameaça das mudanças climáticas e manter o aumento da temperatura média global abaixo dos 2°C acima dos níveis pré-industriais, além de buscar esforços para limitar o aumento da temperatura a 1,5°C, reconhecendo que isso reduziria significativamente os riscos e impactos das mudanças climáticas.

É preciso consignar que, embora tenha se instaurado na comunidade científica internacional desde 1992, na Convenção do Rio, na preocupação com o aumento da temperatura global, que era fato incontroverso, não existia, até então, consenso ou maioria com relação à causa ser decorrente da ação humana, isso porque o aquecimento global poderia, em tese, ser um fenômeno natural cíclico da Terra.

Em decorrência do Acordo de Paris de 2015, a Organização das Nações Unidas, por meio Painel Intergovernamental sobre Mudanças Climáticas (em inglês, The Intergovernmental Panel on Climate Change - IPCC), tem elaborado inúmeros relatórios especiais sobre Mudanças Climáticas, publicações essas que contam com a participação de centenas dos mais notáveis cientistas do mundo. Em fevereiro de 2020, o relatório[712] concluiu, de forma categórica, que o aquecimento global sem precedentes "tem clara influência humana" e que, até o fim do século 21, poderá

[711] UNITED NATIONS. *Adoption Of The Paris Agreement*. Paris. Publicado em 12 de dezembro de 2015. Disponível em: <https://unfccc.int/sites/default/files/resource/docs/2015/cop21/eng/l09r01.pdf>. Acesso em: 16 ago. 2021.

[712] UNITED NATIONS. *The Intergovernmental Panel on Climate Change – IPCC*. 52nd session. 24-28 February 2020, Paris, France. Disponível em: <https://www.ipcc.ch/site/assets/uploads/2019/12/IPCC-52_decisions-adopted-by-the-Panel.pdf>. Acesso em: 16 ago. 2021.

ocorrer um aquecimento global acima de 1,5° C e 2° C. Consta, ainda, do relatório, bem como dos anteriores, que a atmosfera e o oceano se "aqueceram, a quantidade de neve e gelo diminuiu, o nível do mar aumentou e as concentrações de gases de efeito estufa têm aumentado".[713]

O Acordo de Paris de 2015 se destaca na criação de mecanismos de desenvolvimento sustentáveis, porque, entre os princípios e disposições[714], está a redução de emissões por desmatamento e degradação florestal, e o fomento do papel da conservação, do manejo sustentável de florestas e aumento dos estoques de carbono florestal nos países em desenvolvimento (art. 5º, II). Em **síntese,** foi preciso criar um mecanismo para, primeiramente catalogar com critérios ambientais, projetos que configurassem um excedente ou exemplo de preservação para, posteriormente, referidos créditos pudessem ser disponibilizados para compensar a emissão de carbono de outras entidades (países, empresas etc.)

Após a fixação, no âmbito do direito internacional, das diretrizes da criação de um mercado de carbono global, o Brasil começou a debater no Congresso Nacional, tendo sido aprovado em 21 de dezembro de 2023, na Câmara dos Deputados, o Projeto de Lei nº 2.148, DE 2015[715], de autoria do Deputado Jaime Martins, que institui o Sistema Brasileiro de Comércio de Emissões de Gases de Efeito Estufa (SBCE), cujo teor nos cabe apresentar, mesmo que ainda tenha sido analisado no Senado Federal.

Primeiramente, é preciso reconhecer que a compensação de carbono não é uma solução definitiva para as mudanças climáticas e não substituíra diretamente a redução das emissões de CO^2. Como medida que serve para mitigar as emissões, parece-nos, em uma análise preliminar do projeto, que o Congresso Nacional brasileiro terá que adentrar de forma mais profunda sobre a possibilidade e de que forma as áreas em que já se exista a obrigação legal de preservação, possam ser objeto de compensação, porque, em caso positivo, a lógica seria de que não haveria redução efetiva das emissões na prática, devendo isso ser melhor debatido, inclusive pela comunidade científica.

713 Barry Cox; Moore; Ladle, 2019, p. 277.

714 ORGANIZAÇÃO DAS NAÇÕES UNIDAS, 2015; BRASIL, 2017.

715 BRASIL. Câmara dos Deputados. Projeto de Lei nº 2.148, DE 2015. Disponível em <https://www.camara.leg.br/propostas-legislativas/1548579>. Acesso em 10/01/2024.

Dentre os inúmeros instrumentos trazidos na projeto de lei, se destaca o **crédito de carbono** que corresponde ao "ativo transacionável, autônomo, representativo de efetiva redução de emissões ou remoção de uma tonelada de dióxido de carbono equivalente, com natureza jurídica de fruto civil, obtido a partir de projetos ou programas de redução de emissões ou remoção de gases de efeito estufa desenvolvidos com base em um bem, com abordagem de mercado, submetidos a metodologias nacionais ou internacionais que adotem critérios e regras para mensuração, relato e verificação de emissões, externos ao SBCE, incluindo-se entre eles a manutenção e a preservação florestal, a retenção de carbono no solo ou na vegetação, o reflorestamento, o manejo florestal sustentável ou a restauração de áreas degradadas, dentre outros"

No âmbito do Sistema Brasileiro de Comércio de Emissões de Gases de Efeito Estufa (SBCE) pretende-se criar dois ativos que serão negociados no mercado de capitais: I – Cota Brasileira de Emissões (CBE); e II – Certificados de Redução ou Remoção Verificada de Emissões.

Sucintamente, os projetos ambientais criados e cadastrados no ambiente do Sistema Brasileiro de Comércio de Emissões de Gases de Efeito Estufa (SBCE), de acordo com metodologia cientifica que será implementada, gerarão comprovação créditos de carbono ou melhor, de redução de emissão de gases causadores do efeito estufa. Referidos créditos serão representados por títulos a serem comercializados na bolsa de valores (art. 14)[716].

No âmbito de nosso estudo interessa-nos as ofertas voluntárias[717] de crédito de carbono e duas figuras são importantes para a compreensão do mecanismo de desenvolvimento limpo instituído no Brasil. A primeira é o **desenvolvedor** do projeto que é o empreendedor (pessoa jurídica), que implementa, por meio de custeio, prestação de assistência técnica ou de outra maneira, o projeto de geração de crédito de carbono ou Certificado

[716] Art. 14. Os ativos integrantes do SBCE e os créditos de carbono, quando negociados no mercado financeiro e de capitais, bem como os certificados de recebíveis de créditos ambientais, são valores mobiliários sujeitos ao regime da Lei nº 6.385, de 7 de dezembro de 1976.

[717] Os setores regulados são as atividades que emitem os gases poluentes, em contrapartida aos setores que compensam referida emissão, chamados voluntários ou ativos ambientais.

de Redução ou Remoção Verificada de Emissões (CRVE). A segunda figura imprescindível é o **gerador** de projeto de crédito de carbono, que passou a ser definido como a pessoa física ou jurídica, povos indígenas ou povos e comunidades tradicionais que tenha a propriedade ou o usufruto de bem que se constitua como base para projetos ou programas de redução de emissões.

Estabelece o projeto de lei, no **§ 5º** do art. 43 que "o contrato celebrado entre gerador e desenvolvedor de projeto de crédito de carbono é passível de averbação no Registro de Imóveis da circunscrição em que se localiza o bem imóvel usado como base para o projeto", introduzindo na Lei 6.015/73 o item 38) no inciso II do art. 167 a possibilidade de averbação do "do contrato entre gerador e desenvolvedor de projeto de crédito de carbono."

A averbação do contrato tem como objetivo a publicidade-notícia da existência de um contrato entre o proprietário ou detentor do direito real e o desenvolvedor do projeto do crédito de carbono, o que obrigado ao registrador imobiliário, no âmbito da qualificação registral, observar o princípio da continuidade registrária, ou seja, se o contratante corresponde a quem figura como com titular fólio real.

Outro aspecto importante é se o contrato está registrado no âmbito do SBCE. O projeto não faz referência em registro do contrato no referido sistema, mas trata, no parágrafo único do art. 10, que "os ativos de que trata esta Seção somente serão reconhecidos no âmbito do SBCE por meio de sua inscrição no Registro Central do SBCE".

Por fim, configura a averbação como uma faculdade a ser realizada a requerimento de qualquer pessoa (princípio da instância) munida da documentação pertinente que é a comprovação no registro do contrato no âmbito do SBCE. No entanto, é preciso reconhecer que a publicidade no âmbito do Registro de Imóveis conferirá o grau de eficácia necessário para que referidos créditos de carbono tenha efeitos contra todos (erga omnes) e, o mais importante, comprovam a titularidade dominial do contratante com a empresa desenvolvedora do projeto, conferindo confiabilidade única e segura ao documento emitido.

REFERÊNCIAS

AFONSO DA SILVA, José. **Comentário contextual à Constituição**. 7ª edição. São Paulo: Malheiros Editores, 2010.

AFONSO DA SILVA, José. **Direito Ambiental Constitucional**. 5ª edição. São Paulo: Malheiros, 2004.

AGENCIA EUROPEA DE MEDIO AMBIENTE. El Registro de la Propiedad y Mercantil como instrumento al servicio de la sostenibilidad. **Expert's corner report**. Realizado pelo Colegio de Registradores de la Propiedad y Mercantiles de España. Organização de José-Luis Salazar-Máñez. Informe Técnico nº 88, 2002. Disponível em: https://www.eea.europa.eu/es/publications/technical_report_2002_88. Acesso em: 04 fev. 2023.

ALEMANHA. **Lei Fundamental da República Federal da Alemanha**. Versão alemã de 23 de maio de 1949. Última atualização em 28 de março de 2019. Disponível em: https://www.btg-bestellservice.de/pdf/80208000.pdf. Acesso em: 25 jan. 2021.

ALEXY, Robert. **Teoria dos Direitos Fundamentais.** [Título original: *Theorie der Grundrechte*]. Tradução de Virgílio Afonso da Silva da 5ª edição alemã. São Paulo: Malheiros, s/d.

ALMEIDA, Carlos Ferreira de. **Publicidade e teoria dos registros**. Coimbra: Almedina, 1966.

ALVAREZ CAPEROCHIPI, José Antonio. **Direito imobiliário registral**. Madrid: Civitas, 1986.

ALVIM NETTO, José Manoel de Arruda. Breves anotações para uma teoria geral dos direitos reais. In: CAHALI, Yussef Said (Coord.). **Posse e propriedade**: doutrina e jurisprudência. São Paulo: Saraiva, 1987.

ALVIM NETTO, José Manoel de Arruda. **Comentários ao Código Civil brasileiro.** Vol. XI, Tomo I: livro introdutório ao direito das coisas e o direito civil. Coordenação de Arruda Alvim, Thereza Alvim e Alexandre Laizo Clápis. Rio de Janeiro: GEN/Forense, 2009.

AMADO, Frederico Augusto Di Trindade. **Direito ambiental esquematizado**. 5ª edição. Rio de Janeiro: Forense, 2014.

AMARAL JÚNIOR, Alberto do. O "Diálogo" das fontes: fragmentação e coerência no Direito Internacional contemporâneo. **Anuário brasileiro de direito internacional**, v. 3, n. 2. Belo Horizonte: CEDIN, 2008. Disponível em: https://www.corteidh.or.cr/tablas/r27147.pdf. Acesso em: 02 set. 2021.

ANDRADA E SILVA, José Bonifácio. 1763 – 1838. Coleção Formadores do Brasil. Organização e introdução de Jorge Caldeira. São Paulo: Editora 37, 2002. In: FALCÃO, Edgard de Cerqueira (Org.). **Obras científicas, políticas e sociais de José Bonifácio de Andrada e Silva**. Vol. II, p. 95 – 101. São Paulo: Revista dos Tribunais, 1965.

ANGELO, Claudio. Fazendeiros do interior paulista já tentam burlar lei florestal. **Folha de S. Paulo**. Seção Ambiente. Publicado em 04 de julho de 2010. Disponível em: https://www1.folha.uol.com.br/ambiente/761644-fazendeiros-do--interior-paulista-ja-tentam-burlar-lei-florestal.shtml. Acesso em: 28 jun. 2012.

ARAUJO, Luiz Alberto David; JUNES JÚNIOR, Vidal Serrano. **Curso de direito constitucional**. 16ª edição. São Paulo: Editora Verbatim, 2012.

ARGENTINA. Gobierno. Código Civil y Comercial de la Nación. **Ley 26.994, de 7 de octubre de 2014**. Disponível em: http://www.saij.gob.ar/docs-f/codigo/Codigo_Civil_y_Comercial_de_la_Nacion.pdf. Acesso em: 10 fev. 2022.

ARGENTINA. Gobierno. **Ley n. 340, de 25 de septiembre de 1869**. Disponível em: https://www.argentina.gob.ar/normativa/nacional/ley-340-109481/actualizacion. Acesso em: 10 fev. 2022.

ASSOCIAÇÃO BRASILEIRA PARA A QUALIDADE ACÚSTICA – PROACÚSTICA. **Artigos**. Disponível em: https://www.proacustica.org.br/publicacoes/artigos/. Acesso em: 31 jan. 2023.

ATLAS dos Remanescentes Florestais da Mata Atlântica. Relatório Técnico. Período 2017 – 2018. Fundação SOS Mata Atlântica; Instituto Nacional de Pesquisas Espaciais – INPE. São Paulo, 2019. Disponível em: https://www.sosma.org.br/wp-content/uploads/2019/05/Atlas-mata-atlantica_17-18.pdf. Acesso em: 17 set. 2020.

ÁVILA, Humberto. **Teoria dos princípios, da definição à aplicação dos princípios jurídicos**. 16ª edição. Malheiros: São Paulo, 2014.

AYALA, Patryck de Araújo. Mínimo existencial ecológico e proibição de retrocesso em matéria ambiental: considerações sobre a inconstitucionalidade do código do meio ambiente de Santa Catarina. **Revista de Direito Ambiental**, vol. 60, p. 329 – 371, out. – dez. São Paulo: Revista dos Tribunais (Thomson Reuters), 2010.

AYALA, Patryck de Araújo. O princípio da precaução e a proteção jurídica da fauna na Constituição Brasileira. **Revista de Direito Ambiental**, v. 39, p. 147 – 188, jul. – set. São Paulo: Revista dos Tribunais (Thomson Reuters), 2005.

BALBINO FILHO, Nicolau. **Registro de Imóveis**. 9ª edição. São Paulo: Saraiva, 1999.

BARREIROS, Alexandre Augusto de Paiva. Registro de Imóveis e a microfísica da publicidade ambiental. **Revista de Direito Imobiliário**, vol. 75. São Paulo: Revista dos Tribunais (Thompson Reuters), 2013.

BARROS MONTEIRO, Washington de. **Curso de Direito Civil**. Direito das Coisas. Volume 2. 35ª edição. São Paulo: Saraiva, 1988.

BARROS MONTEIRO, Washington de. **Curso de Direito Civil**. Parte Geral. 5ª edição. São Paulo: Saraiva, 1967.

BARROSO, Luís Roberto. **Direito Constitucional e a efetividade das normas**. 9ª edição. Rio de Janeiro: Renovar, 2009.

BECHARA, Erika. **A proteção da fauna sob a ótica constitucional**. São Paulo: Juarez de Oliveira, 2003.

BECHARA, Erika. **Novo Código Florestal**. Coordenação de Édis Milaré e Paulo Affonso Leme Machado. São Paulo: Revista dos Tribunais, 2013.

BEDAQUE, José Roberto dos Santos. **Direito e processo**: influência do direito material sobre o processo. 3ª edição. São Paulo: Malheiros Editores, 2003.

BENJAMIN, Antonio Herman de Vasconcellos e. Direito de Propriedade e meio ambiente. **Anais da XVI Conferência Nacional da Ordem dos Advogados do Brasil**. Brasília, OAB, Conselho Federal, 1996.

BENJAMIN, Antonio Herman de Vasconcellos e. Introdução ao Direito Ambiental brasileiro. **Revista de Direito Ambiental**, vol. 14, abr. – jun., p. 48 – 82. São Paulo: Revista dos Tribunais (Thomson Reuters), 1999.

BENJAMIN, Antonio Herman de Vasconcellos e. O meio ambiente na Constituição Federal de 1988. **Informativo Jurídico da Biblioteca Ministro Oscar Saraiva**, v. 19, n. 1, jan. – jun., 2008. Disponível em: https://www.stj.jus.br/publicacaoinstitucional/index.php/informativo/article/viewFile/449/407. Acesso em: 10 maio 2019.

BENJAMIN, Antonio Herman de Vasconcellos e. Princípio da proibição de retrocesso ambiental. In: BRASIL. Congresso Nacional. Senado Federal. Comissão de Meio Ambiente, Defesa do Consumidor e Fiscalização e Controle (CMA). **Colóquio Internacional sobre o Princípio da Proibição de Retrocesso Ambiental**. Brasília, DF, 2012, p. 11. Disponível em: https://www2.senado.leg.br/bdsf/handle/id/242559. Acesso em: 01 out. 2020.

BENTHAM, Jeremy. **Theory of Legislaton**. 2ª edição. London: Trubner & CO, 1931.

BENTHAM, Jeremy. **Uma introdução aos princípios da moral e da legislação**. Tradução de Luiz João Baraúna. São Paulo. Editora Abril, 1974.

BERGALHO, Helena de Godoy; ROCHA, Carlos Frederico Duarte da; ALVES, Maria Alice dos Santos. **A fauna ameaçada de extinção do estado do Rio de Janeiro**. Rio de Janeiro: Editora da Universidade do Estado do Rio de Janeiro, 2000.

BERGER, John. **Por que olhar para os animais?** São Paulo: Editora Fósforo, 2009 [edição Kindle].

BERGLUND, B.; LINDVALL, T.; SCHWELA, D. H. **Guidelines for community noise (Guideline)**. Geneva: World Health Organization, 1999.

BETANCOR RODRÍGUEZ, Andrés. **Derecho Ambiental**. Madrid: La Ley Editores, 2014.

BEZERRA DE MELLO, Marco Aurélio. **Direito das Coisas**. 4ª edição. Rio de Janeiro: Editora Lumen Juris, 2010.

BIANCA, Cesare Massimo. **Direitto Civile**. Volume VI. La propietà. Seconda Edizione. Milano: Giuffrè Editore, 2017.

BIBLIOTECA CENTRALE GIURIDICA. Ministero della Giustizia. **Biblioteca digitale dell'unificazione giuridica**. Disponível em: https://www.giustizia.it/giustizia/it/mg_22_4_3_4.page. Acesso em: 11 jun. 2021.

BOBBIO, Norberto. **A Era dos direitos**. 10ª edição. Rio de Janeiro: Campus, 1992.

BODO, Pieroth; SCHLINK, Bernhard. **Direitos fundamentais**. [Título original: *Staatsrecht: grundrechte*]. 2ª edição. Série IDP: Linha direito comparado. São Paulo: Saraiva Educação, 2018.

BRASIL. Câmara dos Deputados. **Decreto Legislativo nº 2, de 1994**. Aprova o texto da Convenção sobre Diversidade Biológica, assinada durante a Conferência das Nações Unidas sobre Meio Ambiente e Desenvolvimento, realizada na cidade do Rio de Janeiro, no período de 5 a 14 de junho de 1992. Disponível em:

https://www2.camara.leg.br/legin/fed/decleg/1994/decretolegislativo-2-3-fevereiro-1994-358280-publicacaooriginal-1-pl.html. Acesso em: 16 maio 2020.

BRASIL. Câmara dos Deputados. Diário do Congresso Nacional. **Projeto de Lei nº 634, de 1975**. Suplemento (B) ao nº 061. Publicado em 13 de junho de 1975. Disponível em: http://imagem.camara.gov.br/Imagem/d/pdf/DCD13JUN1975SUP_B.pdf#page=1. Acesso em: 25 jan. 2021.

BRASIL. Câmara dos Deputados. Exposição de Motivos nº 04, de 25 de julho de 1996. **Anais da Câmara dos Deputados**, p. 290. Disponível em: http://imagem.camara.gov.br/dc_20.asp?selCodColecaoCsv=J&Datain=22/09/2001&txpagina=19455&altura=700&largura=800. Acesso em: 07 fev. 2022.

BRASIL. Câmara dos Deputados. **Projeto de Lei nº 1.876/1999**, do Deputado Sérgio Carvalho. Disponível em: http://imagem.camara.gov.br/MostraIntegralImagem.asp?strSiglaProp=PL&intProp=1876&intAnoProp=1999&intParteProp=1#/. Acesso em: 08 fev. 2023.

BRASIL. Congresso Nacional. **Projeto de Lei nº 4.494/1962**. Disponível em: https://www.camara.leg.br/proposicoesWeb/prop_mostrarintegra?codteor=1202085&filename=Dossie-PL%204494/1962%20CM. Acesso em: 08 fev. 2023.

BRASIL. **Constituição da República Federativa do Brasil**. 1988. Brasília: Senado Federal, 1998.

BRASIL. **Constituição da República Federativa do Brasil de 1988**. Disponível em: http://www.planalto.gov.br/ccivil_03/constituicao/constituicao.htm. Acesso em: 08 nov. 2020.

BRASIL. Convenção sobre Diversidade Biológica. **Decreto nº 2.519, de 16 de março de 1998**. Disponível em: http://www.planalto.gov.br/ccivil_03/decreto/1998/anexos/and2519-98.pdf. Acesso em: 22 maio 2020.

BRASIL. Fundação Nacional dos Povos Indígenas – FUNAI. Disponível em: https://www.gov.br/funai/pt-br/atuacao/terras-indigenas/demarcacao-de-terras-indigenas. Acesso em: 06 fev. 2023.

BRASIL. Ministério da Agricultura, Pecuária e Abastecimento. Cadastro Ambiental Rural – CAR. **Boletim Informativo**. Edição Especial. Janeiro de 2020. Disponível em: https://www.florestal.gov.br/documentos/car/boletim-do-car/4418-revisao-boletim-car-encaminhar-07abril2020-1/file. Acesso em: 26 jan. 2021.

BRASIL. Ministério do Meio Ambiente. Cadastro Nacional de Florestas Públicas. **Resolução 02, de 09 de julho de 2007**.

BRASIL. Ministério do Meio Ambiente. **Diário Oficial da União nº 83, de 05 de maio de 2015**. Disponível em: https://pesquisa.in.gov.br/imprensa/jsp/visualiza/index.jsp?jornal=1&pagina=44&data=05/05/2015. Acesso em: 18 ago. 2021.

BRASIL. Ministério do Meio Ambiente. **Diário Oficial da União nº 84, de 06 de maio de 2014**. Seção 1. Disponível em: http://www.ibama.gov.br/sophia/cnia/legislacao/MMA/IN0002-050514.pdf. Acesso em: 18 ago. 2021.

BRASIL. Ministério do Meio Ambiente. **Resolução CONAMA nº 10, de 1º de outubro de 1993**. Estabelece os parâmetros básicos para análise dos estágios de sucessão de Mata Atlântica. Disponível em: http://www2.mma.gov.br/port/conama/legiabre.cfm?codlegi=135. Acesso em: 21 set. 2020.

BRASIL. Ministério do Meio Ambiente. **Resolução nº 388, de 23 de fevereiro de 2007**. Dispõe sobre a convalidação das Resoluções que definem a vegetação primária e secundária nos estágios inicial, médio e avançado de regeneração da Mata Atlântica para fins do disposto no art. 4º § 1º da Lei nº 11.428, de 22 de dezembro de 2006. Disponível em: http://www2.mma.gov.br/port/conama/res/res07/res38807.pdf. Acesso em: 21 set. 2020.

BRASIL. Ministério do Meio Ambiente, s/d. Disponível em: https://www.mma.gov.br/images/arquivo/80229/CNUC_FEV20%20-%20B_Cat.pdf. Acesso em: 28 maio 2020.

BRASIL. Presidência da República. **Constituição da República dos Estados Unidos do Brasil (de 24 de fevereiro de 1891)**. Nós, os representantes do povo brasileiro, reunidos em Congresso Constituinte, para organizar um regime livre e democrático, estabelecemos, decretamos e promulgamos a seguinte. Disponível em: http://www.planalto.gov.br/ccivil_03/constituicao/constituicao91.htm. Acesso em: 11 jun. 2021.

BRASIL. Presidência da República. **Constituição da República Federativa do Brasil (de 24 de janeiro de 1967)**. Disponível em: http://www.planalto.gov.br/ccivil_03/constituicao/constituicao67.htm. Acesso em: 11 jun. 2021.

BRASIL. Presidência da República. **Constituição dos Estados Unidos do Brasil (de 10 de novembro de 1937)**. Disponível em: http://www.planalto.gov.br/ccivil_03/constituicao/constituicao37.htm. Acesso em: 11 jun. 2021.

BRASIL. Presidência da República. **Constituição dos Estados Unidos do Brasil (de 18 de setembro de 1946)**. Disponível em: http://www.planalto.gov.br/ccivil_03/constituicao/constituicao46.htm. Acesso em: 11 jun. 2021.

BRASIL. Presidência da República. **Constituição Política do Império do Brazil (de 25 de março de 1824)**. Manda observar a Constituição Politica do Imperio, offerecida e jurada por Sua Magestade o Imperador. Disponível em: http://www.planalto.gov.br/ccivil_03/constituicao/constituicao24.htm. Acesso em: 11 jun. 2021.

BRASIL. Presidência da República. **Decreto nº 750, de 10 de fevereiro de 1993**. Dispõe sobre o corte, a exploração e a supressão de vegetação primária ou nos estágios avançado e médio de regeneração da Mata Atlântica, e dá outras providências. Disponível em: http://www.planalto.gov.br/ccivil_03/decreto/1990-1994/d750.htm. Acesso em: 16 jun. 2021.

BRASIL. Presidência da República. **Decreto nº 1.713, de 14 de junho de 1937**. Crêa o Parque Nacional de Itatiaia. Disponível em: http://www.planalto.gov.br/ccivil_03/Atos/decretos/1937/D01713.html. Acesso em: 21 dez. 2020.

BRASIL. Presidência da República. **Decreto nº 6.660, de 21 de novembro de 2008**. Regulamenta dispositivos da Lei no 11.428, de 22 de dezembro de 2006, que dispõe sobre a utilização e proteção da vegetação nativa do Bioma Mata Atlântica. Disponível em: http://www.planalto.gov.br/ccivil_03/_Ato2007-2010/2008/Decreto/D6660.htm#art51. Acesso em: 16 jun. 2021.

BRASIL. Presidência da República. **Decreto nº 9.073, de 05 de junho de 2017**. Promulga o Acordo de Paris sob a Convenção-Quadro das Nações Unidas sobre Mudança do Clima, celebrado em Paris, em 12 de dezembro de 2015, e firmado em Nova Iorque, em 22 de abril de 2016. Disponível em: http://www.planalto.gov.br/ccivil_03/_ato2015-2018/2017/decreto/d9073.htm. Acesso em: 01 fev. 2021.

BRASIL. Presidência da República. **Decreto nº 23.793, de 23 de janeiro de 1934**. Approva o codigo florestal que com este baixa. Disponível em: http://www.planalto.gov.br/ccivil_03/decreto/1930-1949/D23793impressao.htm. Acesso em: 16 maio 2020.

BRASIL. Presidência da República. **Decreto nº 99.547, de 25 de setembro de 1990**. Dispõe sobre a vedação do corte, e da respectiva exploração, da vegetação nativa da Mata Atlântica, e dá outras providências. Disponível em: http://www.planalto.gov.br/ccivil_03/decreto/1990-1994/D99547.htm. Acesso em: 16 jun. 2021.

BRASIL. Presidência da República. **Emenda Constitucional nº 1, de 17 de outubro de 1969**. Edita o novo texto da Constituição Federal de 24 de janeiro de 1967. Disponível em: http://www.planalto.gov.br/ccivil_03/constituicao/Emendas/Emc_anterior1988/emc01-69.htm. Acesso em: 11 jun. 2021.

BRASIL. Presidência da República. **Lei nº 3.071, de 1º de janeiro de 1916**. Código Civil dos Estados Unidos do Brasil. Disponível em: http://www.planalto.gov.br/ccivil_03/leis/l3071.htm. Acesso em: 11 jun. 2021.

BRASIL. Presidência da República. **Mensagem de veto nº 967, de 18 de julho de 2000**. Disponível em: http://www.planalto.gov.br/ccivil_03/leis/Mensagem_Veto/2000/Mv0967-00.htm. Acesso em: 06 jan. 2022.

CAENEGEM, R. C. van. **Uma introdução histórica ao direito privado**. São Paulo: Martins Fontes, 2000.

CÂMARA, Ibsen de Gusmão. **Breve história da conservação da Mata Atlântica**. Mata Atlântica: biodiversidade, ameaças e perspectivas. São Paulo: Fundação SOS Mata Atlântica; Belo Horizonte: Conservação Internacional, 2004.

CANOTILHO, José Joaquim Gomes. **Direito Constitucional e Teoria da Constituição**. 7ª edição. Coimbra: Almedina, 2016.

CANOTILHO, José Joaquim Gomes. **Fundamentos da Constituição**. Coimbra: Coimbra Editora, 1991.

CANOTILHO, José Joaquim Gomes. **Protecção do ambiente e direito de propriedade**. Crítica de jurisprudência ambiental. Coimbra: Editora Coimbra, 1995.

CAPPELLETTI, Mauro. Formações sociais e interesses coletivos diante da justiça civil. **Revista de Processo**, v. 5, jan. – mar., p. 128 – 159. São Paulo: Revista dos Tribunais, 1977.

CARAMELO, Gustavo; PICASSO, Sebastián; HERRERA, Marisa. **Código Civil y Comercial de la Nación comentado**. Ciudad Autónoma de Buenos Aires: Infojus, 2015.

CARAVITA, Beniamino; MORRONE, Andrea. **Diritto dell'ambiente**. Bolonha: Il Mulino Strumenti, 2016.

CARDOSO, Sônia Letícia de Méllo. A servidão ambiental segundo a Lei nº 11.284/2006. In: JACOMINO, Sérgio; MELO, Marcelo Augusto Santana de; CRIADO, Francisco de Assis Palácios (Coords.). **Registro de Imóveis e Meio Ambiente**. São Paulo: Editora Saraiva, 2010. São Paulo: Editora Saraiva, 2010.

CARVALHO, Afrânio de. **As matas e o Registro de Imóveis**. Vol. 656. São Paulo: Revista dos Tribunais (Thomson Reuters), 1990.

CARVALHO, Afrânio de. **Registro de Imóveis**. 2ª edição. Rio de Janeiro: Forense, 1976a.

CARVALHO, Afrânio de. **Registro de imóveis**. 3ª edição. Rio de Janeiro: Forense, 1976b.

CARVALHO FERNANDES, Luís A. **Lições de direitos reais**. 6ª edição. Lisboa: Quide Juris, 2009.

CARVALHO SANTOS, João Manuel de. **Código Civil brasileiro interpretado**. Volume VII. 6ª edição. Rio de Janeiro: Livraria Freitas Bastos AS, 1982.

CARVALHO SANTOS, João Manuel de. **Código Civil brasileiro interpretado, principalmente do ponto de vista prático**. Parte geral (Arts. 43 a 113). Volume II. 11ª edição. Rio de Janeiro, Editora Freitas Bastos, 1982.

CASCUDO, Câmara. Os índios conheciam a propriedade privada? São Paulo: s/e, 1936. In: **Revista da Academia Norte-riograndense de Letras**, v. 40, n. 28, dezembro, 1998.

CASTRO, Augusto. Especialistas dizem que incêndios na Amazônia são causados por desmatamento ilegal. **Senado Notícias**. Publicado em 25 de setembro de 2019. Disponível em: https://www12.senado.leg.br/noticias/materias/2019/09/25/para-especialistas-incendios-na-amazonia-sao-causados-por-desmatamento--ilegal. Acesso em: 10 set. 2020.

CHALHUB, Melhim Namem. **Curso de direito civil**. Rio de Janeiro: Forense, 2003.

CHAMOUM, Ebert Vianna. Exposição de motivos do esboço do anteprojeto do Código Civil – Direito Das Coisas. **Revista Brasileira de Direito Civil – RBDCivil**, Belo Horizonte, v. 20, p. 225 – 239, abr. – jun., 2019. DOI: 10.33242/rbdc.2019.02.013. Acesso em: 05 fev. 2021.

CHAMOUM, Ebert Vianna. **Instituições de Direito Romano**. 5ª edição. Rio de Janeiro: Forense, 1968.

CHILE. Biblioteca del Congreso Nacional. **Ley nº 17.344, de 14 de diciembre de 1855**. Disponível em: https://www.bcn.cl/leychile/Navegar?idNorma=172986&idParte=8717776. Acesso em: 11 fev. 2022.

COLLART DUTILLEUL, F.; ROMI, R. **Propriedade privada e proteção ambiental, em AJDA**. 20 de setembro de 1994.

COMTE, Augusto. **Discurso sobre o Espírito Positivo**. São Paulo: Abril Cultural, 1978.

CONFEDERAÇÃO NACIONAL DE RPPNs. **Sobre**. Disponível em: https://www.rppn.org.br/sobre. Acesso em: 16 jun. 2020.

CONSELHO NACIONAL DO MEIO AMBIENTE (Brasil). **Resoluções do Conama**: resoluções vigentes publicadas entre setembro de 1984 e janeiro de 2012. Ministério do Meio Ambiente. Brasília: MMA, 2012. Disponível em: http://conama.mma.gov.br/images/conteudo/LivroConama.pdf. Acesso em: 07 out. 2021.

CORDEIRO, António Menezes. **Tratado de Direito Civil Português**. I. Parte Geral. Tomo II. Coisas. 2ª edição. Coimbra: Almedina, 2002.

CORRÊA, Alexandre; SCIASCIA, Gaetano. **Manual de Direito Romano**. 6ª edição. São Paulo: Revista dos Tribunais, 1988.

CORREGEDORIA GERAL DA JUSTIÇA. **Normas de Serviço**. Cartórios Extrajudiciais. Tomo II. São Paulo, 1989. Disponível em: https://api.tjsp.jus.br/Handlers/Handler/FileFetch.ashx?codigo=112823. Acesso em: 12 set. 2019.

CRETELLA JÚNIOR, José. **Comentários à Constituição brasileira de 1988**. Rio de Janeiro: Forense Universitária, 1989.

CRETELLA JÚNIOR, José Vladimir Passos de Freitas. **Águas**. Aspectos jurídicos e ambientais. Rio de Janeiro: Juruá, 2002.

CULPIN, Mary Shivers. **"For the Benefit and Enjoyment of the People"**: a History of the Concession Development in Yellowstone National Park, 1872 – 1966. National Park Service, Yellowstone Center for Resources, Yellowstone National Park, Wyoming, YCR-CR-2003-01. Disponível em: https://www.nps.gov/yell/learn/historyculture/upload/ConcessionDevelopment.pdf. Acesso em: 17 dez. 2020.

DABUS MALUF, Carlos Alberto. **Limitações ao direito de propriedade**. 3ª edição. São Paulo: Revista dos Tribunais, 2011.

DEAN, Warren. **A ferro e fogo**: a história da devastação da Mata Atlântica brasileira. Tradução de Cid Knipel Moreira. São Paulo: Companhia das Letras, 1996.

DECANATO AUTONOMICO DE LOS REGISTRADORES DE CATALUÑA. **Cuadernos Ambientales de la Propiedad**. Edição extraordinária. Fevereiro de 2012. Disponível em: registradores.cat. Acesso em: 04 fev. 2023.

DECLARAÇÃO do Rio de Janeiro. **Estudos Avançados**, v. 6, n. 15. São Paulo, maio – ago., 1992. DOI: https://doi.org/10.1590/S0103-40141992000200013. Disponível em: http://www.scielo.br/scielo.php?script=sci_arttext&pid=S0103-40141992000200013&lng=pt&tlng=pt. Acesso em: 20 maio 2020.

DELALIBERA, Hevandro C. et al. Alocação de reserva legal em propriedades rurais: do cartesiano ao holístico. **Rev. bras. eng. viola. ambiente**. Campina Grande, v. 12, n. 3, p. 286 – 292, junho, 2008. DOI: https://doi.org/10.1590/S1415-43662008000300010. Disponível em: http://www.scielo.br/scielo.php?script=sci_arttext&pid=S1415-43662008000300010&lng=en&nrm=iso. Acesso em: 19 jan. 2021.

DELGADO, Francisco Morales. **El ruido en las ciudades**. Coordenação de Jorge Pinedo Hay. Barcelona: Editorial Bosch, 2009.

DERANI, Cristiane. **Direito ambiental econômico**. 2ª edição. São Paulo: Max Limonad, 2001.

DIÁRIO OFICIAL DA UNIÃO. **Portaria nº 3.816, de 24 de dezembro de 2002**, art. 4º, q. Publicado em 26 de dezembro de 2012.

DIAS, Joaquim José de Barros. **Direito Civil Constitucional**. Caderno 3. Coordenação de Renan Lotufo. São Paulo: Malheiros, 2002.

DIÉZ-PICAZO, Luis; GULLÓN, Antonio. **Sistema de Derecho civil**. Derecho das cosas y Derecho Inmobiliario Registral. Volume III. 7ª edição. Tecnos: Madrid, 2004.

DÍEZ-PICAZO, Luis. Prólogo da obra El terrible derecho. In: RODOTÀ, Stefano. **Estudios sobre la propiedad privada**. Traducción de Luis Díez-Picazo. Santiago: Ediciones Olejnik, 2019.

DINIZ, Maria Helena. **Curso de Direito Civil brasileiro**. Volume 4: Direito das Coisas. 33ª edição. São Paulo: Saraiva, 2019.

DINIZ, Maria Helena. **O estado atual do biodireito**. 9ª edição. São Paulo: Saraiva, 2014.

DI PIETRO, Maria Sylvia Zanella. **Direito administrativo**. 18ª edição. São Paulo: Atlas, 2005.

DIP, Ricardo Henry Marques. São taxativos os atos registráveis? **Revista de Direito Imobiliário**, v. 47. São Paulo: Revista dos Tribunais, 1999.

DIP, Ricardo Henry Marques. **Qualificação Registral. Revista de Direito Imobiliário.** Volume nº 29, jan-jun, São Paulo: Revista dos Tribunais, 1992.

DITT, Eduardo Humberto. **Fragmentos florestais no Pontal do Paranapanema**. São Paulo: Annablume/Ipê IIEB, 2002.

DIXO, Mariana et al. Habitat fragmentation reduces genetic diversity and connectivity among toad populations in the Brazilian Atlantic Coastal Forest. Science Direct. **Biological Conservation**, v. 142, issue 8, agosto, 2009, p. 1.560 – 1.569. DOI: https://doi.org/10.1016/j.biocon.2008.11.016. Acesso em: 01 jun. 2020.

DONNINI, Rogério. Meio Ambiente e Responsabilidade Civil Pós-Contratual. In: CAMBLER, Everaldo Augusto (Org.). **Fundamentos do direito civil brasileiro.** Campinas: Millennium Editora, 2012.

DUGUIT, León. Las transformaciones del derecho público y privado. [Título original: *Les transformations générales du droit privé*]. In: DUGUIT, León. **Las transformaciones del Derecho público; las transformaciones del Derecho privado; y las Transformaciones del Estado.** Tradução para o espanhol de Adolfo de Carlos G. Posada. Granada: Editorial Comares, 2007.

ERPEN, Décio Antonio; PAIVA, João Pedro Lamana. A autonomia registral e o princípio da concentração. **Revista de Direito Imobiliário**, v. 49. São Paulo: Revista dos Tribunais, 2000.

ESPAÑA. Ministerio de Gracia y Justicia. BOE – Legislación consolidada. Real Decreto de 24 de julio de 1889 por el que se publica el Código Civil. **Gaceta de Madrid**, n. 206, de 25 de julio de 1889. Disponível em: https://www.boe.es/buscar/pdf/1889/BOE-A-1889-4763-consolidado.pdf. Acesso em: 11 jun. 2021.

EWALD, François. Philosophie de la précaution. **L'Année sociologique**, v. 46, n. 2. Paris: Presses Universitaires de France, 1996.

FABRI, Andréa Queiroz; BARROS, Rodrigo Borges; REIS, Alexandre Magrineli; PEREIRA, Edilaine Aparecida Rodrigues. Pagamento por serviços ambientais: contribuições para o debate sobre sua aplicação no contexto brasileiro pós-Constituição Federal de 1988. **Revista de Direito da Cidade**, vol. 10, nº 4, 2018. ISSN: 2317-7721. DOI: https://doi.org/10.12957/rdc.2018.31885. Acesso em: 19 jan. 2021.

FENSTERSEIFER, Tiago; SARLET, Ingo Wolfgang. **Direito constitucional ambiental**. Constituição, Direitos Fundamentais e Proteção do Ambiente. São Paulo: Revista dos Tribunais, 2012.

FERNANDES, Edésio. A nova ordem jurídico-urbanística do Brasil. **Revista Magister de direito imobiliário, registral, urbanístico e ambiental**, v. 1, n. 2. Porto Alegre: Magister, 2005.

FERNANDES NETO, Tycho Brahe. **Direito Ambiental**: uma necessidade. Florianópolis: Imprensa da Universidade Federal de Santa Catarina, s/d.

FERREIRA FILHO, Edward. **Reserva Florestal Legal**. Registro de Imóveis e Meio Ambiente. Coordenação de Sérgio Jacomino, Marcelo Augusto Santana de Melo e Francisco de Assis Palácios Criado. São Paulo: Saraiva, 2010.

FERREIRA, Pinto. **Curso de Direito Agrário**. 5ª edição. São Paulo: Saraiva, 2002.

FERRIANI, Adriano. **Responsabilidade patrimonial e mínimo existencial**: elementos de ponderação. 2016. Tese (Doutorado em Direito) – Pontifícia Universidade Católica de São Paulo, São Paulo, 2016, p. 244. Disponível em: https://tede2.pucsp.br/bitstream/handle/18863/2/Adriano%20Ferriani.pdf. Acesso em: 05 nov. 2021.

FIGUEIREDO, Guilherme José Purvin de. **A propriedade no direito ambiental**. 4ª edição. Rio de Janeiro: Esplanada, 2010.

FIGUEIREDO, Guilherme José Purvin de. **Novo código florestal**: comentários à Lei 12.651, de 25 de maio de 2012. Coordenação de Édis Milaré e Paulo Affonso Leme Machado. 2ª edição. São Paulo: Revista dos Tribunais, 2013.

FIGUEIREDO NETO, Manoel Valente. **A propriedade privada imóvel no século XXI**. Curitiba: Editora CRV, 2016.

FIORANELLI, Ademar. Da compra e venda no registro imobiliário. **Revista de Direito Imobiliário**, v. 39, set. – dez., 1996. São Paulo: Revista dos Tribunais.

FRANÇA, R. Limongi. **Princípios gerais de Direito**. 2ª edição. São Paulo: Revista dos Tribunais, 1971.

FREITAS, Flavio L. M. et al. Potential increase of legal deforestation in Brazilian Amazon after Forest Act revision. **Nature Sustainability**, v. 1, n. 11, p. 665 – 670, novembro, 2018.

FREITAS, José Carlos de. Bens públicos de loteamentos e sua proteção legal. **Revista de Direito Imobiliário**, v. 46. São Paulo: Revista dos Tribunais, 1999.

FREITAS, Vladimir Passos de Freitas. **Águas**. Aspectos Jurídicos e Ambientais. Rio de Janeiro: Juruá, 2002.

GAIO, Alexandre. **Lei da Mata Atlântica comentada**. 2ª edição. São Paulo: Almedina, 2018.

GAIO, Daniel. **A interpretação do direito de propriedade em face da proteção constitucional do meio ambiente urbano**. 2010. Tese (Doutorado em Direito) – Pontifícia Universidade Católica do Rio de Janeiro, Rio de Janeiro, 2010. Disponível em: https://www.maxwell.vrac.puc-rio.br/colecao.php?strSecao=resultado&nrSeq=17357@1. Acesso em: 30 dez. 2020.

GANDOLFO, Maria Helena Leonel. Reflexões sobre a matrícula 17 anos depois. **Revista de Direito Imobiliário**, vol. 33, jan. – jun. São Paulo: Revista dos Tribunais, 1994.

GARCÍA, Eduardo Baura. De la «media tempestas» al «medium aevum». La aparición de los diferentes nombres de la edad media. **Estudios Medievales Hispánicos**, nº 2, 2013. Universidad Autónoma de Madrid, p. 27 – 46. Disponível em: http://hdl.handle.net/10486/13413. Acesso em: 14 fev. 2021.

GARCÍA, José Francisco Fernández. Catastro y el Registro de la Propiedad. **Revista Aranzadi de Urbanismo y Edificación**, nº 9. Madrid: Aranzadi, 2002.

GARCIA, Jose Manuel Garcia. **Derecho Inmobiliario Registral o Hipotecário**. Tomo I. Madrid: Editorial Civitas, 1988.

GARCIA, GARCIA, José Manuel. **Derecho Inmobilario Registral o Hipotecario**. Tomo III. Madrid: Civitas, 2002.

GINER, Antonio. O registro de imóveis e a informação ambiental. **Revista de Direito Imobiliário**, vol. 57. São Paulo: Revista dos Tribunais (Thompson Reuters), 2004.

GIOVANNI, Francesco. **Strumenti Privatistici et tutela dell'ambiente**. Pádova: CEDAM, 1982.

GOMES, Orlando. **Direitos reais**. 4ª edição. São Paulo/Rio de Janeiro: Forense, 1973.

GOVERNO DO ESTADO DE SÃO PAULO. Companhia Ambiental do Estado de São Paulo – CETESB. **Relação de áreas contaminadas e reabilitadas**. Disponível em: https://cetesb.sp.gov.br/areas-contaminadas/relacao-de-areas-contaminadas/. Acesso em: 31 jan. 2023.

GRAU, Eros Roberto. **Direito urbano**. São Paulo: Revista dos Tribunais, 1983.

GUTWIRTH, Serge; NAIM-GESBERT, Éric. Science et droit de l'environnement: réflexions pour le cadre conceptuel du pluralisme de vérités. **Revue interdisciplinaire d'études juridiques**, vol. 34, p. 33 – 98, 1995/1. DOI: 10.3917/riej.034.0033. Disponível em: https://www.cairn.info/revue-interdisciplinaire-d-etudes-juridiques-1995-1-page-33.htm.

HALLIDAY, D.; RESNICK, R.; WALKER, J. **Fundamentos de Física 2**. 4ª edição. São Paulo: Livros Técnicos e Científicos Editora, 1996.

HAMMERSCHMIDT, Denise. Risco na sociedade contemporânea e o princípio da precaução. Direito Ambiental: fundamento do direito ambiental. In: MILARÉ, Édis; MACHADO, Paulo Affonso Leme (Orgs.). **Direito Ambiental**: fundamento do direito ambiental. Coleção Doutrinas Essenciais. V. 1. São Paulo: Editora Revista dos Tribunais, 2011.

HEGEL, Georg Wilhelm Friedrich. **Princípios da filosofia do Direito**. [Título original: *Grundlinien der Philosophie der Rechts*]. Tradução de Orlando Vitorino. São Paulo: Martins Fontes, 1997.

HIRONAKA, Giselda Maria Fernandes; TARTUCE, Flávio. A teoria do diálogo das fontes e a prescrição. Comunicações entre o Código Civil e o Código de Defesa do Consumidor. A teoria do "diálogo das fontes" hoje no Brasil e seus novos desafios. In: MARQUES, Claudia Lima; MIRAGEM, Bruno (Coords.). **Diálogo das fontes, novos estudos sobre a coordenação e aplicação das normas no direito brasileiro**. São Paulo: ko Brasil, 2020.

HOBBES, Thomas. **Leviatã ou matéria, forma e poder de um Estado eclesiástico e civil**. 3ª edição. São Paulo: Abril Cultural, 1983.

HOUAISS, Antônio. **Dicionário Houaiss da Língua Portuguesa**. 1ª edição. Rio de Janeiro: Objetiva, 2009.

IANEGITZ, Rafaeli. **O princípio da solidariedade ambiental como dever fundamental**. 2018. Dissertação (Mestrado em Ciência Jurídica) – Universidade do Vale do Itajaí, Itajaí – SC, 2018. Disponível em: https://www.univali.br/Lists/TrabalhosMestrado/Attachments/2396/RAFAELI%20IANEGITZ.pdf. Acesso em: 19 jan. 2021.

IBGE apresenta nova área territorial brasileira: 8.515.767,049 km^2. **Agência IBGE Notícias**. Publicado em 27 de novembro de 2012. Disponível em: https://agenciadenoticias.ibge.gov.br/agencia-sala-de-imprensa/2013-agencia-de-noticias/releases/14318-asi-ibge-apresenta-nova-area-territorial-brasileira-8515767049-km. Acesso em: 28 maio 2020.

INSTITUTO CHICO MENDES DE CONSERVAÇÃO DA BIODIVERSIDADE. **Livro Vermelho da Fauna Brasileira Ameaçada de Extinção**. Volume I. 1ª edição. Brasília, DF: ICMBio/MMA, 2018. Disponível em: https://www.icmbio.gov.br/portal/images/stories/comunicacao/publicacoes/publicacoes-diversas/livro_vermelho_2018_vol1.pdf. Acesso em: 02 fev. 2021.

JAYME, Erik. **Identité culturelle et intégration**: le droit international privé post-moderne. Recueil des Cours de l'Académie de Droit International de la Haye, 1995, II, Kluwer, Haia.

JEAN PAUL, Walter Metzger. Departamento de Ecologia (IB – USP). Disponível em: http://ecologia.ib.usp.br/index.php/docentes/jean. Acesso em: 01 jun. 2020.

JOSSERAND, Louis. **L'Abus des droits**. Paris: Arthur Rousseau, 1905.

JUSTO, Santos. **Direitos Reais**. Coimbra: Editora Coimbra, 2007.

KANT, Immanuel. **Fundamentação da metafisica dos costumes**. Tradução, introdução e notas de Guido Antônio de Almeida. São Paulo: Discurso Editorial e Barcarolla, 2009.

KELSEN, Hans. **Teoria Pura do Direito**. Capítulos 3 e 4. 6ª edição. Tradução de João Baptista Machado. São Paulo: Martins Fontes, 1998.

KOCH, Lucas Paes. O fólio real como matriz integrativa e informativa para a adequada tutela do meio ambiente. **Revista de Direito Imobiliário**. São Paulo: Revista dos Tribunais (Thompson Reuters), 2020, p. 37 – 73.

KRELL, Andreas J. A relação entre proteção ambiental e função social da propriedade nos sistemas jurídicos brasileiro e alemão. In: MP EDITORA. **Revista Ambiente e Direito**, ano I, edição 1, São Paulo, 2010.

LAFER, Celso. **Desafios**: ética e política. São Paulo: Siciliano, 1995.

LARENZ, Karl. **Metodologia da ciência do Direito**. 5ª edição. [Tradução do original alemão: *Methodenlehre der Rechtswissenschaft*. 6ª edição. Berlin: Springer Verlag, 1991, p. 474]. Lisboa: Fundação Calouste Guilbenkian, 2009.

LAVIEILLE, Jean-Marc. **Droit International de l'Environnement**. Paris: Elllipses, 1998.

LEITE, José Rubens Morato; AYALA, Patrick de Araújo. **Dano Ambiental**: do Individual ao Coletivo Extrapatrimonial. 6ª edição. São Paulo: Revista dos Tribunais, 2014.

LEMES MACHADO, Paulo Affonso. **Direito Ambiental Brasileiro**. 22ª edição. São Paulo: Malheiros, 2014.

LIMA, Getúlio Targino. **Apontamentos a respeito do direito de propriedade**. Direito Civil Constitucional. Caderno 3. Coordenação de Renato Lotufo. São Paulo: Malheiros, 2002.

LOCALIZAÇÃO e extensões das TIs. Povos Indígenas no Brasil. **ISA**. Disponível em: https://pib.socioambiental.org/pt/Localiza%C3%A7%C3%A3o_e_extens%C3%A3o_das_TIs. Acesso em: 28 maio 2020.

LOCKE, John. **Dois tratados sobre o governo**. São Paulo: Martins Fontes, 1998.

LOCKE, John. **Segundo Tratado sobre o Governo**. 2ª edição. São Paulo: Abril Cultural, 1978.

LOPES, Sônia; ROSSO, Sergio. Conecte live Bio 3. Parte 2. São Paulo: Saraiva, 2017.

LÓPEZ, Adolfo López. **El ruido en las ciudades**. Coordenação de Jorge Pinedo Hay. Barcelona: Editorial Bosch, 2009.

LORENZI, Harri. **Árvores brasileiras**. 6ª edição. Vol. I. São Paulo: Instituto Plantarum de Estudos de Flora, 2014.

LOTUFO, Renan. A Codificação: o Código Civil de 2002. In: LOTUFO, Renan; NANNI, Giovanni Ettore (Coords.). **Teoria geral do direito civil**. São Paulo: Atlas, 2008.

LOTUFO, Renan. **Caderno de Autonomia Privada**. Caderno 2. Curitiba: Juruá, 2001.

LOUREIRO, Francisco Eduardo. **A propriedade como relação jurídica complexa**. Rio de Janeiro: Renovar, 2003.

LUGARESI, Nicola. **Diritto dell'ambiente**. 5ª edição. Vicenza: Wolkers Kluwer Italia, 2015.

LUHMANN, Niklas. El origen de la propiedad y su legitimación: un recuento histórico. **Revista MAD**, Universidade do Chile, nº 33, p. 1 – 17, 2015.

LUHMANN, Niklas. **O direito da sociedade**. [Título original: *Das Recht der Gesellschaft*]. Tradução de Saulo Krieger. São Paulo: Martins Fontes, 2016.

MACHADO, José Pedro. **Dicionário etimológico da língua portuguesa**. 1º volume (a – b). 8ª edição. Lisboa: Livros Horizonte, 2003.

MACHADO, José Pedro. **Dicionário etimológico da língua portuguesa**. 4º volume (m-p). 8ª edição. Lisboa: Livros Horizonte, 2003.

MACHADO, Paulo Affonso Leme. **Direito à informação ambiental**. São Paulo: Malheiros, 2006.

MACHADO, Paulo Affonso Leme. **Direito Ambiental brasileiro**. 12ª edição. São Paulo: Malheiros, 2004.

MACHADO, Paulo Affonso Leme. **Direito Ambiental brasileiro**. 22ª edição. São Paulo: Malheiros editores, 2014.

MACIEL, Luis Gustavo. **Efetividade e eficácia das reservas legais e áreas de preservação permanente nos cerrados**. 2008. Dissertação (Mestrado em Desenvolvimento Sustentável) – Universidade de Brasília, Brasília, 2008. Disponível em: https://repositorio.unb.br/handle/10482/4162. Acesso em: 26 abr. 2020.

MAIA, Leonardo Castro. O novo código florestal e a averbação da reserva legal no Registro de imóveis. **Revista de Direito Imobiliário**, vol. 70, p. 77 – 100. São Paulo: Revista dos Tribunais (Thomson Reuters), 2013.

MARÉS, Carlos Frederico. **A função social da terra**. Porto Alegre: Fabris, 2003.

MARQUES, Claudia Lima. A teoria do "diálogo das fontes" hoje no Brasil e seus novos desafios. In: MARQUES, Claudia Lima; MIRAGEM, Bruno (Coords.). **Diálogo das fontes, novos estudos sobre a coordenação e aplicação das normas no direito brasileiro**. São Paulo: Thompson Reuters Brasil, 2020.

MARQUES, Claudia Lima; BENJAMIN, Antônio Hermann V.; MIRAGEM, Bruno. **Comentários ao Código de Defesa do Consumidor**. 5ª edição. São Paulo: Editora Revista dos Tribunais, 2016.

MARQUES, Claudia Lima. **Contratos no Código de Defesa do Consumidor**. São Paulo: RT, 2019.

MARQUES, Claudia Lima; MIRAGEM, Bruno (Coords.). **Diálogo das fontes, novos estudos sobre a coordenação e aplicação das normas no direito brasileiro**. São Paulo: ko Brasil, 2020.

MARQUES, Clarissa. Meio ambiente e futuras gerações: a solidariedade como vínculo limitador. In: RAMOS, Erika Pires (Org.). **Revista Ambiente e Direito**. Ano II, edição 2. São Paulo: MP Editora, 2011.

MARQUES, Emilena Muzolon; RANIERI, Victor Eduardo Lima. Determinantes da decisão de manter áreas protegidas em terras privadas: o caso das reservas legais do Estado de São Paulo. **Ambient. soc.**, São Paulo, v. 15, n. 1, p. 131 – 145, abr. 2012. Disponível em: http://www.scielo.br/scielo.php?script=sci_arttext&pid=S1414-753X2012000100009&lng=pt&nrm=iso. DOI: http://dx.doi.org/10.1590/S1414-753X2012000100009. Acesso em: 09 maio 2019.

MARTINS, Juliana. Um cadastro ambiental à espera de validação. **O Estado de S. Paulo**. Publicado em 02 de dezembro de 2020. Disponível em: https://economia.estadao.com.br/noticias/agronegocios,um-cadastro-ambiental-a-espera-de-validacao,70003536114. Acesso em: 26 jan. 2021.

MATEO, Ramón Martin. **Tratado de derecho ambiental**. Madrid: Edisofer, 2003.

MAZZILI, Hugo Nigro. **A defesa dos interesses difusos em juízo**. 30ª edição. São Paulo: Saraiva, 2017.

MEIRA, Silvio A. B. **A Lei das XII Tábuas**: fonte do direito público e privado. 3ª edição. Rio de Janeiro: Forense, 1972.

MEIRELLES, Hely Lopes. **Direito administrativo brasileiro**. 29ª edição. São Paulo: Malheiros, 2004.

MEIRELLES, Hely Lopes. Proteção ambiental e a ação civil pública. **Revista Eletrônica do Tribunal Federal de Recursos (TFR)**, edição nº 145, 1987, p. 81. Disponível em: https://www.stj.jus.br/docs_internet/revista/eletronica/tfr-revista-eletronica-1987_145_capProtecao.pdf. Acesso em: 16 set. 2021.

MELLO, Paula Susanna Amaral. **Direito ao meio ambiente e proibição do retrocesso**. 2013. 200 f. Dissertação (Mestrado em Direito) – Pontifícia Universidade Católica de São Paulo, São Paulo, 2013. Disponível em: https://tede2.pucsp.br/handle/handle/6199. Acesso em: 07 abr. 2022.

MELO, A. T. O. **Fluxo gênico e estrutura genética espacial de Cabralea canjerana (*Vell. Mart. Meliaceae*) em fragmentos florestais de Mata Atlântica**. 2012. 87 f. Dissertação (Mestrado em Genética e Melhoramento de Plantas) – Escola de Agronomia e Engenharia de Alimentos, Universidade Federal de Goiás, Goiânia, 2012. Disponível em: https://files.cercomp.ufg.br/weby/up/237/o/Arthur_disserta%C3%A7%C3%A3o.pdf. Acesso em: 11 jun. 2020.

MELO, Marcelo Augusto Santana de. Meio ambiente e Registro de Imóveis. In: JACOMINO, Sérgio; MELO, Marcelo Augusto Santana de; CRIADO, Francisco de Assis Palácios (Coords.). **Registro de Imóveis e Meio Ambiente**. São Paulo: Editora Saraiva, 2010.

MELO, Marcelo Augusto Santana de. O direito à moradia e o papel do Registro de Imóveis na regularização fundiária. **Revista de Direito Imobiliário**, nº 69, jul. – dez. São Paulo: Revista dos Tribunais (Thomson Reuters), 2010.

MELO, Marcelo Augusto Santana de. **Teoria Geral do Registro de Imóveis**: estrutura e função. 2ª edição. São Paulo: JusPodivm, 2023.

MENGER, Antonio. **El Derecho Civil y los pobres**. Versión española. [Título original: *Das bürgerliche Recht und die besitzlosen Volksklassen*, 1890]. Madrid: Librería General de Victoriano Suárez, 4s, preciados, 1898.

METZGER, Jean Paul Walter. Bases biológicas para a Reserva legal. **Ciência Hoje**, v. 31, n. 183, jun. 2002. Disponível em: https://www.tecniflora.com.br/8_-_Metzger_CH-opiniao-2002.pdf. Acesso em: 01 jun. 2020.

MÉXICO. Cámara de Diputados del H. Congreso de la Unión. **Constitución Política de los Estados Unidos Mexicanos**. Última reforma publicada DOF em 11 de marzo de 2021. Disponível em: http://www.diputados.gob.mx/LeyesBiblio/pdf_mov/Constitucion_Politica.pdf. Acesso em: 25 jan. 2021.

MILARÉ, Edis. **Direito do ambiente**. 9ª edição. São Paulo: Revista dos Tribunais, 2014.

MIRANDA, Evaristo Eduardo de; CARVALHO, Carlos Alberto de; GASQUES, José Garcia. **O mundo rural do censo agropecuário não é o do cadastro ambiental rural?** Instituto de Pesquisa Econômica Aplicada (Ipea). Brasília: Instituto de Pesquisa Econômica Aplicada (Ipea), 2020. DOI: http://dx.doi.org/10.38116/978-65-5635-011-0/cap6. Acesso em: 26 jan. 2021.

MIRANDA, Pontes de. **Tratado de Direito Privado**. Parte geral. Tomo II. Bens. Fatos jurídicos. 4ª edição. São Paulo: Editora Revista dos Tribunais, 1974.

MIRRA, Álvaro Luiz Valery. **Ação Civil Pública e reparação do Dano ao Meio Ambiente**. S/l: Juarez de Oliveira, 2002.

MIRRA, Álvaro Luiz Varrey. Princípios fundamentais do Direito Ambiental. In: MILARÉ, Édis; MACHADO, Paulo Affonso Leme (Orgs.). **Direito Ambiental**: fundamento do direito ambiental. Coleção Doutrinas Essenciais. V. 1. São Paulo: Editora Revista dos Tribunais, 2011.

MOLINARO, Carlos Alberto. **Direito ambiental**. Proibição de retrocesso. Porto Alegre: Livraria do Advogado, 2007.

MONTESQUIEU, Charles de Secondat, Baron de. **O espírito das leis**. [Título original: *L'Esprit des Lois*]. Apresentação de Renato Janine Ribeiro; tradução de Cristina Murachco. São Paulo: Martins Fontes, 1996.

MORAND-DEVILLER, Jacqueline. **Le droit de l'environnement**. 3ª edição: Paris: Presses Universitaires de France, 2009.

MORBIDELLI, Giuseppe. Tutela dell"ambiente e normativa urbanistica. Riflessi sul diritto di proprietà. **Rivista Giuridica**. Edizione 1988, n. 4. Torino: Giappichelli, 2001.

MOREIRA FERNANDEZ, Maria Elizabeth. **Direito ao Ambiente e Propriedade Privada**. Coimbra: Coimbra Editora, 2001.

MORO; MARTINS, Marcelo Freire; ROBERTO, Fernando. **Métodos de levantamento do componente arbóreo-arbustivo**. Viçosa: Editora da Universidade Federal de Viçosa, 2011.

NACIONES UNIDAS. **Informe de la Conferencia de las Naciones Unidas sobre el Medio Humano**. Estocolmo, 5 a 16 de junio de 1972. Nueva York, 1973. Disponível em: https://www.un.org/ga/search/view_doc.asp?symbol=A/CONF.48/14/REV.1&Lang=S. Acesso em: 04 jun. 2020.

NAIM-GESBERT, Éric. **Droit Général de L'environnement**. 3ª edição. Paris: LexisNexis, 2019.

NALINI, José Renato. **Ética ambiental**. 2ª edição. Campinas: Millennium Editora, 2003.

NANNI, Giovanni Ettore. A evolução do direito civil obrigacional: a concepção do direito civil constitucional e a transição da autonomia da vontade para a autonomia privada. In: LOTUFO, Renan (Org.). **Cadernos de Direito Civil constitucional**. Caderno 2. Vol. 1. 1ª edição. Curitiba: Juruá, 2001.

NARVÁEZ, Paulino Machorro. **Apuntos para el estudio del Derecho Constitucional Mexicano**. México: Suprema Corte de Justicia de la Nación, 2015.

NERY JUNIOR, Nelson; NERY, Rosa Maria de Andrade. **Código civil comentado**. 11ª edição. São Paulo: Revista dos Tribunais, 2014.

NEWMAN, Lesléa. **Hachiko Waits**. Washington: Scholastic Incorporated, 2008.

NORONHA, Fernando. **Direito das Obrigações**. 3ª edição. São Paulo: Saraiva, 2010.

OLIVEIRA ASCENSÃO, José. **Direito Civil**: reais. 4ª edição. Coimbra: Coimbra Editora Limitada, 1987.

OLIVEIRA JÚNIOR, Alvino Queiroz. **Direitos e garantias fundamentais da pessoa humana, inclusive seus direitos sociais**. Direito Civil Constitucional. Caderno 3. Coordenação de Renato Lotufo. São Paulo: Malheiros, 2002.

OLIVEIRA, Marcelo Salaroli. **Publicidade Registral Imobiliária**. Série Direito Registral e Notarial. Coordenação de Sergio Jacomino. São Paulo: Saraiva, 2010.

OPPENHEIMER, Heinrich. **The Constitution of the Federal Republic of Germany**. London: Stevens and Sons, 1923.

ORGANIZAÇÃO DAS NAÇÕES UNIDAS. **Conferência das Nações Unidas sobre Assentamentos Humanos – Habitat II**, Estambul, 3 – 14 de junho de 1996. Disponível em: https://undocs.org/en/A/CONF.165/14. Acesso em: 18 jan. 2021.

ORGANIZAÇÃO DAS NAÇÕES UNIDAS. COP26: mais de 100 países se comprometem com o fim do desmatamento. **ONU News**. Publicado em 02 de novembro de 2021. Disponível em: https://news.un.org/pt/story/2021/11/1768962. Acesso em 03 nov. 2021.

ORGANIZAÇÃO DAS NAÇÕES UNIDAS. **Paris Agreement**, 2015. Disponível em: https://unfccc.int/files/meetings/paris_nov_2015/application/pdf/paris_agreement_english_.pdf. Acesso em: 01 fev. 2021.

ORLANDI NETO, Narciso. Reservas florestais. **Revista de Direito Imobiliário**, v. 42. São Paulo: Revista dos Tribunais, 1997.

ORRUTEA FILHO, Rogério Moreira. Os fundamentos do direito de propriedade em Kant. **Revista Officium**, v. 2, n. 2, 1º semestre de 2019, p. 39. Disponível em: https://facdombosco.edu.br/wp-content/uploads/2019/08/Os-fundamentos--do-direito-de-propriedade-em-Kant-Rog%C3%A9rio.pdf. Acesso em: 23 fev. 2021.

OST, François. **A Natureza à margem da Lei**. A ecologia à prova do direito. [Título original: *La Nature Hors Loi*]. Tradução de Joana Chaves. Lisboa: Instituto Piaget, 1997.

PAPA FRANCISCO. Carta Encíclica "Laudato Si'" sobre o cuidado da casa comum. Tradução da Editora do Vaticano. **Vaticano**. 24 de maio de 2015. Item 68. Disponível em: http://www.vatican.va/content/francesco/pt/encyclicals/documents/papa-francesco_20150524_enciclica-laudato-si.html. Acesso em: 30 abr. 2020.

PAPA JOÃO PAULO II. Discurso do Santo Padre aos índios mexicanos reunidos em Cuilapán. Publicado em 29 de janeiro de 1979. **Vaticano**. Disponível em: https://www.vatican.va/content/john-paul-ii/pt/speeches/1979/january/documents/hf_jp-ii_spe_19790129_messico-cuilapan-indios.html. Acesso em: 30 abr. 2020.

PAPA JOÃO XXIII. Carta Encíclica Mater et Magistra. Roma, 15 de maio do ano de 1961. **Vaticano**. Disponível em: https://www.vatican.va/content/john-xxiii/pt/encyclicals/documents/hf_j-xxiii_enc_15051961_mater.html. Acesso em: 02 maio 2019.

PAPA LEÃO XIII. Carta Encíclica «Rerum Novarum». Introdução. Roma, 15 de maio de 1891. **Vaticano**. Disponível em: https://www.vatican.va/content/leo-

-xiii/pt/encyclicals/documents/hf_l-xiii_enc_15051891_rerum-novarum.html. Acesso em: 02 maio 2019.

PAPA PIO XI. Carta Encíclica Quadragésimo Anno. Roma, XV de maio de MCMXXXI. **Vaticano**. Disponível em: https://www.vatican.va/content/pius-xi/pt/encyclicals/documents/hf_p-xi_enc_19310515_quadragesimo-anno.html. Acesso em: 02 maio 2019.

PAPP, Leonardo. **Comentários ao novo Código Florestal Brasileiro (Lei 12.651/12)**. Campinas: Millennium, 2012.

PARLAMENTO EUROPEU. **Política ambiental**: princípios gerais e quadro de base. Disponível em: https://www.europarl.europa.eu/factsheets/pt/sheet/71/politica-ambiental-principios-gerais-e-quadro-de-base. Acesso em: 16 maio 2020.

PASSARELLI, Luciano Lopes; MELO, Marcelo Augusto Santana de. Publicidade da Reserva Florestal Legal. Análise da antinomia do Código Florestal com a Lei de Registros Públicos. **Revista de Direito Ambiental**, v. 100, 2020.

PENEDO, Tainara Gomes; MELO, Marcelo Augusto Santana de. A proteção da mata atlântica e o princípio da proibição do retrocesso ambiental. **Revista Jurídica da Escola Superior do Ministério Público de São Paulo**, v. 20, p. 90 – 120, 2021. Disponível em: https://es.mpsp.mp.br/revista_esmp/index.php/RJESMPSP/article/view/463/340340478. Acesso em: 30 jan. 2022.

PERCOLAÇÃO. Modelos de percolação e fogos florestais. **PRISMA – À luz da Física**. Disponível em: https://cftc.ciencias.ulisboa.pt/PRISMA/capitulos/capitulo5/modulo6/topico1.php. Acesso em: 05 nov. 2021.

PEREIRA, Caio Mário da Silva. **Instituições de Direito Civil**. 1ª edição. Rio de Janeiro/São Paulo: Companhia Editora Forense, 1970.

PEREIRA, Caio Mário da Silva. **Instituições de Direito Civil**. Volume IV. 2ª edição. Rio de Janeiro: Forense, 1992.

PEREIRA, Osny Duarte. **Direito florestal brasileiro**. Rio de Janeiro: Borsoi, 1950.

PERLINGIERI, Pietro. **Introduzione ala problemática dela proprietà**. Napoli: Edizioni Scientifiche Italiane, 2011.

PERLINGIERI, Pietro. **O Direito Civil na Legalidade Constitucional**. Edição brasileira organizada por Maria Cristina de Cicco. São Paulo: Renovar, 2008.

PEZZELLA, Maria Cristina Cereser. **Propriedade privada no Direito Romano**. Porto Alegre: Sérgio Antônio Fabris Editor, 1998.

PICAZO, Luis Diéz; GULLON, Antonio. **Sistema de Derecho Civil**. Volumen III. Derecho de cosas y Derecho Inmobiliario Registral. 7ª edição. Madrid: Ed. Tecnos, 2004.

PINEDO, Ignacio Pereña. La función social del derecho de propiedad. In: BASTIDA, Francisco J. (Coord.). **Propiedad y derecho constitucional**. Madrid: Colegio de Registradores da España, 2005.

PINTO DUARTE, Rui. **Curso de Direitos Reais**. 2ª edição. Lisboa: Princípia, 2002.

PORTO, B. Costa. **Estudo sobre o sistema sesmarial**. Recife: Imprensa Universitária, 1965.

POSADA, Adolfo. El Derecho y la Cuestión Social. In: MENGER, Antonio. **El Derecho Civil y los pobres**. Versión española. [Título original: *Das bürgerliche Recht und die besitzlosen Volksklassen*, 1890]. Madrid: Librería General de Victoriano Suárez, 4s, preciados, 1898.

PRIEUR, Michel. **Droit de l'Environnement**. 2ª edição. Paris: Dalloz, 1991.

PRIEUR, Michel. **Droit de l'Environnement**. 4ª edição. Paris: Dalloz, 2001.

PRIEUR, Michel. **Droit de l'Environnement**. 8ª edição. Paris: Dalloz, 2019.

PRIMACK, R. B.; RODRIGUES, E. **Biologia da conservação**. Londrina: Editado por Efraim Rodrigues, 2018.

RAMOS, André de Carvalho. **Curso de Direitos Humanos**. 9ª edição. São Paulo: SaraivaJur, 2022.

RAMOS, Joaquín Delgado. **La protección registral del medio ambiente**. Cuadernos de Derecho Registral. Madrid: Colégio de Registradores de la Propiedad y Mercantiles de España, 2007.

RANA, S. V. S. **Energy, Ecology and Environment**. New Delhi: I. K. International Publishing House, 2008.

RANDIN, Margaret Jane. **Property and Personhood**. Stan: L. Ver. 957, 1972.

RANIERI, Victor Eduardo Lima. **Reservas legais: critérios para localização e aspectos de gestão. 2004**. 149 p. Tese (Doutorado em Engenharia) – Escola de Engenharia de São Carlos, Universidade de São Paulo, São Carlos, 2004. Disponível em: <http://www.teses.usp.br/teses/disponiveis/18/18138/tde-16102009-170059/en.php>. Acesso em: 09 maio 2019.

REALE, Miguel. **História do Novo Código Civil**. São Paulo: Editora Revista dos Tribunais, 2005.

REALE, Miguel. **Lições preliminares de Direito**. 27ª edição. 22ª tiragem. São Paulo: Saraiva, 2018.

REALE, Miguel. **Memórias**. Vol. I. São Paulo: Saraiva, 1987.

REALE, Miguel. **Os direitos da personalidade**. Disponível em: http://www.miguelreale.com.br/artigos/dirpers.htm. Acesso em: 14 fev. 2022.

REALE, Miguel. **Teoria Tridimensional do Direito**. 5ª edição. 9ª tiragem. São Paulo: Saraiva, 2014.

RECH, Adir Ubaldo. O valor econômico e a natureza jurídica dos serviços ambientais. Aspectos prático-jurídicos da implantação de um sistema de pagamento por serviços ambientais com base em um estudo de caso. In: RECH, Adir Ubaldo (Org.). **Direito e economia verde**: natureza jurídica e aplicações práticas do pagamento por serviços ambientais, como instrumento de ocupações sustentáveis. Caxias do Sul: Educs, 2011.

RÉPUBLIQUE FRANÇAISE. **Code Civil**. Disponível em: https://www.legifrance.gouv.fr/codes/id/LEGITEXT000006070721/. Acesso em: 11 jun. 2021.

REY MARTÍNEZ, Fernando. **La propiedad privada en la Constitución Española**. Madrid: Boletín Oficial del Estado Centro de Estudios Constitucionales, 1994.

RIBEIRO, José. Direito de propriedade sobre as águas e o registro de imóveis. **Revista de Direito Imobiliário**, n. 51. São Paulo: Revista dos Tribunais, 2002.

RIGAUD, Luis. **El Derecho real**. Historia y teorías (su origen institucional). Madrid: Editorial Reus, Preciados, 6, Centro de Enseñhanza, 1928.

RIO GRANDE DO SUL. Tribunal de Justiça do Estado do Rio Grande do Sul. **Consolidação Normativa Registral, Provimento 1/2020**. Disponível em: https://www.tjrs.jus.br/static/2023/01/Consolidacao-Normativa-Notarial-Registral-2023-TEXTO-INTEGRAL-18_01_2023.pdf. Acesso em: 07 fev. 2023.

RODOTÀ, Stefano. **El terrible derecho**. Estudios sobre la propiedad privada. Tradução de Luis Díez-Picazo. Santiago: Ediciones Olejnik, 2019.

RODOTÁ, Stefano. **La proprietà e le proprietá**. Il controlo sociale dele attivitá privatà. Bolonia: Il Mulino, 1977.

RODRIGUES PEREIRA, Lafayette. **Direito das cousas**. Tomo I. São Paulo: B. l. Garnier, 1877.

ROPPO, Vincenzo. **Diritto Privato**. Sesta edizione. Torino: G. Giappichelli Editore, 2018.

ROSSI, Giampaolo. **Diritto Dell'ambiente**. 4ª edição. Torino: G. Giappichelli Editore, 2017.

ROUSSEAU, Jean Jacques. **Discurso sobre a origem e os fundamentos da desigualdade entre os homens**. São Paulo: Cultrix, 1975.

ROUSSEAU, Jean Jacques. O contrato social. In: ROUSSEAU, Jean Jacques. **Oeuvres completes**. Tome III. Collection "Pléíade". Paris: Gallimard, 1757. São Paulo: Cultrix, 1971.

ROSSI, Giampaolo. **Diritto Dell'ambiente**. 4ª edição. Torino: G. Giappichelli Editore, 2017.

SÃO PAULO. **Parque Estadual Vassununga**. Disponível em: https://www.saopaulo.sp.gov.br/conhecasp/parques-e-reservas-naturais/parque-estadual-vassununga/. Acesso em: 15 maio 2020.

SAU, Antonella. **Il principio di proporzionalità nel governo "amministrativo" del território**. 2012. Tesi (Dottorato di Ricerca in Nuove Tecnologie Informazione Territorio & Ambiente) – UNIVERSITAIUAV Venezia, Venezia, 2012. Disponível em: http://www.ricercasit.it/public/documenti/Dottorato/Tesi/Ciclo%20XXIII/Antonella_Sau_Tesi_Dottorato.pdf. Acesso em: 30 dez. 2020.

SERPA LOPES, Miguel Maria de. **Curso de direito civil**. Volume VI. 2ª edição. Rio de Janeiro: Freitas Bastos, 1962.

SERPA LOPES, Miguel Maria de. **Tratado dos Registros Públicos**. Vol. IV. 6ª edição. Brasília: Livraria e Editor Brasílio Jurídica, 1996.

SETZER, Joana; GOUVEIA, Nelson da Cruz. Princípio da precaução rima com ação. In: MILARÉ, Édis; MACHADO, Paulo Affonso Leme (Orgs.). **Direito Ambiental**: fundamento do direito ambiental. Coleção Doutrinas Essenciais. V. 1. São Paulo: Editora Revista dos Tribunais, 2011.

SILVA, Jessica Santos da; RANIERI, Victor Eduardo Lima. O mecanismo de compensação de reserva legal e suas implicações econômicas e ambientais. **Ambient. soc.**, São Paulo, v. 17, n. 1, p. 115 – 132, março, 2014. Disponível em: http://www.scielo.br/scielo.php?script=sci_arttext&pid=S1414-753X2014000100008&lng=en&nrm=iso. Acesso em: 19 jan. 2021.

SILVA, José Afonso da. **Comentário contextual à Constituição**. 7ª edição. São Paulo: Malheiros Editores, 2010.

SILVA, José Afonso da. **Curso de direito constitucional positivo**. 30ª edição. São Paulo: Malheiros, 2008.

SILVA, José Afonso. **Direito ambiental constitucional**. 5ª edição. São Paulo: Malheiros, 2004.

SILVA, José Afonso. **Direito ambiental constitucional**. 6ª edição. São Paulo: Malheiros, 2004.

SIMÉON, Jose. El Registro de la Propriedad y Mercantil como instrumento al servicio de la sostenibilidad. In: AGENCIA EUROPEA DE MEDIO AMBIENTE. El

Registro de la Propiedad y Mercantil como instrumento al servicio de la sostenibilidad. **Expert's corner report**. Realizado pelo Colegio de Registradores de la Propiedad y Mercantiles de España. Organização de José-Luis Salazar-Máñez. Informe Técnico nº 88, 2002, p. 57. Disponível em: https://www.eea.europa.eu/es/publications/technical_report_2002_88. Acesso em: 04 fev. 2023.

SIMONETTI, Javier A. Wildlife Conservation Outside Parks Is a Disease-Mediated Task. **Conservation Biology**, v. 9, n. 2, 1995, p. 454 – 456. JSTOR. Disponível em: https://www.jstor.org/stable/238678. Acesso em: 16 maio 2020.

SINGER, Joseph William. **Introduction to Property**. 2ª edição. New York: Aspen Publishers, 2005.

SODRÉ, Ruy de Azevedo. **Função Social da Propriedade Privada**. Tese (Doutorado em Filosofia do Direito) – Universidade de São Paulo. São Paulo: Revista dos Tribunais, 1942.

STRAPAZZON, Márcia Casarin. **Reflexões acerca das racionalidades em unidades de conservação: o caso do Refúgio de Vida Silvestre dos Campos de Palmas**. 2015. 157 f. Dissertação (Mestrado em Desenvolvimento Regional) - Universidade Tecnológica Federal do Paraná, Pato Branco, 2015.

SUÍÇA. Confederação. **Plataforma de publicação de leis federais**. Disponível em: https://www.fedlex.admin.ch/eli/cc/1999/404/fr. Acesso em: 03 mar. 2022.

SZTAJN, Rachel. Função social da propriedade. **Revista de Direito Imobiliário**. Vol. 85, ano 41, jul. – dez. São Paulo: Revista dos Tribunais (Thomson Reuters), 2018.

TEIXIDÓ, Marta Valls; SATONJA, Mercedes Tormo. El Registro de la Propriedad y Mercantil como instrumento al servicio de la sostenibilidad. **Expert córner report** [on-line], Colégio de Registradores da Espanha para a Agência Europeia de Meio Ambiente.

TEPEDINO, Gustavo. Contornos constitucionais da propriedade privada. In: TEPEDINO, Gustavo (Coord.). **Temas de Direito Civil**. Rio de Janeiro: Renovar, 1999.

TEPEDINO, Gustavo. Normas constitucionais e relações de Direito Civil na experiência brasileira. **Temas de Direito Civil**. Tomo II. Rio de Janeiro: Renovar, 2006.

TEPEDINO, Gustavo. Premissas Metodológicas para a Constitucionalização do Direito Civil. In: TEPEDINO, Gustavo (Org.). **Temas de direito civil**. Rio de Janeiro: Renovar, 2001.

TEPEDINO, Gustavo. **Temas de direito civil**. Contornos Constitucionais da Propriedade Privada. 3ª edição. Rio de Janeiro: Renovar, 2004.

TERRA, Lygia; COELHO, Marcos de Amorim. **Geografia geral e geografia do Brasil**: o espaço natural e socioeconômico. 1ª edição. São Paulo: Moderna, 2005.

TOMÁS DE AQUINO, Santo. **Suma teológica**. II. II. V. 5. São Paulo: Loyola, 2005a.

TOMÁS DE AQUINO, Santo. **Suma teológica**. II. II. V. 6. São Paulo: Loyola, 2005b.

UNITED NATIONS. **Report of the United Nations Conference on Enviroment and Development**. Rio de Janeiro, 3 – 14 June 1992. Publicado em 12 de agosto de 1992. Disponível em: https://www.un.org/en/development/desa/population/migration/generalassembly/docs/globalcompact/A_CONF.151_26_Vol.I_Declaration.pdf. Acesso em: 16 maio 2020.

UNITED NATIONS. **Rio Declaration on Enviroment and Development**. 12 August 1992. Disponível em: https://www.un.org/en/development/desa/population/migration/generalassembly/docs/globalcompact/A_CONF.151_26_Vol.I_Declaration.pdf. Acesso em: 16 maio 2020.

UNITED NATIONS. **Universal Declaration of Human Rights**. 1948. Disponível em: https://www.un.org/en/universal-declaration-human-rights/. Acesso em: 08 nov. 2020.

VA AGUAVIVA, Mariano. Introducción. In: AGENCIA EUROPEA DE MEDIO AMBIENTE. El Registro de la Propiedad y Mercantil como instrumento al servicio de la sostenibilidad. **Expert's corner report**. Realizado pelo Colegio de Registradores de la Propiedad y Mercantiles de España. Organização de José-Luis Salazar-Máñez. Informe Técnico nº 88, 2002. Disponível em: https://www.eea.europa.eu/es/publications/technical_report_2002_88. Acesso em: 04 fev. 2023.

VACCHIANO, Marcelo Caetano. **O impacto da Alteração da Legislação Ambiental (Novo Código Florestal) sobre as Políticas de Conservação da Natureza na Amazônia Legal**: Estudo de Caso sobre a Conservação das Áreas de Preservação Permanente e Reserva Legal nas Grandes Propriedades Rurais do Município de Rondonópolis – MT. 2017. Dissertação (Mestrado em Geografia) – Universidade Federal de Mato Grosso, Rondonópolis, 2017. Disponível em: https://www1.ufmt.br/ufmt/unidade/userfiles/publicacoes/0614f70c1356a0ce59ed33526c0d6133.pdf. Acesso em: 06 out. 2020.

VEIGA, Juracilda. **Arrendamento e privatização da terra indígena**. Povos Indígenas no Brasil, 2001 – 2005. São Paulo: Instituto Socioambiental, 2006. Disponível em: <http://www.portalkaingang.org/privatizacao_juracilda.pdf>. Acesso em: 17 nov. 2022.

VIANA, Marco Aurelio da Silva. **Comentários ao Novo Código Civil**. Volume XVI: dos direitos reais. Rio de Janeiro: Forense, 2013.

VIEGAS DE LIMA, Frederico Henrique. **A propriedade imobiliária nos 30 anos da constituição federal**: os desejáveis novos rumos. Vol. 85, jul. – dez., p. 201 – 264. São Paulo: Revista dos Tribunais (Thomson Reuters), 2018.

VIEIRA, Fernando Grella. A reserva legal como condição de exploração das florestas privadas. **Revista de Direito Imobiliário**, vol. 701. São Paulo: Revista dos Tribunais (Thomson Reuters), 1994.

VIGLIAR, José Marcelo Menezes. **Ação Civil Pública**. 3ª edição. São Paulo: Atlas, 1999.

WESTERN, D. Conservation without parks: wildlife in the rural landscape. In: WESTERN, D.; PERL, M. **Conservation for the twenty-first century**. Oxford: Oxford University Press, 2001.

WIEDMANN, Sonia Maria Pereira; GUAGLIARDI, Roberta. **Programa Estadual de Reservas Particulares do Patrimônio Natural – RPPNs**: 10 anos de apoio à conservação da biodiversidade. Organização de Roberta Guagliardi. Rio de Janeiro: Instituto Estadual do Ambiente, 2018.

WOLFF, Martin et al. **Derecho de cosas**. Tratato de derecho civil. Vol. 3. Barcelona: Bosch, 1971.

WORLD HEALTH ORGANIZATION. **Compendium of WHO and other UN guidance on health and environment (update 2022)**. Disponível em: https://cdn.who.int/media/docs/default-source/who-compendium-on-health-and-environment/who_compendium_noise_01042022.pdf?sfvrsn=bc371498_3. Acesso em: 31 jan. 2023.

WORLD HEALTH ORGANIZATION. **Glossary on air pollution**. WHO, 1980.

WULF, Andrea. **A invenção da natureza**: a vida e as descobertas de Alexander Von Humboldt. Tradução de Renato Marques. 1ª edição. São Paulo: Planeta, 2016 [edição Kindle].

ANEXO – MODELOS

ÁREA CONTAMINADA

Av.___ em *[data]*

Por termo de área contaminada de *[data]*, da CETESB – COMPANHIA DE TECNOLOGIA DE SANEAMENTO AMBIENTAL, CNPJ nº 43.776.491/0001-70, com sede nesta Capital, na Avenida Professor Frederico Hermann Júnior nº 345, Alto de Pinheiros, subscrito pelo Gerente do Setor de Planejamento de Ações Especiais – CIPE *[nome]*, e em consonância com o item [39, 40 ou 41] do Capítulo XX das Normas de Serviço da Corregedoria Geral da Justiça de São Paulo, procede-se à presente para constar, a teor do Procedimento CETESB nº *[...]*, que foi constatado que o imóvel matriculado, de propriedade de *[...]*, **encontra-se contaminado** *[total ou em parte]*, com substâncias nocivas à saúde humana *[e/ ou substância contaminante]*. Consta do referido termo que o proprietário foi notificado no referido procedimento (Prenotação nº, de). AVERBADO POR: ___________ Marcelo Augusto Santana de Melo, Oficial.

CONTAMINAÇÃO POR RUÍDO

Av.___ em [data]

Por termo de contaminação expedido pela Prefeitura do Município de São Paulo em procedimento de constatação que contou com a notificação e participação do proprietário *[...]*, consta que o imóvel desta matrícula está **contaminado com ruído constante que ultrapassa 65 decibéis.** A presente é feita nos termos do art. 246 da Lei nº 6.015/73 Prenotação nº, de). AVERBADO POR: ___________ Marcelo Augusto Santana de Melo, Oficial.

RESERVA PARTICULAR DO PATRIMÔNIO PARTICULAR (RPPN)

Av.___ em [data]

Foi instituída no imóvel matriculado uma Reserva Particular do Patrimônio Natural nos termos do § 1º do art. 21 da Lei nº 9.985/2000, assim descrita *[...]*, estando **gravada em caráter perpétuo com o objetivo de conservar a diversidade biológica**, permitindo-se somente a pesquisa científica e visitação com objetivos turísticos, recreativos e educacionais, conforme Termo de Compromisso de *[data]*, subscrito pelo proprietário e pelo Diretor do Instituto Chico Mendes de Conservação da Biodiversidade – ICMBio *[nome]*. (Prenotação nº, de). AVERBADO POR: __________ Marcelo Augusto Santana de Melo, Oficial.

RESERVA PARTICULAR DO PATRIMÔNIO PARTICULAR (RPPN)

Av.___ em *[data]*

O imóvel matriculado foi instituído como Reserva Particular do Patrimônio Natural nos termos do § 1º do art. 21 da Lei nº 9.985/2000, estando **gravado em caráter perpétuo com o objetivo de conservar a diversidade biológica**, permitindo-se somente a pesquisa científica e visitação com objetivos turísticos, recreativos e educacionais, conforme Termo de Compromisso de *[data]*, subscrito pelo proprietário e pelo Diretor do Instituto Chico Mendes de Conservação da Biodiversidade – ICMBio *[nome]*. (Prenotação nº, de). AVERBADO POR: __________ Marcelo Augusto Santana de Melo, Oficial.

RESERVA FLORESTAL LEGAL

Av.___ em *[data]*

De acordo com a informação eletrônica contida na inscrição no CAR – Cadastro Ambiental Rural, foi especializada e aprovada a **Reserva Florestal Legal** que incide sobre parte do imóvel matriculado, com *[área]*ha, assim descrita: *[...]*. A presente é feita nos termos da Lei nº 12.651/2002 e art. 167, inciso II, alínea 22, da Lei nº 6.015/73 (Prenotação nº, de). AVERBADO POR: __________ Marcelo Augusto Santana de Melo, Oficial.

ÁREA DE PRESERVAÇÃO PERMANENTE

Av.___ em *[data]*

De acordo com a informação eletrônica contida na inscrição do CAR – Cadastro Ambiental Rural, foi especializada e aprova a **Área de Preservação Permanente** sobre parte do imóvel matriculado, com [área]ha, assim descrita: *[...]*. A presente é feita nos termos da Lei n. 12.651, de 25 de maio de 2002 e art. 246 da Lei n. 6.015/73 (Prenotação nº, de). AVERBADO POR: __________ Marcelo Augusto Santana de Melo, Oficial.

CADASTRO AMBIENTAL RURAL - CAR

Av.___ em *[data]*

O imóvel desta matrícula encontra-se inscrito no **Cadastro Ambiental Rural** sob nº *[...]*, emitido em [data], em nome de *[nome e CPF]*, nos termos do requerimento datado de *[...]*. Existe Reserva Florestal Legal lançada e especializada no respectivo cadastro, não tendo sido aprovada ou homologada pela Secretaria Estadual de Meio Ambiente (constar o status) (Prenotação nº, de). AVERBADO POR: __________ Marcelo Augusto Santana de Melo, Oficial.

COMPENSAÇÃO DE RESERVA FLORESTAL LEGAL – IMÓVEL BENEFICIADO

Av.___ em *[data]*

É feita a presente para constar que a **reserva florestal legal** do imóvel matriculado é composta através de compensação de excedente florestal do imóvel da matrícula nº *[...]* do Registro de Imóveis da comarca de Araçatuba, Estado de São Paulo, conforme informação eletrônica contida no Cadastro Ambiental Rural – CAR, nos termos do artigo 66, inciso III, do Código Florestal (Lei 12.651/2012), tendo sido aprovada pela autoridade ambiental em (Prenotação nº, de). AVERBADO POR: __________ Marcelo Augusto Santana de Melo, Oficial.

Av.___ em *[data]*

COMPENSAÇÃO DE RESERVA FLORESTAL LEGAL – IMÓVEL OBJETO DA COMPENSAÇÃO

De acordo com os documentos e planta apresentados, especialmente o Termo de Compromisso; ou informação constante do Cadastro Ambiental Rural Eletrônico nº *[...]* foi especializada a **Reserva Florestal Legal**, nos termos do art. 12 do Código Florestal (Lei 12.651/2012), que incide sobre parte(s) do imóvel matriculado, com [área da reserva] *[observar se a compensação foi total]* da área total: *[descrição_da_área]*. A reserva florestal objeto da presente é decorrente de compensação da reserva devida pelo imóvel da matrícula nº *[número]* do Registro de Imóveis da comarca de, Estado de São Paulo, tendo sido aprovada pela autoridade ambiental em (Prenotação nº, de). AVERBADO POR: __________ Marcelo Augusto Santana de Melo, Oficial.

SERVIDÃO AMBIENTAL

Av.___ em *[data]*

Por *[Escritura Pública, instrumento ou Termo de Instituição do órgão ambiental]* datada de *[...]*, o proprietário institui **servidão ambiental**, renunciando ao direito de exploração ou exploração da vegetação nativa excedente de forma vitalícia *[se temporário constar o período]*, nos termos do art. 9-A da Lei nº 6.938, de 31 de agosto de 1981, sobre parte(s) do imóvel matriculado, assim descrita(s): *[descrição_da_área]* (Prenotação nº, de). AVERBADO POR: __________ Marcelo Augusto Santana de Melo, Oficial.

EMISSÃO DE COTA DE RESERVA AMBIENTAL

Av.___ em *[data]*

Foi emitida a Cota de Reserva Ambiental – CRA para a **servidão florestal** averbada sob nº [...] da presente matrícula *[também pode ser para reserva legal excedente ao legal e voluntária ou Reserva Particular do Patrimônio Natural – RPPN]*, nos termos do artigo 44 do Código Florestal (Lei 12.651/2012,, nos termos do certificado de CRA datado de *[...]*, emitido pelo *[órgão responsável no regulamento]* (Prenotação nº, de). AVERBADO POR: __________ Marcelo Augusto Santana de Melo, Oficial.

MATA ATLÂNTICA

Av.___ em *[data]*

Nos termos do requerimento datado de, subscrito por, consta do imóvel objeto da presente matrícula **floresta atlântica protegida nos termos do art. 11 da Lei nº 11.428/2006**, ou seja, existência cobertura florestal primária ou secundária em estágios avançado e médio de regeneração, conforme Acórdão proferido em *[...]* pela 1ª Câmara de Direito Ambiental do Estado de São Paulo, Apelação Cível n. *[...]*, Relator *[...]*, nos termos do ofício datado de [...], do Ministério Público do Estado de São Paulo. AVERBADO POR: __________ Marcelo Augusto Santana de Melo, Oficial.

REFÚGIO DE VIDA SILVESTRE (RVS)

Av.___ em *[data]*

Foi instituído no imóvel matriculado o **Refúgio de Vida Silvestre** denominado [denominação], conforme art. 13 da Lei nº 9.985/2000, destinado a proteger ambientes naturais onde se asseguram condições para a existência ou reprodução de espécies ou comunidades da flora local e da fauna residente ou migratória, nos termos do Decreto Federal nº *[...]*, datado de *[...]*, constando as seguintes restrições ao direito de propriedade: *[...]*, nos termos da certidão expedida pelo Instituto Chico Mendes de Conservação da Biodiversidade – ICMBio, datada de *[...]* (Prenotação nº, de). AVERBADO POR: __________ Marcelo Augusto Santana de Melo, Oficial.

ZONA DE AMORTECIMENTO

Av.___ em *[data]*

O imóvel matriculado foi declarado como **zona de amortecimento** do Parque Estadual do Morro do Diabo, em Teodoro Sampaio (SP), nos termos do art. 25 da Lei 9.985, de 18 de julho de 2000, estando sujeito às seguintes restrições: *[...]*, nos termos do Termo de Compromisso datado de *[...]*, assinado entre os proprietários e a Fundação Florestal do Estado São Paulo (Prenotação nº, de). AVERBADO POR: __________ Marcelo Augusto Santana de Melo, Oficial.

Impresso por:

Docuprint

CNPJ 01.036.332/0001-99